工业法概论

Introduction of Industrial Law

邵俊武　等〇著

中国政法大学出版社

2021·北京

图书在版编目（CIP）数据

工业法概论/邵俊武等著. —北京：中国政法大学出版社，2021.8
ISBN 978-7-5764-0023-6

Ⅰ.①工…　Ⅱ.①邵…　Ⅲ.①工业法－概论－中国　Ⅳ.①D922.292

中国版本图书馆CIP数据核字(2021)第178492号

书　　名	工业法概论 GONG YE FA GAI LUN
出 版 者	中国政法大学出版社
地　　址	北京市海淀区西土城路 25 号
邮　　箱	fadapress@163.com
网　　址	http://www.cuplpress.com (网络实名：中国政法大学出版社)
电　　话	010－58908435(第一编辑部) 58908334(邮购部)
承　　印	保定市中画美凯印刷有限公司
开　　本	787mm×1092mm　1/16
印　　张	22.5
字　　数	493 千字
版　　次	2021 年 8 月第 1 版
印　　次	2021 年 8 月第 1 次印刷
定　　价	69.00 元

目 录
CONTENTS

第一章
概　论

第一节　工业化与法律

一、对工业化的认识和理解

工业化主要是经济学领域的一个名词，也是经济学家们长期关注的话题。但是，理论界对工业化的定义并不完全一致。"一种观点认为，工业化是指一个国家建立并发展自己的机器工业体系，使工业在国民经济中所占的比重不断增加并逐渐占据主导地位，由落后的农业国变为先进的工业国的发展过程。概括为一句话，就是机器大工业建立发展并在国民经济中占据主导地位的过程。这种观点属于对工业化的狭义理解，在经济学界比较普遍流行。"[1] "对工业化内涵的另一种解释可以被称为广义的理解。这是前些年在国际学术界流行的'现代化理论'的大多数研究者所持的观点。他们从研究现代化理论的角度使用了'工业化'的概念，对它作出了新的解释，也赋予了它全新的内容。他们认为，工业化作为经济现代化乃至整个社会现代化的核心，它的内容实际上就是人类从农业社会向工业社会转变的世界性大趋势和长期的历史过程。而这个世界性范围内的以工业社会的萌生为起点的连续性变革过程，是无限地向未来延伸而没有最后的终点的。"[2] 我国现代化理论研究的开拓者之一北京大学的罗荣渠教授认为："现代化实质上就是工业化……这里所说的工业化，不能仅仅理解为18世纪后半期从欧洲肇始的工业革命所引起的那个工业化过程，那只是初期工业化或古典工业化……因此，用'工业化'这个标题来概括现代社会变迁的动力、特征和进程，已为经济史学界和社会史学界所广泛接受。工业化的过程不仅限于经济方面，它还涉及社会的各个方面。"[3] 也有学者认为，"用'工业现代化'来代替广义的'工业化'更为合适。因为，工业现代化的概念比较确切地反映了它所要表达的内容和它在现代化理论体系中的地位，而且能够与有关现代化的其他概念对应协调起来。以整个社会的现代化为研究对象的现代化理论体系可分成诸多层次：社会现代化可以分为政治现

---

〔1〕 韩毅：《美国工业现代化的历史进程（1607~1988）》，经济科学出版社2007年版，第3页。
〔2〕 韩毅：《美国工业现代化的历史进程（1607~1988）》，经济科学出版社2007年版，第4页。
〔3〕 罗荣渠："现代化理论与历史研究"，载《历史研究》1986年第3期。

代化、经济现代化、军事国防现代化、科学技术现代化和教育现代化等诸多层面；而经济现代化又可分成农业现代化、工业现代化、商业现代化（或服务业现代化）、畜牧渔业的现代化等；而农业、工业现代化又可继续分出下属的分支层次。在以上这一金字塔式的理论结构中，工业现代化概念的提出和使用就清楚地反映了它在体系中的位置以及它与其他各部门、各层次的现代化之间的关系，也突出地反映了它作为经济现代化乃至整个社会现代化的核心、基础和关键的重要地位。"[1] 进而，该学者认为，"工业化和工业现代化是两个既有联系，又有区别的概念。工业化是指一个国家建立并发展机器工业体系，使之在国民经济中所占的比重不断增大，逐渐占据主导地位的过程。工业化实现的主要标志一般为工业与农业在国民经济中所占比重和轻工业与重工业在整个工业中所占比重。而工业现代化是使工业建立在当代世界科学技术基础上，使工业生产和技术达到并保持当代世界先进水平的过程。它是一个没有终点的、无限期的变化过程，其实现的量化标准也是不断变化的。从历史发展的眼光看，工业化曾经就是当时的工业现代化，而随着工业现代化的进一步发展，其超越工业化阶段而具有更新、更高的内容和水平之后，工业化就成为工业现代化进程中的最初的一个历史阶段了。而工业现代化则成为工业化的继续和延伸。"[2] 厉以宁先生认为"工业化是指近代或现代工业的建立和推广并对一国社会经济发生有力作用的过程"。[3]

从上述经济学家对工业化概念的不同解读中，我们不难发现，尽管学者对工业化有不同的定义，但大都认为工业化是一个过程，也即工业化不是一个过去时，不是停留在机器生产代替人工生产的阶段，也不应当是一个具有固定目标的概念，不能用现代工业化发展的实际状况指代它，工业化应该是一个沿着一定方向不断发展推动的过程。所以，人们将工业化的发展进程划分为几个不同的阶段，如以机器代替人工生产的第一代工业发展阶段，以生产线为主要生产形式的第二代工业化发展阶段，以自动化为主要生产形式的第三代工业化发展阶段，以智能化为主要生产形式的第四代工业发展阶段。[4] 而且，工业化不仅发生在传统的工业生产领域，其生产形式也不断扩展至农业等其他生产领域；工业化是一个正在进行时和将来时，工业化已经改变了人类社会的生产方式和经济发展结构，并且还处于持续推进的过程中，它还对将来社会的经济发展产生影响作用。

工业化与现代化是两个相互相关但又不完全相同的概念。从现代社会发展的状况看，现代化一定是工业化发展的结果，但是现代化却不仅仅是指工业化。工业化主要是指生产方式和经济发展的状况，而现代化的内容丰富，不仅包括工业化的内容，还包括政治、经济、文化等综合性内容。但是，也不可以据此将工业化简单地局限于工

〔1〕 韩毅：《美国工业现代化的历史进程（1607～1988）》，经济科学出版社2007年版，第5～6页。
〔2〕 韩毅：《美国工业现代化的历史进程（1607～1988）》，经济科学出版社2007年版，第9～10页。
〔3〕 厉以宁：《工业化和制度调整——西欧经济史研究》，商务印书馆2010年版，第1页。
〔4〕 也有学者将其划分为：以木质燃料到煤炭蒸汽技术为基础的第一次工业革命，以化石能源为基础的第二次工业革命，以再生能源为基础的第三次工业革命。详见［美］杰里米·里夫金：《第三次工业革命 新经济模式如何改变世界》，张体伟、孙豫宁译，中信出版社2012年版，第33页。

业领域，"工业化被看成是把农业、建筑业、运输业和其他服务业转变成高效率生产部门的一种手段。"[1] 从技术进步的角度来看，在不同的历史条件下，工业化的技术内涵会有不同的具体体现。传统工业化的技术内涵主要体现为机械化，现代条件下的工业化的技术内涵的体现，则不仅是机械化，还包括'现代化'，即采用高新技术、自动化和半自动化、信息化、网络化等。同时，作为一种经济模式，工业化也包括工业发展的基本制度、工业发展体制（资源配置方式）、工业结构、工业发展方式、工业发展战略等方面的内容。

工业化是本书绕不开的一个名词，但是，对工业化作何种定义和解释，不是本书要讨论的核心问题。事实上，作为法律工作者，我们也难以参与到对工业化概念的深入讨论之中。但这并不意味着工业化是一个与法学专业工作者无关的话题。按照马克思主义的理论，经济基础是指由社会一定发展阶段的生产力所决定的生产关系的总和，是构成一定社会的基础；上层建筑是建立在经济基础之上的意识形态以及与其相适应的制度、组织和设施，在阶级社会主要指政治法律制度和设施。法律是一个国家上层建筑的重要组成部分，工业化带来了生产关系的变化，必然引起社会相关法律制度的变化，而要研究作为上层建筑的法律制度如何适应经济基础的变化，就需要了解工业化在整个社会发展过程中产生了什么样的变化，进而推进法律制度的完善，保障工业化的健康发展，实现整个社会的协调全面发展。

二、工业化改变了人类社会、重塑了法律关系

"1770 年前后开始的工业和技术革命开创了世界历史上一个全新的时代，至今方兴未艾。""从此以后，世界被改变了……任何革命也没有像工业革命这样具有如此重大的革命意义。"[2] "工业化是塑造现代世界的革命性力量之一。现代工业，在不到 300 年的时间里，创造了往昔 3000 年农业社会所未曾积累过的巨大财富，让人类摆脱了地球摇篮的束缚，向遥远的星辰迈出了坚定的脚步。可以说，工业革命是人类童年终结的开端。因此，自 19 世纪以来，实现工业化，成了各个国家孜孜以求的神圣目标；发生于地球各处的工业化，遂成为决定一个民族能否真正迈入现代世界的成人礼。"[3] 工业化不仅推动了社会经济的发展，增加了社会财富，改善和方便了人们的生活，而且全方位地改变了整个社会。

工业化首先是意味着工业生产方式的转变，从过去单一个体或者以家庭为单位的劳动，变成了多数人集体的共同合作生产；从一个人独立完成一个产品生产加工的全过程，到每个人只完成一个产品的其中一部分，集体分工共同完成一个产品的全部生产过程；从过去一个工厂或企业完成一个产品的加工生产全过程，到不同的工厂或企业一起合作共同完成一个产品的生产过程；从一个产品出自一个国家工厂或企业之间

〔1〕　［美］约翰·科迪等主编：《发展中国家的工业发展政策》，张虹等译，经济科学出版社 1990 年版，第 9 页。
〔2〕　［英］塞缪尔·E. 芬纳：《统治史（卷三）：早期现代政府和西方的突破——从民族国家到工业革命》，马百亮译，华东师范大学出版社 2014 年版，第 596 页。
〔3〕　严鹏：《简明中国工业史（1815－2015）》，电子工业出版社 2018 年版，第 1 页。

的合作，到一个产品由不同国家的不同工厂或企业协作完成；从原材料到产品的全过程由一个生产者独立完成，到不同的工厂或企业分工合作完成不同阶段的生产工作……大量的人力集聚、大面积的工厂建设、大规模的生产，带来的城镇化的发展，形成了以城市为中心的社会发展模式，也推进了国际合作和往来。

虽然，"英国工业革命（如劳动分工、珍妮纺织机、蒸汽机、炼铁技术和大工厂体系）并不是一场科学理论的革命，也不是对科学理论的应用。工业革命与哥白尼天文学革命、牛顿力学甚至热力学的创立无关。工业革命是关于工业组织、制造技巧、设备工艺及生产要素如何在时空上循环、生产、分配、交换和消费的实践知识的革命。"[1] 但是，不可否认，工业化推动了生产工具和生产技术的不断更新和升级，带来了科技的进步和技术的创新，科学技术成为工业化发展的最主要动力、成为第一成产力。在人类社会发展的历史上，从来没有一个时期像工业化时代一样重视科学，同时，科学技术也从来没有得到如此之快、如此之高的发展和进步。

工业化也对生产者的知识和技能提出了新的更高的要求，为社会成员地位的改变提供了新的机会，也推动了教育事业的发展。"随着工业化的推进，政府的教育投资会相应地增长，而民间对教育事业也会日益重视。与此同时，社会上有更多的家庭愿意让自己的孩子受到更好的教育，获得某种特长，获得较高的学历。这样，处于社会下层和中层的家庭，将会成为教育事业发展中的受益者，这些家庭的下一代在受到较好的教育和提高学历层次后实现了向上的社会流动，其中主要在专业服务方面获得好的工作、好的职位。"[2] "工业化不仅仅是一种单纯的物质技术进步，它在本质上还是一种物质文明和精神文明融为一体的经济社会复合现象。""工业化推进到哪个国家，就使哪个国家走上变革、开放和自由的道路，公平竞争、创新开拓、效率至上和福利社会的观念成为主流意识。"[3] 工业化推动了社会民主政治的进步，从世界范围内看，工业化发展的过程也是社会民主制度不断完善的过程。

工业化不仅使工业生产活动在一个国家和地区国民经济中取得了主导地位，而且，工业化"使非工业产业更多地和系统化地采用工业技术、工业产品和工业组织方式"[4] 可以说，工业化推动了整个社会的全面进步，工业成为社会精神财富创造的基本实践力量。

法律是一定社会的上层建筑的组成部分，有什么样的经济基础，就有什么样的上层建筑。在法律发展的漫长历史上，它的绝大部分生长的时间都是在农耕时代。"现代欧洲法，甚至英国法的内容和推理方法都是用罗马法的材质构建起来的。"[5] 现代法律的大部分原则、制度，以及现代法学的大部分基本理论，都是建立在传统农耕时代

[1] 文一：《伟大的中国工业革命 "发展政治经济学"一般原理批判纲要》，清华大学出版社2016年版，第150页。

[2] 厉以宁：《工业化和制度调整——西欧经济史研究》，商务印书馆2010年版，第222页。

[3] 金碚：《大国筋骨——中国工业化65年历程与思考》，广东经济出版社2015年版，第214~219页。

[4] 金碚：《大国筋骨——中国工业化65年历程与思考》，广东经济出版社2015年版，第288页。

[5] [美]约翰·麦克西·赞恩：《法律的故事》，于庆生译，中国法制出版社2014年版，第147页。

的法律关系基础之上的。但是，自工业革命以来，人类社会的生产活动方式和相互关系发生了巨大的改变，仅从可能导致法律关系发生变化的角度而言，至少有以下几方面的变化：

（一）工业化从物质上为人与人之间的平等提供了法律保障的基础

例如，随着工业化发展而出现的火车和蒸汽轮船，实现了运输方式的工业化，改变了过去仅少数有权、有钱等特权阶级才可以乘坐交通工具出行的状况，让社会成员都能以平等的方式出行。"火车和蒸汽船上共同旅行，以及工人们大量聚集在工厂里，从某种意义上来讲，激发了平等与自由的感受与习惯。让所有社会阶级一起旅行，并且把他们并置在某种鲜活的马赛克里，那就是各个国家能够提供的所有的财富、地位、性格、习惯、风俗、衣着方式的拼贴。铁路极大地推进了真正友爱的社会关系的支配，并且比起民主的民权保卫者最尊贵的训诫，更有助于平等的感受。这样一来，为每一个人缩短不同地方分隔开的距离，也就等同于缩短了人与人之间的距离。"[1] 工业品的大量生产，降低了生产成本，提高了产量，为大众平等共享各种工业产品创造了条件。环顾四周，我们不难发现，我们日常生活的各个方面都无一例外地打上了工业化的烙印；在工业化的影响下，人与人之间在基本的物质生活需求层面的获得能力日趋平等。

"其实，工业的进步，机器的改进，以及当代一切伟大的'奇迹'，对富人来说意义并不是很大。对古希腊的富翁来说，现代化的自来水管道可能没有什么用，因为他的奴仆小厮们自会跑去为他打水。电视机和收音机也用处不大，古罗马的贵族们在家里就能欣赏一流的音乐家和艺人们的表演，他们也能把大艺术家豢养在家中。成衣、超市以及各种现代发明，不会给他们的生活带来多大的变化。现代交通和医学方面的进步，他们可能会感兴趣，但西方资本主义社会所取得的其他各项伟大成就，主要是给普通百姓带来了好处。而这些成就给普通百姓带来的便利和舒适，在过去只是有钱有势者才能享受的特权。"[2] 物质生活条件的趋于平等，也使得人们萌生了相互之间社会地位平等的理念，支撑了社会成员在政治、法律、思想、文化等领域平等权利的诉求，也推动了包括法律制度在内的社会制度在平等保护社会成员权利方面的逐步完善。

（二）法律开始介入具体生产过程的规范

在前工业化时代，具体的生产活动不是法律调整的范围，或者法律即使进行调整也不会采取建立专门的制度的形式而是参照合同、侵权等法律制度的规定予以处理。进入工业化时代以后，由于大机器的普遍采用，工厂生产过程中工业事故频发，大量的工人的人身安全受到严重威胁，使得国家不得不开始关注工人安全等工厂生产过程的规范。工业化先行国家在这一方面有着比较丰富的经验。如在美国，"南北战争甫一结束，工业事故就引发了社会、制度与法制改革中一系列的大规模试验。法官与法学家们发展出了侵权法的法律领域。数百万美国人加入了新成立的生命保险项目。主要

[1] ［德］沃尔夫冈·希弗尔布施：《铁道之旅：19世纪空间与时间的工业化》，金毅译，上海人民出版社2018年版，第118页。
[2] ［美］米尔顿·弗里德曼、罗丝·弗里德曼：《自由选择》，张琦译，机械工业出版社2008年版，第142页。

的工业雇主发展出处理劳资关系与雇佣合同的新方法。在20世纪的头10年，律师、立法者、社会保险专家、劳工领袖与雇主发起或资助了大量关于工业事故之社会后果的研究，评判了一系列创造性的改革选择。在1909年到1913年之间，联邦与州共有28个委员会（代表着这个国家中几乎全部的工业州）研究了工业事故问题。""工业事故危机以及随之而来的法律与社会制度的试验标志着美国律师、法官、立法者在理念上的范式变化。"[1] 富兰克林·罗斯福总统还是纽约州一位年轻的州议员时，就曾经积极投身于国家的工业事故法的建设；罗斯福新政时期曾任美国联邦最高法院首席大法官的查尔斯·伊文思·休斯，在1910年他担任纽约州州长的任内签署通过了美国第一部工业事故赔偿法。[2] "英国从18世纪后期工业化开始到19世纪中叶，为市场制度的完善和健全作出了三项重大的贡献，即'工厂法、文官制度和职工联合会'。"[3]

（三）工业产品的使用者的社会化催生了商品消费社会关系

在工业化之前，人们的生产生活中的交换需求主要存在于个体的消费者和个体的生产加工销售者之间，这种关系属于常规的合同关系，通过传统的合同法律制度就可以进行充分的调整。而在工业化时代，由于工业化的大规模生产，同一商品可以在同一时间同时满足不特定的许多人的使用需要。针对这种低成本、多数量的工业化生产供应形式引发的纠纷，如果还是依靠过去的合同法律制度调整，不仅会导致性质相同的大量案件的重复审判，浪费司法资源；而且，由于大工业生产者和大规模销售商的强大经济实力与单一消费者的势单力薄形成巨大反差，工业生产者具有的强大技术实力，掌控工业生产的全部过程和技术信息，也造成单一消费者与工业生产者之间的信息不对等，单一消费者因为在诉讼中无力举证证明生产者的过错和责任而处于劣势；更为严重的是，同一产品的大规模生产和供应，一旦发生质量问题，会给社会大众带来灾难性的危害。因此，工业化催生了消费者权益保护和公共利益维护的社会问题，出现了基于消费形成的新的社会关系的问题，消费者权益的保护也被纳入了法律规范和调整的范畴。基于这样一些考虑，有些国家不仅对已经严重损害消费者利益的行为加大了处罚的力度，甚至对那些可能危害消费者权益的行为也直接施以刑罚。如《法国消费法典》将违反产地和质量的其他辨识标识、合格证明以及农业、林业、食品或海洋领域之外的其他服务和产品的认证的行为规定为犯罪，处以2年有期徒刑和罚金。[4]

（四）工厂化生产和城市集中居住使得社会关系样态和法律规范内容发生了根本改变

工业生产集中在城市和工厂进行，人们的生活方式发生了根本改变。"工业革命是

---

〔1〕[美]约翰·法比安·维特：《事故共和国　残疾的工人、贫穷的寡妇与美国法的重构》，田雷译，上海三联书店2008年版，第6～7页。

〔2〕[美]约翰·法比安·维特：《事故共和国　残疾的工人、贫穷的寡妇与美国法的重构》，田雷译，上海三联书店2008年版，第20页。

〔3〕厉以宁：《工业化和制度调整——西欧经济史研究》，商务印书馆2010年版，第531页。

〔4〕孙平编译：《法国消费法典》，中国政法大学出版社2012年版，第14～18页。

人类历史上最根本的一次生活方式的转变。""一个新的工业社会，就是一个不容乡情的社会。"[1] 从一定意义上讲，城镇化的发展是工业化发展的结果。一方面，从传统上看，工业主要集中在城镇，工业的发展壮大，必然刺激城镇化的发展；另一方面，工业的发展需要大量的劳动力，把大量的劳动力从农村吸引到了工厂，工厂的周围逐渐形成了为之服务的各种各样的产业，集中了大量的社会人口，形成了新的城镇。"资本家将工人集中到了城市，这就意味着使乡村城市化。在这种集中内部，还有进一步的集中，那就是工厂。"[2] 因此，人们的生活与过去相比发生了较大变化，增加了许多到工厂做工的新成员；城市的规模增加了许多，城市成了经济发展的重要地区；因为新的人口的增加，人们的关系也由过去相对熟悉的人际关系变成陌生人之间的关系；城市的公共管理和公共服务也因此变得复杂和多样化；过去主要调整熟人社会人与人关系的规范不能完全适应调整城市中人与人之间的关系的需要。"个人从氏族、本地村社和其他传统权威的许多压力下解放出来……本来是以家族为中心的文化，现在转向以个人为中心的，和一种新的机动相关的文化。"[3]

由于工业化是一种新的、极具活力的生产方式，而且处于一种不断进化和发展的过程之中，它不仅持续带动着整个社会生产力的极大提高，也会不断影响人们的社会生活。"在传统社会中长期存在并已习以为常的居民生活方式、工作方式和人际关系，都相继受到冲击，并发生这样或那样的变换；又如，在传统社会中已存在多年的城乡关系、城乡沟通方式和生产要素流动渠道，在工业化过程中也陆续发生变化，逐渐形成一种新型的城乡关系、新的城乡沟通方式和新的生产要素流动渠道。不管人们适应也好，不适应也好，迟早都得与之相适应。"[4] 工业化吸纳众多劳动者到工厂和城市生活，使得原有的熟人社会中以道德为主的行为规范的约束力随之下降，以法律为主导的规范的约束力随之提升。

（五）产生了资本家和工人这一新兴的社会关系，使社会发生了翻天覆地的变化

在前工业化时代的生产活动中也有雇佣关系，但不仅单个工厂雇佣的人员数量很少，全社会工厂化生产的规模也不大；在工业社会之前，劳资关系不是社会的主要社会关系，法律对这一部分社会关系的调整并不多，即使有关于雇佣关系的法律制度，也主要局限于少量且相对固定的关系，法律不单独进行调整，以私法调整和当事人之间的自由约定为主要调整方式。而工业生产时代的雇佣规模则比过去大了许多，不仅单个工厂的雇佣生产者的数量增多，而且工厂化生产在全社会已经普遍存在，使得全社会受雇到工厂工作的人员数量增加了很多，形成了一个庞大的社会群体。在工业化

〔1〕 ［英］埃里克·霍布斯鲍姆：《工业与帝国 英国的现代化历程》，梅俊杰译，中央编译出版社2016年版，第1～3页。
〔2〕 ［英］塞缪尔·E.芬纳：《统治史 古代的王权和帝国——从苏美尔到罗马》，王震、马百亮译，华东师范大学出版社2014年版，第625页。
〔3〕 ［美］赫茨勒：《世界人口的危机》，何新译，商务印书馆1963年版，第52～53页。
〔4〕 厉以宁：《工业化和制度调整——西欧经济史研究》，商务印书馆2010年版，第9页。

时代,"通过创造工作条件,资本家创造了无产阶级"[1]。

工业化时代的到来,使得一种新型的群体关系——劳资关系成为现代社会中的重要社会关系,并不断影响着现代社会的发展。基于工业化生产出现的劳资关系,不仅是一种新型的社会关系,而且数量庞大,对社会的影响巨大,成为影响社会发展的主要关系。而且,由于劳资关系在经济关系上的对立和资方在经济上的强势,使得这一对关系自始就带有强烈的对抗性。由劳资双方自由协商不仅容易导致社会的不公,造成工业劳动者劳动环境与安全保护等方面的风险,而且还会引发激烈的社会冲突,危及工业社会的根本秩序。法律也就由过去通过传统的合同关系调整,改变为创设专门的劳动法律予以调整和规范。否则,任由这种关系自发发展,则工人劳动创造的价值不仅被作为剩余价值由资本家剥削掉,而且,资本家为了降低生产成本,会尽可能地减少对劳动条件和工作环境改善的投入、延长劳动时间、雇佣廉价的童工、漠视资源和环境的耗费,直至社会矛盾激烈、爆发。"工厂立法是社会对资本主义生产方式的自发运动所产生的社会机体自身的第一次有意识、有系统的反作用。"[2] 自此拉开了法律对劳资关系进行长期调整的序幕。

(六)工业化生产活动与自然科学的进步紧密联系在一起

"近代工业或现代工业不同于古代的工业。例如,古代也有采矿和冶炼工业,在某些国家还曾达到一定规模。但近代工业或现代工业的特点在于它是同自然科学的发展紧密地联系在一起的。"[3] 而且,"在工业化过程中,由于继续出现了重大的技术发明并在生产中得到应用,于是就有了第二次、第三次产业革命。"[4] 所以说,科学技术在工业生产活动中扮演了重要的角色,也对人们的日常生活发挥着较大的影响,许多社会纠纷伴随着科学技术的兴起发生,也需要借助科学技术手段来解决。

科学技术对工业化发展的推动和支撑作用不言而喻,也因此带来了社会生活和法律制度的革新。在前工业化时代,科学技术问题只是科学家之间的对话和交流,利用科学技术制作出的产品也只在很小的范围内个体应用,对社会大众而言它只是一件开阔眼界、增长见识的事情。工业化时代,科学技术被大量应用于工业生产活动中,并生产出大规模的产品供应市场,满足消费者的需求,由此科学技术对人们的社会生活产生了直接影响和作用。科学技术与人道价值观的冲突、与人类身心健康的冲突、与自然资源保护的冲突等问题开始进入人们的视野,与科学技术本身有关的权利也成了具有重要价值的权利,甚至科学技术内部也因各种欺诈和不端出现纠纷。科学技术问题由此成了一个社会问题,步入了法律制度调整的领域。

---

[1] [英]塞缪尔·E.芬纳:《统治史 古代的王权和帝国——从苏美尔到罗马》,王震、马百亮译,华东师范大学出版社2014年版,第625页。
[2] [德]马克思:《资本论》,中共中央马克思恩格斯列宁斯大林著作编译局译,中国社会科学出版社1983年版,第492页。
[3] 厉以宁:《工业化和制度调整——西欧经济史研究》,商务印书馆2010年版,第1页。
[4] 厉以宁:《工业化和制度调整——西欧经济史研究》,商务印书馆2010年版,第20页。

（七）　对资源和环境的依赖和影响显著增大

由于机器和科学技术的应用以及生产活动的组织化程度的强大，工业时代的生产能力和生产规模有了大幅度的提升，生产所需的原材料需求急剧增大，生产活动所需要的其他自然资源（如水）的消耗也急剧增大，生产过程产生的各种环境影响（如生产的废水、废气、废渣等的排放）也显著增加。前工业社会的生产活动虽然也需要利用自然资源，也会对环境造成一定的影响，但由于生产手段和生产规模的限制，对社会不会造成大的影响，即使有时会发生一些影响，也主要集中在相邻关系方面，且环境修复的时间也相对较短。而工业社会中的生产活动对自然资源的大规模使用，对自然环境的巨大影响，不仅影响的范围大，而且影响的程度更深，甚至威胁人类社会的可持续发展和人类的生存基础，仅仅依靠单个利害关系人依照传统的相邻关系和侵权法律制度已难以抑制其危害，根本无法抗衡其给人类和社会带来的各种负面影响。

（八）　工业生产需要大量的社会资本投入，刺激了相关行业和法律制度的发展

任何生产经营活动都需要一定数量资金的支持。但是，与传统的生产方式不同，工业生产由于要使用大量的机器设备，广泛应用各种科学技术，进行大规模的生产，大量的工人雇佣，大片土地的占用，大面积厂房的建造，而且生产持续的周期长，因此需要巨额的资本投入。单个主体的资本难以支撑工业生产的需求，需要集中更多人的资本，甚至需要吸纳社会资本参与工业生产活动，因此，需要更完善的财产权利保护制度，以满足工业生产不间断的巨额资本投入。为了筹措从事工业生产活动所需的资金，先是家庭成员和亲朋好友结成联盟，把各自的资金拿出来投入到一项共同的工业生产活动中去，于是就有了合伙关系，产生了合伙法律制度。仅仅依靠熟人之间的关系筹措资金，对于小规模生产来说可能是一种解决问题的办法，但对于大型工业生产活动而言，仅在此范围内根本无法筹集到所需资金，金融业由此得以发展；而且，工厂通过发行股票和债券等方式，也可以向社会募集资金，借助全社会的力量开展工业生产活动。在这一过程中，如果没有法律的保障，工业生产所需的巨额资金的借贷、社会资本的募集，是一件难以完成的事情。

三、工业化改变了法律对社会关系调整的样态

"在任何成功开启了工业革命的国家，呼唤工业时代法律规则和新型政府问责机制的时期总会到来，只要工业革命的进程不断推进。"[1] "产业革命并不仅仅是一场技术上的变革，它也是一场政治革命和制度上的变革，影响广泛、深远，直接涉及所有制、企业经营方式、收入分配、生活方式、风俗习惯以及人际关系的变革。"[2] "世界各国的经济发展历史表明，工业化不仅仅是工业经济的'单兵突进'，而是整个社会结构和政治体制的深刻变化，也是社会观念和人的行为方式的全面进步。"[3] "工业变革要求

〔1〕　文一：《伟大的中国工业革命　"发展经济学"一般原理批判纲要》，清华大学出版社 2016 年版，第 279 页。
〔2〕　厉以宁：《工业化和制度调整——西欧经济史研究》，商务印书馆 2010 年版，第 18 页。
〔3〕　金碚：《大国筋骨——中国工业化 65 年历程与思考》，广东经济出版社 2015 年版，第 286 页。

建立与之相适应的劳动和社会保障体制、市场管理和管制制度、环境监管和保护制度等,而且要求交通运输、内外贸易、财政税收、金融服务、科学技术、教育培训、医疗卫生、就业管理等制度都必须进行彻底改革,甚至在政府行政体制改革中,工业变革也发挥了突出的促进作用。"〔1〕从西欧工业化发展的历史经验看,"没有制度更替,西欧各国工业化道路上的制度障碍未被清除,工业化难以顺利地推进;没有制度调整,西欧各国的社会经济难以稳定,甚至连资本主义制度都面临着危机,工业化也就难以在资本主义道路上继续进行了。"〔2〕

法律是社会制度的主要构成部分,在工业化的推动下,社会关系发生了变化,以社会关系为调整对象的法律也必然发生相应变化。

(一)法律由被动调整转向主动调整

在前工业化时代,法律对生产活动的规范和调整,主要以主体为理性人为预设基础,当事人之间权利义务关系的设定,交由当事人自己判断和处理,契约自由原则是这一时期法律规范的基础性制度。

例如,在英国,"到18世纪末,大家普遍认为,劳动力是一种可按市场价格自由买卖的商品。""从此往后直到20世纪初,官方相信,通过法律设定工资(但不包括通过法律控制工时及其他某些工作条件),必然走向毁灭。晚至1912年,当首相阿斯奎斯提出那份(不具操作性的)《矿工最低工资法案》时,这位通常不动感情的人居然还流泪哭泣,那份法案是全国性煤矿罢工迫使政府咽下的一颗苦果。"〔3〕对于这一问题,美国最高法院曾经的主流看法是:"一个人按照他确信是合理的条件出卖其劳动力的权利,实质上等同于劳动力的购买者规定他从提出出卖劳动力的人那里接受这种劳动力的条件的权利。所以,雇工基于任何理由不再为雇主服务的权利,等同于雇主基于任何理由,不让该雇工继续服务的权利……在所有这种情况下,雇主和雇工都享有平等的权利。任何破坏这种平等的立法都是对契约自由的专横干预。"1899年,最高法院的一项判决又强调:"在具备行为能力的当事人之间,立法机关有什么权力假定,(劳工)需要得到保护,去对付另一类人呢?"规定雇佣条件的法律是为劳工设置了监护,使他们成为国家的受监护人,从而把劳工看成了低能的人。这是"一种把劳工置于立法机关的监护之下的侮辱性的企图……降低了他的人格。"〔4〕但是,也还是有人指出了其中的问题。19世纪60年代,美国全国劳工同盟工会主席威廉·席威斯认为,从事工资劳动意味着,个人的生活是否幸福完全依赖于另一个拥有资本的人的决定和意志,而资本与劳动之间是对立的关系。1864年,他旗帜鲜明地表达了这种态度。他说"如果工人和资本家是平等的合作者,为什么他们不平分生产利润?为什么资本家拿走了整个面包,而只给工人留下一些面包渣?为什么资本家成为百万富翁,而工人却生活

---

〔1〕 金碚:《大国筋骨——中国工业化65年历程与思考》,广东经济出版社2015年版,第15页。
〔2〕 厉以宁:《工业化和制度调整——西欧经济史研究》,商务印书馆2010年版,第525页。
〔3〕 [英]埃里克·霍布斯鲍姆:《工业与帝国 英国的现代化历程》,梅俊杰译,中央编译出版社2016年版,第229~230页。
〔4〕 [美]伯纳德·施瓦茨:《美国法律史》,王军等译,中国政法大学出版社1997年版,第138页。

在匮乏和贫穷之中呢？难道这些能证明资本与劳工利益一致吗？不，先生，恰恰相反，它们只能说明，资本与劳动之间是对立的关系……雇主急于获得利润，就会尽量地降低工人的工资水平，而工人为了维护自身利益不受侵犯，则努力维持工资水平。"在美国进入"镀金时代"后，为改善自己的命运，建立自己的工会组织，动用组织力量与资本家斗争，成为一种势不可挡的潮流。[1] 可悲的是，当工人们组织起来与强势的资本家进行维权斗争的时候，美国的反托拉斯法却限制州际贸易的罢工和间接联合抵制等行动，将其认定为对联邦法律的侵犯，是非法的行为，要承担刑事共谋罪。1933 年6 月，美国《工业复兴法》颁布，该法强制规定各个行业的竞争规章必须含有保证雇员组织工会和享有集体谈判权力的条款。《工业复兴法》的颁布，"意味着国家责任观念的转变，它扩大了政府通过法律所管制的范围。法案使得在国家层面上制定促进经济繁荣和扩大就业的计划成为可能。更为重要的是，由于政府承诺保护所有雇员集体谈判的权力，这就在美国历史上第一次表明了国家承认它在调控劳资关系中的义务，国家必须在劳资关系的调控中担任建设性的角色。"[2]

在工业化时代，由于其生产活动的社会性，不仅生产活动参与的人数众多，而且，生产活动对社会生活影响广泛，工业生产活动的各个环节与社会成员的各项权利、利益联系密切，因此，基于工业生产的这种社会化特征，法律不再一味放任当事人自由设定相互之间的法律关系及其权利义务，也不再被动地应对当事人已经发生纠纷的法律关系。而且，有些工业生产活动，对社会公共安全具有较大影响，法律必须进行主动调整，以保障社会公共安全；有些法律关系的当事人之间力量对比悬殊，放任当事人自由缔约，势必造成弱势一方主体的利益严重受损；有些社会关系事关人类的尊严和基本价值观，必须借助法律的强力维护；有些社会关系事关人类社会的可持续发展，不能放任其自由行事；等等。不仅如此，自然状态下的工业化活动，也出现了周期性的经济危机这样剧烈的社会动荡，危及社会的安全。为此，在经济学上，出现了国家干预经济的理论，在国家管制层面，也开始对经济活动进行主动介入和调整。伴随着国家对经济活动的主动干预和调整，法律也相应地从被动调整转向主动调整和规范。

随着工业化的发展，人们对法律的作用的认识也发生变化，过去人们对法律的作用的认识主要是规范社会关系和保障社会秩序，而在工业化时代，人们意识到了法律引领社会发展和推动社会进步的作用，同时，工业化发展需要促进和鼓励创新，也需要法律对未来发展的方向提供清晰明确的可预期性，以便以长期发展为目标的工业化活动者能够安心计划、做好长远打算。

（二）国家及其法律由秩序维持转向秩序维持与关系塑造并重

在工业化时代，国家的职能不再只是"守夜人""看门人"，也不仅仅是维持一个良好的社会经济发展秩序，而是要主动介入到工业社会发展的过程之中。当然，这并不意味着政府可以将其有形的手插入到具体的工业生产活动中，直接参与工业生产活

---

[1]　周剑云：《美国劳资法律制度研究（1887－1947）》，中央编译出版社 2009 年版，第 32 页。

[2]　周剑云：《美国劳资法律制度研究（1887－1947）》，中央编译出版社 2009 年版，第 128 页。

动。西方资本主义周期性经济危机的出现以及工业化过程中存在的各种矛盾和问题，证明了国家对工业化的发展不能简单固守不干涉市场经济的信条，而应当往理性国家的方向努力，而"理性的国家是建立在专业官员制度和理性的法律之上的。"[1] 法律制度需要对工业活动进行管制，为保障工业化的健康和可持续发展，国家通过法律制度开始强力塑造适应工业活动开展的社会关系。

法律对社会关系的塑造，首先是重新校对国家及其官员的发展理念。"长期以来，在官员和一般人的心目中，经济增长是'善'，抑制经济增长是'恶'，于是流行的观点是：'商品生产得越多越好；经济增长幅度越大越好；经济增长就是社会追求的目标'；只要经济增长，就能给社会带来幸福。"[2] 在这一思想主导下的法律也自然把维护有利于工业化发展和经济增长的社会秩序作为其自身的基本使命。但是，工业化发展过程中存在的问题，使得国家及其法律不能坐视不管，经济的发展和增长不能把发展的正义性问题抛诸脑后。为此，国家在维护工业化发展和社会经济增长秩序的基础上，"20世纪30年代以后，西欧国家同美国一样，都把政府的宏观经济调控当作履行政府管理职能的一项重要内容，政府有责任对宏观经济中出现的失衡进行干预，包括降低失业率，抑制过快的通货膨胀，维持一定的经济增长率，消除国际收支不平衡，等等。政府主要运用财政政策和货币政策来解决宏观经济的失衡问题。这是工业化开始以来西欧国家政府的政策目标取向的一次重大调整。"[3]

同时，20世纪30年代大规模的经济危机爆发以后，国家也开始加强对经济的管控范围和力度，相关领域的行政管制方面的法律也大量出台，工业化活动的方方面面都逐渐被纳入国家和法律管控的范围。有些经济学家甚至认为，"一个理想的市场经济，是一个市场上每一笔交易都能够受到监管、登记和事后责任追究的经济，而不是芝加哥学派和华盛顿共识鼓吹的自由放任的经济。一个好的经济制度，是一个能够建立和实施严密市场监管的制度，而不是新制度经济学派鼓吹的缺乏内涵的抽象的'一切市场皆可为'的'包容性'制度。"[4]

当然，无论是在理论界还是在实务界，市场和政府管制之间的关系的价值判断问题，一直是一个争论不休的话题。但是，一个不可否认的事实是，国家通过法律对工业化及其他社会经济活动的调整和规范，已经从过去单纯的被动应对转向兼以社会经济发展正义为宗旨的主动调整和干预，并开始经常性地运用各种政治、经济、法律等手段，形塑与社会基本价值目标相一致的社会经济关系。因为过去传统的生产方式，已经要被新的生产方式所替代，而传统的法律制度体系主要还是建立在农耕社会关系的基础上的，如果仍然固守和强力推进过去的法律制度，则只会强化以农耕为基础的社会关系，阻碍和制约工业化的发展。因此，法律制度要为新的社会关系发展提供服

---

〔1〕 ［德］马克思·韦伯：《经济与社会》（下卷），商务印书馆2006年版，第720页。

〔2〕 厉以宁：《工业化和制度调整——西欧经济史研究》，商务印书馆2010年版，第192页。

〔3〕 厉以宁：《工业化和制度调整——西欧经济史研究》，商务印书馆2010年版，第203页。

〔4〕 文一：《伟大的中国工业革命 "发展经济学"一般原理批判纲要》，清华大学出版社2016年版，第175～176页。

务，用法律的强制力推动旧的社会关系向新的社会关系的演进，营造有利于工业化开展的社会秩序，维护有利于工业化发展的社会关系。"在市场制度的完善和健全方面表现为公平交易规则的建立和生产要素市场的完善和健全。"[1]

（三）新的法律部门不断涌现

在工业化时代，新的法律关系不断涌现，新的受法律保护的权利不断被认识，相应的法律调整也不断增加，过去人们不太在意的问题，或者只是在私人关系中关注的问题，在工业化时代则上升为一个社会问题，并因此而变得很重要。

如：工业化的发展以科学技术的发展为其动力来源之一，知识产权的保护不仅体现为对权利人的保护，也体现为对与知识产权有关的工业生产活动秩序的维护，这样一来，法律对于知识产权的保护就显得十分必要和重要。而且，随着工业化的发展进步，知识产权的范围也由过去的版权、商标权、专利权发展演变，所包括的领域不断扩大。如："在版权领域已扩展至以下领域：①与版权相邻接的权利，又称邻接权（Neighboring Rights），包括表演者、音像制作者以及广播公司的权利。②信息技术领域，如计算器软件、数据库的收集形式，以及半导体产品的拓扑图（Topography）。③随着互联网技术的问世与发展，网络上文学艺术作品的版权以及邻接权的保护也成为版权学界讨论的热点，争议最大的是以点对点（peer to peer）技术转播作品是否构成侵权。与此同时，商标权的保护也由过去的商品与服务标志扩展至以下领域：①商号、地理标志与集体标志（Trade Name，Geographic Indications and Collective marks）。②非传统商标，如声音、气味、味道和立体商标等。近年来，与互联网技术相关的商标保护也成为学界与业界讨论的重点，如将商标注册为域名或把商标用做广告关键词是否构成对商标权的侵权。最后，与高新科技的发展相适应，专利保护领域也扩展至对计算器软件、商业方法、动植物新品种、化学物质、药品以及医疗诊断方法、基因排列、干细胞技术等的保护，这些扩展不仅引起知识产权界在学术上就这些领域是否具有专利权的争论，而且引起世界范围内对赋予这些领域专利保护是否符合道德、公平与人权价值的政治争论。"[2]

另外一个典型的例子，就是环保法律制度的诞生和发展。工业革命之前，人们虽然也关注环境的问题，但当时主要是基于私法理念，只有在排放的污染行为损害了他人的私权的时候，法律才予以干预。"这方面的典型案例是桑德森诉宾州煤炭公司案（*Sanderson v. Pennsylvania Coal Co. 1886*）：在该案中，伊莉莎·桑德森花了相当大的一笔费用，建造了一栋规划得很美的大房子，而牧场溪（Meadow Creek）正好穿过其园林。随后，宾州煤炭公司开始朝牧场溪中倾倒矿产废弃物。洁净的小溪是桑德森买下土地和建造房屋、花园的原因之一。但是，当溪水因为废弃物而变得恶臭难闻之时，她不得不面临艰难的选择：另找一种可替代的观赏性资源或者放弃现有的房子和花园。在裁决中，法院很宽泛地指出该州从迅速发展的煤炭产业中获得了的很大利益，而一

---

〔1〕 厉以宁：《工业化和制度调整——西欧经济史研究》，商务印书馆2010年版，第533页。

〔2〕 梁斌、陆红主编：《法学》，中国人民大学出版社2012年版，第444页。

个大家庭所产生的却是微不足道的社会利益。这样对比之后，法院认为煤炭公司对社会的好处大于原告方所受之损害，故而拒绝保护桑德森夫人的利益。""直到工业革命时期，形势才开始转变。大范围环境质量的下降成为一个严重的公共问题。在经过寄希望于市场自我矫正，但收效甚微之后，到19世纪晚期和20世纪，西方国家逐渐开始为保护环境而管制工业，随后又将此种做法拓展到其他产业。""大量不同的因素在20世纪60年代聚在一起。到20世纪60年代晚期，终于引发了欧洲和北美环境诉讼和环境立法的激增，也使环境问题成为国际关注的焦点。发展到这种程度，环境法才被认为是真正出现了。也正是此时，'环境法'这个词语正式普及。""在此之后，美国爆发了立法热潮。1969年美国环境保护局成立，环境立法的春天随之而来，例如：国家环境保护法、清洁空气法、清洁水法、濒危物种法、安全饮用水法、资源回收法、综合环境责任赔偿和义务法等。"[1]

美国学者约翰·法比安·维特认为："关于工作事故这类工业问题的法治建设构成了一项前提条件，正是在这一基础上，美国与其他主体才着手应对工业化带来的更为复杂的挑战，比如环境风险，只是到了20世纪60年代，美国才开始面对环境危害，这在很大程度上是因为环境问题提出了关于科学证据与统计因果的难题。当发展中国家开始处理工业化带来的环境污染问题时，工厂事故（正如它们在美国）已经构成了工业经济法治制度建设的检验标准。"并"由此带来了民事责任法内的一场'法律革命'"[2]

（四）国家的管理行为从强制实施转向强制与合作治理并举

在前工业化时代，由于生产和社会活动的内容和形式相对比较单一，行政管理工作相对简单，如我国古代长期只需一个衙门就能管理涉及行政、司法等多方面的社会公共事务。但是，在工业化时代，由于工业活动涉及领域的广泛性，活动内容的技术性、专业性，活动范围的跨区域、跨国界性，利益主体的多元性和各方利益的复杂性及其巨大的社会影响等，不仅使得"行政是一项以大量不同主体之间的相互依赖为特征的工作（行政机关、私人公司、借贷机构、保险公司、消费者、非营利组织、第三方执法者和行业协会等）"，[3] 而且，行政管理的专业性、技术性也大大增强。单纯依靠行政机关运用传统的权力行使方式——服从模式的行政管理方式——根本无法应对工业化时代的国家管理问题。为此，行政法学领域就提出了所谓新行政法的问题，其基本的特征就是契约式管制、协商行政、合作治理。与单纯的强制手段相比，"协商不仅容许各方进行利益的交换以达成协议，并且能够使其相互教育、汇集知识并且合理解决问题。另外，共同参与制定规则，也会培养当事人对结果的主人翁意识，使其更易于接受，也就是更加合理。"[4] "合作治理具有以下特征：①以解决问题为导向。合作治理的关注点在于解决管制问题，这就要求拥有与设计、实施创造性解决方案极为

---

〔1〕梁斌、陆红主编：《法学》，中国人民大学出版社2012年版，第497~499页。

〔2〕［美］约翰·法比安·维特：《事故共和国 残疾的工人、贫穷的寡妇与美国法的重构》，田雷译，上海三联书店2008年版，第5页。

〔3〕［美］朱迪·弗里曼：《合作治理与新行政法》，毕洪海、陈标冲译，商务印书馆2010年版，第193页。

〔4〕［美］朱迪·弗里曼：《合作治理与新行政法》，毕洪海、陈标冲译，商务印书馆2010年版，第208页。

相关的知识的各方共享信息，进行审理。②利害关系人与受影响者参与决定过程的所有阶段。宽泛的参与具有独立的民主价值，而且会推动有效地解决问题。这在不同的情形下会表现为不同的形式。③临时性的解决方案。规则被视为临时性的，而且要进行修正。这就要求在不确定的条件下继续向前，还要求在不排除反思解决方案与目标的情况下设计管制问题的解决方案。为了落实这一点，连续性的监控与评估极为重要。④超越治理中传统公私角色的责任。当事人相互依赖而且对彼此负责。新的安排、网络、制度或权力分配可以取代或补充传统的监督机制。这包括自我监控与披露、社会监督与第三方鉴定。在这些安排中，传统的角色与功能会遭到质疑。⑤灵活投入的行政机关。行政机关是多方利害关系人协商的召集者与组织者，激励利害关系人进行更广的参与、信息共享与审议。通过在必要的时候提供技术资源、资金资助与组织支持，行政机关可以发挥当事人与制度能力建设者的作用。尽管行政机关可以设定下限与上限并且担任最终的决定者，但行政机关认为管制的成功取决于其他参与者的贡献。"[1]

第二节 工业化是我国长期的发展战略

从我国的情况观察，自近代以来，我国开始了工业化的发展步伐，不仅推翻了清朝封建制度，引发了辛亥革命，而且给中国输入了马克思主义。

实现国家的工业化是中国共产党人一直追求的目标。可以说，"中国共产党是中国工业化的产物。工业化在中国制造了无产阶级工人这一群体，随着马列主义传入中国，共产党这一工人阶级的先锋队也应运而生。中国共产党自诞生之初，便是中国工业化的坚定推动者，也是先进工业文化的捍卫者与传播者。"[2] 早在1945年4月24日，在抗日战争即将取得决定性胜利之际，就如何建立一个新的国家，毛泽东在党的第七次全国代表大会上作了《论联合政府》的报告，提出了中国共产党在新民主主义阶段的一般纲领和具体纲领，在具体纲领中的第七部分专门谈到了工业问题，指出："为着打败日本侵略者和建设新中国，必须发展工业。"

1949年召开的第一届中国人民政治协商会议通过的《中国人民政治协商会议共同纲领》第3条指出："中华人民共和国必须取消帝国主义国家在中国的一切特权，没收官僚资本归人民的国家所有，有步骤地将封建半封建的土地所有制改变为农民的土地所有制，保护国家的公共财产和合作社的财产，保护工人、农民、小资产阶级和民族资产阶级的经济利益及其私有财产，发展新民主主义的人民经济，稳步地变农业国为工业国。"

1953年6月15日召开的党的中央政治局会议对此做了较为完整的概括："党在过渡时期的总路线和总任务，是要在10年到15年或者更多一些时间内，基本上完成国家工业化和对农业、手工业、资本主义工商业的社会主义改造。"中央政治局会议后，毛

〔1〕 ［美］朱迪·弗里曼：《合作治理与新行政法》，毕洪海、陈标冲译，商务印书馆2010年版，第34~35页。
〔2〕 严鹏：《简明中国工业史（1815-2015）》，电子工业出版社2018年版，第116页。

泽东在党的中央宣传部起草的关于总路线的宣传提纲上，把党在过渡时期的总路线进一步完整准确地表述为："从中华人民共和国成立，到社会主义改造基本完成，这是一个过渡时期。党在这个过渡时期的总路线和总任务，是要在一个相当长的时期内，逐步实现国家的社会主义工业化，并逐步实现国家对农业、对手工业和对资本主义工商业的社会主义改造。"并指出，"这条路线是照耀我们各项工作的灯塔，各项工作离开它，就要犯右倾或'左'倾的错误。"1953年12月，党的中央批准并转发了《为动员一切力量把中国建设成为一个伟大的社会主义国家而斗争——关于共产党在过渡时期总路线的学习和宣传提纲》，标志着总路线的最终形成。1954年2月党的七届四中全会通过决议，正式批准了过渡时期总路线。同年9月25日，党中央正式向全国公布过渡时期总路线，并直接规定在了1954年《中华人民共和国宪法》的序言中："从中华人民共和国成立到社会主义社会建成，这是一个过渡时期。国家在过渡时期的总任务是逐步实现国家的社会主义工业化，逐步完成对农业、手工业和资本主义工商业的社会主义改造"。1956年9月，党的第八次全国代表大会指出，全国人民的主要任务是集中力量发展社会生产力，实现国家工业化。

1954年9月23日，周恩来总理在第一届全国人民代表大会第一次会议上所作的《政府工作报告》的题目就是"把我国建设成为强大的社会主义的现代化的工业国家"。

我国发展国民经济的第一个"五年计划"，是根据中国共产党中央于1952年提出的党在过渡时期的总路线、亦即国家在过渡时期的总任务而制定的。时任国务院副总理兼国家计划委员会主任李富春在1955年7月5日至6日召开的第一届全国人民代表大会第二次会议上所作的《关于发展国民经济的第一个五年计划的报告》中，系统提出了中国走工业化发展道路的必要性和基本建设方案。该报告指出，"我国为着建设社会主义，必须积极地实现社会主义工业化"。

1981年6月，党的第十一届六中全会通过的《关于建国以来党的若干历史问题的决议》明确指出，国家的社会主义工业化，是国家独立和富强的当然要求和必要条件。1982年9月，党的十二大报告中虽然没有直接提社会主义工业化的问题，但在报告中提出，在1981年到1985年的第六个"五年计划"期间，要继续坚定不移地贯彻执行调整、改革、整顿、提高的方针，厉行节约，反对浪费，把全部经济工作转到以提高经济效益为中心的轨道上来。要集中主要力量进行各方面经济结构的调整，进行现有企业的整顿、改组和联合，有重点地开展企业的技术改造，同时要巩固和完善经济管理体制方面已经实行的初步改革，抓紧制订改革的总体方案和实施步骤。在1986年到1990年的第七个"五年计划"期间，要广泛进行企业的技术改造，逐步展开经济管理体制的改革，同时继续完成企业组织结构和各方面经济结构的合理化。在20世纪80年代，还必须在能源、交通等方面进行一系列必要的基本建设，和一系列重大科技项目的"攻关"。

1987年10月，党的十三大报告指出，今后相当长时期内调整和改造产业结构的基本方向应当是：坚持把农业放在十分重要的战略地位，全面发展农村经济；在大力发展消费品工业的同时，充分重视基础工业和基础设施，加快发展以电力为中心的能源工业，以钢铁、有色金属、化工原料为重点的原材料工业，以综合运输体系和信息传播体系为主轴的交通业和通信业；努力振兴机械、电子工业，为现代化建设提供越来越多的先进技术装备；以积极推行住宅商品化为契机，大力发展建筑业，使它逐步成为国民经济的一大支柱。

1992 年 10 月，党的十四大提出，要加快交通、通信、能源、重要原材料和水利等基础设施和基础工业的开发与建设，并将其作为加快经济发展的迫切需要和增强经济发展后劲的重要条件。

1997 年 12 月，党的十五大报告指出，在社会主义条件下要经历一个相当长的初级阶段，去实现工业化和经济的社会化、市场化、现代化。

2002 年 11 月，党的十六大报告提出走新型工业化发展的道路。

2007 年 10 月，党的十七大报告中提出，要加快转变经济发展方式，推进产业结构优化升级，坚持走中国特色新型工业化道路。

2012 年 11 月，党的十八大报告提出了坚持走中国特色新型工业化、信息化、城镇化、农业现代化道路，推动信息化和工业化深度融合、工业化和城镇化良性互动、城镇化和农业现代化相互协调，促进工业化、信息化、城镇化、农业现代化同步发展的战略目标。

对于如何认识工业化的作用及如何建立新型工业化国家的问题，2012 年 5 月 28 日，党的中央政治局第三十三次集体学习的主题，就是坚持走中国特色新型工业化道路和推进经济结构战略性调整。时任中共中央总书记胡锦涛在主持学习时强调，工业是实体经济的主体，也是转变经济发展方式、优化产业结构的主战场。

2013 年 12 月，习近平同志在中央城镇化工作会议上指出："城镇化与工业化一道，是现代化的两大引擎。走中国特色、科学发展的新型城镇化道路，核心是以人为本，关键是提升质量，与工业化、信息化、农业现代化同步推进。"

2015 年 5 月 8 日，国务院发布了《中国制造 2025》，这是我国实施制造强国战略"第一个十年"的行动纲领。按照"四个全面"战略布局要求，实施制造强国战略，加强统筹规划和前瞻部署，力争通过 3 个"十年"的努力，到中华人民共和国成立 100 年时，把我国建设成为引领世界制造业发展的制造强国，为实现中华民族伟大复兴的中国梦打下坚实基础。

改革开放 30 多年来，我国工业发展成就举世瞩目，工业增加值年均增速超过 11%，占 GDP 的比重和对经济增长的贡献率保持在 40% 左右。2010 年，我国制造业占全球制造业的比重达到 19.8%，成为世界制造业第一大国。

十八大以来，中国特色社会主义进入新的历史时代，我国的工业化发展也将步入一个新的历史发展时期，加快建设制造强国是十九大提出的我国工业化发展的新的战略目标，党的十九大确立的新时代中国特色社会主义思想和基本方略，必将为我国工业化发展指明新的方向，也必将为中国特色的工业化发展确立更加完善的法治保障。

第三节 工业法

一、工业法概念的提出

"工业法"在我国尚属一个比较陌生的概念。通过对法学文献资料的检索可知，我们既没有名为"工业法"的专门立法，也少有官方层面对工业法问题的讨论，学界更是罕有关于工业法问题的专门研究。在中国知网的中文数据库搜索以"工业法"为主题的内容，与我国工业法有关的信息也仅有以下几条：

国内的文献资料中，"工业法"一词最早见于 1948 年出版的《公益工商通讯》第 3 卷第 2 期。该刊登载了由宋彦科撰写的《工业法试拟》一文。文称："欧洲各国由工业革命而工业化，乃自然而然水到渠成，非借政府力量之推动，同时科学发达，有关工业之一切常识，凡属国民均耳熟能详，先有既成之事实，故无特立专法之必要。我国工业化有待于迎头赶上，须有绝大力量之推动倡导，政策步调须鲜明一致，回观现有政策法规支离破碎，或且矛盾冲突，主要原因在于缺少根本大法作为一贯之联系，去年工业节曾述感言于大公报，剀切指明拟定工业法之必要，工矿界对此早一再呼吁，最近国民大会在京集会，工矿国代有十大提案，复对工业法之拟定旧事重提。"并提出工业法应当由总则、分类、公营工业、民营工业、登记、奖励、组合、罚则、附则等章构成，同时提出工业法的立法要点共 22 条。

《农村经济》杂志 1988 年第 11 期摘自四川省农牧厅信息中心《农业信息参考》1988 年 20 期的一个消息称"我国农村工业法将行颁布"。全文如下："国务院有关部门负责人最近指出，我国不久将颁布农村工业法，用法律形式鼓励和指导农民向工业生产领域转移。据悉，国家将不再限制农村和私人企业的雇工人数；允许私人企业的经营者自由转移资金，鼓励私人企业经营者对企业进行更大的投资和保险；各地的乡镇企业将逐步与当地政府的地方资金挂钩。"

《经济观察报》2008 年 1 月 28 日刊登了一篇由翁仕友撰写的题为"军民融合变法提速 人大建言制定《国防工业法》"的文章，称时任国防科工委法规司司长张嘉浩日前透露，《武器装备科研生产许可管理条例》已经在国务院常务会议讨论通过，即将出台。

2008 年 3 月 14 日《21 世纪经济报道》刊发了冯青撰写的一篇名为"制定航空工业法 确保大飞机成功"的报道。称时任全国政协委员、中国一航第一飞机设计研究院吴光辉院长呼吁，为保证中国航空工业发展不受政府换届等原因影响，保证大型飞机等项目能持续、稳定发展直到产业成功，建议国家制定《中华人民共和国航空工业法》。

在国内学术界，除了本书作者邵俊武教授在 2014 年第 2 期在《广东工业大学学报（社会科学版）》刊发了一篇题为"工业化发展与工业法治保障"的文章，本课题研究人员广东财经大学法学院丁朋超助理教授在《河南教育学院学报（哲学社会科学版）》

2018 年第 1 期发表的"论个案全过程教学法在工业法教学中的适用"外，再未检索到以"工业法"为标题和关键词的文献资料。

国外学者的翻译文献中，由匈牙利学者乔治·勃伦纳撰写、杨道南摘译，于1980年发表在《国外法学》的"苏联东欧国家经济体制改革和工业法"，虽然题目中出现"工业法"一词，但从内容看，该文主要谈论的是经济体制改革，以及因此涉及的经济行政法、经济合同法问题，并未提及工业法的概念问题。

由此可见，在我国，虽然在中华人民共和国成立之前就有专家提出工业法的立法建议，工矿界国民代表也曾在国民大会上提出工业法的立法提案；20 世纪 80 年代国家层面曾经考虑过制定农村工业法，21 世纪初也曾有专家提出制定航空工业法的建议。但是，工业法和专门工业法的制定，始终未被提上正式的议事日程，起码没有步入正式的立法程序。在"工业化发展与工业法治保障"一文发表之前，理论界也无人对此问题进行专题研究。2015 年，广东省教育厅将"以工业法为导向的法学专业综合改革试点项目"作为当年的高等教育质量工程建设项目立项建设，开启了在高等法学教育领域关注和研究工业法问题的先河。

二、工业法在工业化发展过程中的必要性

(一) 我国工业化发展的现实需要

我国工业化发展到现阶段，各种社会问题已经迫使我们必须做出法治化治理的选择，否则，不仅工业强国的梦想难以实现，社会的安全稳定都将面临威胁。

1. 工业环境污染的法律管制形势严峻。截至 2011 年，中国制定了近 30 部环境、资源、能源、清洁生产与循环经济促进方面的法律，60 多部环境与资源保护的行政法规，600 多部环境与资源保护的部门规章和地方性法规及地方性规章，1200 多项各类环境标准。然而，与一大批环保法律"批量产出"相对应的现实情况，却是环境恶化未能遏制、环境形势依然严峻。环境法律制度的总体状况是"道高一尺，魔高一丈"，我国环境立法的状况是"没有大错，也无大用"；我国环境行政执法的状况是"左右为难，夹缝执法"；我国环境司法审判机关的状况是"非不能为，实不欲为"；我国环境法治的社会状况是"企业违法、公众无奈"。[1] 法律制度的建设与法治化发展未能同步推进。

2. 工业产品质量状况堪忧。2007 年以来，国际社会舆论对"中国制造"产品安全性问题的责难逐渐升级，涉及的产品从玩具扩展到轮胎、宠物食品、牙膏等。同发达国家相比，国内技术法规与技术标准明显落后。同时，国外标准在产品研发阶段就已经制定，而中国的标准制定却相对滞后，周期也长。各种技术标准的落后和不健全，不仅不利于产品质量的提高，而且也使企业的生产落后，导致产品质量因达不到国外的要求而被退回。中国在产品质量监控上，无论是执行标准还是实施监管，实际上都

---

[1] 汪劲主编：《环保法治三十年：我们成功了吗 中国环保法治蓝皮书（1979–2010）》，北京大学出版社 2011 年版，第 102 页。

长期存在出口与内销两种模式——所谓外紧内松、内外有别。正是标准与监管的"两张皮"，致使内销产品的质量与安全隐患层出不穷。[1]

3. 劳动者权益保障严重滞后。我国是工业后发国家，在国际产业分工链条中，尚处于低端地位，许多工厂都属于高耗能、低利润的劳动密集型企业，企业为了最大限度地降低生产成本、尽可能多地获取利润，忽略了劳动者工作劳动强度大、工资收入低、劳动安全卫生保护不够等问题。政府和社会为换取社会经济发展，容忍甚至放纵工业企业对劳动者权益的漠视和践踏。

4. 工业生产安全形势严峻。进入21世纪以来，与我国高速发展的工业化相伴而生的是安全生产形势严峻，各项安全生产指标落后，生产事故数量逐年上升。如，时任国家安全监管总局政策法规司司长、新闻发言人黄毅在接受新华网的访谈时披露，2007年全国事故总量50万件起，平均每天1387起，因事故平均一天死亡278人；2007年发生重特大事故86起，平均4.2天就发生一起；亿元GDP死亡率是先进国家的10倍。[2] 虽然，2012年我国主要指标明显下降，亿元GDP事故死亡率、工矿商贸10万就业人员事故死亡率、道路交通万车死亡率、煤矿百万吨死亡率等分别同比下降18%、13%、11%、34%。但事故总量仍然较大，重特大事故时有发生，安全基础薄弱、隐患严重以及影响安全生产的深层次问题尚未得到根本解决，我国安全生产的形势依然严峻。[3] 同时，我国的工业安全生产法律制度仍需要在借鉴国际经验的基础上加以完善。以安全生产立法为例，部分立法内容滞后，难以适应现实，需要尽快更新、修订；部分立法内容存在相互矛盾或者规定重复等问题；部分立法内容过于抽象，不够具体、明确，难以操作；安全生产的配套法规还不够健全，安全标准不够全面，有些标准已经过时但没有及时更新；对监督安全生产立法的约束机制不完善，法律责任规定不明确。从安全生产执法、守法方面看，监管机制还不够完善，执法力度有待加大；违反安全规范行为的赔偿额度不够高，行政处罚不够严，违反安全法规的行为被追究的比例低；部分执法人员不熟悉有关安全生产的法律法规，不能严格履行法定职责。[4] 这些问题都将威胁我国工业生产劳动者的人身安全，制约我国工业化的健康发展。

工业法治建设和完善的问题，已经引起我国有识之士的关注。时任华东理工大学校长钱旭红院士针对过程工业（即国家基础工业，包括石化、冶金、建材、核能、生物、医药等工业）的问题指出，工业化不是一个简单的技术过程，而是文明的进步过程，如果不能形成现代工业文明，工业就不可能走向精致化。他认为，仅仅取得技术突破并不意味着工业化成功，因为翻看世界工业化版图，每个国家都会经历工业化过

[1] 宋正：《中国工业化历史经验研究》，东北财经大学出版社2013年版，第194页。
[2] 黄毅："中国生产亿元GDP死亡率是先进国家的10倍"，载中国网，http://www.china.com.cn/news/txt/2008-01/18/Content_9553090_htm，最后访问时间：2013年6月4日。
[3] 蔡岩红："2012年我国亿元GDP事故死亡率下降18%"，载《法制日报》2013年1月18日，第3版。
[4] 黄群慧、郭朝先、刘湘丽：《中国工业化进程与安全生产》，中国财政经济出版社2009年版，第29~33页，第290页。

程，但最终成为工业强国的只是少数。[1] 时任全国政协委员、中国一航第一飞机设计研究院吴光辉院长呼吁，为保证中国航空工业发展不受政府换届等原因影响，保证大型飞机等项目能持续、稳定发展直到产业成功，建议国家制定《中华人民共和国航空工业法》。他指出，以中国航空工业民用飞机的发展为例，自行研制的运 10 飞机已经试飞；MPC – 75 支线飞机已开始预发展；100 座客机论证和发展工作已经非常深入，这些项目无一例外地都是因为得不到国家力量的持续支持而夭折，无功而返，回到起点。其后果是目前我国民用飞机发展严重滞后，中国民航目前拥有的近千架大型客机全部为进口机型，支线飞机绝大部分依靠进口。反映出中国在航空工业发展决策机制方面存在制度和法律上的缺失。为此，他认为，基于以上几点，特别是为避免国家出现重大或突发事件对航空工业发展的不利影响，比如政府换届、机构改革、企业整合等，都需要为中国航空工业立法。[2] 工业的发展带动了我国综合国力和人民生活水平的大幅提升，人民生活实现了从温饱到总体小康的历史性跨越。展望未来，工业在我国国民经济中的主导作用和支柱地位长期不会改变，坚定不移地走新型工业化道路，加快工业转型升级，促进工业由大变强，仍然是一项长期且艰巨的战略任务。

5. "放管服"改革必须有法律制度托底。为了促进创新驱动的效能，进一步激发市场活动和社会创造力，按照创新、协调、绿色、开放、共享的发展理念，国家采取了多项政策和举措，紧紧扭住转变政府职能这个"牛鼻子"，破除制约企业和群众创业的体制机制障碍，着力降低制度性交易成本，优化营商环境，形成经济增长的内生动力，促进经济社会持续健康发展。并且，在前期改革工作的基础上，2016 年 5 月 23 日，国务院发布了《2016 年推进简政放权放管结合优化服务改革工作要点》，规定了一系列简政放权、优化服务的改革措施。

"放管服"不代表国家对工业化活动完全放手，而是要放管结合、优化管理，法治化无疑是优化管理的基本选项。如学者所言，去监管化的成功必须以发挥作用的财产法、合同法和公司法为前提。没有这样的法律架构，去监管化将造成混乱与暴力。有了这样的法律架构，很多监管就不再必要，废除它们也就为商业交易卸下了负担。经济自由存在于市场的法律架构与不必要的监管负担的消解之中。经济增长的第一动因就是经济自由的"法制化"，即创造发挥作用的财产法、合同法和公司法，并废除不必要的监管。[3]

（二）法治化是工业化发展的必由之路

1. 工业化发展需要法律制度作为支撑。工业发展需要大量的资金投入，建设周期比较长，因此，也更需要稳定、健全的法律制度予以保障。

从世界的历史来看，资产阶级工业革命，不是在资产阶级建立自己的国家以前，

---

〔1〕 徐瑞哲："两院院士呼吁工业过程文明化"，载《解放日报》2013 年 5 月 12 日，第 2 版。

〔2〕 冯青："吴光辉委员建议制定航空工业法"，载《21 世纪经济报道》2008 年 3 月 14 日，第 3 版。

〔3〕 ［美］罗伯特·库特、〔德〕汉斯－伯恩特·谢弗：《所罗门之结 法律能为战胜贫困做什么》，张巍、许可译，北京大学出版社 2014 年版，第 276 页。

而是在之后；资本主义的生产关系的大发展，也不是在上层建筑革命以前，而是在之后。都是先把上层建筑改变了，生产关系搞好了，走上正确轨道了，才为生产力的大发展开辟了道路，为物质基础的增强准备了条件。当然，生产关系的革命，是生产力的一定发展所引起的；但是，生产力的大发展，总是在生产关系改变了以后。[1] 我国的工业化虽然已经取得了一定的成就，但是，要实现成为工业强国的目标，并在全社会实现工业现代化发展，必须建立完善的工业法律制度。

制度也是一种生产力，不同制度安排下的经济绩效是不一样的。同样的投入，由于制度的不同，产出可能会有很大差异。制度可以从两个层面促进一国经济发展，一是宏观层次，二是微观层次。从宏观层面来看，制度对一国经济发展的促进主要表现为一国有效的制度环境及制度安排大大地减少了交易中的不确定性，降低了社会经济活动的交易成本。从微观的层面来看，制度对一国经济发展的促进主要表现为有效的制度能解决激励和约束这两大市场经济中的基本问题。过去，人们大大低估了制度在社会经济发展中的作用，但越来越多的理论家们开始认识到，发展中国家与发达国家的差异主要是一种制度上的差异。制度瓶颈使发展中国家的各种要素难以通过市场机制得到有效的配置。[2] 一个自由放任、没有法律规制的市场趋向于自我扭曲和最终的湮灭。[3]

在现代国家，制度意味着对社会公共事务的民主管理。其基本意义并不在于民众比由社会精英组成的行政管理者具有更高的智慧，而在于民众中存在不同的自由的声音和各不相容的利益诉求，通过民主的方式形成的法律制度，可以消解矛盾和冲突，降低政府决策过程中对单纯政治利益的追逐，适当转移决策的政治风险，提高决策的权威性，提升全社会遵行法律制度的自觉性。

2. 完善的法律制度可以推动工业化发展所需的技术进步。经济学界有关技术进步与制度变迁关系的理论主要有三种观点：一是以经济增长理论为基础的"技术决定论"，二是以新制度经济学为基础的"制度决定论"，[4] 三是"技术和制度共同决定论"。[5] 无论学界观察的视角如何不同，但大多数学者的观点的一个共同之处就是，制度对技术的进步和社会的发展有着非常重要的意义和作用。这也符合马克思主义经济基础决定上层建筑，上层建筑反作用于经济基础的基本理论。"在任何时代，增长不仅仅是整体上的变动，还应包含结构的转变。即使这种增长的冲动是由重大技术创新带来的，每个社会在采用这种技术时也必须调整现有的制度结构。"[6]

众所周知，在人类历史上，每一次科学技术革命都一定程度上推动了工业化的进

---

〔1〕 中共中央文献研究室编：《毛泽东年谱（1949-1976）》第四卷，中央文献出版社 2013 年版，第 270 页。

〔2〕 卢现祥：《新制度经济学》，武汉大学出版社 2011 年版，第 279 页。

〔3〕 ［德］沃尔夫冈·费肯杰：《经济法》第一卷，张世明、袁剑、梁君译，中国民主法制出版社 2010 年版，第 12 页。

〔4〕 左峰：《中国近代工业化研究 制度变迁与技术进步互动视角》，上海三联书店 2011 年版，第 40 页。

〔5〕 王忠民、高树枝："制度和技术共同决定论"，载《人文杂志》1997 年第 3 期。

〔6〕 ［美］西蒙·库兹涅茨：《现代经济增长》，戴睿、易诚译，北京经济学院出版社 1989 年版，第 5 页。

程，提升了工业化的发展水平。技术进步扩大了制度变迁获利空间，诱导着制度变迁；技术进步不仅增加了制度变迁的潜在利润，而且降低了某些制度变迁的操作成本；由技术进步所释放的新的收入流是对制度变迁提出要求。[1] 但是，制度变迁对技术进步的作用也不言而喻。一是制度变迁直接和间接地推动了技术进步，提高了技术进步效益（贡献率），产生了技术进步效应。具体表现为：其一，制度变迁能够减少技术进步的外部性，使其潜在利润内部化，使个体利益与社会收益存在差异，促使外部利益内部化；其二，制度变迁通过改变技术进步的报酬系统，调整利润分配，直接减少了生产成本；其三，制度变迁降低了技术进步过程中所需要的交易成本。二是制度变迁激励了基础进步。任何一种制度的基本任务都是对个人行为形成一个激励，使每个人都受到鼓舞，从事那些不但对他们个体有效，而且也对整个社会有效的技术创新活动。工业革命以来，技术的巨大进步在很大程度上可以归结为一系列保护产权制度及专利法的实施。具体表现为：其一，私人产权制度的确立，使得技术进步产生的收益内部化于产权主体，使之获得了技术进步的奖励。此外，专利制度的推行，为发明创造提供了进一步明确的保护，使发明者对新成果在一定时期内享有排他独占权，持续地激发了人们进行发明创造的热情，从而为技术进步提供了外在激励。三是制度变迁保证了技术进步的外部环境。有效的制度变迁决定技术进步，给技术进步推行主体带来预期收益。没有好的制度环境，技术进步动力就会减弱，效果就会打折扣，技术进步的程度、规模和速度就会受到制约，技术形成、扩散和应用也会因此而受到影响。尤其是，重大的技术进步要依赖于知识存量的积累、基础知识的沉积以及人才的培养，这些都具有公共物品的特征：准备时间长、人力资本投入巨大、商业获利性风险大并且成功收益难以估计。因此，更需要依赖于一套复杂的制度安排以及必要的制度变迁。[2]

3. 工业化发展的法治化已形成一种国际共识。在德国，根据德国宪法，学者们提出了经济宪法和经济公法的概念，并确立了经济公法的法治国家原则，社会国家原则，联邦国家的自治原则，环境保护原则，总体经济平衡、货币联盟与经济性原则，辅助性原则等与经济宪法有关的国家和法律原则，提出了经济个性自由、经济行政法对于生命和健康的保护、经济信息与经济通信自由、结社自由和同盟自由、职业自由、经营场所的保护、财产自由、经济上平等对待的要求和禁止歧视等基本经济权利。[3] 虽然，德国是从经济宪法和经济公法的角度进行规范的，但作为现代工业大国，其经济宪法和经济公法的大量内容理应包括对工业活动的规范。1994 年，美国著名经济学家罗伯特·巴罗在其论文"经济增长的决定因素——多国经验研究"中考察了 1960 年～1990 年间约 100 个国家的经验数据，发现在给定的真实人均 GDP 的初始水平下，那些教育水平较高、出生率与政府支出水平较低以及法制状况较好的国家，经济增长率更高。同时，巴罗还在论文中强调了制度的重要性，他说："经验证明，制度差异是各国

---

〔1〕 左峰：《中国近代工业化研究　制度变迁与技术进步互动视角》，上海三联书店 2011 年版，第 82～84 页。
〔2〕 左峰：《中国近代工业化研究　制度变迁与技术进步互动视角》，上海三联书店 2011 年版，第 84～86 页。
〔3〕 ［德］罗尔夫·施托贝尔：《经济宪法与经济行政法》，谢立斌译，商务印书馆 2008 年版，第 46 页。［德］乌茨·施利斯基：《经济公法》，喻文光译，法律出版社 2006 年版，第 113 页。

经济增长率、投资最重要的决定因素，体制改革为一国从贫穷走向繁荣提供了一条最佳捷径。"[1] 工业化先行国家的历史发展道路清楚地表明，没有完善的法治保障，工业化在给社会发展带来科技进步、经济高速发展的同时，也会使国家成为"事故共和国"（美国）和"公害列岛"（日本），给社会带来"破坏性创新"。

4. 工业化发展的法治化也是世界经济一体化的要求。中华人民共和国成立 60 多年特别是改革开放以来的不断实践和探索，我国工业发展取得了举世瞩目的成就。联合国工业发展组织（UNIDO）发布的《2011 年工业发展报告》显示，根据全球工业竞争指数，中国排在新加坡、美国、日本、德国之后，位列第五，这五个国家成为全球制造业领导者。中国制造业增加值份额从 2005 年的 9.82% 增加到了目前的 14.45%。报告称，从 1990 年到 2010 年，全球制造业增加值每年增加 2.8%，从 42 900 亿美元增加到 73 900 亿美元，发达国家的平均水平为每年 1.7%，而发展中国家却达到 5.6%。2010 年，15 大发展中国家的制造业增加值占了全球发展中国家的制造业增加值的 73.2%，其中贡献最大的就是中国。[2] 然而有外国学者指出，虽然中国取得了经济上的惊人增长，但如果中国现在不进行法治转型，不完善法律体制，那么就会出现制度的天花板，束缚其未来的增长。[3]

在当今社会，工业化发展不仅是一国自身的问题，也是世界范围内的问题；完善自身的工业法律制度，不仅事关中国经济健康发展的问题，也影响中国经济对外开放的大局。例如，中药虽然是中国的传统药物，但中药产品事实上是全球化的，它们被出口至东南亚、欧洲、日本、澳大利亚以及美国，由于缺乏应有的法治规范，我国的中药生产遭到了国外的批评。[4] 这无疑会影响我国中药工业化的发展，累及我国中药的全球化市场。再如，由于我国在工业化推进过程中，相应的劳工权益保障法律制度不完善，在对外贸易和对外直接投资过程中被一些发展中国家抱怨，称中国通过贸易输出的不仅是商品，同时也是一种缺乏伦理的生产模式，而中国的直接投资则被他们视为把中国式的血汗工厂搬到了他国。[5] 这些问题都值得我们深思，并应当通过完善国内工业法律制度逐步予以改善。

三、工业法的基本含义

工业法是指调整基于工业化活动所发生的各类法律关系的法律规范的总称。

---

〔1〕 百度百科："罗伯特·巴罗（Robert J. Barro）"，https://baike.baidu.com/item罗伯特·巴罗/10305792? fromtitle = 罗伯特巴罗 &fromid = 6770698fr = aladdin，最后访问日期：2020 年 1 月 10 日。

〔2〕 王进雨："联合国发布 2011 年工业发展报告 我国排名第五"，载《法制晚报》2012 年 1 月 22 日，第 1 版。据了解，这一指数主要用来衡量各国工业发展状况。联合国工业发展组织对全球 122 个国家和地区的工业竞争指数进行排名，该组织 2002 年首次采用工业竞争指数，用于评估一个国家或地区的工业发展表现在全球经济中的地位。该指数包含四个主要衡量指标，即工业产能、工业产品出口量、工业化程度和出口质量。

〔3〕 ［英］尼尔·弗格森：《西方的衰落》，米拉译，中信出版社 2013 年版，第 78 页。

〔4〕 ［美］阿德里安娜·佩特里纳、安德鲁·拉科夫等编著：《全球药物伦理、市场与实践》，许烨芳译，上海译文出版社 2010 年版，第 19 ~ 20 页。

〔5〕 刘瑜：《观念的水位》，浙江大学出版社 2013 年版，第 122 页。

（一）工业法以调整工业化活动为基本对象

凡是一国在工业化过程中进行的各类涉及法律上权利义务关系的行为，均属于工业法的调整对象。从这个意义上讲，工业法是国内法。它涵盖了与工业化活动有关的一切法律，包括工业行政法律、工业劳动法律、工业犯罪法律等实体法律，以及与之有关的工业行政诉讼法律、工业民事诉讼法律、工业刑事诉讼法律等。因此，工业法不是以调整某一种单一性质的法律关系为对象的法律制度，而是以调整一种社会活动形成的集合法律关系为对象的法律制度。工业法律制度将散见于现行各种法律制度中有关工业活动的内容综合起来，以规范和保障工业化健康、可持续发展为目标，全面协调工业化发展过程中涉及的各方面关系，有效应对工业化发展过程中出现的各种问题和矛盾，推动工业化和其他产业的共同发展，为将我国建设成为一个文明、富强的工业化国家而努力。

从法律体系中，将工业法单列出来进行研究，具有重要的意义和价值。其一，法律具有较强的稳定性，而工业化发展也具有长期性特点，运用法律手段规范工业化发展问题，有助于解决我国长期依赖产业政策而导致的宏观决策变动性较大，不利于工业化发展的稳定性的问题。其二，运用统一的法律制度来规范工业化活动，可以避免政策的强制力不足和政出多门、反复无常、部门和地方利益至上等问题，有助于国家从宏观层面全面规划和推动工业化的实施。同时，还可以通过立法的形式和路径改善工业化发展决策过程中民主参与不足的问题。其三，可以协调与工业化有关的各种规范性文件的制定和修改，避免单方面、个别领域的逐个立法造成的顾此失彼现象，消解部门之间、地区之间在工业化发展的导向问题上的矛盾和冲突，防止"先污染，后治理"等问题的重演。其四，有助于发现和总结工业化发展过程中存在的问题，充分挖掘和提炼有助于工业化健康、可持续发展的各种体制机制、措施手段，满足工业化全面发展的需要，引导工业化的健康发展。

（二）工业法是有关工业化活动的各种法律规范的总和

工业法不是与其他法律部门截然不同的另外一个单独的法律部门，它是法律对工业化活动进行全面调整和综合保障的各种法律规范的总和，包括宪法、行政法、经济法、民商法、劳动法、社会保障法、诉讼法等各个法律部门，只要涉及对工业化活动的规范，均属于工业法的范畴。由于我国没有类似《中华人民共和国农业法》（以下简称《农业法》）一样单独的工业法律，即使将来制定了专项的工业法，广义的工业法的内容也不会局限于专项立法中的内容，而是由各个法律部门中有关工业化和工业活动的各项规范综合起来构成的一个整体。

（三）工业法是兼具公法和私法特征的法律部门

工业化涉及国家的经济社会发展战略，也涉及社会政治、经济、文化、教育、劳动等各个方面法律关系主体的权利和义务，工业法的调整也相应地采用公法和私法两类法律类型的方法进行调整。其中，既有运用国家权力对工业化活动进行强行干预的问题，如国家对工业化发展的宏观调控；也有赋权法律关系主体自主决定的问题。

（四）工业法既包括实体法的内容也包括程序法的内容

法律对工业化问题的调整，既包括从实体权利义务角度进行调整，也包括调整的手段、方法和形式的问题，尤其是涉及国家公权介入的问题，更是要求公权行使的程序规范；同时，由于工业化往往涉及科学技术、公共利益、平衡保障等方面的问题，在诉讼程序和证据制度等方面，均有其特殊的规定和制度。

四、工业法与相关法律部门之间的关系

前已述及，工业法是调整工业化过程中发生的各种法律关系的法律规范的总称，所以，工业法与其他法律部门之间的关系，主要表现为一般规定与特别规定之间的关系。

（一）工业法与经济法的关系

1. 工业法与经济法的相同之处：其一，二者均没有单独的专项立法。其二，都含有国家对经济活动实施干预的内容。其三，总体上来说，由于工业法主要调整工业化活动过程中发生的各种法律关系，而工业化活动从本质上来讲，主要是一种经济问题，因此，工业法与经济法的调整对象存在重叠。

2. 工业法与经济法的不同之处：其一，从调整的范围上来讲，经济法调整的范围比较广泛。就概念而言，经济的概念所涵盖的内容多于工业，工业只是经济活动中的一种。德国学者沃尔夫冈·费肯杰从经济法的角度，对工业法和经济法的概念进行了分析和梳理。他指出，虽然现代社会是工业社会，其社会和政治变革均以工业为开端，经济法由此被塑造，但用"工业法"勾勒经济法过于狭窄。虽然有学者相信，由于经济法领域涉及的社会冲突张力首先在工业范围内出现，所以，经济法首先致力于工作的一度崭新的法域应该被称为"工业法"；但是，对经济法而言，更具有决定性的是经济发展行为，它并未过多地涉及社会冲突张力和"社会正义"，更未仅仅局限于工业，而是涉及"发展正义和供给正义"。可以将这两种的学说理解为经济现象部分对立的极点，各自服从于正义的不同方面。[1] 其二，经济法是有关国家调节社会经济的法律规范。"经济法是在出现生产社会化，市场机制不足以有效调节社会经济，出现国家调节的情况下产生的。国家调节需要法律授权，需要法律规制，也需要法律保障，这种法律就是经济法。"[2] 工业法虽然也规定国家对工业化及工业活动实施法律规制的问题，但工业法还包括工业法主体之间基于自主意愿所进行的各项活动。其三，经济法主要调节经济活动；而工业法还调整生态资源的保护与利用、劳动者权益的维护、社会保障等方面的问题。其四，经济法主要强调从宏观角度对社会经济进行国家规制；而工业法则既包括国家工业化的宏观规制，也包括具体的工业活动所涉及的法律关系的调整问题。

---

〔1〕 ［德］沃尔夫冈·费肯杰：《经济法：第一卷》，张世明、袁剑、梁君译，中国民主法制出版社 2010 年版，第 21～23 页。
〔2〕 漆多俊：《经济法基础理论》，法律出版社 2008 年版，第 65 页。

（二）工业法与行政法的关系

1. 工业法与行政法的相同之处：行政法是规范国家行政管理权依法行使的法律，工业法中也涉及国家行政权对工业活动的规范的问题，二者在这方面有重叠之处。

2. 工业法与行政法的不同之处：其一，二者规范的主体不同。行政法以规范国家行政权的行使为主；而工业法则不仅规范国家行政权，而且将所有与工业化和工业活动有关、可能产生法律权利义务关系的主体均包括在内。其二，二者规范的内容不同。行政法以规范行政法律关系为主；而工业法则不仅包括行政法律关系，还包括民商事法律关系、劳动法律关系、环境与资源利用和保护法律关系等。其三，二者规范的手段和方式不同。行政法以行政机关行使国家行政权为依托，对行政法律关系进行规范，其行为具有单方性和强制性；而工业法则不仅包括依托国家权力对工业化和工业活动进行强制性规制的内容，也包括工业法律关系主体自主自愿确定的内容。

（三）工业法与企业法的关系

1. 工业法与企业法的相同之处：企业是工业化活动的主要参与者，企业是工业法的主要主体之一，从这个意义上讲，工业法与企业法具有一定的相同之处。

2. 工业法与企业法的不同之处：企业法毕竟只是规范企业行为的专门性法律，其调整的对象局限于企业主体，其调整的内容也主要是企业生产和经营的行为；而工业法全面调整工业化和工业活动。二者无论是在主体的多元性还是内容的广泛性方面均存在较大区别。

（四）工业法与产业法的关系

产业法是确认产业地位、规范产业行为和秩序，促进产业发展的法律规范的总称。[1] 与工业法相比，二者之间既有联系也有区别。

1. 工业法与产业法的相同之处：一是都以产业的健康有序发展为目的。二是都强调产业发展的正当性问题。工业与工业法的结合点在于规范和保障工业化发展的正义性问题，而产业与产业法的结合点也在于产业法的实质正义。[2] 三是都包含实体性法律和程序性法律。

2. 工业法与产业法的区别：一是调整的对象不同。产业法调整整个产业的组织关系，也即产业法调整包括农业、工业、服务业等在内的各个产业关系的问题；而工业法则只调整与工业产业有关的活动。二是从产业法的属性来看，其主要体现在经济调节（调控）和市场监管领域；[3] 而工业法的属性则要广泛得多，它将整个工业活动过程中涉及的各种法律关系都纳入它的调整范围。三是主体不同。产业规制法是产业法的重要形态，而产业规制的主体是政府；工业法的主体中，虽然也包括政府，但工业企业、劳动者、消费者、社会组织等都可以作为工业法活动的主体。四是调整的方法

---

〔1〕 赵宏中、董玉明：《产业法的经济学分析》，武汉理工大学出版社2015年版，第45页。
〔2〕 赵宏中、董玉明：《产业法的经济学分析》，武汉理工大学出版社2015年版，第45页。
〔3〕 赵宏中、董玉明：《产业法的经济学分析》，武汉理工大学出版社2015年版，第101页。

不同。产业法可以分为管理类法（或规制类法）和促进法两类，归属于部门经济法的宏观调控法，[1] 其调整的方法主要是宏观调控和间接规范；而工业法不仅有工业产业宏观发展的规划，也有对具体工业活动规范的内容。

第四节　工业法的基本原则

工业法以规范和保障工业化的健康发展为宗旨，但是，如何实现这一宗旨，需要从总体上确立一些基本的要求和价值目标，既可以用以引导相关的立法工作，又可以指引具体的执法和司法实践。

一、科学发展原则

工业化是一国发展的战略性问题，它不仅是一场生产方式的革命，而且还带动和影响了国家政治、经济、文化、教育以及人们的生活方式等一系列的社会变革。所以，工业化的发展必须科学规划、有序进行，否则，将给社会带来巨大的灾难性的后果。为此，我国在总结了新中国工业化发展的经验和教训的基础上，立足社会主义初级阶段基本国情，借鉴国外发展经验，在党的十七大报告中适时提出了科学发展观的问题，指出："科学发展观，是对党的三代中央领导集体关于发展的重要思想的继承和发展，是马克思主义关于发展的世界观和方法论的集中体现，是同马克思列宁主义、毛泽东思想、邓小平理论和'三个代表'重要思想既一脉相承又与时俱进的科学理论，是我国经济社会发展的重要指导方针，是发展中国特色社会主义必须坚持和贯彻的重大战略思想。"

（一）工业化的发展应当以本国的发展实际为基础，不能超越本国发展的历史阶段

"工业化不是无条件的，不是在任何条件下都能兴起和有效推进的。""工业化兴起的必要条件有：农业生产有了一定的发展，能够为工业化提供必要的农产品；发生了科学技术革命，机器大生产需要的最基本的技术和机械及动力设备已经产生，或者本国没有，但是可以从别国引进；社会分工和专业化发展，使得手工业有可能演进成机器大工业；已经积累了发展工业生产所必需的原始资本，工业产品具有巨大的市场需求，发展工业生产的制度障碍基本消除。世界工业化的历史表明，工业化能够更有效推进的条件主要有：市场经济已经有了一定程度的发展，世界市场基本形成，国内市场机制比较健全，资源主要由市场配置，工业发展所需的资源能够从国外市场取得，资本比较充足，更为优越的自然条件和丰富的矿产资源，较好的劳动力素质，初步形成自主企业制度和企业家队伍，本国社会比较稳定，对外经济技术联系比较正常（既

---

[1]　赵宏中、董玉明：《产业法的经济学分析》，武汉理工大学出版社 2015 年版，第 42、44 页。

不闭关锁国，也不被封锁制裁)，最关键的则是工业化道路的正确性。"[1] 当然，并不是说必须完全同时具备上述所有条件之后才能进行工业化，也并不是说应当被动地等待各种条件成熟了以后，才能开展工业化。但是，工业化道路的选择必须正确，必须尊重工业化发展的科学规律，全面评估和考虑本国发展实际，确定一条科学正确、切实可行的工业化发展道路。

（二）工业化道路的选择不能一味模仿和照搬他国工业化的经验

由于各国开始工业化时的制度、经济、自然条件、传统、文化、国内外环境等因素的不同，一国工业化的经验难以被他国全盘仿效，而且，简单模仿不仅于事无补，还可能适得其反。例如，在中华人民共和国成立之初，只是因为国家性质相同，两国关系友好密切，可以获得全方位的支持和援助，我国就简单地追随和模仿了苏联工业化发展的道路，使得我国的工业化发展走了一段弯路。如苏联在工业化发展过程中认为，"工业化的主要任务之一就在于捍卫革命的成果，加强世界上第一个无产阶级专政国家的国防能力。"[2] 为此，苏联的工业化出现了"超级工业化""工业专政""靠剥削农民来发展大工业""工业的破坏"等问题。[3] 这些问题也随着我国对苏联工业化发展道路的模仿实践，我国发生和出现过。

经过长期探索，我国根据自身实际确定了符合中国国情的工业化发展道路，即走中国特色新型工业化发展的道路。在中共十六大报告中确立了我国的工业化发展道路，即我国要走"一条科技含量高、经济效益好、资源消耗低、环境污染少、人力资源优势得到充分发挥的新型工业化路子"。这条工业化发展道路的主要特征是："以信息化带动、工农业协调发展、技术引进与自主创新相结合、以集约型增长方式为主、协调兼顾机械化与就业、通过不断调整力求产业结构优化、合理进行工业布局、资本来源多样化、与城镇化适度同步、以经济效益为中心、节约资源、保护环境、力求实现可持续发展、实行对外开放、发挥比较优势和后发优势、发展内外向结合型经济、民间和政府力量相结合、市场推动、政府导向型的工业化道路。"

（三）以科学发展为工业化发展的第一动力

工业化的竞争性发展特点，使得工业化发展必须高度重视创新，只有不断创新，工业化才有强大的竞争力和旺盛的生命力。党的十九大报告指出，创新是引领发展的第一动力，而科技则是创新的基本推动力。为此，要深化科技体制改革，强化基础研究和应用基础研究，为建设科技强国、质量强国、航天强国、网络强国、交通强国、数字中国、智慧社会提供有力支持。

为了保障工业化的科学发展，不仅要提高对工业化科学发展重要性的正确认识，而且要在法律上对工业化的科学发展提供有效保障。事实上，科学发展观也是我国经

---

[1] 简新华、余江：《中国工业化与新型工业化道路》，山东人民出版社 2009 年版，第 18 页。
[2] ［苏联］B. C. 列利丘克：《苏联的工业化：历史、经验、问题》，闻一译，商务印书馆 2004 年版，第 291 页。
[3] ［苏联］B. C. 列利丘克：《苏联的工业化：历史、经验、问题》，闻一译，商务印书馆 2004 年版，第 35、49 页。

济社会发展的重要指导方针，是发展中国特色社会主义必须坚持和贯彻的重大战略思想，并已经被写入党章和《中华人民共和国宪法》（以下简称《宪法》）。根据我国的实践经验和教训，在工业化的科学发展问题上，一要将科学决策和科学立法作为基本的规范对象，解决少数领导干部任意行使决策权的问题，减少盲目决策、拍脑袋决策和随意性决策，科学制定工业发展的规划，科学制定规范工业化活动的规范性文件，将权力关进制度的笼子里。二要从制度上杜绝各种利益集团（利益群体）的干扰和影响，堵塞领导者为了个人政绩和地方政府以经济发展为由罔顾工业化科学健康发展的漏洞。三要从法律上完善对知识产权的保护和创新能力的促进。

二、民主发展原则

（一）工业化发展的方向需要依靠全体人民的共同意志决策

在人类社会发展的历史上，工业化是一场生产领域的革命，对经济基础产生了最广泛的改变和影响，从而推动了上层建筑领域最深刻的变革。我国是人民当家做主的国家，如此重大的问题，必须充分调动全体人民的积极性，充分吸收全体人民的意志，充分体现全体人民的意愿。而法律是全体人民意志最集中的体现，也是全体人民意志得以实现的最有效途径之一，通过工业法实现对工业化活动的调整和规范，就是实现人民当家作主的重要形式。我国过去长期通过政策规范和调整工业化活动的方式，不能充分体现民意，容易助长长官意志，进而导致决策的失误。运用法律的手段和方式，可以减少决策失误，提高决策的水平，端正决策的方向。工业化发展问题的综合性，也需要全体人民共同参与决策，充分体现各方面、各地区工业化发展的特点和长远发展需求，达成最广泛的共识。

（二）工业化发展的过程需要全社会共同参与

工业化发展是全社会的事情，需要全社会共同参与才可能顺利开展、得以实现。因此，要从根本上解放人的思想，释放人的活力，重视人的创造力，让全体人民能平等地参与到工业化的各项工作中去。这就需要消除各种不适合全社会共同参与工业化发展的体制机制障碍，打破各种影响全体人民参与工业化活动的藩篱和屏障，让工业化发展充满社会活力。为此，党的十九大报告提出，要全面实施市场准入负面清单制度，清理和废除妨碍统一市场和公平竞争的各种规定和做法，支持民营企业发展，激发各类市场主体活力；深化商事制度改革，打破行政性垄断，防止市场垄断，加快要素价格市场化改革，放宽服务业准入限制，完善市场监管体制。只有营造全体人民共同参与工业化发展的社会经济秩序，充分发动全体人民积极参与工业化发展，保障全体人民共同参与的权利，工业化才具有最充分的发展动力。

（三）工业化发展要代表全体人民的利益

工业化发展必然会造成各社会主体之间的利益不平衡，也会引发各社会主体之间的利益冲突，甚至某些利益集团也会试图操控工业化发展的方向，以谋取少数人的私利；不完善的工业法律制度也容易放纵唯利是图、恶性竞争的行为，进而损害全社会的共同利益。为此，工业法律制度要为工业化活动设置底线、划出红线、定出规则，让工业化发展能够真实、广泛、持久地代表和实现最广大人民的根本利益、全国各族各界的根本利益。

三、人本发展原则

从表象上看，工业化的发展似乎主要是一个经济指标的问题，因此，工业化的人本发展容易走上物本发展的歧路，忽视人的主体性地位。通常情况下，工业化是在市场经济的环境下进行的，"不可否认，社会主义市场经济对人的发展具有积极作用，它能调动人的积极性、激发人的创造性、促进人的能力的提高，但是它同时也制约人的全面发展。首先，它使人依赖物，使物成为人的主宰，与之共生的商品拜物教使人脱离人的本质，导致主体性丧失。其次，它固有的竞争机制决定了人们必须放弃那些与市场需求无关的能力的培养，根据竞争需要对自己的能力进行片面的塑造，造成个人能力的片面发展。最后，它具有的趋利性诱使一些人为追逐私利而不择手段，导致腐败和丑恶现象蔓延，个人利己主义和拜金主义泛滥。"[1] 工业化先行国家和我国工业化发展的经验教训，警示我们在推动工业化的健康和可持续发展过程中，必须确立以法律为主导的工业活动规范体系，树立人本发展的法律观念，树立全面、协调、可持续的发展观，促进经济社会和人的全面发展。为此，作为规范和保障工业化健康发展的行为规范，工业法应当相应地确立和坚持工业化发展的人本法律观。

"人本法律观是以实现人的全面发展为目标，以尊重和保障人的合法权利为尺度，实现法律服务于整个社会和全体人民的理论体系，具体包括以下内容：①一切法律活动都应该树立以人为本的理念，将保障和实现人的权利作为出发点和归宿；法律运行的每一环节都应该注意尊重人格、保障人权、体恤人的正当需求。②弘扬人文精神，提倡人文关怀，尊重、确认、保障、救济人权，促进人的全面发展，应该成为法学研究和法律实践的共同使命。③法律发展、人的发展和其他社会现象的发展应该协调一致。法律的发展和人的发展，都不是孤立的过程，不仅二者相互联系、相互作用、相互促进，而且二者与经济、社会、环境等其他社会现象相辅相成，只有各种因素和谐一致，协同发展，法律才能实现真正意义上的发展。④人权是法律的终极价值。法律价值形态具有多元性，如正义、公平、平等、自由、秩序、效益等，他们并非总是协调一致。当它们发生冲突时，以人为本是解决冲突的依据和标准，解决之道是看当时哪一价值的实现更有利于人。"[2]

（一）工业化的发展是基于人的发展为目标的一项人类生产活动

工业化是推动经济发展与社会进步的重要引擎，是人类社会为了寻求更加美好的生活，充分利用科技手段和自然资源，提升人类社会生活水平和质量的活动。但是，工业化的这一出发点可能在工业化的实践过程中走形和变样，工业化发展所带来的巨大经济利益的追求，可能将工业化引入歧途，危及人的发展、损害人的利益。世界范

---

〔1〕 李龙主编：《人本法律观研究》，中国社会科学出版社2006年版，第56页。
〔2〕 李龙主编：《人本法律观研究》，中国社会科学出版社2006年版，第54页。

围内工业化进行过程中曾经发生过的各种问题，也证明了这一点。现实生活中，部分地区在一段时间内片面追求 GDP 的发展目标，以工业发展指标为唯一导向的经济社会发展的现象，给国家和社会带来了比较大的负面影响，背离了工业化发展的社会正义原则，损害了人的发展。

（二）工业化的发展应当坚持以人民为中心的发展理念

一切为了人民，发展为了人民，是我们国家执政党和国家性质的根本体现。党的十九大报告中明确指出，现阶段我国社会主要矛盾已经转化为人民日益增长的美好生活需要和不平衡、不充分的发展之间的矛盾。十九大报告中谈到了十四个坚持，这十四个坚持中，以人民为中心的新的发展理念贯穿整个报告的始终。因此，工业化的发展应当充分体现和发扬这一重要理念，以满足人的需求为宗旨，解决工业化发展过程中的不充分和不平衡的问题。

（三）以人为本的工业化发展理念也是我国高质量经济发展的内在要求

经过 40 余年的改革开放，我国的经济发展规模已经有了显著提高，过去 40 年的高速增长，成功解决了"有没有"的问题；现在强调高质量发展，根本在于解决"好不好"的问题。为了解决我国社会主要矛盾已经转化为人民日益增长的美好生活需要和不平衡、不充分的发展之间的矛盾，就必须推动经济和社会的高质量发展，实现物质文明、政治文明、精神文明、社会文明、生态文明等的全面提升。工业化是我国实现高质量发展的重要支撑，经济发展的高质量，首先应当是工业发展的高质量，而以人为本则是实现工业化发展的必由之路。

（四）以人为本的工业化发展要避免和防止在各种利益面前的异化

"值得注意的是，尽管资本主义国家也号称重视人的价值，他们所尊重的是人的效用价值，即人作为客体满足他人和社会需要的商品性合作价值，这种价值有高低大小之分，其价值等级是由能力、金钱、财富等物化的尺度来确定的。"[1]"在政治家或决策者那里，即使他们口头上也在宣扬如何尊重人权，但实际上把人权让位于社会利益等政治价值。"[2]要避免这些问题的发生，就要运用法律手段强力防止工业化发展的价值异化，确立人的发展在工业化发展过程中的中心地位。工业化发展过程中会发生各种利益和价值冲突，不正确的发展观、政绩观，片面追求经济效益等思想，都会导致忽视人的需求和人的发展的问题，树立以人为本的工业化发展理念，在法律制度上确立以人为本的工业化发展原则，可以通过法律的刚性约束引导工业化的健康发展，避免这些问题的发生，也可以有效矫正和解决工业化发展过程中的各种矛盾和利益冲突。

四、可持续发展原则

（一）资源的有限性倒逼工业化发展的可持续性

工业化是一个不断发展的过程，而且工业化发展在各种资源的占有、利用和消耗

---

〔1〕 李龙主编：《人本法律观研究》，中国社会科学出版社 2006 年版，第 111 页。
〔2〕 李龙主编：《人本法律观研究》，中国社会科学出版社 2006 年版，第 96 页。

等方面都是巨大的和空前的。但是，资源尤其是自然资源是有限的，有的资源还是不可再生的，如果放任不管，就会出现所谓"吃祖宗饭，断子孙路"的问题。因此，如果不采取有效的强制措施，就难以防止工业化的利益驱动给社会带来的严重破坏，工业化的发展也将难以持续。

（二）工业劳动者能力的不断提升是工业化发展的保障

工业化不仅要消耗大量的自然资源，也需要大量的人力资源，而且，随着工业化的深入推进，对工业劳动者的素质和能力的要求，也会越来越高。之前只需在工业生产线上完成简单的重复劳动的岗位，将会随着工业化的推进和机器人等设备的应用，将会越来越少甚至消失。从我国改革开放40余年的发展历史来看，最初农民工进城就可以直接进到工厂从事工业生产活动，或者只需要进行简单的培训就可以胜任工厂的工作；但是，随着工业化水平的不断提升，对工业劳动者教育水平和生产技能的要求逐步提高，第一代农民工已经普遍难以胜任现在工厂的工作。因此，要维持工业化的可持续发展，就需要不断培养、训练大量的适应新型工业化生产需要的工业劳动者，这也是工业化可持续发展的保障。

（三）劳资权利的全面保护和利益的公平分配是工业化可持续发展的必要条件

我国的工业化已经经过了赶超世界发展水平的历史阶段，我国的工业劳动者也不再只是渴望通过在工厂打工实现脱贫和温饱目的的群体，与他们的父辈相比，他们受过更好的教育，拥有更好的技能，也有着更高的生活理想。正如党的十九大报告中指出的："人民美好生活需要日益广泛，不仅对物质文化生活提出了更高要求，而且在民主、法治、公平、正义、安全、环境等方面的要求日益增长。"因此，对劳动者权益的全面保护，不仅限于对劳动者在工厂劳动过程中各种权益的维护，也包括全社会对劳动者主体地位的尊重，对劳动者社会发展的各方面权利的全面保障。西方工业化先行国家，在工业化起步阶段遇到的各种片面重视经济与社会发展，忽视劳动者权益保障的问题，不仅阻碍了工业化的发展，甚至还引发社会动荡。我们应当借鉴工业化先行国家的教训，把劳动者权益保护纳入社会整体发展的全局加以考虑，使工业劳动者的权益能够随着工业化的推进而不断得到满足，让工业劳动者随着工业化的深入推进而得到成长、获得新的发展。

与此同时，对企业合法权益的维护，也是工业化得以发展的基础，在重视劳动者权益维护的同时，也要把保护企业的发展作为工业法的目标之一。需要指出的是，对企业合法权益的维护，并不是要以牺牲劳动者权益为代价，也不是要降低保护劳动者权益的力度。企业发展的权益保障，主要体现在国家和企业之间的关系方面。国家要运用各种政策和法律手段，加快完善社会主义市场经济体制，以完善产权制度和要素市场化配置为重点，实现产权有效激励、要素自由流动、价格反应灵活、竞争公平有序、企业优胜劣汰。大力为企业发展营造良好的法治环境，切实减轻企业的税负，纠正妨碍统一市场和公平竞争的各种规定和做法，激发各类市场主体活力，给企业发展创造良好的环境条件。

总之，在工业化发展的场景中，企业和工人是其中最主要的一对矛盾主体，工业化的发展要兼顾企业和工人的利益，这样才能让企业有动力、工人有干劲，工业化才能实现可持续发展。

（四）可持续发展需要健全完善的法律制度保障

可持续性发展不仅是一个涉及自然资源保障、环境承受能力保障、人力资源保障、主要工业法律关系和谐稳定保障等方面的经济问题，更需要健全完善的工业法律制度的保障。而且，从根本上讲，工业法律制度的有效保障，是工业化可持续发展的基础和前提。我国改革开放前工业化发展的不足和存在的问题，与我国长时期缺失工业化法律制度，而主要依赖的工业产业政策又很不稳定有着直接关系。因为，与其他社会规范相比，法律较为稳定；法律制度的强制力也能最大限度地制约和控制决策者的恣意，避免因为决策者在工业化发展问题上注意力的转移而产生的制度频繁变化；法律制度的全国一体遵行，也能减少各地方政府自行出台各种地方工业发展政策而带来的乱象，避免各地方政府官员基于自身政绩需要随意变通执行国家工业发展政策的弊端。我国实行改革开放以来，工业化发展的成就也印证了法治保障在维系工业化持续健康发展过程中的基础作用。法律的相对稳定性对社会发展的一个重要作用，就是提高社会成员对自身利益的可预测性。有了法律的规范，工业化活动的主体就可以对其行为的利弊有一个准确的判断，并据此降低经营和管理风险，减少短期行为，合理安排其生产和工作，为各主体利益的维护提供有效保障，使之把眼前利益和长远利益结合起来、从长计议，客观上有助于工业化的可持续发展。

五、全面协调发展原则

（一）全面发展是我国工业化发展的必然选择

因为工业化是一个社会深度革新与全面发展进步的整体性工作，不可能仅通过发展工业就可以实现工业化。国家的经济是一个相互关联的整体，必须全面推进、整体发展，才能提高国家的经济发展水平。片面强调和发展工业，不仅会造成经济发展的不协调，而且也会制约和影响工业的发展。"改革开放以前，中国旧的经济模式基本上是'斯大林模式'，其主要内容和基本特征是：国营经济处于绝对优势地位，国有企业实行国有国营的企业制度，收入分配存在平均主义倾向，政府实行高度集中统一管理的计划经济体制，重工业优先发展的追求高速度的赶超战略，依靠高投入和高消耗的粗放型增长方式，重工业（含军事工业）太重、轻工业太轻、农业落后的畸形产业结构，城市化滞后于工业化，较先进的工业和城市与极为落后的工业和农村并存的典型的二元经济结构。"[1] 在深刻总结计划经济体制下工业化发展的教训的基础上，我国确立的新型工业化发展的道路，是在全面建设小康社会的总体部署下提出的，不是哪一方面的单兵突进，而是全方位、立体化、协同性推进，以避免产生新的结构失衡，

---

〔1〕 简新华、余江：《中国工业化与新型工业化道路》，山东人民出版社 2009 年版，第 5 页。

保持经济持续快速增长和社会全面进步。

党的十七大报告指出："要坚持走中国特色新型工业化道路，坚持扩大国内需求特别是消费需求的方针，促进经济增长由主要依靠投资、出口拉动向依靠消费、投资、出口协调拉动转变，由主要依靠第二产业带动向依靠第一、第二、第三产业协同带动转变，由主要依靠增加物质资源消耗向主要依靠科技进步、劳动者素质提高、管理创新转变。发展现代产业体系，大力推进信息化与工业化融合，促进工业由大变强，振兴装备制造业，淘汰落后生产能力；提升高新技术产业，发展信息、生物、新材料、航空航天、海洋等产业；发展现代服务业，提高服务业比重和水平；加强基础产业基础设施建设，加快发展现代能源产业和综合运输体系。"

（二）工业体系内自身的全面发展

工业化发展道路的选择决定一个国家工业化发展的方向和质量。单兵突进地发展某一工业产业，不顾及相关产业的协调发展，不仅难以达到工业化发展的目标，还可能造成工业化发展的困难和问题。工业体系内各产业之间是一种相辅相成的关系，相互依赖、共同发展才能全面提高。

工业化发展首先要解决的问题是工业体系自身内部的全面发展，在改革开放之前，我国主要采取以重工业发展为主的工业化发展政策，使得工业体系内部的其他方面存在发展不充分的问题，影响了工业化发展的质量。改革开放以后，我国建立了相对完整的工业体系，现有工业体系结构得到了全面优化，工业化得到了全面发展，取得了显著成就。但是，我国的工业化发展仍然存在"去产能、去库存、去杠杆、降成本、补短板"和调整产业结构和构建现代产业新体系等重大问题。

"新中国是在西方国家已经基本实现工业化、人类社会进入工业经济时代才开始工业化进程的，走了一条主要依靠国家力量，由政府发动和通过计划推进、优先发展重工业、相当大的程度上依靠农业提供工业资本积累、以粗放型增长方式为主、过分追求高速度、工业布局的政治因素影响大、排斥城市化、忽略环境保护和资源节约、被迫且片面强调自力更生、实行进口替代战略的工业化道路。"[1] 为此，中华人民共和国成立之初，在模仿和学习苏联发展道路的过程中，就选择了以重工业为重点的发展道路。如经过党中央批准、中央宣传部于 1953 年 12 月制发的《为动员一切力量把我国建设成为一个伟大的社会主义国家而斗争——关于党在过渡时期总路线的学习和宣传提纲》中就明确指出："资本主义国家从发展轻工业开始，一般是花了 50 年到 100年的时间才能实现工业化，而苏联采用了社会主义工业化的方针，从重工业建设开始，在十多年中（从 1921 年开始到 1932 年第一个五年计划完成）就实现了国家的工业化。苏联过去所走的道路正是我们今天要学习的榜样。苏联因为采取了社会主义工业化的方针，从建立重工业开始，所以在 1941 年到 1945 年的卫国战争中，能够击败德日法西斯主义的侵略，成为世界上第一个强大的社会主义国家。苏联因为建立了重工业，就

---

〔1〕　简新华、余江：《中国工业化与新型工业化道路》，山东人民出版社 2009 年版，第 33 页。

有了机器制造工业，有了汽车、飞机、拖拉机等工业，就有了现代国防工业，就能使交通运输业、轻工业获得不断的有力的发展，就能使农业获得各种新式机器和化学肥料，迅速地实现农业的集体化。我国实现国家的社会主义工业化，正是依据苏联的经验从建立重工业开始。"[1] 当然，一国的工业化发展道路是与本国的实际情况及外部的国际环境相关联的。事实上，中华人民共和国的工业化发展道路也是在西方世界外部封锁，国家内部政权初定，长期的战乱和动荡以及经济发展的落后等不利的背景下开始的。所以，当时无法按照通常的状况、依据一般的经济学原理设计和发展我们国家的工业化的发展道路。有了相对和谐的国际环境、一定的社会经济基础、稳定的国内政治条件，我国才开启了新型工业化的道路。[2] 但是，"长期片面发展重工业对国民经济的健康发展产生了负面影响：一是过度优先发展重工业造成农、轻、重产业结构的严重失衡；二是长期的高积累导致人民生活水平长期得不到提高；三是高速度的粗放式推进忽视了经济效益的提高；四是高度集中的计划经济体制排斥了市场化的作用。"[3]

为了扭转轻重工业发展不平衡、不协调的局面，我国国务院早在 2003 年 12 月就下发了 103 号文件，把钢铁、电解铝、水泥列入产能过剩名单。2006 年 3 月，国务院再发通知，将钢铁、电解铝、电力、纺织等 10 个行业列入产能过剩行业或潜在过剩行业，要求压缩。2010 年 4 月，国务院下发 2007（7）号文，再次要求"加快淘汰落后产能"。2013 年，国务院又一次下发化解产能过剩矛盾的指导意见。2014 年国务院再次提出控制产能过剩的要求。即使在政府一波又一波下达压缩指令的期间，钢产量增长了 2.7 倍，电解铝增长了 7.8 倍，水泥增长了 1.9 倍。[4] 2016 年 6 月 16 日，国务院办公厅印发了《关于营造良好市场环境促进有色金属工业调结构促转型增效益的指导意见》，计划从产能退出、财税政策、土地政策等多个方面加大有色金属行业的结构性改革。由此可见，不协调的发展惯性多么大，纠正多么艰难。我们现在正在进行的供给侧结构性改革过程中的"三去一降一补（去产能、去库存、去杠杆、降成本、补短板）"中的去产能，还是在解决我国部分产业供过于求矛盾日益凸显，传统制造业产能普遍过剩，特别是钢铁、水泥、电解铝等高消耗、高排放行业尤为突出的问题。

（三）工业与农业的协调发展

"资本主义国家工业化和中华人民共和国成立后前 30 年的工业化，虽然都属于传统工业化，但前者除从农业积累资本，还通过国家外部和工业内部积累资本，即通过殖民掠夺和引进方式，以及轻工业的优先发展积累资本。中华人民共和国成立后前 30 年工业化的资本积累既没有把引进外资作为重要渠道，也没有将轻工业的优先发展作为重要来源，而是以本来就收入很低的农业作为资本积累的主要依靠。我国工业化长

---

〔1〕 马泉山：《中国工业化的初战——新中国工业化回望录（1949－1957）》，中国社会科学出版社 2015 年版，第 78 页。

〔2〕 简新华、余江：《中国工业化与新型工业化道路》，山东人民出版社 2009 年版，第 346～347 页。

〔3〕 宋正：《中国工业化历史经验研究》，东北财经大学出版社 2013 年版，第 139～140 页。

〔4〕 赵琳主编：《中国产业政策变革》，中国财政经济出版社 2017 年版，第 173 页。

期从农业获取资本，也使得毛泽东提出的发展农业的方针大打折扣，同时也使得'三农'问题日益严重。在没有外来资本的情况下，一个农业国要建设资本密集型重工业所需的资本只能来源于农业剩余。长期大量提取农业剩余，削弱了农业自身的发展后劲，制约了农业的发展。[1]

农业不仅关乎全体国民的吃饭问题，也是轻工业的主要原料供给地和工业品的重要需求市场，农业大发展之后的剩余劳动力也是工业发展的主要人力资源供给者，为此，党的八届十中全会确立了"以农业为基础，以工业为主导"的国民经济发展方针。但是，我国过去尤其是在中华人民共和国建立后的最初几十年，都没有能处理好工农业发展之间的关系。

在 2003 年初召开的中央农村工作会议上，时任中共中央总书记胡锦涛同志提出要把解决好"三农"问题作为全党工作的重中之重，放在更加突出的位置。中央此后连续出台了含金量高、指导性强、深受基层和农民欢迎的 1 号文件。胡锦涛同志在党的十六届四中全会上提出了"两个趋向"的重要论断：纵观一些工业化国家发展的历程，在工业化初始阶段，农业支持工业、为工业提供积累是带有普遍性的趋向；但在工业化达到相当程度以后，工业反哺农业、城市支持农村，实现工业与农业、城市与农村协调发展，也是带有普遍性的趋向。

时任国务院总理温家宝同志在十届人大五次会议的报告中庄严宣告：在全国范围内取消农业税和农业特产税，终结了延续 2600 多年的农民种田缴税的历史。2005 年 10 月，党的十六届五中全会提出了建设社会主义新农村的重大历史任务。2010 年，中央审时度势，高瞻远瞩，明确提出"在工业化、城镇化深入发展中同步推进农业现代化"（简称"三化同步"）的重大战略要求和历史任务。于 2018 年 1 月 2 日发布的《中共中央、国务院关于实施乡村振兴战略的意见》，指出"农业农村农民问题是关系国计民生的根本性问题。没有农业农村的现代化，就没有国家的现代化"。提出了实施乡村振兴的重大战略部署。

（四）工业与服务业的协调发展

工业化水平的测算，涉及工业增加值、第三产业占经济的比重。随着工业化水平提高，第三产业增加值比重将逐步增加，第二产业比重逐步下降。2011 年中国工业增加值占经济的比重在 40% 左右，第三产业增加值占比为 43.1%。[2] 以工业制造业为例，经济学家认为，中国工业化进入后期与中国经济发展进入新常态的时间点基本上是一致的，因此，"十三五"时期，在继续推进工业化的进程中，需要处理好制造业与服务业之间的关系。2015 年，服务业增加值占比估计会超过 52%。工业化进入后期之后，工业对国家经济增长的拉动力将减弱，实际上意味着传统的投资驱动模式已经难以为继。中国经济进入新常态所需应对的已经不是简单的投资需求缺口问题，而是工

〔1〕 宋正：《中国工业化历史经验研究》，东北财经大学出版社 2013 年版，第 147～148 页。

〔2〕 "工业现状重工业偏重，轻重工业需协调发展"，载中国机械网，http：//www.jx.cn/xwzx/view-new.asp？id＝73074，最后访问时间：2020 年 9 月 9 日。

业化发展阶段的问题。当然，中国工业化进入后期是就整体而论，而作为一个大经济体，地区之间发展不平衡的问题非常突出，东部沿海地区与中西部地区之间在发展阶段上也有显著的差距。由此看来，产业结构调整既不能像过去一样，一味地强调工业、制造业的重要性；更不能简单地认为，工业、制造业就不再重要了。正确的态度应该是顺应工业化进入后期阶段的事实，改变过去规模扩张的战略，努力提升工业、制造业部门的技术水平、质量效益和产业竞争力。此外，也要注意到，在新一轮产业革命方兴未艾的背景下，工业化的一个显著特点是制造业与服务业的融合。发展现代服务业是处理好制造业与服务业关系的重要途径。[1]

（五）工业化与信息化有机结合

2002年，在总结我国工业化发展历史经验的基础上，根据世界工业化发展的趋势和我国的现实国情，党的十六大上确定了"实现工业化仍然是我国现代化进程中艰巨的历史性任务。信息化是我国加快实现工业化和现代化的必然选择。坚持以信息化带动工业化，以工业化促进信息化，走出一条科技含量高、经济效益好、资源消耗低、环境污染少、人力资源优势得到充分发挥的新型工业化路子"。

新型工业化道路是融工业化、信息化、农业产业化和知识经济为一体的发展道路，是追求科技创新、农村城市化、高速增长、充分就业、劳动和要素生产率大幅度提高的全面发展途径，也是实现全面小康社会目标的核心所在。新型工业化道路要求我们必须把工业发展和农业、服务业的发展协调统一起来，使工业化同时成为农业现代化和推进现代服务业发展的基础和动力；把速度同质量、效益、结构等有机地结合和统一起来，使我国工业真正具有强大的竞争优势；把工业生产能力的提高和消费需求能力的提高协调统一起来，把工业增长建立在消费需求不断扩大的基础上；把技术进步、提高效率同实现充分就业协调统一起来，使更多的人能够分享工业化的成果和利益，并实现人的全面发展；把当前发展和未来可持续发展衔接统一起来，尊重自然规律和经济发展规律，使工业化与可持续发展战略结合起来，走文明发展之路，实现人与自然的和谐。[2] 由此可见，工业化仍然是我国今后长期坚持的发展道路，信息化则是当今世界发展的趋势，我国的工业化是与信息化密切相结合的发展道路。信息技术和信息产业的发展程度，是衡量一个国家工业现代化水平的重要标志，借助信息技术改造传统产业是推进工业现代化的关键任务，开发利用信息资源是推进工业现代化的有效途径。[3]

除此之外，工业化发展过程中也涉及对手工业的保护的问题。在工业化的时代，如果把工业化作为一种生产方式，工业化不仅存在于工业产业领域，也存在于其他产业，如农业、服务业等领域也会发生工业化的问题，整个社会都将渗透和浸染上工业

〔1〕 赵昌文："'十三五'时期中国产业发展新动向"，载赵琳主编：《中国产业政策变革》，中国财政经济出版社2017年版，第128～141页。

〔2〕 360百科："新型工业化道路"，载 https://baike.so.com/doc/1067236-1129175.html，最后访问日期：2020年1月10日。

〔3〕 陈佳贵、黄群慧：《中国工业化与工业现代化问题研究》，经济管理出版社2009年版，第169～174页。

化的色彩，法律作为规范人们行为的基本依据，也必将在社会生活的各个方面对工业化问题进行规范。不仅如此，为了平衡国家经济的全面发展和社会各方面的整体利益，减少和避免工业化发展可能给社会造成的负面影响，工业法也需要规范与工业活动有关的其他社会生产问题，并促进工业化在高度发展的基础上向非工业化的转型升级。如：为了防止和避免工业化发展对手工业的冲击，德国于 1953 年专门制定了一部专门法律——《手工业条例》；[1] 美国则根据其制造业部门的长期萎缩，制造业在国家经济中的份额下降，制造业的就业出现长期绝对下降的现实情况，着力发展研究和开发，使其走在世界的前列，在新产品、新服务的周期走向成熟之前获取超额利润，待其成熟之后，就进行产业转移，将生产能力转移出去，同时有针对性地发展高科技产业和生产性服务业，通过产业空心化与非工业化的结合实现并完成自身的战略蜕变。[2] 此外，工业法也应当注重保护各种传统手工艺和文化遗产，使之不致因工业化的推进而消亡等。

六、绿色发展的原则

工业化以巨量消耗自然资源和大规模占用土地资源为基础，尤其是早期的工业化，主要以自然资源作为其动力和原材料的来源，对自然资源的消耗和对环境的影响与破坏更为严重，甚至造成了严重的环境污染事件和生态性灾难。为此，人类社会汲取了工业化发展初期的沉痛教训，开始了以节能、降耗、资源的重复利用等为主要手段的工业化发展新模式。我国虽然属于工业化后发国家，但也没有能走出先污染后治理的工业化发展老路。为此，在新的历史发展时期，党和国家提出了绿色发展的新发展理念，党的十九大报告的第九部分的标题就是"加快生态文明体制改革，建设美丽中国"。国务院办公厅也发布了《关于健全生态保护补偿机制的意见》（国办发〔2016〕31 号）。甚至我国的刑法也将破坏生态环境资源的行为认定为犯罪行为并加以惩处。

（一）绿色发展为工业化的可持续发展提供的基础和条件

现代工业化的进行仍然不能脱离对自然资源的依赖，保持自然资源对工业化发展的可持续供给，是工业化发展的必要条件，也是工业化得以发展的基础性保障。不能因为发展工业化就不顾及环境和生态，也不能把工业化发展与环境和生态保护分而治之。新型工业化虽然也还不能跳出以消耗自然资源和对环境造成一定负面影响为代价的窠臼，但新型工业化必须把环境和生态的保护纳入工业化发展的内容。否则，不仅工业化的发展不可持续，人类的生存和发展都将面临威胁。

（二）绿色发展和绿色制造是我国工业化发展的战略目标

国务院制定的《工业制造 2025》确定了五条方针，其中之一就是绿色发展；还确定了五大工程，其中之一就是绿色制造工程，即组织实施传统制造业能效提升、清洁

---

〔1〕 ［德］乌茨·施利斯基：《经济公法》，喻文光译，法律出版社 2006 年版，第 243 页。

〔2〕 杨仕文：《美国非工业化研究》，江西人民出版社 2009 年版，第 2、247 页。

生产、节水治污、循环利用等专项技术改造；开展重大节能环保、资源综合利用、再制造、低碳技术产业化示范；实施重点区域、流域、行业清洁生产水平提升计划，扎实推进大气、水、土壤污染源头防治专项计划。制定绿色产品、绿色工厂、绿色园区、绿色企业标准体系，开展绿色评价。到 2020 年，建成千家绿色示范工厂和百家绿色示范园区，部分重化工行业能源资源消耗出现拐点，重点行业主要污染物排放强度下降20%。到 2025 年，制造业绿色发展和主要产品单耗达到世界先进水平，绿色制造体系基本建立。

七、共享发展的原则

党的十八大提出了创新、协调、绿色、开放、共享的五大发展理念，这既是指导我国经济与社会发展的指导思想，也是我国工业化发展的基本原则。

（一）共同参与工业化建设和发展

在工业化发展过程中，实现共享发展的理念，首先应该是共同平等参与工业化发展的权利应当得到维护和保障。工业化生产方式具有广泛的社会性，涉及全社会各个方面，也吸引了全社会各类社会主体的参与，工业化生产的过程和结果也影响着社会大众。全社会的共同参与为工业化提供了充足的人力资源支持，也为工业化向更高层次推进提供了必要的智力和技术支撑。

（二）共享工业化发展的利益

工业化的发展要动员全社会的力量，利用全社会的资源，所以工业化的发展应当给全社会带来共同的发展利益。如果不能惠及全社会，工业化的发展不仅不能得到全社会的支持，而且还会引发各种社会矛盾和冲突。工业化发展初期发生的各种经济危机和社会矛盾冲突，就是只顾及工业发展而忽视其他社会利益的恶果。

（三）共担工业化发展的责任

一方面，工业发展难免会造成资源的耗费和环境的改变，因此，工业发展就应当减少对资源的耗费和对环境的影响，并对其造成的损害承担修复等责任。另一方面，工业化不适合在所有的地方发展，或者不是所有的地方都适合某一种工业产业的发展，但是，可能所有地方的人们都要承担工业发展的责任。如在工业化后进地区，虽然没有工业化发展的直接工作，但却可能是工业化先进地区人力资源的主要输出和提供者。而且，不同的产业分工之间也存在着利益的差异，也应当平衡工业各产业之间的利益和责任。这并不意味着要倒退到过去计划经济时所走的"一大二公"的老路，而是说工业化发展过程中，不同地区、不同人群基于自身条件和产业的布局分工，承担了不同的发展责任，担负着不同的发展任务，也会面临不同的基于工业化发展带来的社会和资源环境等方面的问题，全社会应当统筹安排和考虑，并从利益分配和责任承担两个方面进行公平安排，达到新发展理念的要求。

此外，在工业化发展的过程中，不同的人群会因为发展的不平衡、发展的不同时、发展水平的不一致、分工不同等原因，产生群体之间、阶层之间利益分配的不均衡、财富的不平等，这些问题在工业化发展的初期阶段最为突出，应当随着工业化的发展不断推进和完善相关的立法，从财政、税收、社会保障、福利待遇等方面加以矫正。比如在美国，1907 年，工业事故不断增长，而根据过去普通法的原则，一般要求受伤的雇工需证明伤害是由雇主的过失造成的，以及当时的法官认定是工人而不是雇主应该承担起职业所具有的风险。时任美国总统的西奥多·罗斯福先生指出，既然引发这些事故的工作是"为雇主而做，因此最终也是为公众而做，如果让雇工及其妻儿来承担全部的损失，这是一种难于接受的不正义"。"工人们应该就其履行工作义务时发生的事故获得确定与有限的赔偿"，而不论他们是否可以证明现行法律下赔偿金所要求的雇主过失。这样的工业事故工人赔偿体制将驱使雇主履行注意义务，因此可以减少事故的数量。[1]

---

〔1〕　［美］约翰·法比安·维特：《事故共和国　残疾的工人、贫穷的寡妇与美国法的重构》，田雷译，上海三联书店 2008 年版，第 5～6 页。

第二章
工业法律关系

第一节　工业法律关系的概念

法律关系的概念由德国法学家卡尔·冯·萨维尼于 1839 年正式提出,[1] 是现代法学研究的一种重要范畴。工业化时代的到来,为法律关系注入了更加丰富的内容和特点。虽然从表面上看,工业活动主要涉及人与物之间关系的变化,如使用工业机器、采用工业技术开展大规模的工业产品的生产活动,但事实上工业活动对整个社会带来的变化更主要的是人与人之间关系的变革。

与过去传统的生产活动相比,工业生产活动呈现社会化特点,工业生产活动的规模大,耗费资源多,参与的人数庞大,而且,工业生产活动对社会产生的影响也很大。在工业化时代,工业是社会财富的主要创造领域,是社会经济发展的主要推动力;工业生产领域以及与工业生产活动有关的领域是社会成员就业的主要选择;为了不断发展工业生产的水平,需要对生产技术和生产能力进行不断的提升,科学技术的发展得到了持续地鼓励和支持,不断取得了进步和发展;科技支持下的工业生产活动,需要大批有知识的劳动者和管理者,教育事业获得了前所未有的发展机遇;不断发展扩张的工业生产活动以及工业生产占用和耗费自然资源的数量增加,使得人与自然的关系变得紧张,使得工业生产活动与其他社会活动就自然资源的获取发生竞争关系,自然资源的难以再生性也与社会基于自然资源的可持续发展的矛盾愈加突出;从工业劳动者的情况来看,虽然工业生产的科技化提高了对劳动者知识和能力的要求,但是工业生产分工的越来越细化,工业劳动者的技能越来越专门化,工业劳动者的技能在工业生产领域和在其他生产领域之间的通用性越来越差,离开了特定工业生产领域的劳动者的再就业能力不断下降;工业生产的产品供给社会成员的数量巨大,一方面满足了社会成员对生产生活用品的大量需求,另一方面如果产品的质量存在问题,给社会成员带来的安全威胁和实际损害也会非常严重;工业在社会经济发展中所处的地位日益重要,使得工业生产的秩序对整体社会经济的健康发展的重要性愈发凸显,不合理的竞争和工厂企业的倒闭,会对整个社会造成重创,国家和社会也就必然要对此加以关注;大规模工业生产造成的各种污染,也不再仅仅是相邻关系理论和规范所能涵盖的

---

〔1〕　薛克鹏:《经济法基本范畴研究》,北京大学出版社 2013 年版,第 235 页。

问题，这一问题也就成了一个社会问题；工业生产活动尤其是超大型工业生产活动的规模大、周期长，需要的生产资金量大、占用资金的时间长，必须通过向社会募集才能满足其需要，而传统的借款合同法律关系已经无法解决上述问题；工业生产以科技作为发展动力和支撑，而知识产权也是传统农耕时代的法律制度从没有遇到过的新问题，必须通过建立新的法律制度以调整这个新的法律关系；等等。上述这些问题，不仅使得与工业有关的社会关系日益复杂多样，也使得农耕时代发展起来的法律制度日趋复杂，法律调整的范围不断扩大，各种新型的法律关系不断涌现。

综上所述，与工业活动有关的法律关系具有不同于传统农耕社会法律关系的鲜明特点。其一，工业活动催生了许多新型的社会关系，以调整农耕社会当事人之间权利义务关系为主要对象的传统法律制度难以应对这些新兴的社会关系，必须建立和完善新的法律制度，以调整和规范这些新兴的社会关系。其二，工业活动中的社会关系不仅涉及当事人之间的利益问题，而且大多还与社会公共利益有关，不能全部交由法律关系主体双方通过个人意志自由缔结，也不能放任由法律关系主体通过自愿协商一致的原则确定当事人之间的权利义务关系。其三，工业活动在整个社会中所占的数量、所处的地位、所发挥的作用等日益重要，工业活动中的社会关系也不再仅仅是一种单纯的私权关系，国家也不再只是承担守夜人的职责，必须介入与工业活动有关的领域。

工业法律关系是指工业法律关系主体在工业活动过程中与其他相关主体发生的由工业法调整的权利义务关系。一定的社会关系经过法律的调整转变为法律关系，工业活动中形成的社会关系，通过工业法的调整，就形成了工业法律关系。

一、工业法律关系是在工业活动中发生的社会关系

工业主体在工业活动中进行各种活动，必然要和其他社会主体发生关系，这些关系由工业法加以调整，构成了工业法律关系。工业主体所进行的非工业活动，与其他社会主体发生的社会关系，不属于工业法律关系的范畴。

由于工业生产活动具有社会化特征，加之工业生产活动过程的复杂性以及工业生产活动与其他社会利益之间关系的多样性，使得工业法律关系的主体繁多、内容复杂。不仅如此，工业生产活动对整个社会的政治、经济、文化等领域都有着重要的影响，因此，工业法律关系也是整个社会关系中的重要问题，要在全社会视角下对其进行系统地观察和分析，其中既可能有政策的把握，也可能有权利义务关系的协调，也会有各种利益关系的平衡；既有发展的问题，也有稳定的问题；既有眼前的实际问题，也有今后的长远利益问题；既有经济的发展问题，也有人的发展问题；既有刚性的权利义务和利益问题，也有柔性的道德文化和思想的问题；等等。因为，实践中，工业生产活动涉及社会各方面关系，它们常常横跨若干个法律部门，形成若干个法律关系，只有综合考量这些因素，才能全面、正确地把握工业法律关系的总体情况，找到解决工业发展各种问题的正确方法。由于工业生产活动的首要问题是解决经济发展和经济效率的问题，容易产生忽视发展的公平性和发展的正义性的问题，因此，在理解和分析工业法律关系的过程中应当注意，不仅要注意工业生产活动对社会物质财富的贡献

率，重视对这些工业法律关系的研究，还要注意工业生产活动对整个社会的综合发展的作用和意义，主要对工业法律关系中的制度、社会和管理结构的根本变化以及人的认识能力和水平的提高等在内的法律关系进行研究。"以经济增长代替人类社会发展，是以人之外的'物'代替了人，以发展经济代替了发展人类，忽视了经济发展与政治制度、意识形态、文明价值的相互关系，必定引发一系列的经济社会问题。"〔1〕

此外，生产环节是工业生产的基本活动，在工业革命之前，由于生产工具简单，规模也比很小，社会产品主要来源于农牧业活动，生产活动既不会对环境造成破坏，也不会引发劳工问题和消费者问题。法律只需要明确物的归属和权利，即可达到定分止争和物尽其用的目的，而无须对生产活动进行调整。因此，民法只是对产品（物）的归属和权利进行调整，直接越过了生产这一环节；商法也只限于调整商人之间的交易活动，同样忽视了生产环节。但是，工业活动中的生产也是一种消费活动，它需要消耗大量的自然资源和劳动力；同时，所生产的产品不仅仅是有用物质，还包括各种危险品和污染物。因而，工业革命之后，生产与社会公共利益的关系日益密切，社会意义日益凸显。首先，机器生产代替了手工生产，工厂代替了家庭作坊。机器的使用虽然大幅度提高了生产效率，但其在作为生产工具的同时也成为伤害劳动者的工具。其次，工业制造品代替了自然产品，人们消费和使用的产品大多来源于工厂的加工和制造。工业生产在丰富了人们生活的同时，也生产了大量的不合格产品，给人们的生命和健康带来威胁。再次，随着科学技术的进步，人类的生产能力日益提高，生产活动的范围也越来越广阔，同时对生态环境的破坏也越来越强烈。生产活动从最初的水污染和大气污染，已发展到当今的核辐射和全球气候变暖。如不进行有效约束，将会导致全人类的灾难。最后，生产需要消耗大量的自然资源，而资源是有限的，有些甚至是不可再生的。如果不对生产行为加以限制，地球上有限的资源很快就会消耗殆尽，将会严重威胁到后代人的生存。可见，生产行为涉及劳动者和消费者的生命和健康，关系到环境资源和社会的可持续发展，而不再是一种简单的个人活动，如果不对工业生产活动进行规范，最终将威胁到每个人包括后代人的利益。〔2〕工业化之前的生产活动相对简单，生产能力和产品的产出力有限，交易的量相对较小，对社会整体的影响不大，人与人的交往主要存在于产品的交换环节，一般不涉及产品的生产环节，法律主要关注交易的安全问题，法律的内容主要是对交易过程的规范，法律以调整相对权利关系和以解决纠纷为主要任务，较少关注纠纷的预防和社会公共利益，当事人的活动以意思自治和处分原则为基本原则。它的基本原则有三：一是私有财产制度；二是契约自由的原则；三是自我负责的原则。〔3〕在工业化时代的社会化生产，工业生产问题引起了法律的高度关注。

历史上曾经发生的周期性的经济危机也表明，如果没有必要的法律规范，工业生

---

〔1〕 刘大椿主编：《自然辩证法概论》，中国人民大学出版社 2008 年版，第 143 页。
〔2〕 薛克鹏：《经济法基本范畴研究》，北京大学出版社 2013 年版，第 33～34 页。
〔3〕 史际春主编：《经济法总论（教学参考书）》，法律出版社 2000 年版，第 97 页。

产和发展的问题不仅会影响工业生产和工业发展，也会影响整个社会的发展。

二、工业法律关系是发生在以工业主体为一方的社会关系

工业法律关系的发生以工业活动为基础，其中必然有一方主体为工业主体。如果双方都是非工业主体，它们之间所发生的关系就不是工业法律关系。与传统的法律关系相比，工业法律关系不是仅发生于两个特定主体之间的一种权利义务关系，而是发生在工业主体与其他社会关系主体之间的一系列法律关系。

工业法律关系是以工业活动为基础产生的社会关系，其核心必然是工业生产活动，其主体也必然以工业主体为主。围绕着工业主体的法律活动，法律从以下几方面进行规范：

1. 工业主体法。包括工业主体的资格条件、组织形式、法律地位、法律责任等。

2. 工业主体行为法。包括工业生产行为规范、工业标准、工业产品质量等。

3. 工业活动秩序法。包括反垄断、反不正当竞争等。

4. 工业宏观调控法。包括国家对工业发展的整体规划、国家对各种工业活动的鼓励、限制和引导等。

5. 工业劳动和社会保障法。包括工业劳动者资格、工业劳动环境和安全、工伤处理、劳动者社会保障等。

6. 工业资源和环境保障法。包括工业生产的土地使用、工业生产的排污和污染防范、工业生产的资源利用等。

7. 工业知识产权和商业秘密保护法。包括工业活动中专利和商标保护和利用的问题，工业活动中的商业秘密保护问题等。

8. 工业国际合作法。现代社会的工业活动不再只是局限于一国之内，每个工业主体都需要与他国的工业主体进行广泛的合作，这些合作或是涉及国家的经济安全，或是涉及国与国之间经济利益的平衡，或是涉及工业资源的利用和交换等，各国通常都要进行必要的规范。

在法律对工业主体及其行为的调整过程中所形成的各种法律关系，共同构成工业法律关系的全部内容。

三、工业法律关系是由工业法调整的社会关系

工业主体进行活动，受工业法的调整和规范，被纳入法律调整的范围，形成工业法律关系。工业主体的行为及其关系由其他法律调整的，不属于工业法律关系。

现代世界各国都有对工业活动进行法律调整的大量规范，但都没有形成具体的工业法典，所以，工业法并不是一个具体法典的概念，而是有关工业活动的各种法律规范的总称。

工业法的概念来自于产业法。1912 年，德国耶那大学的 Lehmann 教授始创"产业法"（industrierecht）课程，并于次年在《德国产业法的基本原则》一文中，首次完整地创立了产业法理论思想。他指出："自从德国统一以来，我们取得了经济的巨大繁

荣，这必须归功于我们工业的惊人发展……工业化的进程尚未结束，并将继续向大企业形式的方向发展。""人们应该认识到，在一个像我们这样的时代，法律昌明并成果丰硕，立法和法学研究应该如实地呈现这一景象。但是我们并没有这样做。"他继续强调："我们的《民法典》很少顾及产业上的需求，法学的成果主要集中在民法和罗马法上，对解决现代经济和产业法的问题却很少有人问津。"因此他呼吁要提高对现实社会生活中的问题，特别是对产业法问题的研究。他认为，不能将产业法视为商法的特别法，不能用普通法与特别法来描述商法与产业法的关系，商法的绝大多数规定仅仅涉及适用一般规范来满足产业的特别要求。关于具体的产业法组成，他首先着重论述了劳动法、工人保护法、工会法、结社法，以解决工业化所带来的大量劳动雇佣和劳资纠纷等问题；其次探讨了工业发展与自然资源和能源的关系以及水法和电力法在分配能源时对工业发展的影响；最后，为解决企业外部关系，即企业之间的合理竞争和垄断问题，提出要制定不正当竞争法和垄断法，以防止非法竞争和垄断。[1]

工业发展的法律规范较多的国家应该是美国。面对20世纪初的经济大萧条和市场的失灵，罗斯福总统采取了一系列的新政，制定了《工业复兴法》《劳资关系法》等一系列法律，并自此开始不断加大国家干预工业发展的力度。自从国会于1887年设立第一个现代规制机构——州际贸易委员会来规制铁路以来，美国对经济的规制范围已大幅扩张。这一扩张绝大多数发生于20世纪60年代中期以后。在此之前，规制主要涉及联邦与州政府对公用事业的价格与准入，通讯企业以及运输企业的控制。联邦政府规制铁路、卡车运输、航空、电话服务、电力、无线广播、电视以及天然气等领域中跨越州界的部分，而各州的委员会则规制上述领域的州内部分。联邦政府也在交通运输、食品及药品行业建立了安全规制，并对银行和证券发行商进行规制以保护存款人与投资人。自20世纪60年代中期开始，联邦规制机构的数量与规制活动的范围，有了极大的拓展。联邦政府开始规制油价以及能源生产的其他方面，对环境污染予以显著的控制，对工作场所、公路以及消费者产品的安全进行规制。它还增强了对投资者，包括养老金领取人与商品交易者的规制性保护。无论如何，规制的扩张都是迅速而巨大的。新的政府机构激增。联邦规章在《联邦登记》中的页数从1936年的2599页增加到1977年的65 603页，其中仅在20世纪70年代就增加了2倍。在同一时期的联邦规制预算增加了6倍。规制机构中的常设全职岗位从1970年的28 000个增加到1979年的81 000个。"被规制"行业中有10%甚至更多的投资受到影响。1965年国民生产总值的8.5%产生于"被规制"的行业，到1975年，这一数字已经增加到23.7%。[2]

由于工业生产的社会化以及工业在国民经济和社会发展中所处的重要地位，各国在工业化的过程中都制定了大量的法律对其加以规范，使之纳入法律的调整范畴，就此产生了一系列的工业法律关系。

---

[1] 史际春主编：《经济法总论（教学参考书）》，法律出版社2000年版，第7～8页。
[2] ［美］史蒂芬·布雷耶：《规制及其改革》，李洪雷等译，北京大学出版社2008年版，第1～2页。

四、工业法律关系是以工业法律权利和义务为内容的法律关系

法律对社会关系的调整通过权利和义务两个基本要素展开。工业法对工业活动及其社会关系的调整，通过赋予工业主体以必要的权利，并规定其必须履行的义务加以实现。在工业法律关系中，工业主体享有必要的权利，承担相应的义务。

由于工业法对工业活动的调整涉及的领域比较广泛，突破了传统意义上公法和私法的划分，也不再拘泥于具体法律部门的限制，因此，工业法律关系的类型多样，覆盖了多个法律部门，引入了各种法律制度中关于工业活动的法律原则和具体规范，构成了工业法律关系的整个体系。概括地说，工业法律关系中的权利义务主要有以下方面：

1. 工业主体与国家之间的权利义务。主要基于国家对工业活动的法律规制产生的主体之间的各种权利义务。

2. 工业主体之间的权利义务。如由反不正当竞争法、反垄断法等法律规定的权利义务问题。

3. 工业主体与社会公众之间的权利义务。如由产品质量法、消费者权益保护法等法律规定的权利义务。

第二节　工业法律关系的主体

工业法律关系主体是指由工业法调整的、在工业活动中实施相应工作的各类主体。由于工业活动的社会化程度比较高，社会组织和社会成员中参与的主体众多，在整个国家的国民经济和社会发展中所处的地位比较重要，所以，工业法律关系主体的范围比较广泛。

一、工业生产者

工业生产者主体是工业法的基本主体之一，也是工业法的基础性主体。工业活动主要是由工业生产主体引起的，工业法也主要是因为工业活动的出现而产生的。为了保障工业生产的正常进行，同时，为了降低乃至消除生产者的生产行为给其他主体造成的不利影响，法律赋予工业生产者相应的权利和义务，把生产者纳入工业法的调整范围之内。

在我国，工业生产者也就是工业企业。根据我国《中华人民共和国公司法》（以下简称《公司法》）、《中华人民共和国合伙企业法》（以下简称《合伙企业法》）、《中华人民共和国独资企业法》（以下简称《独资企业法》）的规定，工业生产者包括工业生产类公司、工业生产类合伙企业和工业生产类企业三种形态。

1. 工业生产者是以营为目的的企业组织。

2. 依法成立并取得工业生产的资格。

3. 工业生产者的范围广泛。既包括基础工业部门，如能源工业、钢铁工业、机械

工业；也包括高新技术产业，主要包括信息技术、生物技术、新材料技术三大领域。

二、工业生产劳动者

工业生产的劳动者是工业生产活动的直接参加者和具体实施者，他们的劳动是保证工业生产活动得以进行的基础。

工业生产劳动者既包括工业企业的第一线的工人，也包括企业雇佣的生产管理人员和技术人员等，凡是与企业建立了劳动关系的企业员工都属于工业生产劳动者。

工业生产劳动者是工业生产过程的基本主体，是工业生产、工业生产过程管理、工业生产技术开发利用等工作的直接参加者，对工业生产工作的全过程具有重要的意义。法律对工业生产劳动者与工业企业之间的劳动关系依法进行管理，并对工业生产劳动者的合法权益予以全面保护。

三、工业活动的行政管理机关

由于工业生产在整个国民经济中所占的重要地位，工业生产活动对整个社会的影响范围广泛，在现代社会，工业活动通常都被纳入国家行政管理的范围。在全面推进依法治国方略的指引下，国家全面运用法律的手段、采取法治化的方式对工业活动进行行政管理。因此，工业行政管理机关是工业法的主要主体之一。

在我国，按照国家对行政管理权限的划分，对工业活动的行政管理由不同的行政机关依据各自的权限、从不同的角度具体实施。如：

国家发展和改革委员会主要从工业化发展的宏观体制机制建设和总体规划以及结构性战略调整、市场准入、行政许可、价格管理、工业化发展的运行监控等方面对工业活动实施管理。

工业和信息化行政管理机关是我国工业行政管理的主要部门，它的主要管理工作有：提出新型工业化发展战略和政策、协调解决新型工业化进程中的重大问题，拟订并组织实施工业化发展规划、推进产业结构战略性调整和优化升级；推进信息化和工业化融合，制定并组织实施工业化的行业规划、计划和产业政策，提出优化产业布局、结构的政策建议，起草相关法律法规草案、制定工业化发展规章，拟订行业技术规范和标准并组织实施，指导行业质量管理工作；监测分析工业运行态势，统计并发布相关信息，进行预测预警和信息引导，协调解决行业运行发展中的有关问题并提出政策建议；负责工业、通信业应急管理、产业安全和国防动员有关工作，负责提出工业固定资产投资规模和方向、中央财政性建设资金安排的意见，按国务院规定权限审批、核准国家规划内和年度计划规模内固定资产投资项目；拟订高新技术产业中涉及生物医药、新材料、航空航天、信息产业等领域的规划、政策和标准并组织实施，指导行业技术创新和技术进步，以先进技术改造和提升传统产业，组织实施有关国家科技重大专项，推进相关科研成果产业化，推动软件业、信息服务业和新兴产业发展；承担装备制造业组织协调的责任，组织拟订重大技术装备发展和自主创新规划、政策，依托国家重点工程建设协调有关重大专项计划的实施，推进重大技术装备国产化，指导引进重大技术装备的消化创新；拟订并组织实施工业、通信业的能源节约和资源综合利用、清洁生产促进政策，参与拟订能源节约和资源综合利用、清洁生产促进规划，组织协调相关重大示范工程和新产品、新技术、新设备、新材料的推广应用；推进工业化体制改革和管理创新，提高行业综合素质和核心竞争力，指导相关行业加强安全生产管理；负责中小企业发展的宏观指导，会同有关部门拟订促进中小企业发展和非国有经济发展的相关政策和措施，协调解决有关重大问题等。

人力资源与社会保障行政管理部门主要从拟订人力资源管理和社会保障政策、健全公共就业服务体系、加快建立覆盖城乡居民的社会保障体系、完善劳动收入分配制度、组织实施劳动监察等关系国计民生的重要工作，促进就业、维护劳动关系稳定和完善社会保障体系为核心的社会管理和公共服务职能等方面对工业活动实施管理。

生态环境行政管理部门主要从制定并组织实施生态环境政策、规划和标准，统一负责生态环境监测和执法工作，监督管理污染防治、核与辐射安全，组织开展环境保护督察等方面对工业活动实施管理。

自然资源行政管理部门主要从对与工业活动有关的自然资源开发利用和保护进行监管，建立空间规划体系并监督实施，履行全民所有的各类自然资源资产所有者职责，统一调查和确权登记，建立自然资源有偿使用制度，负责测绘和地质勘查行业管理等方面对工业活动实施管理。

第三节 工业法律关系的内容

工业法律关系的内容是指工业法律关系主体之间依据工业法发生的权利义务关系。根据主体之间关系的不同，工业法律关系的内容也相应不同。

一、工业生产主体与工业劳动者之间的权利义务

工业生产主体，即企业与其劳动者之间的关系，是工业生产活动的最重要的基础性法律关系。这种法律关系具有以下几方面的特征：

1. 劳动者与企业之间的法律关系通过劳动合同的形式建立。《中华人民共和国劳动合同法》（以下简称《劳动合同法》）对劳动者与企业之间劳动合同的订立、履行、变更、解除或者终止作了全面的规范。

2. 劳动者与企业之间存在一定的从属性。工业生产活动具有分工合作的特征，即劳动者要参加到企业的有组织的集体劳动中去，成为工业生产劳动过程中的一员，并受制于企业依法订立的劳动纪律。

3. 企业与劳动者之间的权利义务既有法定的，也有约定的，但是约定的内容不得违反法律的规定。劳动权利和劳动义务要体现国家对当事人意志的干预，因而，不能完全由当事人自由约定，例如，企业支付的工资不得低于最低工资的义务、企业缴纳社会保险费用的义务、企业提供安全、卫生劳动条件的义务等，都是由法律强制规定的企业义务，企业无权自由选择。

4. 企业与劳动者之间的权利义务关系一般具有一定的相对性，企业的权利和义务，一般也相应地是劳动者的义务和权利。

根据我国法律的规定，企业与劳动者之间的法律关系的内容主要体现为以下几方面：

1. 企业有工业生产活动的决定权、指挥权、管理权，劳动者有参与民主管理的权利和服从企业生产安排和管理的义务；企业不得违章指挥、强令冒险作业。

2. 劳动者有获得安全、卫生生产条件、生命和身体免受有毒、有害或危险因素的威胁、伤害的权利，企业有相应的保障义务；企业也有要求劳动者遵守劳动安全法律规范、按照操作规范安全生产的权利。

3. 劳动者有获得约定的不低于国家规定的最低劳动报酬的权利；企业有依法、依约按期、足额支付的义务。

4. 劳动者有工作不超过法定工时的权利，有休息和享有国家规定假期的权利；企业有保障的义务，企业也有要求劳动者完成工时和合理的劳动任务的权利。

5. 劳动者有要求劳动培训的权利；企业也有要求劳动者参加劳动培训的权利。

二、工业生产者与行政管理机关的权利义务

工业生产者与行政管理机关的关系，从性质上来讲，属于行政法律关系，所以，二者之间的权利义务依照行政管理机关与行政管理相对人之间的权利义务来确定。从总体角度而言，国家对工业活动的行政管理职权，主要有以下两大类：一是国家对工业活动的调节决策权。包括国家对工业发展的总体规划、目标设定、实现步骤、具体措施等做出选择和决定的权力。通常这一类权力都是通过发布行政法规和规章的形式进行。二是工业发展的组织实施权。此类权力主要表现为行政机关依照法律的规定，通过审批许可、核准确认、撤销免除、杠杆调整、检查监督、惩罚奖励等形式进行。

由于工业生产活动的社会化，工业生产活动对国民经济和社会发展的重要性，工业生产者与许多行政管理机关都会发生法律关系。一般来讲，工业生产者与行政管理机关的关系主要包括以下几方面：

（一）工业生产者与工商行政管理机关的权利义务[1]

工商行政管理，是指国家为了建立和维护市场经济秩序，通过市场监督管理和行政执法等机关，运用行政和法律手段，对市场经营主体及其市场行为进行的监督管理。工业生产者应当接受工商行政管理机关的管理；同时也有权要求工商行政管理机关依法行使其职权，保护工业生产者的合法权益。

1. 工业生产者从事生产经营活动应当依法注册，依法取得合法生产经营资格；工商行政管理机关也有义务按照法定条件核发营业执照。

2. 工业生产者有权依法从事生产经营活动，也有义务接受工商行政管理机关对其

---

[1] 实践中，工商行政管理部门已被并入市场监管行政管理部门，其相应职权也归属于市场监管行政机关。但为了研究的方便，本书对市场监管行政管理机关与工业生产者之间的权利义务关系分类进行分析。

进行相应的监督。

3. 工业生产者为了从事生产经营活动，有权通过市场和法定途径获得资金、劳务、技术、信息、房地产等生产要素；工商行政管理机关也有权对其上述活动的合法性进行监管。

4. 工业生产者从事生产经营活动，有权签署企业承包经营合同、企业租赁经营合同和技术合同等；工商行政管理机关也有权对其上述行为的合法性进行审查和监督。

5. 工业生产者基于生产经营的需要，可以享有商标专用权；工商行政管理机关也有权对生产者商标的注册进行统一管理，保护注册商标专用权，查处假冒、侵权行为。

6. 工业生产者可以通过经济广告、社会广告、文化广告等形式宣传其企业产品和服务；工商行政管理机关有权查处广告经营和广告宣传中的违法违规行为，指导广告协会的工作。

7. 工业生产者依法享有经营自主权，工商行政管理机关有权检查、处理经济违法违规行为，打击投机倒把、走私贩私活动，并有权对违法的工业生产行为进行行政处罚。

（二）工业生产者与劳动行政管理部门的权利和义务

工业生产活动需要大量的各种社会劳动者，法律赋予工业生产者享有用工和企业内部管理的自主权，但是，为了贯彻实施劳动和社会保障法律、法规和规章，规范劳动保障监察工作，维护劳动者的合法权益，劳动行政管理部门依法有权对工业生产者遵守劳动法的情况实行检查、督促、纠偏、处罚等一系列监督活动。

1. 根据我国《劳动保障监察条例》第 11 条的规定，劳动行政管理部门有权对工业生产者的下列事项实施劳动保障监察：①制定内部劳动保障规章制度的情况；②与劳动者订立劳动合同的情况；③遵守禁止使用童工规定的情况；④遵守女职工和未成年工特殊劳动保护规定的情况；⑤遵守工作时间和休息休假规定的情况；⑥支付劳动者工资和执行最低工资标准的情况；⑦参加各项社会保险和缴纳社会保险费的情况；⑧职业介绍机构、职业培训机构和职业技能考核鉴定机构遵守国家有关职业介绍、职业技能培训和职业技能考核鉴定的规定的情况；⑨法律、法规规定的其他劳动保障监察事项。

2. 根据我国《劳动保障监察条例》第 15 条的规定，劳动行政管理部门有权对工业生产者的事项采取下列调查、检查措施，工业生产者应当予以配合和支持：①进入用人单位的劳动场所进行检查；②就调查、检查事项询问有关人员；③要求用人单位提供与调查、检查事项相关的文件资料，并作出解释和说明，必要时可以发出调查询问书；④采取记录、录音、录像、照相或者复制等方式收集有关情况和资料；⑤委托会计师事务所对用人单位工资支付、缴纳社会保险费的情况进行审计；⑥法律、法规规定可以由劳动保障行政部门采取的其他调查、检查措施。

（三）工业生产者与环境资源保护行政管理机关的权利义务

工业生产者的生产经营活动，难免会对自然资源和环境造成一定的影响，为了改善生活环境与生态环境，防治污染和其他公害，保障人体健康，促进经济的可持续发展和社会生产的文明，国家的相关行政管理机关依法要对工业生产者的生产经营活动进行相应的管理和监督。根据《中华人民共和国环境保护法》（以下简称《环保法》）的规定，环境资源保护行政管理机关与工业生产者的权利义务主要表现为以下几方面：

1. 排放污染物的工业生产者，必须依照国务院环境保护行政主管部门的规定申报登记。

2. 工业生产者在生产经营的过程中，凡是需要向已有污染物排放标准的区域排放污染物的，应当执行污染物排放标准。

3. 排放污染物超过国家或者地方规定的污染物排放标准的工业生产者，依照国家规定缴纳超标准排污费，并负有限期治理的义务。

4. 建设工业生产污染环境的项目，必须遵守国家有关建设项目环境保护管理的规定。建设项目的环境影响报告书，必须对建设项目产生的污染和对环境的影响做出评价，规定防治措施，经项目主管部门预审并依照规定的程序报环境保护行政主管部门批准。环境影响报告书获得批准后，计划部门方可批准建设项目设计任务书。

5. 产生环境污染和其他公害的工业生产者，必须把环境保护工作纳入计划，建立环境保护责任制度；采取有效措施，防治在生产建设或者其他活动中产生的废气、废水、废渣、粉尘、恶臭气体、放射性物质以及噪声、振动、电磁波辐射等对环境的污染和危害。

6. 新建工业企业和现有工业企业的技术改造，应当采用资源利用率高、污染物排放量少的设备和工艺，采用经济合理的废弃物综合利用技术和污染物处理技术。

7. 建设项目中防治污染的设施，必须与主体工程同时设计、同时施工、同时投产使用。防治污染的设施必须经原审批环境影响报告书的环境保护行政主管部门验收合格后，该建设项目方可投入生产或者使用。防治污染的设施不得擅自拆除或者闲置，确有必要拆除或者闲置的，必须征得所在地环境保护行政主管部门的同意。

8. 禁止引进不符合我国环境保护规定要求的技术和设备。

9. 生产、储存、运输、销售、使用有毒化学物品和含有放射性物质的物品，必须遵守国家有关规定，防止污染环境。任何单位不得将产生严重污染的生产设备转移给没有污染防治能力的单位使用。

10. 因发生事故或者其他突发性事件，造成或者可能造成污染事故的单位，必须立即采取措施处理，及时通报可能受到污染危害的单位和居民，并向当地环境保护行政主管部门和有关部门报告，接受调查处理。可能发生重大污染事故的企事业单位，应当采取措施，加强防范。

11. 县级以上人民政府环境保护行政主管部门或者其他依照法律规定行使环境监督管理权的部门，有权对管辖范围内的排污工业企业进行现场检查。被检查的工业生产者应当如实反映情况，提供必要的资料。检查机关应当为被检查的单位保守技术秘密和商业秘密。

（四）工业生产者与技术监督行政管理机关的权利义务

工业生产者与技术监督行政管理机关的权力义务主要发生在以下领域：

1. 质量管理领域。对工业生产者的生产活动，技术监督行政管理机关根据《中华人民共和国产品质量法》（以下简称《产品质量法》）及其实施细则，管理产品质量监督工作，管理和指导质量监督检查，对国内生产企业实施产品质量监控和强制检验，组织实施国家产品免检制度，管理产品质量仲裁的检验、鉴定，管理产品质量监督检验工作，管理工业产品生产许可证工作，组织依法查处违反标准化、计量、质量法律、法规的违法行为，实施缺陷产品召回制度，打击假冒伪劣等违法活动。

2. 计量管理领域。技术监督行政管理机关根据《中华人民共和国计量法》（以下简称《计量法》）及其实施细则，负责向工业生产者推行法定计量单位和国家计量制度，组织建立、审批和管理国家计量基准和标准物质，制定计量器具的国家检定系统表、检定规程和计量技术规范，组织量值传递。负责规范和监督商品量的计量行为。

3. 认证认可领域。依据《中华人民共和国认证认可条例》（以下简称《认证认可条例》），如果工业生产者的生产活动涉及认证认可等问题的，技术监督行政机关组织实施强制性认证与安全质量许可工作，负责认证有关机构的资质审核和监督，受理认证认可的投诉并组织查处。负责管理相关校准、检测、检验实验室技术能力的评审和资格认定工作，组织实施实验室评审、计量认证、注册和资格认定工作。负责对承担强制性认证和安全质量许可的认证机构、检验机构和实验室的审批。

4. 特种设备管理领域。如果工业生产者的生产活动要使用特种设备或者生产特种设备的，技术监督行政管理部门，将根据国家有关特种设备安全监察的有关规定，对工业生产者使用的锅炉、压力容器、压力管道、电梯、起重机械、客运索道、大型游乐设施、场（厂）内机动车辆等特种设备进行安全监察、监督；对工业生产者生产的特种设备拟订安全监察目录、有关规章和安全技术规范并组织实施和监督检查；对特种设备的设计、制造、安装、改造、维修、使用、检验检测等环节和进出口进行监督检查；调查处理特种设备事故并进行统计分析；负责特种设备检验检测机构的核准和相应检验检测人员、作业人员的资格考核等工作。

5. 标准化管理领域。工业生产者的生产活动涉及国家标准化管理的，技术监督行政管理机关将依据《中华人民共和国标准化法》（以下简称《标准化法》）及其实施细则，负责制定国家标准化事业发展规划，负责组织、协调和编制国家标准的制定和修订计划。负责组织国家标准的制定和修订工作，负责国家标准的统一审查、批准、编号和发布。负责协调和管理全国标准化技术委员会的有关工作，协调和指导行业、地方标准化工作，负责行业标准和地方标准的备案工作。负责管理国内各部门、各地区参与国际或区域性标准化组织活动的工作，负责签订并执行标准化国际合作协议。管理全国组织机构代码和商品条码工作。

6. 工业专利管理领域。工业生产者通常也是知识产权的主要生产者，与国家有关专利行政管理机关存在密切的联系。在这一领域，国家有关机关将拟订严格保护商标、专利、原产地地理标志、集成电路布图设计等知识产权制度并组织实施，组织起草相关法律法规草案，拟订部门规章，并监督实施；拟订知识产权运用和规范交易的政策，促进知识产权的转化，负责专利强制许可相关工作；实施商标注册、专利审查、集成电路布图设计登记，负责商标、专利、集成电路布图设计复审和作出确认无效等行政裁决，拟订原产地地理标志统一认定制度并组织实施等。

（五）工业生产者与食药监行政管理机关的权利义务

从事食品、药品生产的工业生产者，其产品直接涉及人民的生命健康等重要权利，国家的食药监行政管理机关将对其生产行为进行全面严格的监管。主要包括：制定食品安全风险监测计划、食品安全标准，根据食品安全风险监测计划开展食品安全风险监测工作；负责起草食品（含食品添加剂、保健食品，下同）安全、药品（含中药、民族药，下同）、医疗器械、化妆品监督管理的法律法规草案，拟订政策规划，制定部门规章，推动建立落实食品安全企业主体责任、地方人民政府整体负责的机制，建立食品、药品重大信息直接报告制度，并组织实施和监督检查，着力防范区域性、系统性食品药品安全风险。负责组织制定、公布国家药典等药品和医疗器械标准、分类管理制度并监督实施。负责制定药品和医疗器械研制、生产、经营、使用质量管理规范和监督实施。负责药品、医疗器械注册和监督检查。建立药品不良反应、医疗器械不良事件监测体系，并开展监测和处置工作。拟订并完善执业药师资格准入制度，指导监督执业药师注册工作。参与制定国家基本药物目录，配合实施国家基本药物制度。制定化妆品监督管理办法并监督实施。负责制定食品、药品、医疗器械、化妆品监督管理的稽查制度并组织实施，组织查处重大违法行为。建立问题产品召回和处置制度并监督实施。负责食品、药品安全事故应急体系建设，组织和指导食品、药品安全事故应急处置和调查处理工作，监督事故查处落实情况等。

第四节　工业法律关系的客体

工业法律关系的客体是指工业法律关系主体享有的权利和承担的义务共同指向的对象。根据法律关系的类别及其主体的不同，法律关系的客体也有所不同。一般来讲，工业法律关系的客体主要包括以下几方面：

一、自然资源

自然资源是工业生产者的主要原材料来源和加工对象，也是工业生产者损耗和毁坏最严重的对象，为此，《中华人民共和国土地管理法》（以下简称《土地管理法》）、《中华人民共和国森林法》（以下简称《森林法》）、《中华人民共和国矿产资源法》（以下简称《矿产资源法》）、《中华人民共和国水法》（以下简称《水法》）等法律对自然资源的保护和利用作了全面的规范，相关的行政管理机关将实施严格的管理，工业生产者在生产过程中要尽量降低对自然资源的消耗，减少对自然资源的破坏，提高自然资源的利用率，采取各种措施恢复和保护自然资源，保障工业生产的可持续发展。

二、环境

环境是人类赖以生存的基本要素，保护环境是工业现代化开展以来，人类认识到的一个非常重要的工业法律客体。因为，现代工业生产活动是最主要和最严重的环境威胁因素。《环保法》《中华人民共和国大气污染防治法》（以下简称《大气污染防治法》）、《中华人民共和国海洋污染防治法》（以下简称《海洋污染防治法》）等法律，赋予行政管理机关以监管的职责，工业生产者也是环境保护的最主要主体。我国已经提出了绿色发展的理念，主张"绿水青山就是金山银山"，强调环境对社会经济发展和人类生存繁衍的重要性，环境也当然应当成为工业法律关系的客体之一。

三、公共产品和公共利益

公共产品是指不隶属于特定主体，供全社会成员共同使用的财产性物品。如国有资产、公共道路等公共物权。工业生产者是这些公共产品的主要使用者，对这些公共产品的消耗也最大。国家的相关行政管理机关代表全社会对公共产品的建设、使用和维护等进行管理，工业法要求工业生产者使用公共产品必须遵守国家对公共产品管理的相关管理规定。

公共利益是指不隶属于特定主体，与社会大众有关的各种利益。这些利益不隶属于特定的主体，但是又与每个或者大多数的社会成员相关。由于公共利益不是指某种特定的物质利益，其概念和范围通常具有一定的抽象性，不同的主体在不同时期对不同的问题会有不同理解和认识，所以，为了防止公共利益保护的缺失和偏差，现代国家通常是由国家确定的特定行政机关在各自的职权范围内进行把握和管理。

四、工业产品

工业生产者以生产工业产品供社会使用和消费为主要目的。相比较工业化之前的产品产出形式，工业生产者的产品数量巨大，使用和消费工业产品的人数众多，降低了使用和消费的成本，提高了消费和使用的便捷性。与此同时，如果工业产品存在问题，巨量的生产和广泛的使用消费，不仅会对消费和使用者造成极大的影响，也会对社会造成严重的威胁。对工业产品的监管，不仅应当要求符合国家关于各类产品质量的标准和条件，还应当要求工业生产者尽可能降低和减少对消费使用者和资源环境等的影响。

五、工业劳动力

工业劳动力是维系工业生产过程的基本要素，劳动力资源是工业发展的基本条件。为了开展工业生产，工业生产者将会依照法律规定的形式和条件等要求与工业劳动者建立劳动关系，我国制定了《中华人民共和国劳动法》（以下简称《劳动法》）、《劳动合同法》、《中华人民共和国职业病防治法》（以下简称《职业病防治法》）、《中华人民共和国安全生产法》（以下简称《安全生产法》）等法律，对工业生产者与工业劳动者之间的关系进行了全面具体的规定。

六、工业产权

工业生产活动具有知识性、技术性特点，科学技术是推动工业生产活动发展的主要动力之一。同时，工业生产活动又是建立在科学管理基础上的一种生产活动。工业产权对工业生产者而言有着如此重要的作用和意义，使得工业生产者或是投入巨资开发自己的工业产权，或者通过购买的方式获得工业产权的使用权。由于工业产权是一种无形的财产权利，除了工业生产者以及其他主体要运用法律手段维护自身的合法权益之外，国家也建立专门的法律制度保护工业产权的开发、利用、交换等问题，因此，保护工业产权应当是工业法的基本任务之一。

七、工业生产秩序

工业生产秩序是维持工业生产活动健康发展的基础性条件，也是引导工业化朝向社会文明进步前进的重要手段。虽然工业生产活动的主体是工业生产者，但是工业生产活动并不是完全自由的行为，世界工业化发展的历史已经证明了国家必须对工业生产活动的秩序加以控制，我国也制定了《中华人民共和国反垄断法》（以下简称《反垄断法》）、《中华人民共和国反不正当竞争法》（以下简称《反不正当竞争法》）等法律，对工业生产活动的秩序进行法律管控。

"产业革命并不仅仅是一场技术上的变革，它也是一场政治革命和制度上的变革，影响广泛、深远，直接涉及所有制、企业经营方式、收入分配、生活方式、风俗习惯以及人际关系的变革。"[1] 工业化完全改变了农耕社会的经济基础和上层建筑，工业生产的社会化使得工业生产活动也不再是工业生产者个体的事务，工业生产活动对全社会的公序良俗也具有相当大的影响和构建作用，并逐渐形成了工业文明这一新的社会文明形态。因此，国家运用法律手段对工业生产秩序进行调整，对于树立公平正义的社会发展观，完善社会制度，保障社会整体利益，保证工业化的健康可持续发展具有重要意义。

---

〔1〕 厉以宁：《工业化和制度调整——西欧经济史研究》，商务印书馆2010年版，第18页。

第三章
工业化发展的宪法维度

第一节　工业化是立宪主义兴起和
拓展的社会经济基础

一、基于市场机制的工业化是立宪主义兴起的经济动因

工业化是现代社会区别于传统社会的重要特征，也是资本主义替代封建主义最根本的经济动因。商品经济和贸易的兴起为工业化发展创造了外在环境，经济基础的变革迫切要求上层建筑包括政治体制机制的变革，由此推动了近现代立宪主义的产生和发展。当商品经济发展到一定程度并形成市场机制以后，工业化的发展就有了利益的驱动，而建立在商品交换与市场机制基础上的工业化使得社会的资源分配方式、人类的生产和生活方式以及生活空间、互动形式都发生了重大的改变，促使政治上层建筑和社会治理机制进行相应的重大变革。由于市场机制和工业化与传统社会物物交换、小农经济存在着根本差别，对政治和社会环境的要求更高、更严苛，治理体制必须进行革命性的变革，这种变革将从根本上区别于传统的家长式、依附式、人治型政治制度。在传统社会，小农经济生产方式的简单化，使得人类的生活空间相对狭窄，社会关系也比较简单，国家与社会之间的互动也相对简单，经济基础决定上层建筑，小农经济决定了国家治理结构及其机制的相对粗放，家族式、封闭式、人治型政治制度也能勉强处理比较简单的社会政治关系。而伴随着商品交换与工业化的快速发展，以及与工业化并行的市场化、城镇化，人类的生产方式、生活方式、关系样式都发生了重大改变，原有的以封闭式家族统治、自上而下的权力运作、随机任性的管理模式无法应对频繁的人际互动带来的各种社会关系纠葛、不同群体之间利益冲突加剧引发的政治纷扰，需要新的建立于规则之上的治理体制机制建构，即宪法之治。

就此而言，大规模的市场交换和工业化进程推动了治理模式的变迁，是近现代宪法兴起和拓展的根本动力，是法治与人权等治理机制兴起、扩散的经济基础，立宪、法治、人权这些近现代流行的政治运作和治理机制是为解决市场化、工业化、城镇化带来的社会转型及附带问题而衍生、发展的。资本主义生产关系的兴起，其中最主要的制度依托，就是市场机制。而能够为市场机制提供持久动力的，就是工业化大生产。工业化大生产区别于传统的小作坊和农业经济，需要以劳动力和资源的集聚作为支撑，

使得工作方式的协作化与人际关系互动频率大为提高。工业化大生产还带来了阶级和阶层的分化，也就是生产关系的根本性变革。资本和劳动之间、资本和资本之间、国家与国民之间的关系，都因为工业化大生产而发生了变化。工业化成为现代治理架构的主要经济条件。按照马克思主义的基本观点，生产方式是人类社会的基础，是人类公共生活，包括社会生活、政治生活和精神生活的决定性因素。所以，以工业化代替小农经济和小手工业，这种生产方式的根本变革，必然带来社会制度的根本变迁，政治领域自然也会发生革命性变化。现代社会关系，是以工业化为媒介而产生的社会互动方式，工业化是现代社会关系最内在的源头和动因。因此，作为应对近现代社会政治关系的国家治理框架和运行机制，宪法在很大程度上是由工业化的需要和发展决定的。换句话说，近现代宪法的出现与发展是为了从政治结构和治理机制上应对工业化的生产方式和生产关系变革所带来的社会政治关系变革的需求。

二、近现代立宪主义确立和扩展是工业化演进的政治诉求

宪法作为政治制度的主要载体和实现形式，集中地体现工业化发展的成果和发展要求。近现代宪法，以规范和约束国家权力及其运作为核心要义，其社会经济基础，就是工业化。工业化改变了原有的生产方式和社会关系，并且使得社会关系复杂化和多元化，多元化的法律产生与发展是对现实需求的回应，并为协调这些法律关系的冲突与矛盾创造了前提，"法律的法律"有了现实的存在基础。传统小农经济时代，哪怕有小手工业，人们的生活空间也比较狭窄，人际关系也相对简单，社会互动也相对较少，法律也主要侧重于保护王权以及政治秩序，因此比较注重刑法，民法和行政法稍弱，而其他在现代社会中起着支撑作用的法律则阙如。这也从侧面表明了工业化相对于传统生产方式的巨大变革作用，使得一切的社会关系和政治关系都发生了革命性变化。与工业化生产相应，社会出现了资产阶级和无产阶级，以及其他新的社会阶层，这种新的阶级和阶层出现，以及伴随着工业化而来的市场化、城镇化以及全球化等新的历史现象和社会动态，社会利益和社会关系日趋多样化和差异化，仅仅刑法和简单的民法、行政法已经无法解决工业化以及其他伴生现象基础上产生的社会关系，新的法律部门或者分支比如经济法、合同法、物权法等出现，如何调适这些法律之间的冲突成为法制发展的重大问题，也是政治制度发展为应对日益复杂而多元的社会现实需要解决的难题。

社会关系日益复杂、公共事务日益多样，利益不断分化，政府需要应对的社会问题也日益增多，需要新的国家机构予以专业化和制度化的解决，由此也带来了权力的冲突及失范问题，对国家权力理性化和规范化运作的需求，使宪法和行政法得以出现和发展，并成为工业化持续发展不可缺少的重要制度支撑。在近现代世界史上曾经起过引领作用的英国，其政治制度从封建专制转向虚君共和就是由于工业化的发展以及由此带来的社会政治关系变革。从16世纪到18世纪，英国的乡村工业化不断深化，推动了人口的集聚和城镇化的形成以及乡村人口的逐渐减少："1520年乡村农业人口约占

全国总人口的 76%，1600 年约占 70%，1700 年占 55%，1750 年占 46%。"[1] 出现了新的贵族和工商业资产阶级，原有的政治结构和利益格局已经无法容纳由于工业化带来的阶级变化与利益分化，既有的政治体制面临废除或改造的选择。1640 年，查理一世为了筹集军费而召开议会，引发抗议，并演化成了新贵族与资产阶级联手抗击君主专政的革命。经过多番博弈，新贵族、资产阶级与王权达成妥协，并在 1688 年 "光荣革命" 后逐步形成了对王权有效限制的政治架构，为资产阶级利益的实现和工商业健康发展提供了政治保障。贸易的兴起、工商业的发展以及在此基础上形成的新贵族和资产阶级，是推动英国政治关系和法律制度变革的主要社会经济因素。工业化的发展，则是理解英国政治革命及其演进方向与制度形态的关键。

三、立宪主义全球拓展与实践是市场化与工业化扩张的必然结果

市场化、工业化与资本主义全球化推动了世界政治和全球治理模式变革，引发了立宪主义在全球的扩展。立宪主义变成世界性的政治实践是伴随着全球贸易、殖民主义扩张和世界资本主义化进程而展开的。英国被认为是近现代立宪主义的母国，与英国最早走上市场化基础上的工业化与资本主义发展道路密切相关。作为一个面积和人口有限的岛国，英国兴起的秘诀，就是利用海运优势，通过对外贸易获得利润，以市场机制作为杠杆，强化自身的比较优势，利用国际廉价资源和压榨本国工人与农民而实现资本利益最大化。但是，英国毕竟是有悠久封建历史的国家，因此，经济基础对上层建筑的触动和改变是渐进式的，其资产阶级多是由贵族演化而来，使得英国资产阶级政治制度的确立与发展是在与封建势力的妥协与斗争中逐渐演进而成的。从 1640 年发生革命，到 1688 年 "光荣革命" 结束，中间波折较多，而且在此后，内阁制度、议会制度、政党兴起、资产阶级参政、工人阶级参政、妇女参政、少数族群参政等现代政治的要素，都是经年累月逐步实现和扩展的，以致英国并没有一部真正的成文宪法，其有关立宪即国家权力与公民权利及其关系的内容分散在不同的法律文件之中，比如 1679 年的《人身保护法》，1689 年的《权利法案》，1701 年颁布的《王位继承法》，1832 年的《议会改革法》，1918 年《国民参政法》，1928 年《国民参政（男女平等）法》，规范英国与自治领关系的 1931 年第四个《威斯敏斯特条例》，1948 年《人民代表法》，等等。事实上，从英国立宪主义各种要素的发展历程来看，无论有关人身权、参政权、社会权、男女平等权还是国家权力内部关系的调适，都是伴随着英国工业化与社会治理关系变革的外在形势不断调适与充实完善的。

而工业化和贸易拓展也是推动世界政治变革及立宪主义全球化的重要因素。这个过程与殖民主义、市场经济和资本主义全球化进程密切相关。由于英国较早走上工业化道路和发展商业贸易，对原材料和市场的需求不断增长，而英国国土狭小，人口较少，无法满足工商业不断发展的需要，亟须寻求新的原料来源地和商品倾销地，因此，寻找新的发展空间成为英国政客和欧洲资产阶级、商人的重要任务。殖民主义应运而

---

[1]　孙立田："工业化进程中的英国乡村改造"，载《光明日报》2018 年 2 月 12 日，第 14 版。

生。而伴随着殖民主义而来的，就是资产阶级、冒险家到美洲等"新世界"（所谓未开发土地）建立殖民地，将欧洲带去的生产方式和社会关系及其治理体制机制也在这些地方复制、创新和扩散，市场机制和工业化在这些新地域扩散和发展，并在这些地方衍生出新的社会阶级、阶层以及利益关系。而对殖民地的管理架构，主要是英王派驻的总督以及具有某种英国普通法律下自我管理性质的机构殖民地议会。由于英国将殖民地视为财富贡献者，并未在政治上赋予其自治和参与地位，英法战争带来的财政压力，使得英国王室继续强化对殖民地的盘剥，引爆了反抗和革命，建立了完全区别于英国本土的全新政治模式，以权力分立与制衡、联邦制、地方自治等新的政治结构和权力分配方案确立了一种政治制度新范式，这种政治权力分配的方案以《美国宪法》为名，代表工商业资产阶级、大地主和律师等社会富裕阶级和阶层的利益，既是美国工商业发展的政治结果，也为美国工业化大生产的展开和升级创造了政治条件，并在很大程度上改变了世界政治经济格局和政治运作的范式。

四、工业化与全球贸易进程与立宪主义的扩展轨迹吻合

立宪主义肇端于英国，发达于美国，伴随着竞争和战争扩展至欧洲。在英国 1688 年光荣革命实现政治制度的变革以及美国 1789 年建立源于革命而制定的 1787 年宪法基础上的总统共和制政权，在欧美两个国家出现代表资产阶级利益的政权，为工业化发展提供了政治制度根基。而这两个代表新兴资产阶级和社会阶层利益的国家政权在国家工商业和贸易不断发展的过程中，为了拓展本国的贸易以及获得更多的生产生活资料，先后不断向周边或者世界各地寻求新的生产空间和原料来源，也推动了其他国家的工业化和市场化以及相关社会关系的变革。而欧洲大陆国家，法国由于与英国的战争也在 1789 年引发革命，并在多次反复后逐步地走上了资产阶级专政，为资产阶级利益和意志的实现提供了政治保证。由于法国所处地理位置的特殊性，伴随着拿破仑的扩张政策以及各国之间的冲突与交流，法国的生产方式以及政治架构即宪法理念和制度也得以传播和扩散。法国资产阶级革命及其宪法的变迁，是工业化和市场化在欧洲扩张的政治反映和必然结果，说明早期立宪主义与市场经济、大工业发展及资本主义兴起的密切关系。

立宪主义在世界范围内的扩展，是与全球市场化、工业化和资本主义化密切联系在一起的。从英国到美国，再到法国和欧洲，然后传到亚洲、美洲和非洲等地，成为世界性的政治现象和治理结构，是立宪主义在全球扩散的地理轨迹和基本过程。英美法探索、确立和实践立宪主义政治制度以后，欧洲越来越多的国家走向工业化和市场化，相互之间的冲突和斗争也不断地趋向尖锐化，对原料和市场的需求导致了早发达资本主义国家之间的激烈角逐，矛盾尖锐化的结果，就是第一次世界大战和第二次世界大战的爆发，以武力解决各国由于工业化和市场竞争带来的剧烈冲突，打破了既有的利益分配格局和世界秩序，也把发达国家的生产方式、政治架构和治理机制带到了亚、非、拉落后地区，促使这些国家和地区主动或被动地接受了工业化生产方式及与此相对应的社会政治架构及其制度化外衣，即宪法。也正是由于此，尽管在 1917 年，

欧洲的后发国家俄国发生了社会主义革命，但是革命并没有改变世界工业化的趋势与格局，相反，苏俄也走上了工业化道路，并迅速地实现了经济崛起，改变了世界政治经济格局，并影响了部分后发国家和地区（比如中国、朝鲜、越南、古巴）的政治经济选择，当然也产生了不同的国际、国内后果，影响了20世纪下半叶乃至21世纪的国际关系和多个国家与地区的政治命运。

因此，在当代世界，无论是社会主义国家还是资本主义国家，工业化都是这些国家的经济驱动机制和社会底色，在此基础上，由于理念和环境的不同，政治制度的架构产生了差异，但其中共通的一面，就是民主共和制成为这些国家政体的基本形态。因此，现代政治制度架构的前提是工业化，是为工业化及相关社会政治关系和权力运作提供制度化保障的组织框架与机制。也正是从这个意义上讲，立宪主义的兴起和扩展，是市场经济及其生产方式工业化的政治反映和外在结果。没有工业化及市场化作为基础和动力，作为现代政治制度框架结构的立宪主义就没有了最基本的社会经济支撑。而宪法和法治规制与保障工业化发展，则是后发国家实现工业化和现代化的基本经验和制度保障。我国在改革开放之前虽然也注重工业化，也在宪法上有所涉及，但缺乏系统的法律规制与保障，这种做法的教训是深刻的。诚如有学者所指出的："由于工业化发展目标始终未能上升为法律文件，没有转变为国家意志和全体人民的法律共识，难以树立法律的极大权威，从而影响了执政党战略部署的有效实施。"[1] 传统的社会主义国家，比如苏联和南斯拉夫，之所以有宪法而无宪治，与实行计划经济的资源配置方式，未能有效地规范和约束公共权力，使得资源配置的效率和公平缺失，以致在与资本主义的激烈竞争中陷入效率困境和道德尴尬相关。而中国等社会主义国家实行改革开放，放松管制，有效地通过渐进改革实行市场经济，一手抓民主，一手抓法制，不断强化宪法实施，将改革纳入法治轨道，确立依法治国方略，将经济发展、工业化和人权保障有机衔接，充分地释放生产力的空间和动能，取得了经济社会的长足进步，促进了人的全面而自由发展。

第二节　法治与人权：工业化服务社会发展的宪法机制

工业化的发展，带来了人类工作方式和生活方式、互动关系的根本变革，有效促进了经济社会的持续发展，使得人类社会的生产力得到充分释放，同时也带来了新的挑战和问题。如何应对这些工业化带来的副作用和挑战，是经济社会转型需要解决的重大问题。与生产方式的变革相应，以工业化为核心特征的经济基础决定了政治领域的转型与底色。法治和人权从某种意义上说是适应工业化时代诉求的治理机制，是从政治领域缓解工业化带来的各种社会关系张力的政治框架与治理方案，这就形成了宪法制度。工业化促进了资本主义的发展，也使得资本主义的负面作用不断凸显，用马

---

〔1〕 邵俊武："工业化发展与工业法治保障"，载《广东工业大学学报（社会科学版）》2014年第2期。

克思的话说，就是"资本来到世间，从头到脚，每个毛孔都滴着血和肮脏的东西"〔1〕。从政治上遏制社会冲突，缓解阶级矛盾，是资本主义政治法律制度必须解决的问题。与前资本主义的政权相比，近现代资本主义国家的发展，与近现代人类理性的增强、认知能力的提升以及政治统治技术的强化密切关联。西欧近代三大思想解放运动（文艺复兴、宗教改革与启蒙运动）为工业化扫清了思想障碍，也为政治统治架构的改进以及权力运作的理性化创造了条件。从某种意义上说，法治与人权是为了避免工业化将人机器化、物化的社会防护机制，是宪法这一根本政治法律制度的两大核心装置。具体而论：

一、工业化带来的生产方式变革需要法治与人权保驾护航

生产方式变革是最根本的社会变革，工业化替代小农生产和小手工业是人类生产方式的一次革命性替代，是对原有的利益格局与社会关系的全面重塑，要求上层建筑领域重塑调适机制以便协调急剧变革的利益分配与社会冲突。从 16 世纪起，英国的乡村工业就得到了蓬勃发展，随着时间的流逝和技术的改进，到 18 世纪上半叶，传统的小手工业和家庭作坊已经无法适应社会大生产的需要。机器开始替代人力，工厂代替了手工作坊，而工业革命带来的生产力大发展与生产关系变革，需要以法制予以确认和巩固，为资本主义的繁荣提供制度化根基。在 1640 年以后，资产阶级和新贵族通过议会出台了一系列法律将封建土地私有制转变成资本主义私有制，从而为工业化和资本主义发展提供资源支撑。就此而言，资本主义政治制度及其外衣——宪法法律——是服务于资产阶级的生产方式即工业化大生产及其经济利益最大化的，所采用的相关治理机制也服务于这种阶级利益和生产方式。

服务于统治阶级利益的生产方式也需要相应的制度装置和治理工具予以保障。法治和人权是服务于工业化社会政治统治的有效工具。臭名昭著的"羊吃人"运动折射的是工业化和大规模生产方式剥削农民而引发的利益冲突，而工人毁坏机器和各种各样、有形无形的反抗方式则反映的是生产方式转变为工业化生产后工人与资本家之间的阶级矛盾与冲突。失去土地的农民和失去工作的工人沦为城市贫民或流民，促使资产阶级统治者寻求规范化的、隐秘而有效的治理方式控制冲突，缓解社会矛盾。工业化会带来阶级分化和社会利益冲突："工业化发展中存在的问题不仅包括经济方面的问题，不断壮大起来的工业企业不可避免地要与社会公共利益冲突。"〔2〕法治和人权在宪法框架内被确立下来，成为有效控制和驾驭工业化及资本主义矛盾的治理工具，避免社会不同群体和利益之间的冲突越过政治秩序的边界而毁灭社会。新的生产方式的确立和发展需要新的治理机制予以保障，以宪法为制度装置，法治与人权作为治理工具协调工业化时代的利益冲突与社会矛盾，是被实践和经验证明行之有效的政治制度

〔1〕 ［德］马克思：《资本论：第一卷》，中共中央马克思恩格斯列宁斯大林著作编译局译，人民出版社 2004 年版，第 829 页。
〔2〕 邵俊武："工业化发展与工业法治保障"，载《广东工业大学学报（社会科学版）》2014 年第 2 期。

框架。

二、工业化引发的社会关系冲突需要法治与人权予以调适

伴随着工业化而来的，是社会分化与利益冲突。早期出现了新兴资产阶级与封建王权的矛盾与冲突，同时也开始出现资产阶级和无产阶级两个逐步走向利益对立、身份迥异的阶级，各方之间的利益调适成为近现代国家和社会的重要政治和法律议题。而政治上的制度设计，必须解决由于工业化带来的阶级分化和利益分化的冲突问题，并以制度化的方式予以控制，使社会冲突不至于过于剧烈。1689 年，英国出台了《权利法案》以限制王权，调适政权与资本的关系："凡未经议会同意，以国王权威停止法律或者停止法律实施之僭越权力，为非法权力"；"凡未经议会准许，借口国王特权，为国王而征收，或供国王使用而征收金钱，超出议会准许之时限或方式者，皆为非法"。《权利法案》是议会和王权斗争与妥协的产物，议会借助法律将王权束于牢笼之中，形成了实质意义的议会主权，将普通人的利益和自由用明确的法律形式保护起来，规定了君主以及议会权力施行的底线，成为现代法治国家的关键。[1] 而 1701 年的《王位继承法》，明确了法官终身制，确立了分权和司法独立原则。运用法治工具调适统治阶级内部的关系和矛盾，是资产阶级政治统治能力提升和冲突解决技术进步的体现。

而工业化和资本主义的发展，也使得资产阶级和无产阶级的关系日趋紧张。工人阶级的持续反抗增加了资产阶级统治的成本，资本主义政权通过法治手段不断调适劳资关系，1832 年通过了《议会改革法》，扩大了选举权和被选举权的范围；1906 年的《劳资争议法》确认了工人的罢工权；1946 年的《国民保险法》将社会保障具体化。通过权利的法律化，根据形势需要适当地赋予无产阶级一定的权利，消解无产阶级的反抗，缓解社会冲突，资本主义政权有效地维护了政治稳定，为工业发展和经济繁荣创造了政治环境。在世界第一部成文宪法——美国 1787 年《美国宪法》——颁布之时，并没有关于公民权利的规范，黑人的选举权只能按 3/5 比例折算，印第安人则根本就不被认为是公民。直到 1791 年出台的《权利法案》弥补了公民权的缺失，而黑人真正获得形式上的公民权，是在 1965 年通过《选举权法》以后，才正式以立法形式结束美国黑人受到的政治权利特别是选举权方面的限制以及各种公共设施使用与公共服务方面的种族歧视和种族隔离制度，而这距离美利坚合众国成立已经超过 170 年，美国南北战争结束已经 100 年，这说明黑人争取人权的道路漫长而曲折，也折射出资本主义政治制度的内在本质及其限度，也表明人权发展在资本主义及其工业化环境下不可避免的历史局限。尽管如此，资本主义国家通过运用法治和人权的工具，在宪法的框架内有序地解决其社会矛盾和利益冲突，将其阶级矛盾、族群冲突、利益张力在资本主义秩序范围内加以缓解和遏制是有效的，当然这一过程是漫长的，而且从形式上确立到实质上解决更是遥遥无期。

---

[1] 王若磊："英国的法治之路和法治模式值得借鉴"，载《学习时报》2015 年 3 月 2 日，第 A9 版。

三、工业化的副作用需要法治与人权机制予以控制

工业化带来的征地问题、环境污染、社会冲突、阶级分化等矛盾，都需要法治与人权机制予以平衡和消解。英国自 15 世纪后期就开始了圈地运动，持续到了 19 世纪才结束，农民阶级在这场斗争中逐渐地失去了家园，多数进入了城市和工厂，不同阶级和阶层之间的矛盾日渐凸显。为了缓解社会冲突，1601 年英国出台了《伊丽莎白济贫法》，规定治安法官有权以教区为单位管理济贫事宜、征收济贫税及核发济贫费，被认为开启了世界历史上最早的社会保障法治化历程。1662 年，斯图亚特王朝通过的《住所法》，规定贫民在其所在的教区居住一定年限就可以获得救济。1723 年又进一步规定，受救济者必须进入济贫院。1946 年《国民保险法》和 1947 年《国民救助法》出台以后，济贫才为社会救助所替代。除了以济贫或者社会救助缓解社会冲突和矛盾以外，英国还出台了一些法律规范劳动关系：1802 年出台了《学徒健康与道德法》，1833年出台了《工厂法》，1848 年颁布《公共卫生法》，改善劳动条件和待遇保障。此外，随着环境恶化，英国后续又出台了一系列法律：1833 年《水质污染法》，1863 年《制碱法》，1876 年《河流污染防治法》，1906 年《制碱等工厂管理法》，1907 年《公共卫生（食品）法》，1926 年《公共卫生（消烟）法》，1932 年《城乡规划法》，1946 年《原子能法》，1957 年《煤矿开采法》和 1953 年《农业土地法》，以解决工业化、经济发展与环境保护、自然生态之间冲突问题并促进相互之间的良性协调。事实上，英国的法治化进程与工业化和资本主义兴起密切关联，因此具有很强的代表性。

如前所述，当代世界的政治经济范式很大程度上是由工业化生产方式所决定的。因此，自近代社会由小农经济逐步走向小手工业进而演化到工业化革命以来，人类的生产方式从以农业生产为主转为了以工业化大生产为主，以农村生活为主改变为以城镇化为主，社会关系由血缘和地缘变成了业缘和基于市场的经济互动，货币成为人类互动的最主要媒介，金钱成为社会关系的重要动力机制，由此带来了政治关系的根本性变革，就是传统的以"家天下"为核心特征的王权制度已经无法适应工业化基础上转变了的社会经济关系，政治形态上从君主专制转型为民主共和制成为必然，而法治和人权则成了工业化和资本主义发展的政治伴生物，降低了资产阶级专政的统治成本，缓解了资本主义的阶级矛盾，从而也为工业化的发展以及社会持续稳定提供了政治制度基础。就此而言，法治和人权，是资本主义政治统治持续展开的两大制度利器，也是资本主义政治相比封建专制制度更具适应性的治理工具，折射出资产阶级统治者的政治理性与管治水平的重大飞跃。

以对资本主义进行深刻反思和批判为基础建立的社会主义国家，在形成政权以后，也都纷纷强化了工业化发展，然而由于治理经验不足和对社会主义建设艰巨性预估不充分，以致在相当长一段时间内对"什么是社会主义，如何建设社会主义"这个基本问题缺乏清晰的认知，使得社会主义实践和共产主义运动在 20 世纪后期陷入了阶段性困境，甚至出现了南斯拉夫解体、苏联解体和东欧剧变这样的局部坍塌与惨痛局面。庆幸的是，中国在 1978 年以后实行改革开放，以经济建设为中心，加强工业、农业、

国防和科学技术的现代化，推进依法治国，建设法治国家，以国家治理的现代化作为社会主义的重要目标，践行以人民为中心的科学发展理念，有效地促进了经济社会的可持续发展，国家和社会的面貌发生了根本性变化。改革开放以来中国的发展道路表明，走新型工业化道路，践行宪法精神和规范，推进法治和人权建设，是国家治理现代化的重要内容和成功经验。在宪法框架内以法治和人权作为治理工具，使工业化服务于社会发展、民族复兴和人民福祉，是新中国成立以来特别是改革开放以来中国社会经济发展和国家治理的基本经验，也是社会主义制度下工业化发展与资本主义条件下工业化道路的主要区别之一，是两种不同的社会经济制度的治理方案与价值导向差异化的外在结果。

第三节　工业化、法治与人权联动发展的宪法维度

进入 21 世纪，在新的世界格局和社会条件下，如何积极地利用工业化为经济社会发展助力，有效利用工业化大生产对生产力的巨大推动作用，并抑制工业化的消极影响，为人类的可持续发展创造制度基础，是值得深入思考和探讨的问题。以法治和人权为国家治理的重要机制，有效地促进工业化为人类服务，为人的全面而自由的发展提供物质保障，是社会发展的趋势和方向。事实上，工业化作为一种生产方式，不仅直接影响法律制度的内容，也对社会关系互动产生了全方位的、根本性的，甚至是颠覆性的巨大影响。近现代各个国家和地区的工业化过程，与资本主义发展密切关联。工业化为资本主义经济的发展提供了根本动力，也塑造了资本主义政治制度及其运行机制。法治和人权，是两种性质不同而功能相关的制度装置，二者规范和约束权力的功能，为资本主义政治统治的持续展开提供制度化保障。法治和人权都在一定程度上给工业化社会的公共权力划定了界限，从而避免工业化带来的负面作用摧毁社会。就此而言，法治和人权从某种意义上都是从政治上抑制工业化和资本主义副作用的重要制度装置，是两种功能上互补、可以抑制工业化、市场经济和资本主义负面影响的治理工具。

一、生产方式变革应纳入国家治理的框架和轨道

生产方式的变革是社会变革的最根本原因，而工业化是迄今为止最为先进的生产方式，有效地促进了生产力的发展和社会财富的增长。工业化塑造了现代社会的基本形态，是现代社会关系的主要根源。因此，必须自觉地将工业化纳入人类社会可持续发展的全局和演进轨迹来审视，积极探寻和深化对工业化发展规律的认识，有效地利用工业化的优势和成果为人类发展服务，从而改善人类的境况，促进人与自然的和谐以及人与人之间关系的良性互动。以美国为例，在相当长一段时间内，美国都采取自由资本主义政策，较少干预经济和工业发展，但这不代表美国政府不重视工业化和营商环境构建。相反，美国政府一直致力于为工商业发展创造良好的政治法律环境，通过立法为工业化和市场机制扫除障碍。比如，1787 年《美国宪法》就授予国会"管理

对外的、洲际的和对印第安部落的贸易"的权力，并于 1789 年出台《关税法》，对外国商品征收高额税收，从而保护美国民族工业；1790 年出台了《公债兑换条例》，不久又设立了美利坚合众国银行，为工业化和经济发展提供资金支持；而 1807 年出台的《禁运法案》则是典型的贸易保护主义法律，为美国工业提供法律保护。宪法和国家机器的支持与推动是美国工业化的重要动力。

到了 19 世纪末，随着资本主义发展到垄断阶段，美国政府对工业化和经济的干预加强。比如 1890 年国会制定《谢尔曼反托拉斯法》（又称《保护贸易及商业免受非法限制及垄断法》），授权联邦政府控制、干预经济；1894 年，出台《威尔逊—葛曼法》，对进口商品实行低关税或免税；1906 年出台《纯净食品和药品法》，成立了食品和药品管理局，加强对食品和药品安全的监督检查；1914 年出台《联邦贸易委员会法》，规定联邦贸易委员会有发布违禁命令的权力，对于违反命令的工商企业，可将案件提交法院审理，从而确保商品流通市场的秩序，促进资本主义工商业的健康发展。又比如说在 1929 年资本主义经济危机时期，时任总统罗斯福促成美国国会通过了《工业复兴法》，依靠政权力量把资本主义生产纳入控制的轨道，为美国摆脱经济危机的困境创造了重要法律条件。从某种意义上讲，美国之所以能够在过去 100 年的时间里成为世界第一大经济体，甚至成为当今世界唯一的超级大国，其秘诀之一，就是美国自建国起就以工业立国、以工业强国，并将工业化纳入国家治理框架和轨道之中，以法治保障其发展，使得工业化发展有了根本制度依托，工业化的负面影响也由于法治的规范和约束而得以遏制和处理，为美国工商业和资本主义经济社会的发展创造了良好制度条件。就此而言，规制工业化是美国法治的基本内容和重要使命。

二、法治和人权机制运用要与工业化发展及国家治理需求相适应

在近代社会实现工业化以前，人类生产力的发展和物质财富的增长，总体上是比较缓慢的，缺吃少穿是常态，人类的生存环境较为恶劣，生活水平较为低下，而人本身的价值与意义长期得不到尊重和关注。只有到了近现代社会，伴随着工业化的发展，物质条件的改善，人类对自身境况的认知才有了根本改观，并且理论上也有了很多突破和创新，"天赋人权""自然权利""人民主权""社会契约"等理念逐渐得到认知和普及，推动了人类对人本身及公共生活的理性化认知。事实上，对于人类如何有效的治理，在相当长一段时期内处于某种相对蒙昧的状态，以至于美国开国元勋提出"人类社会是否真正能够通过深思熟虑和自由选择来建立一个良好的政府，还是他们永远注定要靠机遇和强力来决定他们的政治组织"这样的重要问题，留待人民用行为和范例来给出答案[1]。美国开国元勋们经过多番博弈后，于 1787 年制定了《美国宪法》，以三权分立、联邦制和地方自治等政治装置解决美国的政治问题，并在实践中形成了具有美国特色的以司法审查为中心的宪法防护机制，形成了以法治解决政治问题的传

---

〔1〕 ［美］亚历山大·汉密尔顿、约翰·杰伊、詹姆斯·麦迪逊：《联邦党人文集》，程逢如、在汉、舒逊译，商务印书馆 2004 年版，第 3 页。

统，为人类政治文明的演进提供了新的范例。不仅如此，美国国会还在 1791 年通过了《权利法案》，确认了公民的基本权利，从而在宪法上确立了人本身的重要位置，也为防范公共权力的滥用提供了法律武器。

需要注意的是，多数国家在发展工业化和经济的过程中，对法治和人权两种重要治理工具的使用情况并不完全相同，其中有成功的经验，也有惨痛的教训。事实上，哪怕是今天自称"人权保护典范"的美国，在其工业化和资本主义发展史上，也曾经长期忽视人权保护，对黑人、印第安人和妇女的权利保护长期阙如，以致直到 20 世纪中期仍然触发"民权运动"，而黑奴制度的长期存在也表明了美国工业化及其经济崛起过程的血腥与人性代价。也正因此，1862 年 9 月 22 日颁布的《解放黑人奴隶宣言》才具有特殊的象征意义，也是资本主义工商业发展的结果和需要。而美国经济危机时期颁布的《工业复兴法》的重要价值之一，就是对严重失衡的劳资关系加以平衡，以法治和人权的手段修复工业化和资本主义发展带来的阶级裂痕，抑制社会冲突和矛盾，规定："工人有权组织起来，可选派代表与雇主进行谈判，签订'集团合同'；雇主不得以工人参加何种工会为雇佣条件；雇主必须遵守最高工时和最低工资限额。"应该说，以法治手段赋予劳工阶级一定的权利，缓解劳资矛盾，将阶级斗争控制在法律轨道内制度化地解决，使得美国较早地摆脱了经济危机和政治困境，为美国领导第二次世界大战并成为强大的国家提供了制度支撑。与美国在工业化和经济发展过程中有序拓展公民各项权利不同，德国和日本等后发资本主义国家，在经济发展过程中，实行赶超战略，强化国家权力对经济的干预，遏制公民权利的扩展，加剧了阶级裂痕和社会矛盾，最终陷入法西斯统治的泥潭，也影响了国家的工业化和现代化进程。换而言之，对法治与人权两种不同治理工具的使用情况最终会影响治理性质及其结果，产生不同的政治经济社会后果。

三、工业化、法治与人权应在宪法和人类整体发展框架内良性联动

工业化发展使得生产力迅速提高的同时，也对自然资源和生态环境带来了巨大的威胁和损害，并对原有的社会关系带来了冲击和挑战。特别是在工业化启动早期，人类对于工业化的认知尚不清晰，对于工业化的后果以及负面影响也缺乏理性分析。在这种情况下，消解工业化的副作用，驾驭工业化，应该说是相当晚近的事情。以世界历史上第一个完成工业化的国家英国为例，工业化的迅速发展带来了环境的损害，而由于对环境污染风险的认知不足，以致到 20 世纪中期，环境污染问题已经到了危害人类生命健康的程度，1952 年冬季最严重的雾霾时期，短短几天内，伦敦死亡人数为 4000 人，因支气管炎以及各种心脏疾病而死亡的达到 1000 多人。伦敦雾霾还造成各种呼吸系统疾病，肺炎、肺癌、流行性感冒等的发病率显著增加。[1] 为了解决大气污染问题，1956 年英国政府颁布了《清洁空气法》，这是世界历史上第一部治理大气污染的法律，

---

〔1〕 李贺："英国'雾都'治理带给我们哪些启示"，载人民网，http://world.people.com.cn/n1/2015/1231/c1002-27997967.html，最后访问时间：2019 年 11 月 4 日。

取得了积极成效。而美国 1955 年的洛杉矶光化学烟雾事件，致使 400 多人因中毒、呼吸衰竭而死亡，推动了美国环境保护立法。美国前总统理查德·尼克松还在 1970 年推动成立了环境保护署，专司环境保护之责，解决工业化和现代化带来的环境污染与生态破坏问题。

由于人类对于工业化的危害和风险估计不足，给自然环境和生态保护带来了巨大的压力和挑战，到了 20 世纪 50 年代以后，酸雨、海洋污染等环境问题越来越呈现全球化、国际化的趋势，给人类的生存和发展带来了巨大的威胁。1972 年 6 月，第一次人类环境与发展会议在瑞典首都斯德哥尔摩召开并发表了《人类环境宣言》，次年 1 月，联合国统筹全世界环保工作的组织联合国环境规划署成立，其使命是"激发、推动和促进各国及其人民在不损害子孙后代生活质量的前提下提高自身生活质量，领导并推动各国建立保护环境的伙伴关系"，任务是"作为全球环境的权威代言人行事，帮助各政府设定全球环境议程，以及促进在联合国系统内协调一致地实施可持续发展的环境层面"。联合国环境规划署的成立和工作掀开了人类共同治理环境的新篇章。人类的环境和生态问题的原因复杂多样，其中一个非常直接的诱因，就是工业化的推进对自然资源的过度汲取和对环境的肆意掠夺，因此，如何调适人与自然的关系以及人与人的关系，是工业化时代必须予以解决的重大问题和历史难题。以法治的方式规范工业化进程，设定环境保护和自然资源使用的标准，对破坏环境和滥用自然资源的行为进行惩戒，并赋予公民环境权，强化环境保护与治理的国家责任，也是遏制工业化对自然资源和环境过度汲取风险的重要制度途径。

人类近现代史很大程度上是在工业化生产方式基础上展开的。英美等海洋国家之所以在近代依托经济贸易逐渐发展起来，先后成为世界范围内享有阶段性霸权的资本主义国家，其生产力发展的源泉就是工业化大生产使得劳动生产率得到了极大提高。与此同时，工业化和资本主义改变了人类既有的社会关系，工业化的节奏和现代化的喧闹打破了农耕社会田园牧歌式的生活，传统的以农村为生产生活空间的熟人社会逐步演变成以城镇居住为主的陌生人社会，政治统治的基础和模式都发生了改变。工业化带来的对自然环境和社会关系的冲击与改变，需要从政治领域予以调适和抑制，而这种制度装置，迄今为止较为有效的就是法治和人权。只有将工业化及其伴生物城镇化、市场化、信息化等现代性因素纳入法治的轨道，并以人权和制度化为手段，通过劳动权、参与权、生存权、环境权、救济权等具体的公民权利制度与实践消解工业化的负面作用，维系最低限度的人与自然以及人与人之间关系的平衡，从而也为公共生活的持续和人类的可持续发展提供制度保障。这种协调工业化时代生产方式和生产关系的最根本的法律制度和政治架构，就是现代社会赖以存在和展开的根本制度框架——宪法。唯有将工业化、法治和人权纳入宪法和人类整体发展的框架之中统筹协调，经济社会的可持续发展才能获得最为基本的制度和伦理支撑。

第四节　通过宪治在工业化与物化世界中 寻求人的尊严

近代以来的世界发展境况与格局大体上是由工业化大生产塑造和影响乃至决定的。如前所述，尽管工业化及以此为基础的资本主义给生产力发展提供了巨大的空间，释放了人类追求物质的天性，但是，与此相应，这种生产方式的变革是建立在对自然的掠夺和对人的剥削与压榨基础上的。也正因此，工业化及资本主义的副作用也一直困扰着人类。由于人类在相当长一段时期内对工业化的风险缺乏理性而深刻的认知，面对其负面作用时，部分人又容易陷入"反工业化"的非理性状态之中。对于现代社会来说，工业化是其内在要素和驱动装置，离开工业化，便无现代社会。因此，认真地对待工业化，充分地研究工业化的风险与多元后果，并自觉地运用法律手段和其他机制，比如人权，抑制其负面作用，使得工业化这种财富创造机制与自然环境的保护能实现某种动态的平衡，也使得人与人的关系、人与社会的关系在工业化大生产中能够通过法治的作用达成某种程度的和谐，并在国家权力、资本权力和公民权利之间形成某种妥协，为社会的健康运作提供制度根基。毫无疑问，在一个日益物质化的世界里，如何寻求人的尊严和价值，是现代社会必须面临的重大问题和难题。事实已经证明，法治和人权机制能够缓解工业化和现代化带来的部分问题，并为实现人与人，人与自然的和谐关系提供系统化和制度化方案。具体而言：

一、宪法和法律确立公民权利体系以确保工业化的价值发展方向

工业化必须服务于人类发展本身，而通过宪法和法律确立公民权利体系是确保工业化在正确轨道内展开的基本制度保障。在近现代社会，人类将政治发展文明、人类发展规律和经济社会发展的制度安排以根本法宪法的形式予以确认和巩固，把工业化、法治和人权纳入宪法和法律的轨道之中，使工业化服务于人类利益。宪法通过确认劳动权、休息权、教育权、福利权、环境权等权利，强化了企业（资本）的社会责任，部分经济社会发展成果得以被普通公民分享，同时促进了政府的民生意识，使得现代政府的服务与责任性质得以彰显。而参与权利，则是规范企业与劳动者权益保护关系的重要手段，避免企业和资本对劳动者的过度压榨与分配不公，规制企业的管理权限与行为。在近现代资本主义兴起的过程中，以工业化生产为目的的雇佣关系是社会关系中最基本的关系之一，而规制这种关系的法律，也显得非常必要，也是宪法规制的重要内容之一。在早发达资本主义国家的发展史上，参与权利是工人阶级不断抗争并促使资产阶级妥协的结果，是资产阶级为了保障生产和维护自身利益最大化而做出的让步和付出的相对合理的代价。

社会主义国家是在反对资本主义的基础上产生的，引入民主管理和参与权利是公有制企业的应有之义，也是让工业化为社会主义、劳苦大众服务的重要制度机制。我国《宪法》第14条第1款规定："国家通过提高劳动者的积极性和技术水平，推广先

进的科学技术，完善经济管理体制和企业经营管理制度，实行各种形式的社会主义责任制，改进劳动组织，以不断提高劳动生产率和经济效益，发展社会生产力。"第16条规定："国有企业在法律规定的范围内有权自主经营。国有企业依照法律规定，通过职工代表大会和其他形式，实行民主管理。"第17条明确指出："集体经济组织在遵守有关法律的前提下，有独立进行经济活动的自主权。集体经济组织实行民主管理，依照法律规定选举和罢免管理人员，决定经营管理的重大问题。"因此，民主管理是公有制经济的重要特征。而这种民主管理，与工业化大生产密切相关，是工业化的社会主义和人民导向的重要保障。

二、宪法和法律规范公共权力与资本利益限制工业化的负面后果

近现代宪法的产生、发展和演进，以及其最核心的内容——权力的规范和约束与公民权利的保障——与工业化、现代化密切关联。而现代法制中大量的内容，都与工业化密切关联。工业化是如此重要和根本，以致我国《宪法》序言在说明中华人民共和国成立以来的业绩时也对此予以确认："经济建设取得了重大的成就，独立的、比较完整的社会主义工业体系已经基本形成，农业生产显著提高。"在描述国家发展目标时，要求"逐步实现工业、农业、国防和科学技术的现代化"，把工业的现代化作为"四化"的首要内容，彰显了工业化对于国家发展战略的特殊意义。此外，现代法治很大程度上是立基于对工业化及其衍生的社会关系之规范基础上的，比如劳动和社会保障，有关企业的法律，能源和交通规范，等等，都与工业化发展带来的社会关系冲突与问题相关。

从某种意义上说，现代社会的基础就是人类生产方式的工业化、工作方式的雇佣化以及生活方式的城市化，而生产方式的工业化是最为基础的要素。换而言之，现代社会的运作及其关系互动很大程度上是伴随着工业化生产出现的。比如，当下我们很关注的环境和生态保护问题，与工业化生产带来的污染密切关联，以至于宪法也要关注生态问题，并设立了自然资源部和环境保护部专门应对和处理资源保护和自然环境问题。我国《宪法》第26条第1款规定："国家保护和改善生活环境和生态环境，防治污染和其他公害。"只要认真地学习宪法和近现代历史，我们就会深刻地认识到，工业化对于社会生产关系和政治关系的变革具有至关重要的作用，也正因为如此，无论是宪法还是其他法律，很多时候离开工业化和现代化是无法得到准确的解释的。宪法之中有关工业化以及企业管理、环境保护等的内容，都与规范工业化及相关社会关系紧密相连，离开对工业化的深入理解，就无法清楚地说明宪法的产生、发展和演进，以及宪法所规范内容的社会背景和深层机理。

三、以宪治协调工业化和人权发展是国富民强的制度根基

改革开放之前，我国高度重视工业化的发展，采取了以重工业为主导、推动经济发展的赶超战略，对工业化的发展规律及其负面作用缺乏理性认知，以致出现了"大跃进""大炼钢铁"等违背工业化发展规律的事情，也给环境和生态造成了巨大损害。

也正由于对工业化发展规律及其消极影响估计不足，有一段时间我们缺乏从法律上规制工业化，抑制其负面作用的实践，也使得工业化和经济发展陷入了某种困境，未能以法治手段保障工业化的健康发展。在当下中国，面向新时代，无论是"实体经济"的有效振兴，还是"新型工业化"发展道路，抑或"中国制造2025"计划，都表明了现代经济是以工业化为基础展开的。我国政府当前特别强调制造业是现代工业最核心的部分，是国民经济的主体，是立国之本、兴国之器、强国之基。因此，如果没有工业振兴，是不可能有发达的制造业的。而工业振兴，做强制造业，必须有法治保障，当然也要有宪法的支撑。所以，作为现代法治根基的宪法，必须要为工业化保驾护航，为工业化的发展提供宪法依据。同样的，为了更好地推进工业化，我国不仅设置了工业和信息化部这样的政府部门，还设置了应急管理部、自然资源部、生态环境部等行政机构，从而使得工业化能依法展开和始终以人民为中心，服务于国家和平崛起和人民利益至上的战略目标。

面向新时代，当前我国的经济社会发展仍然处于"爬坡过坎"阶段，国内外复杂的政治经济形势仍然需要通过深化改革和推进国家治理现代化破局，而宪法则为新时代国家和平发展保驾护航，是实现政治稳定和经济社会可持续发展的基本制度框架。党的十八大提出通过信息化和工业化的深度融合来引领和带动整个制造业发展的方略，党的十九大报告又指出"推动新型工业化、信息化、城镇化、农业现代化同步发展"的战略发展方向。因此，在可预见的未来一段时期，发展工业化，推进工业化的转型升级，强化其国际竞争力，将是我国经济社会发展也是法治发展的重要内容。就此而言，以新一轮科技革命和产业变革为基础的工业化，必须以宪法和法治予以保障，为工业化的顺利展开和提质升级提供制度根基。与此相应，强化宪法和法治对工业化的保障，以法治手段为工业化提供良好环境，也是宪法和其他部门法发展的重要内容和历史契机。同样的，必须在工业化和经济发展的过程中，不断地强化宪法和法律实施，提升人权保障的水平，比如环境权、生命权、健康权等，从而使得工业化和经济发展始终在促进人的尊严和价值的正确轨道上展开。

第四章
工业劳动法

第一节　工业劳动法概述

一、工业劳动法的含义

　　劳动法的一般定义为调整劳动关系以及与劳动关系密切联系的社会关系的法律规范的总称。在我国，劳动法是国家为保护劳动者的合法权益，调整劳动关系，建立和维护适应社会主义市场经济的劳动制度。[1]随着我国社会主义市场经济体制不断完善，工业化、城镇化规模的不断扩大，劳动法领域的法律法规完善，劳动法在我国法律体系中的地位越来越重要。

　　工业化是一个相当长的发展过程，工业化的发展进程可以划分为几个不同的阶段：以机器代替人工生产的第一代工业发展阶段；以生产线为主要生产形式的第二代工业化发展阶段；以自动化为主要生产形式的第三代工业化发展阶段；以智能化为主要生产形式的第四代工业发展阶段。无论是哪个发展阶段，制造业都是工业化最具代表性的领域。工业化先行国家为实现人口自由流动和提供充足、廉价的劳动力，迫切要求打破原有的社会劳动组织系统，工业化对生产者的知识和技能也提出了更高的要求。同时，各国劳动立法在工业化不同发展阶段也具有较明显的趋同性，相继颁布了一些改善劳动条件、劳动待遇、平等劳动权以及反对就业歧视等方面的法律。

　　人类社会的发展是有规律的，任何国家的都不可能逾越生产力的发展阶段，工业化、社会化大生产以及进一步发展的市场经济也是不可逾越的。工业化已经改变了人类社会的生产方式和经济发展结构，大量的人力集聚、大面积的工厂建设、大规模的生产所带来的城镇化发展，在持续推进的过程中对未来社会的经济发展产生着巨大的作用。工业化催生了劳动法，劳动法也必须按照人类社会发展的工业化规律发展和完善，并以此促进和加速工业化的发展。

---

〔1〕《劳动法》第1条："为了保护劳动者的合法权益，调整劳动关系，建立和维护适应社会主义市场经济的劳动制度，促进经济发展和社会进步，根据宪法，制定本法。"

劳动法的内容主要包括：劳动者的主要权利和义务；劳动就业方针政策及录用职工的规定；劳动合同的订立、变更与解除程序的规定；集体合同的签订与执行办法；工作时间与休息时间制度；劳动报酬制度；劳动卫生和安全技术规程；女职工与未成年工的特殊保护办法；职业培训制度；社会保险与福利制度；劳动争议的解决程序；对执行劳动法的监督、检查制度以及违反劳动法的法律责任等。此外，还包括工会参加协调劳动关系的职权的规定。

劳动法是从工业领域诞生的，所以最早的劳动法其实就是工业劳动法。所谓工业劳动法是指调整工业领域的劳动关系的法律规范，特别是调整工业领域与劳动活动相关的安全、卫生、技术培训等关系的法律规范的总和。相对于劳动法而言，工业劳动法调整的法律关系主要是工时制度、劳动卫生与安全技术规程、女职工与未成年工的特殊保护办法、职业培训制度等领域的法律关系。

从我国目前工业的发展状况看，制造业是我国工业活动的主要领域，制造业领域的劳动关系具有工业领域劳动关系的典型性，所以我国的工业劳动法主要体现为调整制造业领域的劳动关系的法律规范。

二、工业化与劳动法的关系

（一）劳动法的产生与工业革命及工人运动密切相关

工业革命发源于英国的英格兰中部地区。18世纪中叶，珍妮纺纱机和瓦特蒸汽机的出现标志着工业革命在英国乃至世界爆发，一系列技术革命引发了从手工劳动向机器生产转变的重大飞跃，并先后传播到整个欧洲大陆，19世纪传播到北美地区，并逐渐传播到世界各国。工业革命是人类社会发展史上的一个重要阶段，它实现了从传统农业社会向现代工业社会的重要变革。在农业经济时代，个人是生产的主体，使用简单生产工具进行重复性劳动，而现代工业经济以普遍使用先进机械，整个社会互相配合、不断发展变化的大生产为特征。工业革命不仅是生产技术的变革，同时也是一场深刻的社会关系的变革。从生产技术方面来说，它使机器代替了手工劳动；工厂代替了手工工场；从社会关系说，它使社会明显地分裂为两大对立的阶级——工业的资产阶级和无产阶级。

在工业化的进程中，西欧国家经历了人类历史上历时最长、最血腥与最残暴的进程，其在工业化过程中，为了获取工业化所需的资金和劳动力，迫使全球殖民地化，奴隶贸易盛行，童工泛滥，工人每天被迫工作长达十几个小时。英国为了保证充足的劳动力，颁布了多部《济贫法》；为了获得工业化资金，开展了长达百年的"圈地运动"；德国发动多次对外战争，并挑起世界大战；法国在几十年的时间内爆发数次革命，共和制和君主制轮番交替。但是，这些国家最终都完成了工业化进程，成为世界上最早完成资本积累的地区。

从立法实践上说，劳动法的出现与产业革命的蓬勃发展及工人运动的日益壮大密切相关。[1] 随着近代机器大工业的兴起和扩张，劳动者相对于资本的弱势地位暴露无遗，劳工问题日益突出，劳资关系日渐紧张。18世纪末至19世纪初，随着西方各国工人阶级运动的逐步兴起，工人阶级强烈要求废除原有的限制工人权利的法律，要求颁布缩短工作日的法律，要求增加工资，禁止使用童工，对女工及未成年工给予特殊保护以及提供社会保险等。各国政府迫于上述情况，先后制定了保护劳工、限制工作时间等方面的法律，从而促进了劳动法的产生。

英国是最早颁布劳动法律的国家。1802年英国政府颁布了适用于工厂的《学徒健康与道德法》，开启了世界劳动立法的先河，1864年英国颁布了适用于一切大工业的《工厂法》，1901年英国颁布了《工厂和作坊法》，对劳动时间、工资给付日期、地点以及建立与生产额相关的工资制等，都作了详细规定。为了促进就业，解决长期存在的失业问题，英国国会于1909年制定了《劳工交换法》（*Labor Exchanges Act 1909*），该法被认为是世界第一部劳动法，现在仍然在施行，其内容包括关于工会自由、雇主协会的组织及运行、职工参与企业管理的民主机制以及集体谈判等内容。

世界上主要的工业化国家的工业化大都是在19世纪完成的，其劳动立法也大多开始于19世纪。如德国在1871年统一之后，仅仅用了30年时间就完成了工业化，并成为工业强国，居欧洲之首和世界第二，其重要原因就是德国政府在工业化和经济发展中起到了巨大作用。为了实现国家经济的发展，德国在社会军事组织基础上建立了强有力的政府官僚体系，为实现产业保护、统一市场、投资科技提供了有效组织基础。在英、美已经实现工业化的压力下，德国通过强有力的政府干预和适当的保护政策很快实现了经济赶超。如德国于1839年颁布了《普鲁士工厂矿山条例》，1918年颁布《工作时间法》，明确规定对产业工人实行8小时工作制，还颁布了《失业救济法》《工人保护法》《集体合同法》，在一定程度上保护了劳动者的利益，对资本家的权益作了适当的限制。法国于1806年制定了《工厂法》，1841年又制定了《童工、未成年工保护法》，1912年制定了《劳工法》。

美国自内战结束后，工业资本的势力超过农业种植园资本，美国真正意义上的工业化也自此开始。作为稍晚开启工业化的国家，美国吸收了英国的市场经验，政府强有力的指导政策也产生了一定作用。更重要的是，美国的工业化不但是建立在市场基础上的，而且是以工厂体制和生产组织的内部创新为起点和动力的，形成了"股份有限公司""通用制"等适合企业发展的大型生产组织，从而在较短时间内聚集资源，实现社会化大生产，以机器工业代替了手工劳动的生产方式，从而完成了工业化。至18世纪90年代，美国取代英国，成为世界头号经济体和世界第一大工业国。但在这一阶段，美国民众付出了极其惨重的代价，工人没有最基本的权利保障。为了弥补工业化

---

[1] 在资本主义发展初期，资产阶级为攫取最大限度的利润，不惜背弃其倡导过的人权思想，残酷剥削劳动者，一旦罢工反抗，则以"契约自由"为幌子，解雇劳动者，使劳动者不得不忍受极低的工作待遇和极恶劣的劳动环境。然而，罢工却从来没有因为资产阶级的镇压而停止过。这些接连不断的罢工沉重地打击了资产阶级，使其不得不从自身利益出发，正视工人的正当要求。现代社会每周40小时工作制，劳动者带薪休假的权利，安全、卫生的工作环境等，都是工人们通过早期的罢工运动争取来的。

过程中劳动力的短缺，降低人力资源成本，美国自 19 世纪确立了"自由雇用（at will employment）"原则，作为传统的、基本的雇用法律原则沿用至今，同时，几种雇主不能"自由地"解雇雇员的情形也通过司法判例得以确认。[1] 而为了应对经济、政治和社会的压力，美国也制定了一些劳动领域的成文法，如 1865 年《宪法第十三次修正案》确定了禁止强迫劳动的立法。

日本明治维新后，政府一方面通过大力引进西方先进科技，实行出口导向型政策，促进本国工业的发展；另一方面，注重发展教育科技，通过为职业技术教育提供法律保障，培训了大量适应现代化建设需要的熟练工人和技术管理人才，并由政府举办公共事业为失业者提供就业机会并对失业者给予救济，在促进工人劳动就业方面卓有成效，从而对日本工业现代化起到了非常重要的作用。同时，日本在政府干预下迅速改革传统生产体制，建立适合大生产的企业制度，而扩张侵略、掠夺财富更加速了日本工业化的进程。明治维新后的日本迅速实现了从农业社会向工业社会的转变，成为亚洲第一个走上现代化道路的国家，并先后制定和颁布了一系列劳动立法，如：1945 年的《工会法》，1946 年的《劳动关系调整法》，1947 年的《劳动标准法》《职工安定法》《失业保险法》和《劳动者伤害补偿保险法》，1949 年的《紧急失业对策法》和《煤矿离职者临时措施法》，1958 年的《职业训练法》等，形成了较完整的劳动法律体系。

（二）劳动法从民法中分离与工业化生产活动直接相关

早期的民事立法大都将劳动合同或雇用合同纳入民事合同范畴，进行统一调整，如《法国民法典》将劳动合同纳入租赁合同的范围，称之为劳动力租赁；《德国民法典》将劳动合同纳入劳务合同关系中；《意大利民法典》将整个劳动问题规定为独立的一编。这种立法体系是建立在早期的劳动关系与一般民事关系具有较大相似性的基础上的。因为在劳动合同的早期，劳动者和雇佣者之间的法律关系比较简单，劳资双方之间的实力差异还不明显，运用民法中的契约原理对劳动关系加以调整并无不当。从理论上说，传统的雇佣关系是民事法律关系的一种，是"出卖劳动力，获得劳务报酬"的一种交换关系，是一种较平等的民事关系。但是，伴生于机器化大工业生产的劳资关系在一开始就不是一种平等的关系，人们开始发现劳动力交换关系不同于民事权利的交换，例如，劳动力依附在劳动者身上，劳动力具有特殊的商品属性，而劳动者不是商品。这种不平等的关系体现为资本对劳动力的支配关系，资本巨大的支配力量将劳动者的独立性转化为对资本的依附，劳动者虽然能够获得一般意义上的主体地位和人格，对自己拥有的劳动力能够在有限的程度上予以决定；但在具体的劳资关系中，劳动者的弱者性质则凸显出来。

---

[1] 美国以雇佣自由原则为劳动法律的核心准则，在此基础上对不当解雇进行规制，以适当平衡雇主和雇员的权益。雇佣自由是指雇佣关系一般是没有确定期限的，任何一方都可以在任何时候以任何理由甚至没有理由终止雇佣关系，且并不因此而承担法律责任。不当解雇一般是指雇主基于与员工的能力或行为以及雇主的经济效益状况等因素没有任何关联的理由进行的解雇，包括基于员工参与工会组织、参加罢工等产业行动以及基于性别、年龄等各方面歧视性原因所导致的解雇。

如何协调劳动关系，如何保护和救济处于弱者地位的劳动者，成了劳动合同制度无法回避的重大现实问题。1900 年比利时制定了世界上第一部《劳动合同法》，开启了从劳动立法的角度进行劳动合同立法的先河。1910 年《法国民法典》将劳动合同规定在第一章。此后，劳动合同作为专门调整劳动关系的法律，脱离了一般民事合同，起到了保护劳动者权益、稳定社会关系的巨大作用。

以工伤损害赔偿与工伤保险为例。[1] 无论大陆法系还是英美法系，19 世纪的民事法律基本上以过错而不是行为作为承担损害赔偿责任的依据，过错责任原则被确定为侵权行为法的首要原则。然而，近代工业文明在创造了巨大的经济财富的同时，也带来了环境污染和职业伤害等一系列问题，在职业伤害赔偿案件中适用严格的过错责任原则，在客观效果上显然有利于雇主而通常情况下使工人的伤害难以得到赔偿。促使民事侵权法从过错责任向无过错责任发展的原因，主要是各国为了有效地解决工业化过程中所带来的职业伤害问题，在此基础上发展了工伤保险制度，这样既保护了劳动者的权益，同时也减少了经营者的经营风险。正式确立无过错责任的立法是德国 1884 年《工伤事故保险法》；法国则通过 1898 年《劳工赔偿法》确立了职业伤害领域实行无过错责任的责任体制；英国从 1897 年起制定了一系列的劳工赔偿法，由此创立了一种特殊的工业保险体制；1900 年以后，美国各州都采用了赔偿条例，确立了劳工赔偿的无过错责任原则。这些立法的基本原则都是无过错责任原则，即规定对于雇佣引起的或在雇佣过程中发生的一切伤害都应予以赔偿。职业伤害领域的无过错责任原则是对民事侵权立法的新发展，也成为劳动法领域工伤保险的适用原则。

（三）工业化的发展促进了劳动法的发展与完善

国家工业化一般是指制造业或第二产业所创造的国民收入在国民收入中所占比重逐步提高，制造业或第二产业中就业的劳动人口占总劳动人口的比例持续上升的过程。工业化是一个不断变化的长期过程，往往还伴随着经济结构的变化，一方面由传统的农业部门占主导地位向工业占主导地位转变，另一方面工业部门的内部结构也处于不断的演进之中。就社会的劳动力构成而言，自资本主义生产方式诞生后，随着欧美各国由农业化向工业化进程的加快，庞大的廉价自由劳动力逐渐进入城市，进入工业体系。"廉价自由劳动力的主要来源是农民，其所创造的价值和所取得'廉价'报酬，都远远高于传统小规模生产的农业，使社会财富大大增加，农民艰苦的生活也有所改善，农民进城因此也成为历史性洪流。"[2]机器化大工业在国民经济中发展并取得优势地位的过程，推动了技术改造，使生产日益社会化，工人阶级队伍不断扩大，城市迅速发展。到了 20 世纪中叶，西方经济发达的国家中，农业人口在美国只占 2%，在欧洲只占 3%，在日本也降至 5% 以下[3] 而这些农业人口从事的也是分工协作的社会大农业

---

[1] 王卫国：《过错责任原则 第三次勃兴 民事归责原则的历史发展、基本原理及立法对策研究》，浙江人民出版社 1987 年版，第 105 页。

[2] 刘吉："论劳动法"，载《经济观察报》2009 年 3 月 22 日，第 44 版。

[3] 刘吉："论劳动法"，载《经济观察报》2009 年 3 月 22 日，第 44 版。

生产，本质上不是农民，而是农业工人。而随着生产机械化、自动化、信息化和智能化的发展，在欧美经济发达国家中，以体力劳动为主要特征的产业工人，到 20 世纪末也已降至占社会劳动力的 10% 以下了。[1]

由于工业化带来的社会化大生产导致劳资力量失衡，并造成人权状况恶化、社会关系紧张、劳动的非人道化和社会正义的丧失等一系列社会问题。对于这种劳资双方地位的不平等、力量失衡的局面，国家立法必须予以正视，通过向劳动者提供专门的法律保护以寻求劳资关系的平衡。因此，20 世纪前后，西方主要国家大都相继颁布了劳动法律法规。

第一次世界大战后，以英、美为代表的一些国家，为了摆脱经济危机，对工人采取了一定的让步政策。英国于 1932 年～1938 年间，先后颁布了缩短女工和青工劳动时间、实行保留工资年休假以及改善安全卫生条件的几项法律。100 多年以来，英国的劳动法律几经修改和补充，形成了现在门类齐全、法规配套、操作性很强的法律体系。1935 年，美国颁布了《全国劳工关系法》（《瓦格纳法》），规定绝大部分私营部门的雇员享有组织工会、并进行集体谈判、同雇主订立集体合同的权利；1938 年又颁布了《公平劳动标准法》，规定工人最低工资标准和最高工作时间限制以及超过时间限制的工资支付办法。日本为避免工人在经济不景气时生活困难，保障工人的生活安定和促进就业，于 1959 年颁布了《最低工资法》。

第二次世界大战后，工业化成为世界各国经济发展的目标，各国劳动立法在工业化不同发展阶段显示出较明显的趋同性。到 20 世纪 60 年代，西方国家的劳动立法出现了新的趋势，即在工人运动的压力下，各主要国家相继颁布了一些改善劳动条件、劳动待遇、平等劳动权以及反对就业歧视等方面的法律。如：法国陆续颁布了关于改善劳动条件、男女同工同酬、限制用工中的种族歧视的法律。美国 1964 年《民权法案》第 7 条规定，禁止雇佣时基于种族、肤色、宗教信仰、性别、出生地的歧视；1963 年《同工同酬法》则给予具有同等技能的男性雇员和女性雇员同等的报酬；1967 年的《雇佣年龄歧视法案》禁止基于年龄（超过 40 岁）的歧视等。基于特定的社会背景和立法体制，美国的劳动关系法律规范非常庞杂和分散，包括若干单项立法，不同的单项立法规范不同的劳动事项，更由不同的行政机构负责实施。[2]如公平劳动标准法规定了工资、工时和童工，执行机构为联邦劳工部所属的工资工时处；《民权法》《同工同酬法》《雇佣年龄歧视法》《残疾人法案》规定了反就业歧视，执行机构为平等就业机会委员会；《国家劳工关系法案》规定了雇员组织工会和集体谈判，执行机构为国家劳动关系委员会；《职业安全和健康法案》规定了职业安全卫生，执行机构为联邦职业安全和健康管理署。另外，美国联邦政府还设立了调解和解委员会，以调解和解方式处理劳动争议。这种有序的分散执行，贯彻落实了分工明确的精神，确保了劳资关系、

---

〔1〕 刘吉："论劳动法"，载《经济观察报》2009 年 3 月 22 日，第 44 版。

〔2〕 王威："美国劳动法的特点分析"，载中国法学网，http：//www.iolaw.org.cn/showNews.asp？id＝20652，最后访问时间：2017 年 8 月 20 日。

雇佣关系等具体的纠纷调解归属，从而保证了劳动关系的协调和平衡。

日本也在保障工人权益、促进妇女就业、男女平等待遇、劳动保险等方面制定了大量的法律法规。如：1966 年的《雇佣对策法》，1970 年的《国内劳动法》，1971 年的《勤劳者财产形成促进法》，1972 年的《劳动安全卫生法》，1974 年的《雇佣保险法》，1976 年的《关于工资支付的保障法》，1976 年的《劳动基准法》，1963 年的《老人福利法》，1970 年的《勤劳青少年福利法》，1972 年的《勤劳妇女福利法》，1982 年的《老人保险法》，1986 年的《男女同工同酬法》等。这些有关最低工资、劳动安全与卫生、职业训练、女工福利等方面门类细致、分工明确的法律法规，形成了完善的劳动法体系。

值得注意的是，第一次世界大战结束后，在巴黎召开的和平大会上成立了国际劳工组织。创立国际劳工组织首先是出于人道的目的，由于企业主不考虑劳动者的身体、家庭生活和他们的个人发展，工人的工作条件日益恶化，大量工人遭受剥削。如果不改善工人的工作条件，那么随着工业化进程的发展，工人的人数将不断增加，可能危及社会安定，甚至出现革命。《国际劳工组织章程》在序言中反映了对这种情况的关注，指出"现有的劳动条件使很多人遭受不公正、苦难和贫困"，其危险是"以致产生如此巨大的动荡，使世界和平与和谐遭受危害……"由于改善工作条件不可避免地对生产成本带来影响，任何进行社会改良的行业或国家可能会发现自己被置于不利的竞争地位。序言指出："鉴于任何一国不采用合乎人道的劳动条件，会对愿意改善本国条件的其他国家构成障碍。"1919 年 4 月，和平大会通过了《国际劳工组织章程》。

第二次世界大战中期，来自 41 个国家的政府、雇主和工人代表出席了在费城召开的国际劳工大会。代表们通过了《费城宣言》，使之成为《国际劳工组织章程》的附件，该宣言至今仍然是关于国际劳工组织宗旨和目标的宪章。国际劳工组织的一项重要活动是从事国际劳工立法，即制定国际劳工标准。依照内容的不同，国际劳工标准可分为下列各类：①基本劳工人权，指结社自由和集体谈判权，主要是指建立工会的自由、废除强迫劳动、实行集体谈判、劳动机会和待遇的平等、废除童工劳动；②就业、社会政策、劳动管理、劳资关系、工作条件，包括工资、工时、职业安全卫生、社会保障，包括工伤赔偿、抚恤、失业保险；③针对特定人群和职业，包括妇女、童工和未成年工、老年工人、残疾人、移民工人、海员、渔民、码头工人等。

第二次世界大战后，劳动法领域出现了国际化、普遍化和统一化的趋势。国际劳工组织制定的国际劳工标准超越了国家的利害关系，其普适性的特征为世界各国所认同。长期以来，国际劳工组织重视国际劳工标准的制定，促进会员国对国际劳工公约的批准和实施，对维护各国工人和其他劳动者的基本权益起到了积极作用。国际劳工组织于 1969 年纪念其成立 50 周年之际，被授予诺贝尔和平奖。进入 90 年代，国际劳工组织更采取了一系列措施，推动公约的批准进程，保障和促进了各国对劳动者的保护力度及各国劳动立法的进一步发展。

三、我国工业劳动法的立法进程与发展

19 世纪下半叶前，我国为纯粹的农业生产国，工业生产基本不占国民经济比例。

1840 年鸦片战争战败后，中国跟世界的关系出现前所未见的改变。接连的内忧外患，使清政府及众多的知识分子逐渐认识到必须要改变以自强。咸丰、同治年间，清政府进行洋务运动，希望能够"师夷长技以制夷"，改良生产技术，各地先后引入外国新科技，开设矿业、工厂，建设铁路，架设电报网，培训技术人才；戊戌变法后，清政府设立了铁路矿务局、农工商局、商务局、商会等机构，推广口岸商埠，倡办实业，鼓励私人开办工矿企业，促进生产，近代工业化开始缓慢起步。1912 年至 1920 年，中国工业年平均增长率为 13.4%，1923 年至 1936 年为 8.7%。[1]

劳动法传入中国始于鸦片战争之后。随着我国沦为半殖民地半封建社会和早期工人阶级的出现，外国关于劳动法的概念也开始慢慢传入中国，但是我国劳动立法的首次出现并不是在清政府时期，而是在 20 世纪初期的北洋政府时期。[2] 1923 年 3 月 29 日，北洋政府农商部公布了《暂行工厂规则》，内容包括最低的受雇年龄、工作时间与休息时间、对童工和女工工作的限制，以及工资福利、补习教育等规定。这是中国最早的劳动立法。此后北洋政府又陆续制定了《矿工待遇规则》《煤矿爆炸预防规则》等。同时期，武汉国民政府颁布了《工会条例》《劳工仲裁条例》等法规。1927 年南京政府成立了劳动法起草委员会，着手编纂劳动法典，于同年 11 月完成了劳动契约、劳动协约、劳动组织、劳动诉讼、劳动救济、劳动保险共七编。后放弃采取法典形式，以单行法律的形式颁布了《工会法》《工厂法》《劳资争议处理法》《团体协约法》等法律。

为了维护工人利益，中国共产党领导下的中国劳动组合书记部在 1922 年发动了大规模的劳动立法运动。1922 年 5 月 1 日，共产党在广州召开了第一次全国劳动大会，通过了《八小时工作制案》；8 月，劳动组合书记部制定了法律议案《劳动法大纲》。该法案大纲共 19 条，全面规定了劳工的集会结社权、同盟罢工权、缔结团体契约权、国际联合权、最高劳动时间限制、未成年人劳动保护、禁止雇佣童工、妇女劳动保护、最低工资限制、带薪休假制度、劳动保险制度、劳动监督检查制度等劳工权益保护制度，然而这一代表工人利益的《劳动法大纲》当时并未得到北洋政府的确认。

中华人民共和国成立后，我国逐渐步入了现代工业的发展历程。1950 年，中央人民政府颁布了《中华人民共和国工会法》（以下简称《工会法》）。在社会主义工业初步发展时期，在第一个"五年计划"时期，我国提出了实现工业化的任务。新中国对原外资企业、国民政府经营企业、民间私营企业以及手工业进行了不同程度的社会主义改造，并在苏联专家的援助下，兴建了一批大型重工业企业，初步打下了门类比较齐全的现代工业基础。这一时期的劳动法主要采取法规的形式，且多适用于工业企业。如 1950 年劳动部发布的《劳动部关于劳动争议解决程序的规定》（已失效），1951 年当时的政务院公布的《中华人民共和国劳动保险条例》的（1953 年 1 月经修正后重新公布，现部分失效），1952 年当时的政务院发布的《政务院关于劳动就业问题的

---

〔1〕 刘佛丁：《中国近代经济发展史》，高等教育出版社 1999 年版，第 3 页。
〔2〕 潘超正："中国劳动法的历史发展及其现状"，载《现代企业文化》2010 年第 27 期。

决定》（已失效），1954 年当时的政务院公布《国营企业内部劳动规则纲要》（已失效），1956 年国务院公布的《国务院关于工资改革的决定》（已失效），1956 年国务院公布的《工厂安全卫生规程》（已失效）《建筑安装工程安全技术规程》（已失效）和《工人职员伤亡事故报告规程》（已失效）。

然而，"大跃进"时期的路线方针造成了不利的经济后果。虽然出于备战考虑，国家在西南腹地开展了重工业基地的"三线建设"运动，形成了一批新兴的工业城市，但随着"文革"动荡，国家生产建设活动基本停顿，各类法律被搁置不用，劳动立法基本上处于停滞状态，直至改革开放初期。

至改革开放后的工业大发展时期，我国工业持续稳定发展，工业所有制结构发生了很大变化，个体与私营工业、乡镇企业、外资企业崛起，国有工业比重下降，开创了多元化工业经济并存的格局，社会经济得到极大发展。改革开放之初，劳动法规重新开始颁布实施，1978 年，全国人民代表大会常务委员会原则上批准了《国务院关于安置老弱病残干部的暂行办法》和《国务院关于工人退休、退职的暂行办法》；同年，国务院发布了《关于实行奖励和计件工资制度的通知》（已失效）。1982 年，国务院发布了《矿山安全条例》（已失效）、《矿山安全监察条例》（已失效）、《锅炉压力容器安全监察暂行条例》（已失效）、《企业职工奖惩条例》（已失效）。1986 年国务院发布了《国营企业实行劳动合同制暂行规定》（已失效）、《国营企业招用工人暂行规定》（已失效）、《国营企业辞退违纪职工暂行规定》（已失效）和《国营企业职工待业保险暂行规定》（已失效）。1986 年，中共中央、国务院联合发布了《全民所有制工业企业职工代表大会条例》。1987 年，国务院发布了《国营企业劳动争议处理暂行规定》（已失效），同年，劳动部发出了《关于严格禁止招用童工的通知》。1988 年国务院颁布了《女职工劳动保护规定》（已失效）。1992 年，七届全国人大五次会议通过了新的《工会法》。1992 年，全国人民代表大会常委会通过了《中华人民共和国矿山安全法》（以下简称《矿山安全法》）。1993 年 7 月，国务院颁布了《中华人民共和国企业劳动争议处理条例》（已失效）。1994 年国务院发布了《国务院关于职工工作时间的规定》（已被修改）。这些劳动法规在调整劳动关系方面发挥了积极作用。

我国曾于 1956 年起草《劳动法》，但由于历史原因中途夭折。1979 年又第二次启动起草《劳动法》，1983 年曾由国务院常务会议讨论通过该草案，但因很多问题难以妥善解决，故未提交全国人大审议。90 年代初期，我国第三次起草《劳动法》，1994 年 7 月 5 日经全国人大常委会审议通过。《劳动法》是我国劳动关系领域的基本法，为劳动法制建设奠定了基础。《劳动法》的颁布实施，填补了我国法制建设的一项空白，结束了我国长期以来仅仅依靠劳动法规调整劳动关系的局面，标志着我国的劳动立法进入了法制化、规范化的历史阶段，全面地规范了劳动关系，把劳动工作纳入法制轨道，有利于劳动争议的解决，为进一步发展市场经济和改革开放保驾护航。

随着我国社会经济发展进入新的历史阶段，我国又陆续出台《安全生产法》《中华人民共和国社会保险法》（以下简称《社会保险法》）、《中华人民共和国就业促进法》（以下简称《就业促进法》）、《劳动合同法》等劳动法律。特别是 2007 年 6 月第十届全国人民代表大会常务委员会第二十八次会审议通过了《劳动合同法》，并于2008年1月1日实施、2012年修正。《劳动合同法》的颁布实施标志着我国劳动法立法进入了一个新的发展阶段。

四、促进我国工业化进程发展，工业劳动法律制度仍需完善

工业化是现代化的基础和前提，高度发达的工业社会是现代化的重要标志，而所谓工业化进程，就是指工业在一国经济中的比重不断提高以至取代农业，成为经济主体的过程，就是传统的农业社会向现代化工业社会转变的过程。这一过程的特征主要是农业劳动力大量转向工业领域，农村人口大量向城镇转移，城镇人口超过农村人口。改革开放以来，社会主义市场经济使中国经济和平崛起，也使人民生活从贫困走上小康。在工业化进程的不断推进中，2亿农民进城打工，被称为"农民工"，他们成为中国工业化的重要推动力。农民工虽然是廉价的自由劳动力，但他们将大量的劳动力带到城市，将源源不断的现金带回农村，并不断有农村人口在城镇扎下根，从而改善了农民的生活，使农民逐渐富裕起来，这是中国经济遵循人类发展规律所取得的伟大成果。

中国实现工业化的任务，是第一个五年计划提出来的。从"一五"计划算起，我国为实现工业化已经奋斗了半个世纪，把一个落后的农业大国建设成为拥有独立的、比较完整的、并有一部分达到现代化水平的工业体系和国民经济体系。然而，这仅仅是开始。我国的工业化还未彻底完成，而发达国家已进入信息化、知识化的进程。中国农业人口仍占全国人口的62%，这表明中国工业化程度还较低，还有漫长的历史道路要走。总体上看，我国目前还处于工业化中期阶段。[1]这突出表现在：农业现代化和农村城镇化水平较低，农村人口在全社会劳动力和总人口中占50%左右；产业结构层次低，竞争力不强，工业特别是制造业的技术水平还不高，服务业的比重和水平同已经实现工业化的发达国家相比还有相当大的差距。工业化的任务不完成，现代化就难以实现，因此，继续完成工业化，仍然是我国现代化进程中重要而艰巨的历史任务。

由于经济发展的背景和起始条件不同，世界各国的工业化特点也各不相同，并形成了几种具有代表性的模式。纵观世界各国工业化的道路可以发现，英国、美国以市场机制为基础的内生型工业可以归结为一种模式；其后是德国、日本模式，特点是以较完善的市场机制为前提，通过强有力的政府干预和军事力量实现工业化；此外，新兴工业化国家和东亚模式的工业化道路自成体系，具有明显的特点。[2]与此同时，各国的劳动立法模式与具体制度也并不完全相同。这些都是我国可以参考和借鉴的经验。

要避免走西方国家走过的弯路，尽快实现全面工业化的目标，我国的工业劳动法就要做到：

---

〔1〕 李克强应邀在经济合作与发展组织总部发表主旨演讲时说："中国已进入工业化中期，经济体量大，200多种工业品产量居世界首位……而发达国家处于工业化后期或后工业化阶段，拥有高端技术装备……"载《京华时报》，http://news.ifeng.com/a/20150703/44092096_0.shtml，最后访问时间：2019年10月23日。

〔2〕 胡军："全球工业化模式"，载《人民日报·华南新闻》2003年2月21日，第10版。

1. 在漫长的工业化历史过程中保持城乡劳动者之间一定的收入差距，为农民和平有序进城提供足够的动力，既加速实现工业化，又以城市化消灭城乡差别和工农差别，立法要体现公平就业、同工同酬的原则，反对就业歧视和差别待遇。要确保劳动者，特别是农民和工人中的弱势群体都能达到温饱的生活水平，这既是以人为本的人道精神，也是民众推动社会发展的动力。要体现劳动者薪酬水平在经济发展的基础上逐步提高的原则，制定并监督实施最低工资制度，加强职工集体协商与集体合同的签订力度，使广大低薪劳动者的薪酬待遇逐步提高。

2. 大力加强对劳动者，特别是农民、工人及其子女进行现代科学文化教育和职业培训，增进劳动者的市场竞争力。劳动法应鼓励企业主动建立职业培训制度，对员工进行职业技能培训和专业技术培训，允许企业与员工签订培训与服务期的劳动合同，保证企业与劳动者双方的合法权益，促进企业生产建设的积极性和社会经济的可持续高速发展。

3. 要确保劳动者可以获得安全卫生的劳动生产环境，就要建立健全劳动职业卫生和安全生产法律法规，健全劳动保护管理制度，规范企业内部规章，保证劳动者休息休假的权利，严格执法监督，将工业化的副产品——环境污染和职业伤害降到最低限度，促进我国工业化的持续健康发展，造福人民大众。

第二节　制造业领域的劳动保护问题

制造业是指生产者根据市场需要或者客户需求，对原料、初级产品进行加工制造，生产生活用品、工业品、工具等满足人们生产生活需要的产业。制造业是国家工业化进程的重要组成部分。在 2012 中国节能与低碳发展论坛上，时任工业和信息化部副部长苏波指出：当前我国工业占国内生产总值的 40% 左右，制造业占全球比重提升到 19.8%，规模位居世界第一。[1]我国制造的产品遍布全球，是名副其实的制造大国和世界工厂。随着经济全球化程度不断加深，在过去的十多年里，中国产品出现在世界每一个角落。据统计，全世界 70% 以上的玩具和鞋，50% 以上的个人电脑、手机、空调、电视以及 40% 以上的纺织品都带有中国制造的标签。[2]制造业发展的情况也符合我国城市发展的特点。我国大多数城市处于工业化阶段，约有 440 个（占全国总数 69.1% 左右）的城市结构以第二产业为主，第三产业次之，第一产业最低。[3]然而，我国的制造业以传统制造业为主，其中中小型的私营加工制造企业较多，它们集中分布在我国广东、江苏、浙江、福建等省份，产业主要集中在劳动密集型的纺织业、食品加工

〔1〕 "中国制造业产值占全球比重 19.8%"，载商网，http://news.momo35.com/2012/11/29085049878.html，最后访问时间：2020 年 9 月 5 日。
〔2〕 "中国制造的现状与未来"，载道客巴巴网，http://www.doc88.com/p-3187859773869.html，最后访问时间：2020 年 9 月 5 日。
〔3〕 牛艳红、王春国："构建我国新型城市化格局面临的挑战及对策研究"，载《农业部管理干部学院报》2014 年第 3 期。

业、装备制造业、设备制造业等领域。这些传统制造业形成了我国私营企业发展的根基。

由于我国制造业以劳动密集型产业为主，劳动力是制造业的核心，原料、能源、初级产品的加工和再加工都需要较多的劳动者，因此制造业领域的劳动关系是最有代表性的工业劳动关系，而调整制造业的劳动关系应该是工业劳动法的重中之重。

一、制造业劳动保护的现实需要

现实中，制造业企业为获得更多的经济利益，普遍存在着劳动者超长工时、超强度工作、工作环境恶劣等现象，以致不断出现工伤、工亡、职业病伤害等事件，严重损害了劳动者的身心健康和生活质量。究其原因，既包括劳动者与用人单位签订的劳动合同不规范、用人单位劳动保护意识不强等因素，也包括相关劳动立法不够完善、劳动行政主管部门执法不严、监督不力等因素。

（一）劳动强度方面

在制造业领域，超长工时仍然是制造业企业的顽疾，极少企业能够按照法律规定安排劳动者的工时，超长工时已是司空见惯。国际劳动保障研究所[1]社会责任调查组于 2010 年对广东、浙江、江苏、山东等经济发达地区的省份进行了社会责任标准的调查。调查数据显示，近 2/3 的被调查企业认为，不可能完全遵守国家的工时标准，超过 1/3 的被调查企业没有按照国家规定足额支付加班工资。"而加班工资的问题说到底也就是工时标准的问题，从侧面反映企业延长了劳动者工作的时间。"[2] "劳动密集型企业订单多，特别是每到年底订单激增，职工们加班加点成为家常便饭，体力消耗和工作压力都极大，身体机能严重受损和透支。"[3]

造成劳动者超长工时问题的原因之一，是企业需要通过廉价的劳动力和较高质量的劳动产品获取市场利润。在市场经济规则的驱使下，低价格、较高的质量要求、严格的交货时间是中小型制造业企业所追求的效果，也是其抢占市场的有效手段。长期的恶性低价竞争，使多种市场产品在很长时间内价格没有太大幅度的上升，有的甚至下降；但与之相反的是原材料价格上升，人工成本成倍增加，企业的利润率越来越低。在原材料成本难以控制的情况下，很多企业就想通过裁减劳动力、延长劳动者工作时间甚至降低产品质量等途径来降低生产成本。原因之二，是企业员工为了赚取更多的收入，自愿要求"加班"，有些员工甚至一天工作 11 个 ~ 14 个小时或者更长的时间，使得制造业企业的职工生活经常是从工厂到宿舍的两点一线。"加班时间越久赚钱才越多"成为劳动者的共识。令人震惊的"富士康事件"暴露出的一个突出问题是，工人

---

[1] 国际劳动保障研究所隶属于人力资源和社会保障部的，是以承担人力资源和社会保障理论、制度、政策及应用中外比较研究为主的部直属事业单位。

[2] 丁赛尔："企业社会责任标准核验中的工时问题研究"，载《人民论坛》2012 年第 14 期。

[3] "城市新蓝领生活：劳动强度大缺社会保障"，载人民网，http://house.people.com.cn/n/2014/0426/c164220-24946018.html，最后访问时间：2019 年 11 月 20 日。

工资底薪过低，企业员工为获取加班费而无奈"自愿"接受加班。[1]

然而，人的劳动能力是有限度的，人只能在一定的劳动强度和劳动时间下从事劳动。劳动者受自身劳动能力和生理因素的限制，如果劳动强度和劳动时间超过了人体正常的生理限度，就会使人体机能不能自我恢复，导致劳动者早衰或死亡。劳动者的休息权得不到根本保障，不仅有害劳动者的身心健康，而且大幅增加了国家社会保障的成本。

（二）劳动安全与卫生方面

现代工业一方面大力推动了人类社会的发展，另一方面也给人类带来了许多伤害。劳动者在劳动过程中遇到的危害日益增多，如生产场所的机器绞碾、电击伤害、锅炉爆炸，建筑工地的高空坠落、物体碰撞，生产过程中的烟雾、尘埃、粉尘、有毒有害气体等，都会损害劳动者的健康和生命。

制造业企业的劳动安全与卫生问题一般表现为工厂或车间生产管理水平低，生产布局不合理，设备简陋，工作空间拥挤，通风不好，粉尘多，废料堆积，消防设施和器材管理不规范。劳动者遭受粉尘和噪音的危害，工作时不佩戴个人防护用品，关键工种个人用品发放不及时、不合理。在工厂的配料岗位，存在粉尘、噪音、化学毒物的危害；生产线上存在噪音、高温、粉尘、扎伤、碰伤、叉车伤人；操作粉碎机的职工会遭受碎片飞溅、强噪音、粉尘、机械的伤害；模具房会发生气源冲击、金属飞溅、砸伤，旋转带入、触电、烫伤；除此之外，还存在叉车撞伤、物品掉落、爆炸、火灾等危险。而且工作中各种有害的化学（如有机溶剂类毒物，铅、锰等金属毒物，粉尘等）、物理（如噪声、高频、微波、紫外线、X射线等）、生物（如炭疽杆菌、森林脑炎病毒等）因素以及在工作过程中产生的其他职业有害因素（如不合适的生产布局等）均会导致职业病危害。

二、制造业劳动保护的意义

劳动保护的目的是为劳动者创造安全、卫生、舒适的劳动工作条件，消除和预防劳动生产过程中可能发生的伤亡、职业病和急性职业中毒危害，确保劳动者以健康的身体参加社会生产，促进劳动生产率的提高。劳动保护不仅包含着重要的政治意义，也有着深刻的经济意义。在生产过程中，人是最宝贵的，劳动力是生产力诸要素中起决定作用的因素。探索和认识生产中的自然规律，采取有效措施，消除生产中危害健康和生命安全的因素，可以减少和避免各类事故的发生；创造舒适的劳动环境，可以激发劳动者的工作热情，充分调动和发挥人的积极性，这些都是提高劳动生产率，提高经济效益的基本保证。同时，加强劳动保护工作，还可减少因伤亡事故和职业病所造成的工作损失和救治伤病人员的各项开支，减少由于设备损坏、财产损失和停产造成的直接或间接经济损失，这些都与提高经济效益密切相关。

---

[1] 赵红梅："从'富士康事件'看我国劳动者权益保护机制的缺陷"，载《法学》2010年第8期。

（一） 工作时间的制度性保护

工作时间立法产生于自由资本主义竞争时期。工业产业革命后，随着大工业的兴起，资产阶级的力量大大加强，资本家利用强制的经济手段，把工作时间延长到最大极限以赚取更大的剩余价值，劳动者每天的工作时间长达 14 个~16 个小时，甚至 18 个小时。这种大大超过了道德和生理界限的工作时长，再加上极其恶劣的工作环境，严重影响了劳动者的身体健康，导致伤亡事故和职业病频发。劳动者为了保护自身的权利，自发组织起来与资本家进行斗争，要求缩短工作时间。在工人运动的压力和进步的社会政治力量支持下，资产阶级国家开始制定法律以限制工作日的时长。

最早的劳动立法就是从工作时间开始的。1802 年英国议会通过的《学徒健康与道德法》被认为是"工厂立法"的开端，该法就是一部最早关于工作时间的立法，该法规定纺织工厂童工的工作时间每天不得超过 12 小时。此后，德国于 1839 年，法国于 1841 年也颁布了限制童工工作时间的法律。1842 年英国又制定了《十小时法》，规定童工及女工的工作时间每天不得超过 10 小时，至 1867 年，该法的适用范围已扩大到所有的工业企业。德国于 1918 年颁布了《工作时间法》，确立了 8 小时工作制，并从最初适用于产业工人扩大到所有职员。1919 年第一届国际劳工组织大会通过了第 1 号国际劳工公约——《工业工作时间每日限为 8 小时及每周限为 48 小时公约》；1921 年第三届国际劳工组织大会通过第 14 号国际劳工公约——《工业企业中实行每周休息公约》；1935 年第十九届国际劳工组织大会又通过了第 47 号国际劳工公约——《每周工作时间减至 40 小时公约》。

目前，大部分国家都实行了 8 小时工作日、5 日工作周的工时制度。国务院《关于修改〈国务院关于职工工作时间的规定〉的决定》规定，我国实行每天工作 8 小时、每周工作 40 小时的工作时间。我国《劳动法》第 36 条规定："国家实行劳动者每日工作时间不超过 8 小时、平均每周工作时间不超过 44 小时的工时制度。"

建立健全工时制度的意义在于：

1. 有利于维护劳动者的休息权。通过立法的形式限制企业任意延长工作时间，能够控制企业自由决定工作时间的行为，使劳动者的休息权得到有效保护。限制延长工作时间，能够有效地保证劳动者有足够的时间休息，消除疲劳，恢复体力和精力，做到劳逸结合，合理安排时间，有利于保护劳动者的身体健康，提高劳动者的身体素质。

2. 有利于提高工作效率和劳动生产率。从各国缩短工时的经验看，缩短工时往往伴随着劳动生产率的提高。工业心理学对工人疲劳的研究结果表明，劳动者工作时间过长，反而会引起生产效率的下降，影响劳动生产率的提高。在科学技术和经济高速发展的现代社会，劳动生产率的提高已不取决于延长工作时间，而是依靠管理水平、科学技术水平和劳动力素质的提高。缩短工时，有利于改变企业冗员的局面，加强企业管理，提高工作效率，促进企业增加对技术改造的投入，从而提高劳动生产率。

3. 有利于促进企业改善经营管理，提高经济效益。随着社会经济的发展和科学技术的进步，企业经济效益的提高必须依靠加强企业经营管理，降低产品成本来实现，而不是靠延长工作时间。企业应该在劳动者人数和工作日的外延量不变的情况下，充分利用工作时间，均衡地组织生产和工作，避免各种时间消耗，确保完成生产和工作任务。

（二）劳动安全卫生的制度性保护

劳动安全卫生立法最早产生于资本主义工业革命以后。1802 年英国制定的《学徒健康和道德法》是最早的劳动保护立法，此后英国多次颁布工厂法来规定工人的劳动安全卫生问题。德国于 1839 年颁布《普鲁士工厂矿山条例》，1869 年制定《工业劳动法》，1891 年颁布《德意志帝国工业法》。法国 1841 年制定了《童工法》，1874 年制定了《劳动保护法》。此外，比利时、瑞士、意大利、挪威、丹麦等国家都先后制定了有关劳动安全卫生的法律法规。

进入 20 世纪以来，各国劳动安全卫生立法有了很大发展。一方面，在立法内容上不断提高劳动标准，改善劳动条件；另一方面，立法形式也从工厂法过渡到专门性劳动保护立法和在劳动法典中以专章规定劳动安全卫生法。例如，美国于 1969 年颁布《联邦煤矿安全与卫生法》，1971 年颁布《职业安全与卫生法》；日本于 1972 年颁布《劳动安全卫生法》；英国于 1974 年颁布《职业安全与卫生法》；加拿大阿尔伯特省于 1978 年颁布《职业安全卫生法》等。另外，在世界上 70 多个国家制定的劳动法典中，也都有关于劳动安全卫生的规定。我国不仅在《劳动法》第六章中专章规定了"劳动安全卫生"，而且于 2002 年颁布了《安全生产法》并于 2009 年、2014 年进行修订，2001 年颁布了《职业病防治法》并于 2018 年第 4 次修订了该法。

劳动过程中的复杂性，决定了劳动设备和劳动条件也具有复杂性。由于各行各业的生产特点和工艺过程有所不同，需要解决的劳动安全技术问题也有所不同。劳动安全卫生法律制度的建立是社会生产发展的客观需要，是基于劳动过程中各种不安全、不卫生因素而产生的。如良好的通风和充足的照明是劳动者从事生产和劳动的必要条件，也是保证劳动者身体健康的重要前提。劳动者长期在噪声和强光的作业环境下生产和劳动，会对其听觉和视觉器官产生不良的影响，进而引发各种职业病，因此必须有防止噪声和强光刺激的措施；工作场所的温度应保持在一定的范围内，温度过高或过低都会对劳动者的身体带来不良影响，因此必须采取防暑降温和防冻取暖措施；劳动者在劳动过程中，如果吸入过多粉尘，会引发肺组织纤维化和各种尘肺疾病，会对劳动者的身体健康将造成极大的伤害，因此必须对工作场所中的粉尘浓度含量作严格限制；在劳动过程中，长期接触有毒、有害物质会对劳动者的身体健康造成极大损害，甚至会使其中毒死亡，因此作业场所要严格执行国家劳动卫生规程。

为了保护劳动者在劳动过程中的安全、身体健康，必须采取各种措施改善劳动条件，防止伤亡事故发生，制定各种劳动保护法来保证劳动者在劳动过程中的安全和健康，防止危险、有毒、有害物质的危害和职业病，建立、健全各种安全卫生防护措施的规章制度。

建立健全劳动安全卫生法律制度的意义在于：

1. 有利于保护劳动者的人身安全和生命健康。劳动者是社会生产力发展的推动者，也是社会财富的创造者。保护劳动者在劳动过程中的安全和健康，防止伤亡事故和职业病是国家立法的重要任务。劳动过程客观上存在着各种不安全、不卫生因素，可能发生伤亡事故或使劳动者患上职业病。因此，必须通过制定劳动安全卫生立法，要求用人单位为劳动者提供安全、卫生的物质条件和工作环境，不断改善劳动条件，防止和减少伤亡事故的发生，保护劳动者在生产过程中的安全与健康。我国《劳动法》第52条明确规定："用人单位必须建立、健全劳动安全卫生制度，严格执行国家劳动安全卫生规程和标准，对劳动者进行劳动安全卫生教育，防止劳动过程中的事故，减少职业危害。"第56条第2款规定："劳动者对用人单位管理人员违章指挥、强令冒险作业，有权拒绝执行；对危害生命安全和身体健康的行为，有权提出批评、检举和控告。"这些规定有利于保证劳动者得到正常的、符合劳动安全卫生要求的劳动条件，使劳动者免受伤亡事故和职业病的威胁。

2. 有利于促进生产力的发展和劳动生产率的不断提高。劳动者是生产力要素中最具决定性作用的因素，也是提高劳动生产率的重要因素。要提高劳动生产率，就要求劳动者有充沛的精力和健康的体魄，发挥劳动者的聪明才智。用人单位应认真贯彻执行国家劳动生产安全卫生标准，为劳动者创造安全、卫生、舒适的劳动条件和劳动环境，消除伤亡事故和职业病对劳动者的威胁，使劳动者精神愉快地从事劳动，充分发挥劳动者的劳动积极性、主动性和创造性，从而推动劳动生产率的不断提高。另外，改善劳动条件往往伴随着生产技术和生产工具的改进，而生产技术和生产工具的改进又是提高劳动生产率的另一重要因素。采用先进技术和设备，实现机械化、自动化、半自动化，不仅能够减轻劳动者的劳动负担，而且也能够推动生产技术的不断进步。

第三节　工时制度

工作时间是指法律规定的劳动者在一昼夜或一周内从事生产或工作的时间，包括劳动者每天应工作的时数和每周应工作的天数。劳动者每天应工作的时数叫工作日，每周应工作的天数叫工作周。工作时间作为法律范畴，既包括劳动者实际工作的时间，也包括劳动者某些非实际工作时间，例如，劳动者工作前的准备时间，下班前后的交接时间，工间歇息时间，排除动力、设备故障的短暂停工时间，女职工哺乳未满1周岁婴儿的哺乳时间，依法参加各种社会活动的时间等。依照法律规定，凡是劳动者在工作时间内的，用人单位必须按规定支付劳动者劳动报酬。

一、一般工时制度

根据《劳动法》《国务院关于职工工作时间的规定》，我国实行的工作日的种类主要有以下几种：

（一）标准工作日

标准工作日是指由国家法律统一规定的，在一般情况下劳动者从事工作或劳动的时间。《国务院关于职工工作时间的规定》第3条规定，职工每日工作8小时，每周工作40小时。也是从1995年5月1日起，[1] 我国的标准工作日为每日工作8小时，每周工作40小时。对于一般制造业企业，如非属于特殊工种和特殊保护人群，均可采取标准工作日的工作时间。

（二）缩短工作日

缩短工作日是指法律规定的少于标准工作日时数的工作日，即劳动者每天工作的时数少于8小时或者每周工作的时数少于40小时。根据《国务院关于职工工作时间的规定》，在特殊条件下从事劳动和有特殊情况，需要适当缩短工作时间的，按照国家有关规定执行。《劳动部贯彻〈国务院关于职工工作时间的规定〉的实施办法》（以下简称《实施办法》）规定，在特殊条件下从事劳动和有特殊情况，需要在每周工作40小时的基础上再缩短工作时间的，应在保证完成生产和工作任务的前提下，根据《劳动法》第36条的规定，由企业根据实际情况决定。

根据国家有关劳动法规的规定，制造业企业有下列情形的，应适用缩短工作日：①化工行业从事有毒有害作业的工人，根据生产的特点和条件分别实行"三工一休"制、每日工作6小时或7小时的工作制和"定期轮流脱离接触"的工时制度；②哺乳不满1周岁婴儿的女职工，在每个工作日内有2次哺乳（含人工喂养）时间，每次30分钟。多胞胎生育的，每多哺乳一个婴儿，每次哺乳时间增加30分钟。女职工的哺乳时间和在本单位内往返途中的时间，算作劳动时间。

（三）不定时工作日

不定时工作日又称无定时工作日，是指没有固定工作时间限制的工作日，主要适用于一些因工作性质或工作条件不受标准工作时间限制的工作。根据《国务院关于职工工作时间的规定》第5条和《实施办法》第5条，因工作性质或生产特点的限制，不能实行每日工作8小时、每周工作40小时标准工时制度的，可以实行不定时工作制等其他工作和休息办法。

根据《关于企业实行不定时工作制和综合计算工时工作制的审批办法》第4条的规定，制造业企业中应对下列劳动者实行不定时工作制：①企业中的高级管理人员、外勤人员、推销人员、部分值班人员和其他因工作无法按标准工作时间衡量的职工；②企业中的长途运输人员、出租汽车司机、铁路、港口、仓库的部分装卸人员以及因工作性质特殊、需机动作业的职工；③其他因生产特点、工作特殊需要或职责范围的关系，适合实行不定时工作制的职工。

经批准实行不定时工作制的职工，不受《劳动法》第41条规定的日延长工作时间标准和月延长工作时间标准的限制，但企业应采取弹性工作时间等适当的工作和休息

---

[1] 《劳动法》第36条规定："国家实行劳动者每日工作时间不超过8小时、平均每周工作时间不超过44小时的工时制度。"该法实施的时间为1995年1月1日。同年国务院出台《国务院关于修改〈国务院关于职工工作时间的规定〉的决定》，再次修改了标准工作时间，修订后的规定自1995年5月1日（国际劳动节）之日起实施。

方式，确保职工的休息、休假权和生产、工作任务的完成。实行不定时工作制的职工，其工作日长度超过标准工作日的，不算作加班加点，一般也不给予加班加点的工资报酬。

（四）综合计算工作日

综合计算工作日是指用人单位根据生产和工作的特点，分别采取以周、月、季、年等为周期综合计算劳动者工作时间的一种工时形式。企业实行综合计算工作日后，其平均日工作时间和平均周工作时间应与法定标准工作时间基本相同。在综合计算工时制下，如果综合计算周期内劳动者的实际工作时间总数超过该周期的法定标准工作时间总数，超出部分视为延长工作时间；工作日恰好是法定节假日的，也应视为延长工作时间。如果在整个综合计算周期内的实际工作时间总数不超过该周期的法定标准工作时间总数，只是该综合计算周期内的某一具体日（或周、月、季）超过法定标准工作时间，其超过部分不应视为延长工作时间。

根据《关于企业实行不定时工作制和综合计算工时工作制的审批办法》的规定，综合计算工作时间制一般不适用于制造业企业，不过对于受市场因素的影响，生产任务不均衡的部分企业，也可以参照综合计算工时工作制的办法实施。实行综合计算工时的企业，可采用集中工作、集中休息、轮休调休、弹性工作时间等方式，确保职工的休息休假权利的实现和生产工作任务的完成。

（五）计件工作时间

计件工作时间是指以劳动者完成一定劳动定额为标准的工作时间。对于工作定额的判定，既有实行计时工作制的，也有实行计件工作制的。许多制造业企业愿意采用计件工作制，认为这样能确保劳动者完成劳动任务。《劳动法》第37条规定："对实行计件工作的劳动者，用人单位应当根据本法第36条规定的工时制度合理确定其劳动定额和计件报酬标准。"

实行计件工作的企业，必须以劳动者在一个标准工作日或一个标准工作周的工作时间内能够完成的计件数量为标准，合理确定劳动者每日或每周的劳动定额，防止出现任意制定劳动定额和计件报酬，非法侵犯劳动者权益的情形。

（六）非全日制工作时间

非全日制工作时间与非全日制用工形式相适应，是指劳动者每日、每周少于标准工作时数的工作时间。目前规范非全日制用工的法律依据主要有2003年《劳动和社会保障部关于非全日制用工若干问题的意见》和《劳动合同法》的相关规定。根据《劳动合同法》第68条，非全日制工作是指以小时计酬为主，劳动者在同一用人单位一般平均每日工作时间不超过4小时，每周工作时间累计不超过24小时的工作。目前我国制造业企业中非全日制用工不多。

二、延长工时制度

延长工作时间是指劳动者的工作时数超过法律规定的标准工作时间。延长工作时间包括加班和加点。加班是指职工根据用人单位的要求，在法定节日或公休假日从事生产或工作。加点是指职工根据用人单位的要求，在标准工作日以外继续从事生产或工作。延长工作时间是相对于特定的工作时间而言的，因此它适用于标准工作日、缩短工作日，却不适用于不定时工时制度。

（一）延长工作时间的原则规定

对于延长工作时间，我国历来严格限制，并制定了相应的法律法规。1994 年 2 月发布、1995 年修订的《国务院关于职工工作时间的规定》第 6 条规定，任何单位和个人不得擅自延长职工工作时间。因特殊情况和紧急任务确需延长工作时间的，按照国家有关规定执行。《劳动法》第 43 条明确规定："用人单位不得违反本法规定延长劳动者的工作时间。"

一般情况下，用人单位由于生产经营的需要，可以延长工作时间，但企业延长工作时间必须符合法定条件。根据《劳动法》的规定，[1]延长工作时间的法定条件是：①必须是由于生产经营需要；②必须与工会协商；[2]③必须与劳动者协商，征得劳动者的同意，不得强迫劳动。用人单位延长工作时间不得超过法定时数。同时，用人单位延长工作时间每日不得超过 1 小时，因特殊原因需要延长工作时间的，在保障劳动者身体健康的条件下，每日不得超过 3 小时，但每月不得超过 36 小时。用人单位如果违反规定延长工作时间的，要承担相应的法律责任。[3]

（二）延长工作时间的特殊规定

除了一般情况下延长工作时间的规定外，我国劳动法还规定了在特殊情况下，比如出现了危及国家财产、集体财产和人民生命安全的紧急事件时，延长工作时间不受一般情况下延长工作时间的条件和法定时数的限制。[4]

（三）延长工作时间的工资支付

劳动者延长工作时间，需要付出更多的劳动和消耗。为此，《劳动法》规定，用人单位安排劳动者延长工作时间的，应当"支付高于劳动者正常工作时间工资的工资报

---

[1] 《劳动法》第 41 条规定："用人单位由于生产经营需要，经与工会和劳动者协商后可以延长工作时间，一般每日不得超过 1 小时；因特殊原因需要延长工作时间的，在保障劳动者身体健康的条件下延长工作时间每日不得超过 3 小时，但是每月不得超过 36 小时。"

[2] 我国《工会法》规定，企业、事业单位违反国家有关劳动（工作）时间的规定，工会有权要求企业、事业单位行政方面予以纠正。用人单位需要延长工作时间时，必须征求工会的意见，工会可以审查用人单位延长工作时间是否符合法律规定。

[3] 《劳动法》第 90 条规定："用人单位违反本法规定，延长劳动者工作时间的，由劳动行政部门给予警告，责令改正，并可以处以罚款。"

[4] 《劳动法》第 42 条规定："有下列情形之一的，延长工作时间不受本法第 41 条规定的限制：①发生自然灾害、事故或者因其他原因，威胁劳动者生命健康和财产安全，需要紧急处理的；②生产设备、交通运输线路、公共设施发生故障，影响生产和公众利益，必须及时抢修的；③法律、行政法规规定的其他情形。"根据《〈国务院关于职工工作时间的规定〉的实施办法》第 7 条的规定"其他情形"包括：①在法定节日和公休假日内工作不能间断，必须连续生产、运输或者营业的；②必须利用法定节日或公休假日的停产期间进行设备检修、保养的；③为完成国防紧急任务的；④为完成国家下达的其他紧急生产任务的。

酬"。这一规定，一方面是为了补偿劳动者额外的劳动和消耗，保护劳动者的身体健康；另一方面，也能够较有效地控制用人单位随意延长工作时间的行为，从而保护劳动者的合法权益。

根据《劳动法》的规定，用人单位延长工作时间的，必须按以下标准支付给劳动者工资报酬：①在标准工作日内安排劳动者延长工作时间的，支付不低于工资的150%的工资报酬；②休息日安排劳动者工作又不能安排补休的，支付不低于工资的200%的工资报酬；③法定休假日安排劳动者工作的，支付不低于工资的300%的工资报酬。

第四节　劳动安全卫生法律制度

一、概述

劳动安全卫生法是指国家为了保护劳动者在劳动过程中的安全和健康而制定的各种法律规范的总称，包括劳动安全技术规程、劳动卫生规程、企业安全卫生管理制度等。

中华人民共和国成立后，我国先后颁布了一系列劳动安全卫生法规。例如1950年5月劳动部颁布了《工厂卫生暂行条例（草案）》；1952年12月颁布了《政务院关于防止沥青中毒事故的指示》；1956年5月国务院颁布了关于劳动安全卫生的"三大规程"，即《工厂安全卫生规程》（已失效）、《建筑安装工程安全技术规程》（已失效）和《工人职员伤亡事故报告规程》（已失效），同时还颁布了《国务院关于防止厂、矿企业中矽尘危害的决定》。这些法规明确了劳动过程中的安全与卫生标准。1963年3月还颁布了《国务院关于加强企业生产中安全工作的几项规定》（已失效），对安全生产责任制、安全技术措施计划、安全生产教育、安全生产的定期检查、伤亡事故的调查和处理等作了明确规定。

改革开放以来，我国的劳动安全卫生立法有了很大的发展。国务院先后发布了多项有关安全卫生的条例和规定等，如《矿山安全条例》（已失效）、《矿山安全监察条例》（已失效）和《锅炉压力容器安全监察暂行条例》（已失效）、《国务院关于加强防尘防毒工作的决定》、《中华人民共和国尘肺病防治条例》（以下简称《尘肺病防治条例》）、《女职工劳动保护规定》、《企业职工伤亡事故报告规程和处理规定》（已失效）、《劳动保障监察条例》、《工伤保险条例》等。于1993年5月1日实施、2009年修正的《矿山安全法》是我国第一部有关劳动安全卫生的专门立法。1995年5月1日实施的《劳动法》第六章专章规定了"劳动安全卫生"，以劳动基本法的形式对劳动安全卫生作了原则性规定。为进一步落实《劳动法》的规定，劳动部还颁布了一系列与《劳动法》相配套的有关劳动安全卫生的法规，如《劳动监察员管理办法》（已失效）、《未成年工特殊保护规定》等。2002年第九届全国人大常委会通过了《安全生产法》，该法于2014年再一次修改。2018年全国人大常委会第4次修改了《职业病防治法》。《职业病防治法》明确了政府部门在职业病防治方面的职责，强化了用人单位的责任，进一步加强了对劳动者权益的保护。

此外，自 1980 年以来，我国还进行了劳动安全卫生标准化立法工作并取得了很大的进展，国家颁布了包括管理标准、作业标准、劳动生产设备、工具安全卫生、生产工艺安全卫生、防护用品等内容的国家标准，迄今为止已颁布的国家标准达 150 多项。这些标准为我国劳动安全卫生工作法制化奠定了基础，是实行劳动安全卫生监察的重要依据。

二、劳动安全法律制度

《劳动法》第六章"劳动安全卫生"对劳动安全问题作了原则性规定。[1] 国务院各行政主管部门针对不同的劳动设备和条件以及不同行业的生产特点，规定了适合各行业的安全技术规程，主要有《工厂安全卫生规程》[2]、《建筑安装工程安全技术规程》（已失效）、《矿山安全条例》（已失效）、《矿山安全法》《乡镇煤矿安全生产若干暂行规定》（已失效）、《起重机械安全规程》《剪切机械安全规程》、《磨削机械安全规程》、《压力机的安全安置技术条件》《木工机械安全装置技术要求》、《工业产业煤气安全规程》、《橡胶工业静电安全规程》、《工业企业厂内运输安全规程》、《爆破安全规程》等。

《安全生产法》确定了我国安全生产的基本法律制度，并规定了各项制度的具体内容。这些基本制度分别是：①安全生产监督管理制度；②生产经营单位安全保障制度；③从业人员安全生产权利义务制度；④生产经营单位负责人安全责任制度；⑤安全中介服务制度；⑥安全生产责任追究制度；⑦事故应急救援和处理制度。

《安全生产法》要求建立我国安全生产三大体系，分别是：①事前预防对策体系，即要求生产经营单位建立安全生产责任制、坚持"三同时"、保证安全机构及专业人员落实安全投入、进行安全培训、实行危险源管理、进行项目安全评价、推行安全设备管理、落实现场安全管理、严格交叉作业管理、实施高危作业安全管理、保证承包租赁安全管理、落实工伤保险等，同时采取加强政府监管、发动社会监督、推行中介技术支持等预防策略。②事中应急救援体系，要求政府建立行政区域的重大安全事故救援体系，制定社区事故应急救援预案；要求生产经营单位进行危险源的预控，制定事故应急救援预案等。③事后处理对策系统，包括推行严密的事故处理及严格的事故报告制度，实施事故后的行政责任追究制度，强化事故经济处罚，明确事故刑事责任追究等。

《安全生产法》明确了对我国安全生产具有责任的各方主体，他们是：政府责任方，即各级政府和对安全生产负有监管职责的有关部门；生产经营单位责任方；从业人员责任方；中介机构责任方。该法特别对生产经营单位的安全生产责任作了专门规定，要求其建立、健全安全生产责任制；组织制定安全生产规章制度和操作规程；保证安全生产投入；督促检查安全生产工作，及时消除生产安全事故隐患；组织制定并

---

[1] 《劳动法》第53条规定："劳动安全卫生设施必须符合国家规定的标准。新建、改建、扩建工程的劳动安全卫生设施必须与主体工程同时设计、同时施工、同时投入生产和使用。"

[2] 已被国务院2008年发布的《关于废止部分行政法规的决定》废止，原因是已被我国《职业病防治法》和《安全生产法》取代。

实施生产安全事故应急救援预案；及时报告并如实反映生产安全事故。

《安全生产法》明确规定了劳动者在安全生产方面的权利和义务。其权利包括：①知情权，即有权了解作业场所和工作岗位存在的危险因素、防范措施和事故应急措施；②建议权，即有权对本单位的安全生产工作提出建议；③批评权、检举权、控告权，即有权对本单位安全生产管理工作中存在的问题提出批评、检举、控告；④拒绝权，即有权拒绝违章作业指挥和强令冒险作业；⑤紧急避险权，即发现直接危及人身安全的紧急情况时，有权停止作业或者在采取可能的应急措施后撤离作业场所；⑥依法向本单位提出要求赔偿的权利；⑦获得符合国家标准或者行业标准的劳动防护用品的权利；⑧获得安全生产教育和培训的权利。其义务包括：①自律遵规的义务，即从业人员在作业过程中，应当遵守本单位的安全生产规章制度和操作规程，服从管理，正确佩戴和使用劳动防护用品；②自觉学习安全生产知识的义务，劳动者应当掌握本职工作所需的安全生产知识，提高安全生产技能，增强事故预防和应急处理能力；③危险报告义务，即发现事故隐患或者其他不安全因素时，应当立即向现场安全生产管理人员或者本单位负责人报告。

《安全生产法》同时规定了企业安全生产的多种监督方式，包括：①工会民主监督，即工会有权对建设项目的安全设施与主体工程同时设计、同时施工、同时投入生产和使用的情况进行监督，提出意见；②社会舆论监督，即新闻、出版、广播、电影、电视等单位有对违反安全生产法律、法规的行为进行舆论监督的权利；③公众举报监督，即发现任何单位存在事故隐患或者个人做出违反安全生产法规的行为时，民众均有权向负有安全生产监督管理职责的部门报告或者举报；④社区报告监督，即居民委员会、村民委员会发现其所在区域内的生产经营单位存在事故隐患或者安全生产违法行为时，有权向当地人民政府或者有关部门报告。

《安全生产法》明确规定了安全生产责任主体可能产生的各种违法行为，规定了相应违法行为的处罚方式：对政府监督管理人员有降级、撤职的行政处罚；对政府监督管理部门有责令改正、责令退还违法收取的费用的处罚；对中介机构有罚款、对第三方损失承担连带赔偿、撤销机构资格的处罚；对生产经营单位有责令限期改正、停产停业整顿、经济罚款、责令停止建设、关闭企业、吊销其有关证照、连带赔偿等处罚；对生产经营单位负责人有行政处分、个人经济罚款、限期不得担任生产经营单位的主要负责人、降职、撤职、处 15 日以下拘留等处罚；对从业人员有批评教育、依照有关规章制度给予处分的处罚。无论任何人，造成严重后果，构成犯罪的，依照《刑法》有关规定追究刑事责任。

三、劳动卫生法律制度

劳动卫生起初是从研究工业生产中的卫生问题发展起来的，有的国家仍称之为工业卫生或产业卫生。为了保护劳动者在劳动生产过程中的身体健康，避免有毒、有害物质的危害，防止乃至消除职业中毒和职业病，我国先后制定了大量有关劳动卫生的法律法规，包括《劳动法》《环保法》《女职工劳动保护规定》《尘肺病防治条例》《放射性同位素与射线装置安全和防护条例》《使用有毒物品作业场所劳动保护条例》《工业企业设计卫生标准》《工业企业噪声卫生标准》《工作场所有害因素职业接触限值》《防暑降温措施管理办法》等法律法规。2001 年 10 月 27 日第九届全国人民代表大会常务委员会第二十四次会议通过了《病防治法》，2018 年全国人大常委会对《职业病防治法》进行了第 4 次修改。继《职业病防治法》后，卫生部相继发布了一系列与之相关的配套卫生规章和规范性文件，其中包括《国家职业卫生标准管理办法》、《职业病危害项目申报办法》、《建设项目职业病危害分类管理办法》（已失效）、《职业健康监护管理办法》（已失效）、《职业病诊断与鉴定管理办法》、《职业病危害事故调查处理办法》（已失效）、《职业卫生技术服务机构管理办法》（已失效）以及《职业病分类和目录》《职业病危害因素分类目录》《建设项目职业病危害评价规范》《建设项目职业卫生审查规定》等多个卫生规章和规范性文件。

上述法律法规基本涵盖了防治生产领域的职业危害：①防止粉尘危害；②防止有毒、有害物质的危害；③防止噪声和强光的刺激；④防暑降温和防冻取暖；⑤通风和照明；⑥个人保护用品的供给；等等。企业必须达到这些劳动卫生规程规定的劳动卫生标准，才能切实保护劳动者的身体健康。法律法规要求，工作场所应当符合下列职业卫生要求：①职业病危害因素的强度或者浓度符合国家职业卫生标准；②有与职业病危害防护相适应的设施；③生产布局合理，遵循有害与无害作业分开的原则；④有配套的更衣间、洗浴间、孕妇休息间等卫生设施；⑤设备、工具、用具等设施符合保护劳动者生理、心理健康的要求；⑥法律、行政法规和国务院卫生行政主管部门、安全生产监督管理部门关于保护劳动者健康的其他要求。

在劳动过程中，用人单位应当采取下列劳动卫生管理措施：①设置或者指定职业卫生管理机构或者组织，配备专职或者兼职的职业卫生专业人员，负责本单位的职业病防治工作；②制订职业病防治计划和实施方案；③建立、健全职业卫生管理制度和操作规程；④建立、健全职业卫生档案和劳动者健康监护档案；⑤建立、健全工作场所职业病危害因素监测及评价制度；⑥建立、健全职业病危害事故应急救援预案。

用人单位不得安排未成年工从事接触职业病危害的作业；不得安排孕期、哺乳期的女职工从事对本人和胎儿、婴儿有危害的作业。

劳动者享有下列职业卫生保护权利：①获得职业卫生教育、培训；②获得职业健康检查、职业病诊疗、康复等职业病防治服务；③了解工作场所产生或者可能产生的职业病危害因素、危害后果和应当采取的职业病防护措施；④要求用人单位提供符合防治职业病要求的职业病防护设施和个人使用的职业病防护用品，改善工作条件；⑤对违反职业病防治法律、法规以及危及生命健康的行为提出批评、检举和控告；⑥拒绝违章指挥和强令进行没有职业病防护措施的作业；⑦参与用人单位职业卫生工作的民主管理，对职业病防治工作提出意见和建议。用人单位应当保障劳动者行使前述所列权利。因劳动者依法行使正当权利而降低其工资、福利等待遇或者解除、终止与其订立的劳动合同的，其行为无效。

根据《职业病防治法》第 72 条的规定，用人单位工作场所职业病危害因素的强度或者浓度超过国家职业卫生标准的；未提供职业病防护设施和个人使用的职业病防护用品，或者提供的职业病防护设施和个人使用的职业病防护用品不符合国家职业卫生标准和卫生要求的；对职业病防护设备、应急救援设施和个人使用的职业病防护用品未按照规定进行维护、检修、检测，或者不能保持正常运行、使用状态的；未按照规定对工作场所职业病危害因素进行检测、评价的；工作场所职业病危害因素经治理仍然达不到国家职业卫生标准和卫生要求时，未停止存在职业病危害因素的作业的；未按照规定安排职业病病人、疑似职业病病人进行诊治的；发生或者可能发生急性职业病危害事故时，未立即采取应急救援和控制措施或者未按照规定及时报告的；未按照规定在产生严重职业病危害的作业岗位醒目位置，设置警示标志和中文警示说明的；拒绝卫生行政主管部门监督检查的；隐瞒、伪造、篡改、损毁职业健康监护档案、工作场所职业病危害因素检测评价结果等相关资料，或者拒不提供职业病诊断鉴定所需资料的；未按照规定承担职业病诊断、鉴定费用和职业病病人的医疗、生活保障费用的。由卫生行政主管部门给予警告，责令限期改正，逾期不改正的，处 5 万元以上 20 万元以下的罚款；情节严重的，责令停止产生职业病危害的作业，或者提请有关人民政府按照国务院规定的权限责令关闭。

用人单位造成重大职业病危害事故或者其他严重后果，构成犯罪的，对直接负责的主管人员和其他直接责任人员，依法追究刑事责任。卫生行政主管部门不按照规定报告职业病和职业病危害事故的，由上一级卫生行政主管部门责令改正，通报批评，给予警告；虚报、瞒报的，对单位负责人、直接负责的主管人员和其他直接责任人员依法给予降级、撤职或者开除的行政处分。

四、劳动安全卫生监察制度

随着我国工业化进程的加快，劳动法领域发生的劳动安全与卫生问题日益突出，为确保我国劳动安全与卫生领域的法律法规的实施，我国专门建立了劳动安全卫生监察制度，包括国家劳动安全卫生监察制度、专业劳动安全卫生监察制度和群众劳动安全卫生监察制度。

国家劳动安全卫生监察制度是指由国家授权的劳动安全卫生监察机构对用人单位及其主管部门执行劳动安全卫生法规的情况进行监察的一种制度。它是独立于企业之外的国家监察，有独立的监察系统，其机构的设置、职权范围和监察员的任免等都由专门法规加以规定；监察机构具有广泛的监察权，行使监察权不受任何部门、团体或个人的干预。

专业劳动安全卫生监察是指用人单位的主管部门和有关专业部门在各自职责范围内，对用人单位贯彻执行劳动安全卫生法规的情况进行监督检查的制度。主要包括：①银行、审计部门对用人单位劳动安全卫生设施的建设专款专用的实施情况进行监督检查；②卫生部门对用人单位执行劳动安全卫生法规的情况进行监督检查；③用人单位的主管部门对其下属单位执行劳动安全卫生的情况进行监督检查等。按照有关规定，主管部门应制订监督检查用人单位执行劳动安全卫生法规情况的计划和要求；建立、健全各项监督管理制度；组织领导基层单位开展各种形式的监督检查活动；采取措施使监督检查活动经常化、制度化；听取工会和劳动行政主管部门针对所属单位在执行劳动安全卫生法规过程中存在的问题提出的改进意见，责令所属单位及时改进；及时制止和纠正所属单位的违法行为等。

群众劳动安全卫生监察是指各级工会组织对用人单位贯彻执行劳动安全卫生法规的情况进行监督检查的制度。《劳动法》第 88 条第 1 款规定，各级工会依法维护劳动者的合法权益，对用人单位遵守劳动法律、法规的情况进行监督。1985 年，全国总工会通过了《工会劳动保护监督检查员暂行条例》（已失效）、《基层（车间）工会劳动保护监督检查委员会工作条例》（已失效）和《工会小组劳动保护检查员工作条例》（已失效）。根据这些规定，市以上各级工会劳动保护部门设立工会劳动保护监督检查员，基层工会和车间工会建立劳动保护监督检查委员会，工会小组设不脱产的劳动保护检查员。《职业病防治法》第 4 条第 3 款规定，工会组织依法对职业病防治工作进行监督，维护劳动者的合法权益。用人单位制定或者修改有关职业病防治的规章制度，应当听取工会组织的意见。这些规定的实施，有利于发挥群众劳动安全卫生监察职能。

第五节　工伤与职业病防护

一、概述

（一）工伤与职业病的含义

目前国际上比较规范的"工伤"含义包括两个方面的内容，即由工作引起并在工作过程中发生的事故伤害和职业病伤害。工伤是指劳动者在从事职业活动或者与职业活动有关的活动时所遭受的不良因素的伤害和职业病伤害。劳动者在生产、劳动过程中，因工作、执行职务行为或从事与工作、执行职务相关的活动，发生意外事故而受到的人身伤害，包括负伤、致残、死亡或罹患职业疾病等，可以称为工伤。

在工业领域，因工伤亡是指职工在劳动过程中发生的人身伤害、急性中毒等伤亡，包括物体打击、车辆伤害、机械伤害、起重伤害、触电、淹溺、灼烫、火灾、高处坠落、坍塌、冒顶、透水、放炮、火药爆炸、瓦斯爆炸、锅炉爆炸、受压容器爆炸、其他爆炸、中毒和窒息、其他伤害等二十余类。按伤害程度和伤亡人数的不同，工伤事故可分为：①轻伤事故，指损失工作日数为 1 天的伤害事故；②重伤事故，指有重大伤害无死亡事故；③死亡事故，指一次死亡 1~2 人的事故；④重大伤害事故，指一次死亡 3~9 人的事故；⑤特大伤亡事故，指一次死亡 10 人以上的事故。

职业病是指劳动者在职业活动中因接触粉尘、放射性物质和其他有毒、有害物质等因素而引起的疾病。[1] 劳动者长期在某种不利于健康的环境下生产、工作，身体逐

---

〔1〕《职业病防治法》第 2 条第 2 款："本法所称职业病，是指企业、事业单位和个体经济组织等用人单位的劳动者在职业活动中，因接触粉尘、放射性物质和其他有毒、有害因素而引起的疾病。"

渐受到伤害，会罹患某些特殊的疾病，如制造业的粉尘污染导致的尘肺病，噪声污染导致的耳聋等，就是职业病。根据《职业病防治法》的规定，构成职业病须符合以下四个条件：①患病主体是企业、事业单位或个体经济组织的劳动者；②必须是在从事职业活动的过程中产生的；③必须是因接触粉尘、放射性物质和其他有毒、有害物质等职业病危害因素引起的；④必须是国家公布的职业病分类和目录所列的职业病。

我国《工伤保险条例》中将"职业病"规定为工伤的一种，经职业病防治机构的检查鉴定患有职业病的，可以认定为工伤。1964年第48届国际劳工大会将职业病和上下班交通事故纳入工伤的范畴。

（二）工伤损害赔偿制度的历史发展

西方工业革命后，随着机器大生产的发展，劳动关系大量出现，在工作过程中遭受的任何损失都由劳动者自己承担。英国著名经济学家亚当·斯密认为："雇主在向雇员支付的工资中就包含了对雇员可能在工作中遭受到的损失的补偿，雇员与雇主签订合同，就表明雇员愿意承担在工作过程中可能遇到的所有风险。"其理论被称为"危险自负说"。因此，工业化初期，雇主的损害赔偿责任最低，这一阶段被称为"雇主无责任阶段"。

19世纪下半叶，随着工业化程度的不断加深，大量工伤事故及职业病频繁出现，事故的严重程度也不断增加。由于经济的进步和工人运动的蓬勃发展，雇员维护自身权益的意识也得到增强，开始出现雇员因工伤事故起诉雇主的案例。劳动者的抗争取得了一定的胜利，以过错责任为主导的工伤赔偿制度出现，工伤责任进入"雇主承担过错责任阶段"。根据过错责任赔偿的要求，劳动者需要举证证明雇主对人身损害的结果存在过错，但由于举证十分困难，雇员不仅要做好举证不能而败诉的准备，更要冒着被雇主开除甚至报复的风险。

19世纪末期，民事侵权法领域出现了无过错责任原则。这种责任的存在与侵权行为人的过错无关，而是基于损害的客观存在，根据行为人的活动及所管理的人或物的危险性质与所造成损害后果的因果关系，由法律规定的特别加重责任。此时，随着劳工斗争和社会进步，英、德等国家确认了"职业危险原则"。为了维护社会稳定和职工权益，各国政府逐渐开始采用雇主的无过错责任制，工伤责任进入"雇主无过失责任阶段"。这一时期，随着社会本位思想出现，为了保障职工权益，分担企业的负担，工伤保险出现了。工伤保险赔偿制度的设立，使遭受职业伤害的劳动者能够及时得到赔偿金，也在很大程度上分散了企业风险，保证了企业生产经营的正常运行，遂成为19世纪以后各国解决工伤事故问题的主要途径。

二、工伤的认定与处理

工伤认定是劳动行政部门依据法律的授权，对职工因事故伤害（或者患职业病）是否属于工伤或者视同工伤给予定性的行政确认行为。工伤认定具有如下特征：①属于具体行政行为；②属于行政确认行为，确认的结果有四种：是工伤、非工伤、视同工伤、不视同工伤；③属于须经申请的行政行为，不申请则不认定；④单位、职工或其近亲属对工伤认定结论不服的，可以选择申请行政复议或者提起行政诉讼。

为了保障因工作遭受事故伤害或者患职业病的职工获得医疗救治和经济补偿，促进工伤预防和职业康复，分散用人单位的工伤风险，国务院于2010年修订的《工伤保险条例》和劳动与社会保障部于2010年修订的《工伤认定办法》中，规定了包括工伤保险基金、工伤认定、劳动能力鉴定、工伤保险待遇、监督管理、法律责任等有关工伤的认定和处理问题。依法进行工伤认定，规范工伤认定程序，有利于维护当事人的合法权益。

（一）工伤保险制度

1. 工伤保险不同于一般损害赔偿。相比一般侵权损害赔偿的赔偿额而言，工伤保险实行无过失责任原则。在工伤事故发生后，不考虑劳动者或用人单位是否存在过失，只要不存在故意等法定不予赔偿的情形，劳动者即可得到工伤保险的赔偿，而且工伤保险的待遇较为优厚。由于用人单位的工作性质不同，职业风险不同，国家根据不同行业的工伤风险程度为不同行业确定不同的费率，并根据工伤保险费使用、工伤发生率等情况在每个行业内确定若干费率档次，保险费用实行差别费率，但劳动者个人无须缴纳保险费用，而由用人单位缴纳。[1]用人单位缴纳的工伤保险费、工伤保险基金的利息和依法纳入工伤保险基金的其他资金构成工伤保险基金，存入社会保障基金财政专门账户，专门用于工伤保险赔付，劳动能力鉴定，工伤预防的宣传、培训等费用，以及法律、法规规定的用于工伤保险的其他费用的支付。

2. 工伤保险覆盖范围较广。《工伤保险条例》适用于我国境内的各类企业和有雇工的个体工商户及其全部职工或雇工。[2]非法用工单位及其职工也可适用，由用工单位给予一次性赔偿，赔偿标准不得低于法律规定的工伤保险待遇。

（二）工伤的认定条件

1. 应当认定为工伤的情形：①在工作时间和工作场所内，因工作原因受到事故伤害的；②工作时间前后在工作场所内，从事与工作有关的预备性或者收尾性工作受到事故伤害的；③在工作时间和工作场所内，因履行工作职责受到暴力等意外伤害的；④患职业病的；⑤因工外出期间，由于工作原因受到伤害或者发生事故下落不明的；⑥在上下班途中，受到非本人主要责任的交通事故或者城市轨道交通、客运轮渡、火车事故伤害的；⑦法律、行政法规规定应当认定为工伤的其他情形。[3]

2. 视同工伤的情形：①在工作时间和工作岗位，突发疾病死亡或者在48小时之内

---

〔1〕《工伤保险条例》第2条第1款规定："中华人民共和国境内的企业、事业单位、社会团体、民办非企业单位、基金会、律师事务所、会计师事务所等组织和有雇工的个体工商户（以下称用人单位）应当依照本条例规定参加工伤保险，为本单位全部职工或者雇工（以下称职工）缴纳工伤保险费。"

〔2〕《工伤保险条例》第2条第2款规定："中华人民共和国境内的企业、事业单位、社会团体、民办非企业单位、基金会、律师事务所、会计师事务所等组织的职工和个体工商户的雇工，均有依照本条例的规定享受工伤保险待遇的权利。"

〔3〕《工伤保险条例》第14条。

经抢救无效死亡的；②在抢险救灾等维护国家利益、公共利益活动中受到伤害的；③职工原在军队服役，因战、因公负伤致残，已取得革命伤残军人证，到用人单位后旧伤复发的。[1]

值得注意的是，发生伤亡事故后，即使符合认定工伤或可以视同工伤的情形，但有下列情形之一的，不得认定为工伤或者视同工伤：①故意犯罪的；②醉酒或者吸毒的；③自残或者自杀的。

（三）工伤认定申请主体和管辖

1. 工伤认定申请主体包括用人单位和当事人或其近亲属、工会组织。当职工发生事故伤害或者按照《职业病防治法》规定被诊断、鉴定为职业病时，用人单位应当依法申请工伤认定，此系其法定义务。如果用人单位未在规定的期限内提出工伤认定申请或拒不提出申请的，受伤害职工或者其近亲属有权直接依法申请工伤认定，工会组织为保护职工权利也可以依法提出认定申请。

2. 有权做出工伤认定的机构为社会保险行政部门。按照属地原则，申请人应当向用人单位所在地统筹地区社会保险行政部门提出工伤认定申请；劳动能力鉴定由用人单位所在地的设区的市级劳动能力鉴定委员会办理。

（四）认定申请时限

1. 用人单位申请工伤认定的时限为30日，自事故伤害发生之日或者被诊断、鉴定为职业病之日起算。遇有特殊情况，经报社会保险行政部门同意，申请时限可以适当延长。上述期间内，用人单位未申请工伤认定的，受伤害职工或者其近亲属、工会组织可以自行申请工伤认定。为了约束用人单位瞒报工伤事故的行为，《工伤保险条例》规定，用人单位未在规定的时限内提交工伤认定申请，期间发生的工伤待遇等有关费用由该用人单位负担。

2. 受伤害职工或者其近亲属、工会组织申请工伤认定的时限为1年，自事故伤害发生之日或者被诊断、鉴定为职业病之日起算。该期间为除斥期间。职工或者其近亲属认为是工伤、但用人单位不认为是工伤的，由该用人单位承担举证责任。用人单位拒不举证的，社会保险行政部门可以根据受伤害职工提供的证据依法作出工伤认定结论。

（五）工伤认定决定

工伤认定申请人提出申请时应当提交的材料包括：工伤认定申请表，与用人单位存在劳动关系（包括事实劳动关系）的证明材料，医疗诊断证明或者职业病诊断证明书（或者职业病诊断鉴定书）；工伤认定申请表应当包括事故发生的时间、地点、原因以及职工伤害程度等基本情况。

---

[1] 《工伤保险条例》第15条。该条第2款规定："职工有前款第1项、第2项情形的，按照本条例的有关规定享受工伤保险待遇；职工有前款第3项情形的，按照本条例的有关规定享受除一次性伤残补助金以外的工伤保险待遇。"

社会保险行政部门应当自受理工伤认定申请之日起 60 日内作出认定决定；但是事实清楚、权利义务关系明确的，应在 15 日内作出决定。其认定决定包括属于工伤或视同工伤的认定决定和不属于工伤或不视同工伤的认定决定两种。职工或者其直系亲属、用人单位对不予受理决定不服或者对工伤认定决定不服的，可以依法申请行政复议或者提起行政诉讼。

（六）工伤待遇

职工或童工受到事故伤害或患职业病，在劳动能力鉴定之前进行治疗产生的生活费、医疗费、护理费、住院期间的伙食补助费及所需的交通费等费用，全部由伤残职工或童工所在单位按照《工伤保险条例》规定的标准和范围支付。

伤残的一次性赔偿金按以下标准支付：一级伤残的，为赔偿基数的 16 倍；二级伤残的，为赔偿基数的 14 倍；三级伤残的，为赔偿基数的 12 倍；四级伤残的，为赔偿基数的 10 倍；五级伤残的，为赔偿基数的 8 倍；六级伤残的，为赔偿基数的 6 倍；七级伤残的，为赔偿基数的 4 倍；八级伤残的，为赔偿基数的 3 倍；九级伤残的，为赔偿基数的 2 倍；十级伤残的，为赔偿基数的 1 倍。

因事故伤害或者患职业病造成死亡的，按照上一年度全国城镇居民人均可支配收入的 20 倍支付一次性赔偿金，并按照上一年度全国城镇居民人均可支配收入的 10 倍一次性支付丧葬补助等其他赔偿金。

三、职业病的特殊问题

（一）工业化与全球化导致的世界性难题

职业卫生法律制度与各个国家的历史及体制有关，因此它在各国的情况大不相同。随着欧洲工业化的推进，德国在 19 世纪后期即着手建立社会保障系统，为职工的疾病、养老和工伤事故提供保险，并于 1884 年颁布了世界上第一部《工伤事故保险法》（包括工伤和职业病）。1970 年美国国会运用宪法赋予的联邦权力，颁布了世界上首部《职业安全卫生法》，以特别法的方式，将职业过程中的劳动伤害问题作为一个专门的领域予以统一规范和监管。随着全球经济一体化，发达国家的工业在 20 世纪 70 年代开始向发展中国家转移，工业化给这些国家的经济和社会带来好处，也使自然环境恶化，劳动者健康受损。许多国家没有劳动保护的法规，忽视职业病，不承认工人获得赔偿的权利；即使有相关法律，也大多缺乏法律实施的监督与管理，使得职业卫生法规与管理问题成了世界范围内的问题。据世界劳工组织估计，每年全世界有 22 万名工人死亡，1.25 亿例工伤；世界卫生组织认为，世界每年 1000 万例职业病几乎全发生在发展中国家。[1]目前，职业卫生问题的最大挑战存在于国际领域，因此有些国际组织和学术团体纷纷制订职业安全与卫生法规，力求在世界范围内保障工人的健康。

---

[1] "职业卫生法律法规"，载安全管理网，http://www.safehoo.com/San/Manage/201107/191667_2.shtml，最后访问时间：2020 年 9 月 20 日。

《职业病防治法》是我国21世纪颁布的第一部卫生单行法律，该法自2001年10月27日第九届全国人民代表大会常务委员会通过，并先后于2011年、2016年、2017年、2018年作了4次修正。我国《职业病防治法》的颁布实施，是我国职业安全卫生管理与国际接轨的重要步骤，也是我国政府在职业卫生和安全管理领域履行国际公约或国际承诺的重要体现。

（二）我国职业病防治法的限制性规定

1. 职业病待遇的主体限定。只有《工伤保险条例》覆盖范围内的用人单位的劳动者患职业病的，才能被认定为工伤，才能享受工伤待遇。如果按照有关规定被鉴定为职业病，但是该职工所在单位不在《工伤保险条例》的适用范围内，如第65条规定："公务员和参照公务员法管理的事业单位、社会团体的工作人员因工作遭受事故伤害或者患职业病的，由所在单位支付费用。具体办法由国务院社会保险行政部门会同国务院财政部门规定。"针对非法用工主体的职工患职业病的情况，《工伤保险条例》第66条第1款规定："无营业执照或者未经依法登记、备案的单位以及被依法吊销营业执照或者撤销登记、备案的单位的职工受到事故伤害或者患职业病的，由该单位向伤残职工或者死亡职工的近亲属给予一次性赔偿，赔偿标准不得低于本条例规定的工伤保险待遇；用人单位不得使用童工，用人单位使用童工造成童工伤残、死亡的，由该单位向童工或者童工的近亲属给予一次性赔偿，赔偿标准不得低于本条例规定的工伤保险待遇。具体办法由国务院社会保险行政部门规定。"

2. 职业病的疾病限定。职业病必须是《工伤保险条例》覆盖范围内的用人单位的职工在职业活动中引起的疾病。如果某人患有职业病目录中规定的某种疾病，但该病不是因在职业活动中接触粉尘、放射性物质和其他有毒、有害物质等因素引起的，而是由于其居住环境周围的有毒物品等原因引起的，就不属于职业病；其所受到的伤害，应通过其他途径加以解决，而不能适用工伤保险的有关规定。

根据我国《职业病防治法》制定的《职业病分类和目录》，将职业病分为10类132种：①职业性尘肺病及其他呼吸系统疾病；②职业性皮肤病；③职业性眼病；④职业性耳鼻喉口腔疾病；⑤职业性化学中毒；⑥物理因素所致职业病；⑦职业性放射性疾病；⑧职业性传染病；⑨职业性肿瘤；⑩其他职业病。

（三）我国《职业病防治法》的主要内容

《职业病防治法》确立了我国职业病防治采取"控制职业病危害源头、预防为主、防治结合、分类管理、综合治理"的策略；明确了用人单位在职业病防治中的职责和义务；强调了劳动者健康权益受到法律保护；规定了政府卫生行政部门在事业病防治监管中的职责；规定了职业卫生技术服务机构的职能以及各法律关系主体违反《职业病防治法》应承担的法律责任。

1. 法律关系的主体。职业病防治法律关系主体包括：政府卫生及相关行政部门，产生职业病危害的用人单位，接触职业病危害因素的劳动者以及承担职业卫生检测、体检和职业病诊断的职业卫生技术服务单位四方。法律明确了上述四方主体之间的行政和民事法律关系，并分别规定了各自的权利义务、法律地位、法律责任。

2. 立法宗旨。《职业病防治法》的立法宗旨是预防、控制和消除职业病危害，保护劳动者健康及相关权益，保障劳动力资源的可持续发展，促进社会经济发展。

3. 基本法律制度。《职业病防治法》规定了国家职业病防治工作总体运行制度，即政府监管与指导、用人单位实施与保障、劳动者权益维护和自律、社会监督与参与以及职业卫生服务技术保障等法律制度，包括：职业卫生监督制度；用人单位职业病防治责任制度；按职业病目录和职业卫生标准管理制度；劳动者职业卫生权利受保护制度；职业病病人保障制度；职业卫生技术服务、职业病事故应急救援、职业病事故调查处理、职业病事故责任追究制度；鼓励科学防治。淘汰落后的、职业危害严重的技术、工艺和材料以及职业卫生监督和技术服务机构及其队伍管理制度等。

（四）我国职业病防治法相关配套的法规与规章

《职业病防治法》正式颁布后，卫生部相继发布了一系列与《职业病防治法》配套的卫生规章和规范性文件，包括：《国家职业卫生标准管理办法》《职业病危害项目申报办法》、《建设项目职业病危害分类管理办法》（已失效）、《职业健康监护管理办法》（已失效）、《职业病诊断与鉴定管理办法》《职业病危害事故调查处理办法》（已失效）、《职业卫生技术服务机构管理办法》（已失效）以及《职业病分类和目录》《职业病危害因素分类目录》《建设项目职业病危害评价规范》《建设项目职业卫生审查规定》等多个卫生规章和规范性文件。此外，国务院颁布的《尘肺病防治条例》《女职工劳动保护规定》《放射性同位素与射线装置安全和防护条例》《使用有毒物品作业场所劳动保护条例》以及卫生部后续发布的其他相关卫生规章，都是职业病防治法律体系的组成部分，同时具有法律效力。

（五）职业卫生标准

劳动中遇到的职业性危害因素，在一定的条件下才会对劳动者产生职业性损害，这主要取决于有害因素的性质、强度，接触时间的长短，接触的途径（从呼吸道、皮肤还是其他途径进入劳动者体内），是低浓度、长期、慢性接触还是高浓度、短期、急性接触，是否事故性接触等。因此，有必要根据劳动场所可能产生的职业危害因素，制定具体的职业卫生标准。

职业卫生标准是以保护劳动者健康为目的，对劳动环境中的各种卫生要求所作出的技术规定，可视作技术尺度，可被政府采用，作为实施职业卫生法规的技术规范与卫生监督和管理的法定依据。1965年由原国家建设委员会、卫生部批准、发布的《工业企业设计暂行卫生标准》是我国第一部与职业卫生有关的国家标准，其中规定了85种有害物质的最高容许浓度。这个标准经多次修订后成为《工业企业设计卫生标准》。1981年，我国成立了包括劳动卫生标准技术委员会在内的全国性卫生标准组织，卫生标准工作取得长足进步。加入世界贸易组织后，为使职业卫生标准符合国际惯例和要求，我国于2002年将《工业企业设计卫生标准》修订为两个标准：《工业企业设计卫生标准》和《工作场所有害因素职业接触限值》。[1]其中，工业企业设计卫生标准规定了设计应考虑的一般卫生要求，主要包括物理性有害的限值；工作场所有害因素职业接触限值则重点规定了化学性的接触限值。此外，新标准有一些重要的变动，除增加了化学物的接触限值外，还采用时间加权平均容许浓度作为主体性的限值单位。生产性粉尘的标准除总粉尘外，还要求测定呼吸性粉尘。

在劳动条件中大量存在的职业性危害因素是职业性损害的首要原因。这些因素包括：生产环境中的有害因素，如自然环境因素（高寒地区冬季露天作业时的严寒等）、生产流程布局不合理、有毒与无毒作业混杂安排在一个车间所致的环境污染等。劳动过程中的有害因素，如不合理的劳动组织及作业轮班制度、超重体力劳动、操作过度紧张、个别器官系统如视力过度紧张等。此外，职业病的发生还与劳动者的年龄、性别、个体遗传因素、个人精神因素、卫生习惯、烟酒嗜好等个体因素有关，也与劳动者是否遵守卫生安全操作规程，坚持佩戴防护用品等多方面的因素有关。不良因素常常同时存在，如果这些不良因素超过一定限度，又未采取有效防护措施，将会给接触者造成各种职业性损害，包括工伤、职业性疾患、残疾或死亡。

根据预防医学中的三级预防原则，职业病防护首先要消除职业性危害源的存在和扩散；其次是切断或减少其与劳动者个体的接触；此外，还要增加个体的健康水平和免疫力，从而提高其抗御危害因素的能力。

---

〔1〕 此后，卫生部和国家卫健委先后多次修订了上述职业卫生标准。目前实施的是 2010 年修订的《工业企业设计卫生标准》和 2019 年修订的《工作场所有害因素职业接触限值》。

第五章
工业经济法

第一节　工业经济法概述

一、工业经济法的概念与调整对象

经济法是调整在国家协调经济运行的过程中发生的经济关系的法律规范的总称[1]。经济法的调整领域，从产业分类的角度看，包括农业、工业和服务业。其中作为第二产业的工业，是指原料采集与产品加工制造的产业或工程。根据对经济法的这一界定，工业经济法可被界定为，是调整国家在协调工业经济运行过程中发生的经济关系的法律规范的总称。因此，工业经济法调整的不是普遍的经济关系，也不是农业和服务业领域的经济关系，而仅仅是工业生产中的部分经济关系。可以说，工业经济法包含于经济法，同时也包含于工业法，是工业法与经济法相交叉而形成的特别的法律领域。

二、工业经济法的原则

工业经济法的原则，是指贯穿于工业经济法法律规范，体现工业经济法律秩序精神、价值的一般准则。工业经济法的原则对工业经济法的立法，执法、司法均具有重要的指导意义。

（一）平衡协调原则

平衡协调原则，是指工业经济法必须妥善协调各利益主体间的关系，使得国家，社会、组织及个人利益协调发展，以保证工业经济乃至整个国家经济的健康运行和各方利益的充分实现。工业经济法作为协调工业经济运行的法律，必须协调好煤炭、钢铁、机械、化工、纺织等内部行业、政府与市场，国家与工业企业，工业企业之间，市场与个人等多方面的关系，只有处理好这些关系，才会有稳定繁荣的市场，才会有经济的可持续发展。

（二）维护公平竞争原则

工业经济法以工业经济的健康运行为直接目的。要营造良好的工业经济环境，维系良好的工业经济秩序，必须建立和维护公平的竞争秩序。欠缺公平的竞争环境，只

---

〔1〕　杨紫烜、徐杰主编：《经济法学》，北京大学出版社 2001 年版，第 10 页。

会使得工业经济畸形发展，长此以往，将导致工业经济的衰退。因此，建立和维护公平的竞争秩序就成了工业经济法的重要职能。公平竞争原则，要求给予工业经济主体平等的法律地位、平等的保护、平等的责任，督促其遵守共同的法律规范，还要求工业经济的主体本着诚信、公正的理念和规范从事生产、交换等经济行为。

（三）责任与权利相统一原则

责任与权利相统一原则，是指工业经济法主体所承担的责任应与其享有的利益保持协调统一。不能让享有较少权利的工业经济主体负担过多的义务，不能让获得较少利益的工业经济主体承担过多的责任。

（四）适当干预原则

国家对经济的干预是国家经济职能的体现，也是经济平稳运行的重要保障。工业经济的健康发展，需要国家采取调控、管理、监督等干预措施和手段。不适当的干预会破坏经济运行的内在规律，导致经济秩序的混乱，损害经济的良好运行和发展。因此，无论是采取法律手段，还是政策措施，均应适度，尊重工业经济发展的基本规律，以免适得其反，过犹不及。

三、工业经济法的价值

法律的价值一般而言是指作为客体的法律对于社会、社会成员的根本作用，如自由的保障、正义的维护等。其中，公法的价值侧重于对社会、公共利益的实现和保障，私法的价值则侧重于对私权的实现与保障。工业经济法作为公法，其价值主要体现在对工业经济秩序、工业经济利益的实现和维护上。工业经济法的价值可以从多个层面和角度来理解，但其核心价值集中体现在以下几个方面：

（一）工业经济自由

工业经济自由，是社会主体享有的能够平等自由地参与工业经济活动的权利。经济自由是调动社会主体参与经济活动的积极性和激发其创造性的重要手段，是充分调动和利用资源的强力催化剂，是市场繁荣、经济发展的重要保证。工业经济法的价值之一，即为社会主体确立合法的经济主体地位，对政府的权力予以恰当、有效的规制，为经济主体自由参与、自由开展经济活动提供法制保障。

（二）工业经济秩序

良好的经济秩序是工业经济稳定和持续发展的保障。工业经济法，作为调整工业经济关系的法律，有着规范工业经济主体行为，为工业经济运行提供指导，为国家协调、管理工业经济运行提供法律依据的作用。通过对工业经济主体、工业生产秩序等关系的调整，发挥建立和维护工业秩序的作用。

（三）工业经济效益

工业经济法为经济自由提供法律保障，为建立和维护工业经济秩序提供法律支撑，为合理利用自然资源和保护自然环境提供法律依据，这对协调各类主体间的经济和社会关系，平衡国家、社会和个人之间的利益，甚至人与自然之间的关系，实现社会效益的最大化有着重要的意义。

上述三方面并非孤立存在，而是相互依存的关系。经济自由，有利于经济的繁荣，有利于经济效益的实现；而离开了经济秩序，经济繁荣和效益又难以实现。经济自由并非绝对的自由，需要受到经济秩序的规制。

四、工业经济法的体系

工业经济法是一个有机联系的统一整体，包含多个相对独立又有机联系的部分。按照对经济法系统的划分，工业经济法的体系也可划分为工业经济主体法、工业经济行为法、工业经济调控法三个部分。

工业经济主体法，是规范、调整工业经济主体的法律规范的总称。就我国工业经济而言，现今的工业经济主体主要是各类工业企业组织，如全民所有制工业企业、股份制企业、个人独资企业、合伙企业等，形式主要有公司、合伙等。规范调整这些主体的法律主要有《中华人民共和国全民所有制工业企业法》（以下简称《工业企业法》）、《公司法》、《合伙企业法》、《个人独资企业法》、《中华人民共和国中小企业促进法》（以下简称《中小企业促进法》）等。此外，其他相关法律、法规、规章中关于工业经济主体的规定也是工业经济主体法的渊源，如《新建纯电动乘用车企业管理规定》《钢铁行业规范条件》《钢铁行业规范企业管理办法》等。

工业经济行为法，是规范调整工业经济主体生产经营行为的法律规范的总称。目前，该类立法主要有《中华人民共和国标准化法》（以下简称《标准化法》）、《产品质量法》、《安全生产法》、《反垄断法》、《反不正当竞争法》、《中华人民共和国循环经济促进法》（以下简称《循环经济促进法》）以及相关的行政法规和规章，如《商品煤质量管理暂行办法》、《煤矿企业安全生产许可证实施办法》（已被修改）、《生产安全事故应急预案管理办法》、《水电站大坝运行安全监督管理规定》、《特殊和稀缺煤类开发利用管理暂行规定》、《粉煤灰综合利用管理办法》等。

工业经济调控法，是调整国家在工业经济宏观调控过程中与工业经济主体及其他社会组织发生的各种社会经济关系的法律规范的总称。宏观调控法通常包括计划法、财税法和金融法三大部分。这些法律中涉及工业经济宏观调控的法律规范或可作为工业经济宏观调控依据的规范就是工业经济宏观调控法的渊源，如《中华人民共和国企业所得税法》（以下简称《企业所得税法》）、《中华人民共和国价格法》（以下简称《价格法》）、《中央定价目录》等。此外，宏观调控政策在工业经济调控中也发挥着重要作用，如《汽车产业发展政策》（部分失效）、《水泥工业产业发展政策》等。

第二节　工业标准化法

一、工业标准化法的含义及立法

工业标准化法是国家对现代化工业生产进行科学管理的有关标准化的法律规范的

总称，是有关工业生产、工程建设和环境保护的技术标准的法律。

工业直接关涉生产和人民生活，工业标准化立法与工业的健康发展、人民的生命健康休戚相关。中华人民共和国第一部标准化法律是 1962 年 11 月国务院发布的《工农业产品和工程建设技术标准管理办法》。1979 年 7 月，国务院颁发了《标准化管理条例》（已失效），1988 年 12 月第七届全国人民代表大会常务委员会第五次会议通过了《标准化法》，2017 年 11 月第十二届全国人民代表大会常务委员会第三十次会议对该法予以修订。发达国家的标准化立法早于我国，比如日本早在 1949 年就专门制定了《工业标准化法》。我国虽然未制定专门的《工业标准化法》，但调整工业标准化的法律体系还是相对健全的，目前已经形成法律、法规、规章、团体规范等为一体的调控规范体系。

二、工业标准化法的适用范围

《中华人民共和国标准化法实施条例》第 2 条规定，工业标准化法规范的对象包括工业产品的品种、规格、质量、等级或者安全、卫生要求；工业产品的设计、生产、试验、检验、包装、储存、运输、使用的方法或者生产、储存、运输过程中的安全、卫生要求；有关环境保护的各项技术要求和检验方法；建设工程的勘察设计、施工、验收的技术要求和方法；有关工业生产、工程建设和环境保护的技术术语、符号、代号、制图方法、互换配合要求；等等。可见，工业标准化法的适用范围涵盖了产品的设计、生产、质量、储存、运输、使用等诸多方面。

三、工业标准化工作的管理主体

《标准化法》第 5 条规定，国务院标准化行政主管部门统一管理全国标准化工作。国务院有关行政主管部门分工管理本部门、本行业的标准化工作。县级以上地方人民政府标准化行政主管部门统一管理本行政区域内的标准化工作。县级以上地方人民政府有关行政主管部门分工管理本行政区域内本部门、本行业的标准化工作。目前，国务院统一负责标准化管理工作的是国家市场监督总局标准技术管理司，地方上则由各级市场监督管理部门的标准化管理机构负责。在工业领域，工业标准化工作由工业和信息化部负责；在食品领域，食品安全国家标准化工作由卫生健康委员会负责。

工业标准化管理工作，主要包括标准化战略、规划、规章和政策的制定及实施，组织拟订相关产业技术规范和标准及实施，组织或协助组织查处违反强制性标准等违法行为。

四、工业标准的分类与制定

《标准化法》对标准进行了分类，该分类也适用于工业标准的分类。

（一）国家标准、行业标准、地方标准、团体标准和企业标准

1. 国家标准。对需要在全国范围内统一的技术要求，应当制定国家标准。对保障

人身健康和生命财产安全、国家安全、生态环境安全以及满足经济社会管理基本需要的技术要求，应当制定强制性国家标准。国家标准由国务院标准化行政主管部门制定，如国家市场监督管理总局、中国国家标准化管理委员会制定的《机动车昼间行驶灯配光性能》《重负荷车辆齿轮油（GL–5）》等就属于国家标准。

2. 行业标准。行业标准由国务院有关行政主管部门制定，并报国务院标准化行政主管部门备案。行业标准种类繁多，包括机械、核工业、纺织、民用航空、煤炭、化工、烟草等。《香料异丁酸三环癸烯酯》《包装材料用油墨限制使用物质》等便属于工业和信息化部制定的行业标准。对没有国家标准而又需要在全国某个行业范围内统一的技术要求，可以制定行业标准。

3. 地方标准。为满足地方自然条件、风俗习惯等特殊技术要求，可以制定地方标准。地方标准由省、自治区、直辖市人民政府标准化行政主管部门制定；设区的市级人民政府标准化行政主管部门根据本行政区域的特殊需要，经所在地省、自治区、直辖市人民政府标准化行政主管部门批准，可以制定本行政区域的地方标准。地方标准由省、自治区、直辖市人民政府标准化行政主管部门报国务院标准化行政主管部门备案，由国务院标准化行政主管部门通报国务院有关行政主管部门。如北京市质量技术监督局制定的《供热管线有限空间高温高湿作业安全技术规程》《高处悬吊作业企业安全生产管理规范》就属于地方标准。

4. 团体标准。2015年3月，国务院发布了《深化标准化工作改革方案》，以建立由政府主导制定的标准和由市场自主制定的标准协调发展、协调配套的新型标准体系为总体目标，涵盖政府简政放权、放管结合、培育发展团体标准等改革措施。随后，国家标准化管理委员会于2016年3月发布了《关于培育和发展团体标准的指导意见》（已失效），同年4月原国家质量监督检验检疫总局与中国国家标准化管理委员会颁布了《团体标准化第1部分：良好行为指南》。2017年12月，国家质检总局、国家标准委、民政部联合印发了《团体标准管理规定（试行）》（已失效）。2019年1月9日，国家标准委、民政部制定《团体标准管理规定》，《团体标准管理规定（试行）》废止。培育与发展团体标准是我国标准化改革的一项重要举措，团体标准的设定有助于激发市场主体活力、发挥市场在标准化资源配置中的决定性作用，并助力我国供给侧结构性改革，从而创造生产力并提高我国的市场竞争力。《团体标准化第1部分：良好行为指南》将团体标准定义为"由团体按照自行规定的标准制定程序制定并发布，供团体成员或社会自愿采用的标准"。该定义中的团体是指学会、协会、商会、联合会等社会组织和产业技术联盟、相关市场主体等。如中国船舶工业行业协会颁布的《船用金属材料试样制备技术要求》（T/CANSI 1-2018）、《船用锅炉原材料入厂检验》（T/CANSI2-2018）、《锚绞机试验台要求》（T/CANSI 3-2018）、《转叶式舵机试验台要求》（T/CANSI 4-2018）、《船用起重机试验台要求》（T/CANSI 5-2018）等属此类标准。团体标准由团体成员约定采用或者按照本团体的规定供社会自愿采用，并无强制约束力。团体标准设定有助于市场在标准化资源配置中发挥决定性作用，同时也彰显了政府的治理能力[1]。

5. 企业标准。企业生产的产品没有国家标准和行业标准的，应当制定企业标准，作为组织生产的依据。企业可以根据需要自行制定企业标准，或者与其他企业联合制定企业标准。已有国家标准或者行业标准的，国家鼓励企业制定严于国家标准或者行业标准的企业标准，在企业内部适用。如中国铁路总公司制定的《铁路无砟轨道嵌缝材料》《铁路工程结构可靠性设计统一标准》等就属于企业标准。

（二）强制性标准和推荐性标准

根据是否必须强制遵守，标准可分为强制性标准和推荐性标准。国家标准分为强制性标准、推荐性标准，行业标准、地方标准是推荐性标准。《标准化法》规定，对保障人身健康和生命财产安全、国家安全、生态环境安全以及满足经济社会管理基本需要的技术要求，应当制定强制性国家标准，对满足基础通用、与强制性国家标准配套、对各有关行业起引领作用等需要的技术要求，可以制定推荐性国家标准。根据《中华人民共和国标准化法实施条例》的规定，省、自治区、直辖市标准化行政主管部门制定的工业产品的安全、卫生要求的地方标准，在本行政区域内是强制性标准。

除上述法定分类外，工业标准还可以根据标准内容的不同进行分类，如工业产品质量标准，工业产品储存、运输标准，工业生产安全标准，工业生产卫生标准等。

五、工业标准的实施和监督

工业标准由工业组织遵守、实施。首先，强制性标准，必须执行。不符合强制性标准的工业产品，禁止生产、销售和进口。其次，推荐性标准，国家鼓励企业自愿采用。国家实行团体标准、企业标准自我声明公开和监督制度。企业应当公开其执行的强制性标准、推荐性标准、团体标准或者企业标准的编号和名称。企业执行自行制定的企业标准的，应当公开产品、服务的功能指标和产品的性能指标。企业研制新产品、改进产品，进行技术改造，应当符合法律规定的标准化要求。国家建立强制性标准实施情况统计分析报告制度。

县级以上人民政府标准化行政主管部门、有关行政主管部门依据法定职责，对标准的制定进行指导和监督，对标准的实施进行监督检查。

六、法律责任

生产、销售、进口工业产品或者提供服务不符合强制性标准，或者企业生产的工业产品、提供的服务不符合其公开标准确认的技术要求的，相关主体依法承担民事责任。

生产、销售、进口工业产品或者提供服务不符合强制性标准的，依照《产品质量法》《中华人民共和国进出口商品检验法》（以下简称《进出口商品检验法》）、《中华

---

[1] 方放、吴慧霞："团体标准设定的公共治理模式研究"，载《中国软科学》2017 年第 2 期。

人民共和国消费者权益保护法》（以下简称《消费者权益保护法》）等法律、行政法规的规定查处，记入信用记录，并依照有关法律、行政法规的规定予以公示；构成犯罪的，依法追究刑事责任。

企业未依照法律规定公开其执行标准的，由标准化行政主管部门责令限期改正；逾期不改正的，在标准信息公共服务平台上公示。

社会团体、企业未依法对团体标准或者企业标准进行编号的，由标准化行政主管部门责令限期改正；逾期不改正的，由省级以上人民政府标准化行政主管部门撤销相关标准编号，并在标准信息公共服务平台上公示。

国务院有关行政主管部门、设区的市级以上地方人民政府标准化行政主管部门制定的标准违反有关规定，应依法改正，对负有责任的领导人员和直接责任人员依法给予处分。

标准化工作的监督、管理人员滥用职权、玩忽职守、徇私舞弊的，依法给予处分；构成犯罪的，依法追究刑事责任。

第三节　工业产品质量法

一、工业产品和产品质量的定义

根据《产品质量法》第2条的规定，产品质量法所称的产品是指经过加工、制作，用于销售的产品。因此，天然的物品或不用于销售的物品均不属于该法所说的产品。而且，建设工程、军工产品由于其特殊性，也被排除在《产品质量法》所称的产品范围之外，由其他相关法律予以调整。工业产品属于产品的一种，有别于天然物品和初级农产品，工业产品是在工业生产领域中经加工、制作，用于销售的产品。按其完成程度，可分为成品、半成品和在制品；按轻、重工业的分类，可将其分为轻工业产品和重工业产品；按工业部门的分类，又可分为能源工业产品、钢铁工业产品，机械工业产品等。无论哪种分类，凡经过加工、制作，用于销售的工业品，通常皆属《产品质量法》调整的对象。

国际标准化组织（ISO）将产品质量定义为，是指产品能满足规定的或者潜在需要的特性的总和。所谓总和，是指在标准中规定的产品的安全性、适用性、可靠性、维修性、有效性、经济性等质量指标，它反映、代表了产品的质量状况。适用、安全是产品质量的核心特性。《工业产品质量责任条例》则将产品质量界定为，国家的有关法规、质量标准以及合同规定的对产品适用、安全和其他特性的要求。

二、工业产品质量法

工业产品质量法，是指规范工业产品质量，调整产品质量监督管理关系和产品质量责任关系的法律规范的总称。我国目前尚无统一且专门的工业产品质量法，工业产品质量关系主要由《产品质量法》《工业产品质量责任条例》《产品质量监督抽查管理办法》《国家质量监督检验检疫总局关于实施〈中华人民共和国产品质量法〉若干问题的意见》《缺陷汽车产品召回管理条例》等法律、法规、规章予以规范调整。此外，各类工业产品标准也是规范工业产品质量的重要规范，如《玉雕制品工艺质量评价》《指针式石英手表》《数控液压机》《供水管道复合式高速排气进气阀》等。工业产品的各类质量标准往往只要求符合质量标准，如技术要求、试验方法、检验规则、包装、标志与运输等，而不规定质量监督管理、质量责任等问题。此外，工业产品质量相关政策在工业产品质量的调整上也发挥着重要作用，如工业和信息化部发布的《关于加强工业产品质量工作的指导意见》、工业和信息化部、国家发展和改革委员会、商务部、海关总署、国家工商行政管理总局、国家质量监督检验检疫总局联合发布的《关于加强产品质量信誉建设的指导意见》等。总体来讲，调整工业产品质量关系的规范表现为一般法与特别法相结合，法律、法规、规章、标准、政策一体的有机体系。

与工业标准化法不同，工业产品质量法主要调整以下三类社会关系：

1. 工业产品质量监督管理关系，即以各级市场监督管理部门为主的产品质量监督管理机关在产品质量的监督检查过程中与市场经营主体之间发生的管理与被管理的关系。

2. 工业产品质量责任关系，即因产品质量问题引起的消费者与生产者、销售者之间的社会关系。

3. 工业产品检验、质量认证关系，即产品检验、质量认证等中介机构与市场经营主体、消费者之间的社会关系。

工业产品质量法旨在加强对产品质量的监督管理，提高产品质量水平，明确产品质量责任，保护消费者的合法权益，维护社会经济秩序。

三、工业生产者、销售者的产品质量责任和义务

（一）工业生产者的产品质量责任和义务

根据《产品质量法》第26～32条的规定，工业生产者的产品质量责任和义务有：

1. 产品质量应当符合相应的要求。

（1）不存在危及人身、财产安全的不合理的危险，有保障人体健康和人身、财产安全的国家标准、行业标准的，应当符合该标准；

（2）具备产品应当具备的使用性能，但是，对产品存在使用性能的瑕疵作出说明的除外；

（3）符合在产品或者其包装上注明采用的产品标准，符合以产品说明、实物样品等方式表明的质量状况。

2. 产品或者其包装上的标识必须真实。

（1）有产品质量检验合格证明；

（2）有中文标明的产品名称、生产厂厂名和厂址；

（3）根据产品的特点和使用要求，需要标明产品规格、等级、所含主要成分的名

称和含量的，用中文相应予以标明；需要事先让消费者知晓的，应当在外包装上标明，或者预先向消费者提供有关资料；

（4）限期使用的产品，应当在显著位置清晰地标明生产日期和安全使用期或者失效日期；

（5）使用不当，容易造成产品本身损坏或者可能危及人身、财产安全的产品，应当有警示标志或者中文警示说明。

裸装的食品和其他根据产品的特点难以附加标识的裸装产品，可以不附加产品标识。

3. 产品包装质量必须符合相应要求。易碎、易燃、易爆、有毒、有腐蚀性、有放射性等危险物品以及储运中不能倒置和其他有特殊要求的产品，其包装质量必须符合相应要求，依照国家有关规定作出警示标志或者中文警示说明，标明储运注意事项。

4. 其他不作为义务。根据《产品质量法》的规定，生产者还负有以下不作为义务：

（1）不得生产国家明令淘汰的产品；

（2）不得伪造产地，不得伪造或者冒用他人的厂名、厂址；

（3）不得伪造或者冒用认证标志等质量标志；

（4）不得掺杂、掺假，不得以假充真、以次充好；

（5）不得以不合格产品冒充合格产品。

（二）工业销售者的产品质量责任和义务

根据《产品质量法》第33～39条的规定，销售者的产品质量责任和义务有：

1. 建立并执行进货检查验收制度。销售者应当建立并执行进货检查验收制度，验明产品合格证明和其他标识。

2. 保持产品质量。销售者应当采取措施，保持所销售产品的质量。

3. 销售的产品的标识必须真实。销售者所销售产品的标识应当符合《产品质量法》第27条的规定。

四、工业产品质量的监督

工业产品质量的监督，是指有关国家机关、社会组织或公众等主体对工业产品质量问题予以检查、查处、认证及检举、追究责任的一系列活动。工业产品质量的监督包括行政监督和社会监督两大类。

（一）工业产品质量的行政监督

1. 工业产品质量行政监督部门。根据《产品质量法》的规定，国务院产品质量监督管理部门负责全国产品质量监督管理工作。国务院有关部门在各自的职责范围内负责产品质量监督管理工作。县级以上地方人民政府管理产品质量监督工作的部门负责本行政区域内的产品质量监督管理工作。当前，产品质量监督管理部门是各级市场监督管理部门，有关部门是指各级卫生行政部门、工业和信息管理部门等，它们依据相关法律授予的职权，对某些特定产品的质量进行监督管理。

2. 工业产品质量行政监督部门的职权。《产品质量法》第 18 条规定，县级以上产品质量监督部门根据已经取得的违法嫌疑证据或者举报，对涉嫌违反该法规定的行为进行查处时，可以行使现场检查、查封、扣押等职权。

3. 产品质量行政监督的主要内容。根据《产品质量法》的规定，产品质量行政监督机关主要开展以下监督活动：

（1）产品质量抽查制度。国家对产品质量实行以抽查为主要方式的监督检查制度，对可能危及人体健康和人身、财产安全的产品，影响国计民生的重要工业产品以及消费者、有关组织反映有质量问题的产品进行抽查。

（2）质量状况信息发布制度。国务院和省、自治区、直辖市人民政府的产品质量监督部门应当定期发布其监督抽查的产品的质量状况公告。

（二）工业企业质量体系认证制度及工业产品质量认证制度

国家根据国际通用的质量管理标准，推行企业质量体系认证制度。企业可以自愿向国务院产品质量监督部门认可的或者国务院产品质量监督部门授权的部门认可的认证机构申请企业质量体系认证。

企业质量体系认证是由独立的认证机构对企业的质量保证和质量管理能力所作的综合评定。企业质量体系认证由企业自愿申请，由认证机构依据国家颁布的标准依法进行（该标准等同于国际通用的 ISO9000《质量管理与质量保证》系列标准）。产品质量认证是依据产品标准和相应的技术要求，由独立的认证机构确认某一产品符合相应标准和相应技术要求的活动。对于认证合格的企业和产品，由认证机构发给相应的标志和证书，企业可在产品标识、包装或广告宣传中使用。

产品质量认证机构应当依照国家规定对准许使用认证标志的产品进行认证后的跟踪检查；对不符合认证标准而使用认证标志的，要求其改正；情节严重的，取消其使用认证标志的资格。

近些年，为发挥优秀企业的榜样带头作用，营造"树标杆、学标杆、超标杆"的质量改进氛围，持续提高质量管理能力，提升产品和服务质量水平，加快工业企业转型升级，工业和信息化部组织策划了一系列的"质量标杆"活动。质量标杆活动以加快工业转型升级为导向，以企业为主体，由政府部门、行业协会、质量协会和有关质量机构共同开展。

（三）工业产品质量的社会监督

1. 公民个人的监督权。消费者有权就产品质量问题进行查询，有权向产品质量监管部门及有关部门申诉，接受申诉的部门应当负责处理。

2. 社会组织的监督权。保护消费者权益的社会组织可以就消费者反映的产品质量问题建议有关部门负责处理，支持消费者就因产品质量问题造成的损害向人民法院起诉。

3. 公众的检举权。任何单位和个人都有权向产品质量监督部门或者其他有关部门检举违反《产品质量法》规定的行为，产品质量监督部门和有关部门应当为检举人保密，并按照省、自治区、直辖市人民政府的规定给予奖励。

《产品质量法》第 47 条规定，因产品质量发生民事纠纷时，当事人可以通过协商或者调解解决。当事人不愿通过协商、调解解决或者协商、调解不成的，可以根据当事人各方的协议向仲裁机构申请仲裁；当事人各方没有达成仲裁协议或者仲裁协议无效的，可以直接向人民法院起诉。可见，司法监督也是产品质量监督的重要渠道。

五、工业产品责任

工业产品责任，是指因工业产品存在危及人身、财产安全的不合理危险，给消费者造成人身伤害或者除缺陷产品以外的其他财产损失后，缺陷产品的生产者、销售者应当承担的特殊的侵权法律责任。

（一）产品责任的归责原则

工业产品责任的归责原则，指确定产品生产者、销售者法律责任的基本根据。我国《产品质量法》对生产者、销售者的产品缺陷责任分别作了不同的规定。

1. 生产者承担严格责任，即不论生产者主观上是否有过错，只要因产品存在缺陷造成人身、他人财产损害的，生产者就应当承担赔偿责任。

2. 销售者承担过错责任，即由于销售者的过错使产品存在缺陷，造成人身、他人财产损害的，销售者应当承担赔偿责任。

（二）工业产品责任的构成要件和免责条件

1. 工业产品责任的构成要件。

（1）生产者生产或销售者销售的工业产品存在缺陷。工业产品缺陷，是指工业产品存在危及人身、财产安全的不合理的危险，或产品不符合保障人体健康和人身、财产安全的国家标准、行业标准。不合理的危险是指产品存在明显或者潜在的，以及被社会普遍公认不应当具有的危险。产品缺陷包括设计缺陷、制造缺陷和指示缺陷。设计缺陷，是指产品在设计上存在着不安全、不合理的因素。制造缺陷，是指产品在加工、制作、装配等制造过程中，不符合设计规范或者加工工艺要求，没有完善的控制和检验手段，致使产品存在不安全的因素。指标缺陷，是指产品的警示说明或者使用标志未能清楚地告知使用人应当注意的使用方法，以及应当引起警惕的注意事项；或者产品使用了不真实、不适当的甚至是虚假的说明，致使使用人遭受损害。

（2）缺陷产品造成了他人人身、财产损害。这里所指的他人财产，是指缺陷产品以外的财产。至于缺陷产品自身的损害，购买者可以根据民法的规定要求销售者承担违约责任，而非产品责任。遭受人身损害的受害者，可以是购买者、消费者，也可以是购买者、消费者之外的第三人。

（3）产品缺陷与损害事实之间具有因果关系。该条件要求损害事实的发生，是由产品缺陷所致，即损害是由于产品存在缺陷，不具有应有的性能或安全因素以致损害事实发生。如果损害并非因产品的缺陷问题引起，而是由其他原因引起，生产者或销售者也不需承担产品责任。

2. 工业产品责任的免责条件。根据《产品质量法》第41条第2款的规定，生产者能够证明有下列情形之一的，不承担赔偿责任：

（1）未将产品投入流通的；

（2）产品投入流通时，引起损害的缺陷尚不存在的；

（3）将产品投入流通时的科学技术水平尚不能发现缺陷的存在的。

就产品的销售者而言，根据《产品质量法》的规定，销售者如果能够证明自己没有过错，则不必承担赔偿责任。不过，销售者不能指明缺陷产品的生产者也不能指明缺陷产品的供货者的，应当承担赔偿责任。

（三）损害赔偿

1. 赔偿权的主体。根据《产品责任法》的规定，因产品缺陷遭受损害的人即赔偿权的主体。受害人可以是消费者，也可以是购买者、消费者及其他第三人。

2. 赔偿义务人。《产品质量法》第43条规定，因产品存在缺陷造成人身、他人财产损害的，受害人可以向产品的生产者要求赔偿，也可以向产品的销售者要求赔偿。属于产品的生产者的责任，产品的销售者赔偿的，产品的销售者有权向产品的生产者追偿。属于产品的销售者的责任，产品的生产者赔偿的，产品的生产者有权向产品的销售者追偿。

3. 赔偿范围。

（1）人身伤害的赔偿范围。《产品质量法》第44条第1款规定，因产品存在缺陷造成受害人人身伤害的，侵害人应当赔偿医疗费、治疗期间的护理费、因误工减少的收入等费用；造成残疾的，还应当支付残疾者生活自助具费、生活补助费、残疾赔偿金以及由其扶养的人所必需的生活费等费用；造成受害人死亡的，并应当支付丧葬费、死亡赔偿金以及由死者生前扶养的人所必需的生活费等费用。

（2）财产损害的赔偿范围。《产品质量法》第44条第2款规定，因产品存在缺陷造成受害人财产损失的，侵害人应当恢复原状或者折价赔偿。受害人因此遭受其他重大损失的，侵害人应当赔偿损失。

（四）诉讼时效与请求权

1. 诉讼时效。《产品质量法》第45条第1款规定，因产品存在缺陷造成损害要求赔偿的诉讼时效期间为2年，自当事人知道或者应当知道其权益受到损害时起计算。

2. 请求权。损害赔偿的请求权是指权利受到侵害时，受侵害人享有的要求侵权人赔偿损失的权利。《产品质量法》第45条第2款规定，因产品存在缺陷造成损害要求赔偿的请求权，在造成损害的缺陷产品交付最初消费者满10年丧失；但是，尚未超过明示的安全使用期的除外。

六、工业产品生产者或销售者违反产品质量法的法律责任

工业产品生产者、销售者违反产品质量法应当承担相应法律后果。其责任形式包括民事责任、行政责任和刑事责任。

根据《产品质量法》的相关规定，产品的生产者或销售者违反产品质量法对他人人身、财产权益造成损害的，应当承担民事赔偿责任。社会团体、社会中介机构对产品质量作出承诺、保证，而该产品又不符合其承诺、保证的质量要求，给消费者造成损失的，与产品的生产者、销售者承担连带责任。

国家产品质量监管部门负责向违法者追究相应的行政责任，如第51条规定，生产国家明令淘汰的产品的，销售国家明令淘汰并停止销售的产品的，责令停止生产、销售，没收违法生产、销售的产品，并处违法生产、销售产品货值金额等值以下的罚款；有违法所得的，并处没收违法所得；情节严重的，吊销营业执照。当然，情节严重构成犯罪的，依法追究刑事责任。

第四节　工业安全生产管理法

一、工业安全生产法的含义与立法

工业生产安全不仅关涉工业生产的顺利进行，更关系到生产人员的生命安全。从历年统计数据来看，工业生产安全事故总体呈减少趋势，但形势仍旧不容乐观。特别是在采掘、化工、建筑等领域，安全问题仍面临较大的压力。加强安全生产管理，加强和完善工业安全生产立法，有效规范工业组织生产行为，对于防止和减少生产安全事故，保障人民群众生命和财产安全，促进经济社会持续健康发展具有重大意义。

工业安全生产管理法，是调整工业生产安全关系的法律规范的总称。目前，有关工业安全生产的立法主要包括《安全生产法》、《中华人民共和国食品安全法》（以下简称《食品安全法》）、《煤矿企业安全生产许可证实施办法》（已被修改）、《生产安全事故应急预案管理办法》、《水电站大坝运行安全监督管理规定》等法律、法规和规章。

安全生产法的立法宗旨是规范工业组织生产行为，防止和减少生产安全事故，保障人民群众生命和财产安全，促进经济社会持续健康发展。

二、工业安全生产的行政管理主体

《安全生产法》规定，国务院安全生产监督管理部门负责对全国安全生产工作实施综合监督管理；县级以上地方各级人民政府安全生产监督管理部门依法对本行政区域内安全生产工作实施综合监督管理。国务院有关部门依法在各自的职责范围内对有关行业、领域的安全生产工作实施监督管理；县级以上地方各级人民政府有关部门依法在各自的职责范围内对有关行业、领域的安全生产工作实施监督管理。目前，国务院负责安全生产监督的部门是中华人民共和国应急管理部，地方上则设应急管理厅、局，其他部门如工业和信息部门、住房和城乡建设部门等在各自职责范围内对有关行业、领域的安全生产工作实施监管。

三、工业生产经营单位的安全生产保障

（一）生产经营单位的主要义务

生产经营单位应当具备法律法规和国家标准或者行业标准规定的安全生产条件，不具备安全生产条件的，不得从事生产经营活动。生产经营单位应当建立相应的机制，加强对安全生产责任制落实情况的监督考核，保证安全生产责任制的落实。

生产经营单位应当具备的安全生产条件所必需的资金投入，由生产经营单位的决策机构、主要负责人或者个人经营的投资人予以保证，并对由于安全生产所必需的资金投入不足导致的后果承担责任。

生产经营单位应当对从业人员进行安全生产教育和培训，保证从业人员具备必要的安全生产知识，熟悉有关的安全生产规章制度和安全操作规程，掌握本岗位的安全操作技能，了解事故应急处理措施，知悉自身在安全生产方面的权利和义务。未经安全生产教育和培训合格的从业人员，不得上岗作业。

生产经营单位使用被派遣劳动者的，应当将被派遣劳动者纳入本单位从业人员统一管理，对被派遣劳动者进行岗位安全操作规程和安全操作技能的教育和培训。劳务派遣单位应当对被派遣劳动者进行必要的安全生产教育和培训。

生产经营单位应当建立安全生产教育和培训档案，如实记录安全生产教育和培训的时间、内容、参加人员以及考核结果等情况。

生产经营单位发生生产安全事故时，单位的主要负责人应当立即组织抢救，并不得在事故调查处理期间擅离职守。

（二）生产经营单位安全管理机构及安全生产管理人员的职责

生产经营单位的安全生产管理机构以及安全生产管理人员应当恪尽职守，依法履行职责。生产经营单位的主要负责人和安全生产管理人员必须具备与本单位所从事的生产经营活动相应的安全生产知识和管理能力。

矿山、金属冶炼、建筑施工、道路运输单位和危险物品的生产、经营、储存单位，应当设置安全生产管理机构或者配备专职安全生产管理人员。生产经营单位的安全生产管理机构以及安全生产管理人员负责履行相关职责。

四、从业人员的安全生产权利义务

生产经营单位与从业人员订立的劳动合同，应当载明有关保障从业人员劳动安全、防止职业危害的事项，以及依法为从业人员办理工伤保险的事项。

生产经营单位不得以任何形式与从业人员订立协议，免除或者减轻其对从业人员因生产安全事故伤亡依法应承担的责任。

生产经营单位的从业人员有权了解其作业场所和工作岗位存在的危险因素、防范措施及事故应急措施，有权对本单位的安全生产工作提出建议。

从业人员有权对本单位安全生产工作中存在的问题提出批评、检举、控告；有权

拒绝违章指挥和强令冒险作业。

生产经营单位不得因从业人员对本单位安全生产工作提出批评、检举、控告或者拒绝违章指挥、强令冒险作业而降低其工资、福利等待遇或者解除与其订立的劳动合同。

从业人员发现直接危及人身安全的紧急情况时，有权停止作业或者在采取可能的应急措施后撤离作业场所。

生产经营单位不得因从业人员在前述紧急情况下停止作业或者采取紧急撤离措施而降低其工资、福利等待遇或者解除与其订立的劳动合同。

因生产安全事故受到损害的从业人员，除依法享有工伤保险外，依照有关民事法律尚有获得赔偿的权利的，有权向本单位提出赔偿要求。

从业人员在作业过程中，应当严格遵守本单位的安全生产规章制度和操作规程，服从管理，正确佩戴和使用劳动防护用品。

从业人员应当接受安全生产教育和培训，掌握本职工作所需的安全生产知识，提高安全生产技能，增强事故预防和应急处理能力。

从业人员发现事故隐患或者其他不安全因素，应当立即向现场安全生产管理人员或者本单位负责人报告；接到报告的人员应当及时予以处理。

工会有权对建设项目的安全设施与主体工程同时设计、同时施工、同时投入生产和使用进行监督，提出意见。

工会对生产经营单位违反安全生产法律、法规，侵犯从业人员合法权益的行为，有权要求纠正；发现生产经营单位违章指挥、强令冒险作业或者发现事故隐患时，有权提出解决的建议，生产经营单位应当及时研究答复；发现危及从业人员生命安全的情况时，有权向生产经营单位建议组织从业人员撤离危险场所，生产经营单位必须立即作出处理。

工会有权依法参加事故调查，向有关部门提出处理意见，并要求追究有关人员的责任。

五、安全生产的监督管理

县级以上地方各级人民政府应当根据本行政区域内的安全生产状况，组织有关部门按照职责分工，对本行政区域内容易发生重大生产安全事故的生产经营单位进行严格检查。

安全生产监督管理部门应当按照分类分级监督管理的要求，制定安全生产年度监督检查计划，并按照年度监督检查计划进行监督检查，发现事故隐患，应当及时处理。

负有安全生产监督管理职责的部门依照有关法律、法规的规定，对涉及安全生产的事项需要审查批准（包括批准、核准、许可、注册、认证、颁发证照等，下同）或者验收的，必须严格依照有关法律、法规和国家标准或者行业标准规定的安全生产条件和程序进行审查；不符合有关法律、法规和国家标准或者行业标准规定的安全生产条件的，不得批准或者验收通过。对未依法取得批准或者验收合格的单位擅自从事有关活动的，负责行政审批的部门发现或者接到举报后应当立即予以取缔，并依法予以处理。对已经依法取得批准的单位，负责行政审批的部门发现其不再具备安全生产条件的，应当撤销原批准。

负有安全生产监督管理职责的部门应当建立安全生产违法行为信息库，如实记录生产经营单位的安全生产违法行为信息；对违法行为情节严重的生产经营单位，应当向社会公告，并通报行业主管部门、投资主管部门、国土资源主管部门、证券监督管理机构以及有关金融机构。

六、生产安全事故的应急救援与调查处理

（一）生产安全事故应急救援体系的建立

国务院安全生产监督管理部门建立全国统一的生产安全事故应急救援信息系统，国务院有关部门建立健全相关行业、领域的生产安全事故应急救援信息系统。

县级以上地方各级人民政府应当组织有关部门制定本行政区域内生产安全事故应急救援预案，建立应急救援体系。

生产经营单位应当制定本单位生产安全事故应急救援预案，与所在地县级以上地方人民政府组织制定的生产安全事故应急救援预案相衔接，并定期组织演练。

危险物品的生产、经营、储存单位以及矿山、金属冶炼、城市轨道交通运营、建筑施工单位应当建立应急救援组织；生产经营规模较小的，可以不建立应急救援组织，但应当指定兼职的应急救援人员。

危险物品的生产、经营、储存、运输单位以及矿山、金属冶炼、城市轨道交通运营、建筑施工单位应当配备必要的应急救援器材、设备和物资，并进行经常性维护、保养，保证正常运转。

（二）生产安全事故的调查处理

生产经营单位发生生产安全事故后，事故现场有关人员应当立即报告本单位负责人。

单位负责人接到事故报告后，应当迅速采取有效措施，组织抢救，防止事故扩大，减少人员伤亡和财产损失，并按照国家有关规定立即如实报告当地负有安全生产监督管理职责的部门，不得隐瞒不报、谎报或者迟报，不得故意破坏事故现场、毁灭有关证据。

负有安全生产监督管理职责的部门接到事故报告后，应当立即按照国家有关规定上报事故情况。负有安全生产监督管理职责的部门和有关地方人民政府对事故情况不得隐瞒不报、谎报或者迟报。

有关地方人民政府和负有安全生产监督管理职责的部门的负责人接到生产安全事故报告后，应当按照生产安全事故应急救援预案的要求立即赶到事故现场，组织事故抢救。

参与事故抢救的部门和单位应当服从统一指挥，加强协同联动，采取有效的应急

救援措施，并根据事故救援的需要采取警戒、疏散等措施，防止事故扩大和次生灾害的发生，减少人员伤亡和财产损失。

事故抢救过程中应当采取必要措施，避免或者减少对环境造成的危害。

任何单位和个人都应当支持、配合事故抢救，并提供一切便利条件。

事故调查处理应当按照科学严谨、依法依规、实事求是、注重实效的原则，及时、准确地查清事故原因，查明事故性质和责任，总结事故教训，提出整改措施，并对事故责任者提出处理意见。事故调查报告应当依法及时向社会公布。

事故发生单位应当及时全面落实整改措施，负有安全生产监督管理职责的部门应当加强监督检查。

任何单位和个人不得阻挠和干涉对事故的依法调查处理。

县级以上地方各级人民政府安全生产监督管理部门应当定期统计分析本行政区域内发生生产安全事故的情况，并定期向社会公布。

七、法律责任

负有安全生产监督管理职责的部门的工作人员违反相关规定的，依法追究行政责任或刑事责任。如工作人员存在对不符合法定安全生产条件的涉及安全生产的事项予以批准或者验收通过，发现未依法取得批准、验收的单位擅自从事有关活动或者接到举报后不予取缔或者不依法予以处理等违法行为的，给予降级或者撤职的处分；构成犯罪的，依照《刑法》有关规定追究刑事责任；存在滥用职权、玩忽职守、徇私舞弊行为的，依法给予处分；构成犯罪的，依照《刑法》有关规定追究刑事责任。

生产经营单位及相关人员违反相关规定的，依法追究行政责任或刑事责任。如生产经营单位的主要负责人未履行法律规定的安全生产管理职责的，责令限期改正；逾期未改正的，处 2 万元以上 5 万元以下的罚款，责令生产经营单位停产停业整顿。生产经营单位的主要负责人有前述违法行为，导致发生生产安全事故的，给予撤职处分；构成犯罪的，依照《刑法》有关规定追究刑事责任。

第五节　工业反不正当竞争法和反垄断法

一、工业反不正当竞争法

（一）工业反不正当竞争法立法

我国未就工业领域的竞争行为进行专门的立法，工业领域的竞争行为适用相关法律法规。《反不正当竞争法》是反不正当竞争法的主要渊源。此外，《中华人民共和国国家工商行政管理局关于禁止仿冒知名商品特有的名称、包装、装潢的不正当竞争行为的若干规定》《国家工商行政管理局关于禁止侵犯商业秘密行为的若干规定》《国家工商行政管理局关于禁止商业贿赂行为的暂行规定》等规章也是反不正当竞争法的重要渊源。再有，商标法、专利法、著作权法、价格法、广告法、招标投标法等法律中调整竞争关系的规范也属于反不正当竞争法的渊源。

（二）工业领域的不正当竞争行为

根据《反不正当竞争法》第 2 条第 2 款的规定，不正当竞争行为是指经营者在生产经营活动中，违反该法规定，扰乱市场竞争秩序，损害其他经营者或者消费者的合法权益的行为。

《反不正当竞争法》规定了七类不正当竞争行为。该七类行为均可能存在于工业领域。

1. 混淆行为。混淆行为，又称假冒或欺骗性交易行为，即经营者经营活动中，虚构事实，对自己的商品作虚假表示，或不当利用他人劳动成果推销自己的商品，使用户或者消费者产生误解，以争取交易机会的行为。《反不正当竞争法》第 6 条规定，经营者不得实施下列混淆行为，引人误认为是他人商品或者与他人存在特定联系：

（1）擅自使用与他人有一定影响的商品名称、包装、装潢等相同或者近似的标识；

（2）擅自使用他人有一定影响的企业名称（包括简称、字号等）、社会组织名称（包括简称等）、姓名（包括笔名、艺名、译名等）；

（3）擅自使用他人有一定影响的域名主体部分、网站名称、网页等；

（4）其他足以引人误认为是他人商品或者与他人存在特定联系的混淆行为。

工业生产领域中，擅自使用与他人有一定影响的商品名称、包装、装潢等相同或者近似的标识的情形较多。此类不正当竞争行为是执法监管的重点。对于混淆行为的法律责任，根据《反不正当竞争法》第 18 条的规定，由监督检查部门责令停止违法行为，没收违法商品。违法经营额 5 万元以上的，可以并处违法经营额 5 倍以下的罚款；没有违法经营额或者违法经营额不足 5 万元的，可以并处 25 万元以下的罚款。情节严重的，吊销营业执照。经营者登记的企业名称违反禁止混淆规定的，应当及时办理名称变更登记；名称变更前，由原企业登记机关以统一社会信用代码代替其名称。

2. 商业贿赂行为。商业贿赂是指经营者为争取交易机会，暗中给予交易对方有关人员或者其他能影响交易的相关人员以财物或其他好处的行为。商业贿赂的行贿者是市场中的经营者，其目的在于争取交易机会，行为客观上表现为私下给予相关人员财物或其他利益。根据《反不正当竞争法》第 7 条的规定，经营者采用财物或者其他手段贿赂交易相对方的工作人员、受交易相对方委托办理相关事务的单位或者个人，抑或利用职权或者影响力影响交易的单位或者个人，以谋取交易机会或者竞争优势的行为便属于商业贿赂行为。而经营者在交易活动中，以明示方式向交易相对方支付折扣，或者向中间人支付佣金，如实入账则不构成商业贿赂。当然，接受折扣、佣金的经营者也应当如实入账。此外，经营者的工作人员进行贿赂的，应当认定为经营者的行为；但是，经营者有证据证明该工作人员的行为与为经营者谋取交易机会或者竞争优势无关的除外。

工业领域的商业贿赂主要存在产品、服务的采购和销售环节，是较为常见的不正当竞争行为之一。《反不正当竞争法》第19条规定，经营者贿赂他人的，由监督检查部门没收违法所得，处10万元以上300万元以下的罚款。情节严重的，吊销营业执照。

3. 虚假宣传行为。虚假宣传行为是指经营者利用广告和其他方法，对产品的质量、性能、成分、用途、产地等所作的引人误解的不实宣传。《反不正当竞争法》第8条规定，经营者不得对其商品的性能、功能、质量、销售状况、用户评价、曾获荣誉等作虚假或者引人误解的商业宣传，欺骗、误导消费者。经营者不得通过组织虚假交易等方式，帮助其他经营者进行虚假或者引人误解的商业宣传。

对于经营者的虚假宣传行为，根据《反不正当竞争法》第20条的规定，由监督检查部门责令停止违法行为，处20万元以上100万元以下的罚款；情节严重的，处100万元以上200万元以下的罚款，可以吊销营业执照。经营者行为属于发布虚假广告的，依照《中华人民共和国广告法》（以下简称《广告法》）的规定处罚。

4. 侵犯商业秘密行为。商业秘密，是指不为公众所知悉、能为权利人带来经济利益、具有实用性并经权利人采取保密措施的技术信息和经营信息。商业秘密是权利人拥有的一种无形财产，该财产权利受法律保护。《反不正当竞争法》第9条对侵犯商业秘密权的行为作了规定。根据规定，经营者不得采用下列手段侵犯商业秘密：①以盗窃、贿赂、欺诈、胁迫、电子侵入或者其他不正当手段获取权利人的商业秘密；②披露、使用或者允许他人使用以前述手段获取的权利人的商业秘密；③违反保密义务或者违反权利人有关保守商业秘密的要求，披露、使用或者允许他人使用其所掌握的商业秘密；④教唆、引诱、帮助他人违反保密义务或者违反权利人有关保守商业秘密的要求，获取、披露、使用或者允许他人使用权利人的商业秘密。此外，经营者以外的其他自然人、法人和非法人组织实施前述违法行为的，也视为侵犯商业秘密。

经营者以及其他自然人、法人和非法人组织违法侵犯商业秘密的，根据《反不正当竞争法》第21条的规定，由监督检查部门责令停止违法行为，没收违法所得，处10万元以上100万元以下的罚款；情节严重的，处50万元以上500万元以下的罚款。

5. 不正当有奖销售行为。有奖销售，是指经营者销售商品或者提供服务，附带性地向购买者提供物品、金钱或者其他经济上的利益的行为。有奖销售包括奖励所有购买者的附赠式有奖销售和奖励部分购买者的抽奖式有奖销售。有奖销售是一种有效的促销方法，但若超出一定的限度或者被经营者不法利用，则会成为破坏竞争秩序、损害其他经营者及消费者合法权益的手段。

《反不正当竞争法》第10条，《关于禁止有奖销售活动中不正当竞争行为的若干规定》（1993年12月24日颁布和实施）第3、4、5条对有奖销售的禁止情形作了规定，主要包括以下内容：

（1）谎称有奖销售或对所设奖的种类，中奖概率，最高奖金额，总金额，奖品种类、数量、质量、提供方法等作虚假不实的表示，或所设奖的种类、兑奖条件、奖金金额或者奖品等有奖销售信息不明确，影响兑奖；

（2）采取不正当手段故意让内定人员中奖；

（3）故意将设有中奖标志的商品、奖券不投放市场或不与商品、奖券同时投放；

故意将带有不同奖金金额或奖品标志的商品、奖券按不同时间投放市场；

（4）抽奖式的有奖销售，最高奖的金额超过 5 万元（以非现金的物品或者其他经济利益作为奖励的，按照同期市场同类商品或者服务的正常价格折算其金额）；

（5）利用有奖销售手段推销质次价高的商品；

（6）其他欺骗性有奖销售行为。

根据《反不正当竞争法》第 22 条的规定，经营者存在不正当有奖销售行为的，由监督检查部门责令停止违法行为，处 5 万元以上 50 万元以下的罚款。

6. 诋毁商誉行为。在法律上，商誉是指客户、消费者等公众对经营者综合性的积极评价。商誉是经营者整体价值的组成部分，属于经营者的无形资产。如对自然人的名誉予以保护一样，法律对经营者的商誉也予以保护。《反不正当竞争法》第 11 条规定，经营者不得编造、传播虚假信息或者误导性信息，损害竞争对手的商业信誉、商品声誉。

对于诋毁商誉行为，根据《反不正当竞争法》第 23 条的规定，由监督检查部门责令停止违法行为、消除影响，处 10 万元以上 50 万元以下的罚款；情节严重的，处 50 万元以上 300 万元以下的罚款。

7. 互联网领域不正当竞争行为。传统的不正当竞争行为可以通过互联网予以实施。然而，随着互联网技术的发展，专门利用互联网技术手段实施的不正当竞争行为也逐步出现。这类行为为互联网领域所特有，系经营者利用一定的技术手段，通过影响用户选择或者其他方式，实施妨碍、破坏其他经营者合法提供的网络产品或者服务正常运行的行为。根据《反不正当竞争法》第 12 条的规定，以下行为属违法行为：

（1）未经其他经营者同意，在其合法提供的网络产品或者服务中，插入链接、强制进行目标跳转；

（2）误导、欺骗、强迫用户修改、关闭、卸载其他经营者合法提供的网络产品或者服务；

（3）恶意对其他经营者合法提供的网络产品或者服务实施不兼容；

（4）其他妨碍、破坏其他经营者合法提供的网络产品或者服务正常运行的行为。

对于上述违法行为，根据《反不正当竞争法》第 24 条的规定，由监督检查部门责令停止违法行为，处 10 万元以上 50 万元以下的罚款；情节严重的，处 50 万元以上 300 万元以下的罚款。

二、工业反垄断法

（一）工业反垄断立法

我国未专门针对工业垄断进行立法，对工业垄断行为的调整适用《反垄断法》。此外，《价格法》《反不正当竞争法》《商务部关于外国投资者并购境内企业的规定》等法律、法规、规章也与对反垄断作出一些规定。在反垄断基本法的基础上，加强工业行业反垄断的立法，完善法规、规章和行业自律规范显得极为重要，也是完善我国工业反垄断立法的重要举措。

（二）工业垄断行为

《反垄断法》将垄断行为分为经营者达成垄断协议、经营者滥用市场支配地位和具有或者可能具有排除、限制竞争效果的经营者集中三类。

1. 工业垄断协议。工业垄断协议，是指工业经营者排除、限制竞争的协议、决定或者其他协同行为。工业垄断协议的主体是具有竞争关系的工业生产经营者或者交易相对人。垄断协议通常可以分为横向垄断协议和纵向垄断协议。工业横向垄断协议，是指工业经营者之间达成的旨在排除、限制竞争或者实际上具有排除、限制竞争效果的协议、决定或者其他协同行为。工业垄断纵向协议，是指经营者在向其交易对象提供商品的过程中，设定其向第三人转售商品的价格或者设定其他排除、限制竞争的交易条件的行为。根据《反垄断法》的规定，具有竞争关系的工业经营者达成的固定或者变更商品价格，限制商品的生产数量或者销售数量，分割销售市场或者原材料采购市场，限制购买新技术、新设备或者限制开发新技术、新产品，联合抵制交易以及国务院反垄断执法机构认定的其他垄断协议，为法律所禁止。

工业经营者与交易相对人达成的固定向第三人转售商品的价格，限定向第三人转售商品的最低价格以及国务院反垄断执法机构认定的其他垄断协议，为违法行为。

工业经营者能够证明所达成的协议属于下列情形之一的，则不为法律所禁止：为改进技术、研究开发新产品的，为提高产品质量、降低成本、增进效率，统一产品规格、标准或者实行专业化分工的，为提高中小经营者经营效率，增强中小经营者竞争力的，为实现节约能源、保护环境、救灾救助等社会公共利益的，因经济不景气，为缓解销售量严重下降或者生产明显过剩的，以及法律和国务院规定的其他情形又能证明所达成的协议不会严重限制相关市场的竞争，并且能够使消费者分享由此产生的利益的，法律则不予禁止。

行业协会不得组织本行业的经营者从事法律禁止的垄断行为。

2. 滥用市场支配地位。市场支配地位，是指经营者在相关市场内具有能够控制商品价格、数量或者其他交易条件，或者能够阻碍、影响其他经营者进入相关市场能力的市场地位。

经营者以不公平的高价销售商品或者以不公平的低价购买商品，没有正当理由以低于成本的价格销售商品，没有正当理由拒绝与交易相对人进行交易，没有正当理由限定交易相对人只能与其进行交易或者只能与其指定的经营者进行交易，没有正当理由搭售商品或者在交易时附加其他不合理的交易条件，没有正当理由对条件相同的交易相对人在交易价格等交易条件上实行差别待遇以及国务院反垄断执法机构认定的其他滥用市场支配地位的行为，属于法律禁止的滥用市场支配地位的行为。

3. 经营者集中。经营者集中是指两个或者两个以上的经营者对其他企业全部或部分获得控制权的行为。经营者集中行为表现为经营者合并、经营者通过取得股权或者资产的方式取得对其他经营者的控制权以及经营者通过合同等方式取得对其他经营者的控制权或者能够对其他经营者施加决定性影响等形式。

对于经营者集中的监管,《反垄断法》规定了申报制度。凡是经营者集中达到国务院规定的申报标准的,经营者应当事先向国务院反垄断执法机构申报,未申报的不得实施集中。经营者集中具有或者可能具有排除、限制竞争效果的,国务院反垄断执法机构应当作出禁止经营者集中的决定。如果经营者能够证明该集中对竞争产生的有利影响明显大于不利影响,或者符合社会公共利益的,国务院反垄断执法机构可以作出对经营者集中不予禁止的决定。

4. 行政性垄断。行政性垄断是行政机关或其授权的组织滥用行政权力,限制竞争的行为。主要表现为地区行政性市场垄断、行政强制交易、行政部门干涉企业经营行为、行政性公司滥用优势行为等。根据行政权力的辐射范围和辐射方向,行政垄断可分为横向分割市场的地区行政性垄断和纵向分割市场的部门行政性垄断[1]。地区行政性垄断,也称地区封锁,是指地区政府为保护本地区经营者的利益,滥用地方行政权力设置市场障碍,排斥、限制外地经营者参与本地市场竞争的行为。部门行政性垄断,是指经济行业部门的政府主管机关滥用其拥有的投资权、资源管理权、企业管理权、财政权等,限制和阻止本行业内其他经营者或者其他行业经营者从事某些经营活动、限制竞争、使其支持的经营者实现垄断的行为[2]。

我国《反垄断法》规定,行政机关和法律、法规授权的具有管理公共事务职能的组织不得滥用行政权力,限定或者变相限定单位或者个人经营、购买、使用其指定的经营者提供的商品。

《反垄断法》第 33 条规定,行政机关和法律、法规授权的具有管理公共事务职能的组织不得滥用行政权力,实施下列行为,妨碍商品在地区之间的自由流通:

(1) 对外地商品设定歧视性收费项目、实行歧视性收费标准,或者规定歧视性价格;

(2) 对外地商品规定与本地同类商品不同的技术要求、检验标准,或者对外地商品采取重复检验、重复认证等歧视性技术措施,限制外地商品进入本地市场;

(3) 采取专门针对外地商品的行政许可,限制外地商品进入本地市场;

(4) 设置关卡或者采取其他手段,阻碍外地商品进入或者本地商品运出;

(5) 妨碍商品在地区之间自由流通的其他行为。

行政机关和法律、法规授权的具有管理公共事务职能的组织不得滥用行政权力,以设定歧视性资质要求、评审标准或者不依法发布信息等方式,排斥或者限制外地经营者参加本地的招标投标活动。

行政机关和法律、法规授权的具有管理公共事务职能的组织不得滥用行政权力,采取与本地经营者不平等待遇等方式,排斥或者限制外地经营者在本地投资或者设立分支机构。

---

〔1〕 徐士英等:《竞争法新论》,北京大学出版社 2006 年版,第 195 ~ 196 页。
〔2〕 孙晋:《反垄断法——制度与原理》,武汉大学出版社 2010 年版,第 179 页。

行政机关和法律、法规授权的具有管理公共事务职能的组织不得滥用行政权力，强制经营者从事反垄断法规定的垄断行为。行政机关不得滥用行政权力，制定含有排除、限制竞争内容的规定。

（三）对涉嫌垄断行为的调查

经营者涉嫌垄断行为的，由反垄断执法机构依法进行调查。反垄断执法机构对涉嫌垄断行为调查核实后，认为构成垄断行为的，应当依法作出处理决定，并可以向社会公布。对反垄断执法机构调查的涉嫌垄断行为，被调查的经营者承诺在反垄断执法机构认可的期限内采取具体措施消除该行为后果的，反垄断执法机构可以决定中止调查。中止调查的决定应当载明被调查的经营者承诺的具体内容。反垄断执法机构决定中止调查的，应当对经营者履行承诺的情况进行监督。经营者履行承诺的，反垄断执法机构可以决定终止调查。经营者未履行承诺、作出中止调查决定所依据的事实发生重大变化或者中止调查的决定是基于经营者提供的不完整或者不真实的信息作出的，反垄断执法机构应当恢复调查。

（四）法律责任

经营者违法达成并实施垄断协议的，由反垄断执法机构责令停止违法行为，没收违法所得，并处上一年度销售额1%以上10%以下的罚款；尚未实施所达成的垄断协议的，可以处50万元以下的罚款。经营者主动向反垄断执法机构报告达成垄断协议的有关情况并提供重要证据的，反垄断执法机构可以酌情减轻或者免除对该经营者的处罚。行业协会违反本法规定，组织本行业的经营者达成垄断协议的，反垄断执法机构可以处50万元以下的罚款；情节严重的，社会团体登记管理机关可以依法撤销登记。

经营者违法滥用市场支配地位的，由反垄断执法机构责令停止违法行为，没收违法所得，并处上一年度销售额1%以上10%以下的罚款。

经营者违法实施集中的，由国务院反垄断执法机构责令停止实施集中、限期处分股份或者资产、限期转让营业以及采取其他必要措施恢复到集中前的状态，可以处50万元以下的罚款。

经营者实施垄断行为，给他人造成损失的，依法承担民事责任。

第六节　工业促进法

工业促进法，是规范和调整国家工业发展关系，为促进工业发展而制定的法律规范的总称。国外，美国1933年制定《工业复兴法》，1994年制定了《通用航空振兴法》，日本1958年颁布了《日本航空工业振兴法》。目前，我国尚未制定专门的工业促进法，与促进工业发展关联的法则有《中小企业促进法》《就业促进法》《循环经济促进法》等。国家对工业发展的促进主要还是以党和国家的产业、行业政策等为重要依据。如《十三五规划纲要》提出，要全面提升工业基础能力，实施工业强基工程，重点突破关键基础材料、核心基础零部件（元器件）、先进基础工艺、产业技术基础等

"四基"瓶颈，要加快发展新型制造业，实施高端装备创新发展工程，明显提升自主设计水平和系统集成能力。实施智能制造工程，加快发展智能制造关键技术装备，强化智能制造标准、工业电子设备、核心支撑软件等基础。加强工业互联网设施建设、技术验证和示范推广，推动"中国制造＋互联网"取得实质性突破等政策。再如国务院发布的《中国制造2025》提出，要推进信息化与工业化深度融合、加强质量品牌建设、全面推行绿色制造、瞄准新一代信息技术、高端装备、新材料、生物医药等战略重点，引导社会各类资源集聚，推动优势和战略产业快速发展。《国务院关于深化"互联网＋先进制造业"发展工业互联网的指导意见》指出，要推动网络改造升级提速降费。面向企业低时延、高可靠、广覆盖的网络需求，大力推动工业企业内外网建设。加快推进宽带网络基础设施建设与改造，扩大网络覆盖范围，优化升级国家骨干网络。推进工业企业内网的IP（互联网协议）化、扁平化、柔性化技术改造和建设部署。推动新型智能网关应用，全面部署IPv6（互联网协议第6版）。继续推进连接中小企业的专线建设。在完成2017年政府工作报告确定的网络提速降费任务基础上，进一步提升网络速率、降低资费水平，特别是大幅降低中小企业互联网专线接入资费水平。加强资源开放，支持大中小企业融通发展。加大无线电频谱等关键资源保障力度。

虽然政策的制定对促进工业的发展具有重要作用，但从推进工业长期持续健康发展的角度来看，走法治化发展道路，加强和完善工业发展的立法是必要的。

思考题：

1. 工业经济法的基本原则有哪些？
2. 如何界定工业经济法的体系？
3. 工业产品质量法立法的特点是什么？
4. 工业垄断的类型包括哪些？
5. 简述对工业促进法立法之展望。

推荐阅读书目：

1. 张守文：《经济法原理》，北京大学出版社2013年版。
2. 杨紫烜主编：《经济法》，北京大学出版社、高等教育出版社2015年版。
3. 顾功耘、罗培新主编：《经济法前沿问题（2016）》，北京大学出版社2017年版。
4. 漆多俊：《经济法基础理论》，法律出版社2017年版。
5. ［德］弗诺克·亨宁·博德维希主编：《全球反不正当竞争法指引》，黄武双、刘维、陈雅秋译，法律出版社2015年版。
6. 孙晋：《反垄断法——制度与原理》，武汉大学出版社2010年版。
7. 刘继峰主编：《反垄断法案例评析》，对外经济贸易大学出版社2012年版。
8. 汪海波等：《新中国工业经济史》，经济管理出版社2017年版。

第六章
工业环境与资源保护法

　　本章所述内容，均以中国大陆现行工业环境的立法、政策与实践为基础，并着眼于我国未来工业环境与资源保护的发展趋势。

　　改革开放几十年来，我国工业经济获得了飞速发展。但是，与工业经济发展相伴而生的，是长期累积的工业污染及其衍生的生态环境恶化问题。工业发展与环境资源保护的矛盾冲突愈发尖锐。与此同时，以物联网为基础、以协同共享为主要方式的第三次工业革命浪潮扑面而来。人类正试图通过新的循环经济模式，减少能源、物质资源和物流成本。通过协同共享，降低资源消耗，减少污染排放，在地球上创造一个可持续发展的未来。中国在工业经济发展模式上，亦应完善制度设计，拥抱第三次工业革命的发展洪潮。

　　因应中国工业化的新发展趋势，缓解工业发展与环境资源保护之间的矛盾冲突，中国的工业环境与资源保护法（以下简称工业环境法）在基本原则、国家直接治理制度、间接治理制度、环境诉讼等方面，都已呈现新的发展态势。

第一节　工业环境法的新原则

一、谨慎原则

　　我国在防治工业污染的方针政策上，一直坚持预防为主、防治结合原则[1]。然而，在现代工业高度发展和细分的阶段，并非所有的环境危害，都可以用目前已知的科学方法一一测定或明确。在现有知识和经验无法明确的情况下，如何应对工业发展过程中可能出现的环境危机？国外在这种不确定的条件下，往往从谨慎和风险防范的角度，把预防的关键放在防范可能的和抽象的环境危害及其风险之上。针对工业政策的不确定性环境影响，本着谨慎原则，采取必要的预防措施。

　　就我国而言，工业决策谨慎原则的适用，目前主要涉及以下三方面：

　　1. 在工业规划和工业政策的出台过程中，应当平衡开发政策和政治利益与公众利益

---

[1] 防止原则是根据已有知识和经验上，对开发利用环境行为所带来的可能环境危害，在事前采取措施，以避免危害的发生。汪劲：《环境法学》，北京大学出版社 2014 年版，第 101 页。

之间的关系，并向公众利益倾斜。特别在工业决策过程中，考虑"邻避"[1]现象。目前，我国国务院和地方政府在制定工业经济政策和工业技术政策时，按照《环保法》第14条规定，应当充分考虑环境影响因素，同时还要听取环境保护方面专家的意见。

2. 在工业决策中，逐步运用前瞻性的"最佳可得技术"标准[2]代替传统的环境标准，从源头上控制工业生产经营活动向环境排污。传统的环境标准是以环境具有一定的污染承载能力为前提的，企业承担的污染控制义务，也以环境标准为基础。但是，我国目前的环境标准制度存在硬伤。[3]基于谨慎原则，在工业决策或源头控制上，应逐步淘汰传统的环境标准，将风险预防的焦点聚集在减少或彻底消除污染物排放上。比如，目前国家明确鼓励开展环境基准[4]研究。同时，在立法上规定促进清洁生产以及资源循环利用，规定企业应优先使用清洁能源。在实践中，国务院有关部门和地方各级人民政府正采取措施，推广清洁能源的生产和使用。对应当优先使用清洁能源的规定以及实践一定程度上体现了"最佳可得技术"环保标准。表明我国正尝试以现有的"最佳可得技术"标准取代已有的环境标准，进行更加严格的环境污染源头控制。

3. 坚持对工业规划、生产决策和工业建设项目实施有约束力的规划环评和决策环评。所谓"有约束力"，体现在三个方面。其一，扩张规划环评的范围。必须将环评范围扩张到更核心的各级政策以及国民经济和社会发展规划甚至立法等重大决策行为中。其二，审查监督环节必须具体明确。事前审查的专业型和程序设计要具体化、具有可操作型。事后的跟踪评价规定也要明确主体要求、划分好主体职责。其三，必须严肃环评机制的法律责任承担和行政问责机制。

二、环境优先原则

在工业发展的不同时期，究竟是工业发展优先还是环境保护优先，有不同的解读。[5]在如何平衡两者关系的问题上，有一些分歧。笔者认为，目前我国正处于工业

---

[1] 人类对自身周边生活环境质量的要求越来越高。20世纪80年代，西方国家出现了用于表示当地居民反对当地某项目的"不要在我家后院"的词汇，简称"邻避"（NIMBY, Not in my backyard 的缩写）。邻避是一种现代社会现象。它事实上揭露了土地、财产、法律等制度的时空局限性，是人类自利性与空间公共性之间矛盾的体现。在中国目前体制下，如何更好地协调自然资源开发利用与维护公众环境权利，以及协调地方政府、企业、公众三方利益关系，显得尤为重要。戴佳、曾繁旭、黄硕："环境阴影下的谣言传播：PX事件的启示"，载《中国地质大学学报（社会科学版）》2014年第1期。

[2] 例如，美国的《清洁水法》要求已有的污染者采用"经济上可实现的最佳可得技术"作为控制污染的第一步，新的污染者则被要求运用"最佳可得证明控制技术"。从欧盟的实践看，目前的"最佳可得技术"基本上是指清洁生产工艺。吕忠梅：《环境法导论》，北京大学出版社2008年版，第52页。

[3] 首先，起草单位主要是各大科研院所和大型工业企业，缺乏实质上的公众参与或社会监督程序。这些主体具有特定的利益诉求，其编制的环境标准能否保持中立或体现社会公益性？其次，我国目前的环境标准，没有区分保护人体健康标准和污染防治标准，不利于公众健康保护。最后，环境标准的法律属性存疑，有些标准存在空白或互相冲突，相关环境标准的执行效率低下。甚至有的地方环保部门还将征收超标排污费作为"创收"的重要来源。

[4] 环境基准，一般指特定环境中污染物对生物的无作用剂量或者对生物产生不良影响的最小剂量。

[5] 《环保法》的描述是"使经济社会发展与环境保护相协调"。但究竟如何协调，哪个优先，学者的解读并不一致。

经济发展的转型期，从原来的粗放型工业经济向循环经济、绿色经济转型。地方对当地工业经济的狭隘地方保护主义与环境保护的冲突，只有在环境保护优先原则的指引下才能逐步解决。

当前，我国在环境优先的原则指导下，制定了《循环经济促进法》《中华人民共和国清洁生产促进法》（以下简称《清洁生产促进法》）等一系列的循环经济法律，以逐步建成一个循环经济产业制度框架。同时，在衡量国民经济与社会发展时，也提出要用绿色 GDP 取代传统 GDP。绿色 GDP 的计算方法，突出体现了环境优先原则的适用。[1]

三、原因者负担原则

随着工业化的发展，无论在垂直还是水平工业经济链条上，专业化分工越来越精细化。与此相对应，保护工业环境与资源，已经从单纯的工业生产者污染这一单独环节迅速扩展到工业化经济链条上的各个环节。根据工业化过程中的不同环节，针对排污收费、污染税、废弃物品回收和再生利用以及开发利用自然资源补偿税费制度，环境法与各单行的资源保护法规都做了相关的规定。支付环保成本的主体已经从工业原材料加工、生产延伸到了流通、消费、废弃以及再生等各个工业链条。因此，以前所提的污染者负担这个概念已经不能涵盖目前的环境费用分担的现象，所有导致工业环境与资源问题的主体，包括公众，都必须纳入环保费用负担者的范畴。

四、环境民主原则

环境民主一般指环境知情权与参与权以及一些程序保障内容。在工业经济发展必然产生环境负外部性的背景下，公众的环境知情权与参与权正被逐步唤醒。首先，环境民主所涉及的公众范围不断扩大。主要包括居民、各类专业人士、环保组织、相关经济利益体以及与环境行为有关的行政机关等。在这些主体的利益衡平中，环境民主得以充分体现。其次，环境民主原则的具体法律适用逐步发展。工业决策信息公开制度与披露制度、工业环境影响评价制度、涉及公众利益的许可程序中的公众参与制度、环保 NGO 代表公众参与工业环境决策制度以及环境民主的行政和司法保障制度，正逐步建立和完善。总之，在工业化背景下，环境民主已成为环境保护制度的核心基础。

第二节　工业环境法基本制度的新变化

一、工业环境标准制度

工业环境标准主要包含工业环境质量标准和工业污染物排放标准两类[2]。工业环境

---

[1] 绿色 GDP 的计算方法：绿色 GDP ＝ 传统 GDP － 自然部分的虚数 － 人文部分的虚数。汪劲：《环境法学》，北京大学出版社 2014 年版，第 111 页。

[2] 《环保法》第 15 条第 1 款："国务院环境保护主管部门制定国家环境质量标准。"第 16 条第 1 款："国务院环境保护主管部门根据国家环境质量标准和国家经济、技术条件，制定国家污染物排放标准。"第 16 条第 2 款："省、自治区、直辖市人民政府对国家污染物排放标准中未作规定的项目，可以制定地方污染物排放标准……"

标准制度的目标，是通过科学手段分析各产业的环境负荷，进行定量预测和判断产业环境的承载边界，制约企业法人或自然人的工业环境利用行为，从而实现对工业环境污染和生态破坏的预防性介入。随着我国工业经济的发展，工业环境标准制度呈现出以下发展趋势：

1. 工业环境标准的内容日益精细化。工业经济的相关链条上可能产生环境负外部性的领域，都引入了强制性环境标准进行事前控制。比如，空气质量、海水水质、渔业水质、地面水环境质量、土壤环境质量等工业环境标准。同时，基础性的环境基准研究与环境风险评估机制也正有序推进。

2. 工业污染物排放的地域性高标准设计。工业污染物排放标准是针对工业污染物排放所规定的污染限度。工业污染物排放是否超标，已成为判断相关主体是否环境违法的重要依据。由于我国地大物博，国家根据各地的环境承载力和工业经济发展程度，根据不同的地域的实际情况划定了不同的环境规划功能区。在不同的时空纬度，以国家标准为底线，因地制宜适用更高标准的地域性工业环境违法标准，成为一种新的趋势。

3. 推荐性工业环境标准的司法适用。在国家层面，一般有工业环境监测方法标准、工业环境基础标准等推荐性工业标准。国家工业推荐性环境标准在环境司法中具有程序规范意义。在地方层面，一般有部委标准以及工业企业自制标准。此类标准虽不具有直接的法律适用效果，但是在个案中，司法机关可通过认可其作为特殊领域的鉴定标准而赋予其法律约束力。

二、工业环境规划制度

环境与自然资源保护规划，是国家环境行政的重要依据。环境基本法一般要求任何发展决策和政策计划都必须与环境计划相一致。在我国，涉及工业环境规划的制度，主要有综合性规划中必须单列的环境篇章、主体功能区规划[1]、生态资源保护规划、专项工业规划等。中国工业化发展地区分布不均，各地环境承载力亦各不相同。因此，按照各种涉工业环境保护的规划以及环境主体功能区的安排，进行工业经济布局，把工业对环境的负外部性降到最低，体现了环境法预防在先的基本原则。

涉工业环境规划的拘束力一般局限于相关的行政机关。我国目前的综合性规划和专项规划，会因环境影响评价的程序违法丧失规划效力。而工业建设项目的环境影响评价也必须以环境规划作为依据，否则无法通过各级环境行政机关的环评审批。

三、环境影响评价制度

我国已制定专门的《中华人民共和国环境影响评价法》（以下简称《环境影响评

---

[1] 全国主体功能区规划，是根据不同区域的资源环境承载能力和现有开发密度以及发展潜力，按照人口分布、经济布局、国土利用和城镇化格局，将国土划分为优化开发、重点开发、限制开发和禁止开发四类。

价法》），对环境影响评价制度作出规定。[1]该法亦是目前最为重要的工业环境规制法律。因应工业化的发展，我国的环境影响评价制度既呈现出新特点，也存在一些新问题。

1. 环境影响评价的对象出现扩张。在我国，综合性规划、专项规划和具体的建设项目，是传统的环评对象。但对我国工业发展起决定性作用的大量工业决策，却游离在环境影响评价制度之外。鉴于此，战略环评被逐步引入。从工业经济角度看，涉工业战略环评主要包含工业立法、工业决策、工业计划编制和工业规划等环境评价。战略环评扩张了传统工业环评的对象范围，对生态文明制度的顶层设计具有基础性功能，对地方政府和涉工业经济各部门的决策，将起到重要的参考作用。《环保法》第14条[2]引入了战略环评的概念，虽然只是宣誓性的软性条款，但无疑为将来的进一步环境决策规制打下坚实基础。

2. 涉工业经济的环境影响评价制度在立法上虽已基本成型，但仍需进一步完善。《环境影响评价法》在实体和程序上，对规划环评和建设项目环评都做了比较具体细致的制度安排。[3]但有关工业建设项目环境影响评价方案的多选性，公众参与的广度、深度及公众在环境影响评价中的权益保障等环评制度核心内容，还有待进一步明确。工业建设项目环境影响评价制度的程序缺陷亦应得到重视。根据程序规定，由工业建设单位聘请环评机构代理环评事务，这导致工业建设项目单位与环评代理机构之间的"双赢"合同屡见不鲜。另外，对于环评机构与环境影响评价主管行政机关之间的"暧昧"关系，环境影响评价审核机关与项目单位主管行政机关的矛盾冲突，立法上虽有原则规定，但程序设计并未跟进。同时，在工业项目建成后的后环评或跟踪环评程序上，亦欠缺具体的制度设计。

3. 涉工业环境影响评价的法律拘束力进一步增强。工业规划编制机关、工业规划审批机关、工业建设单位、环评机构、生态环境主管部门等各种主体如有违法行为，需承担相应的法律责任。同时，法律规定的违法责任承担形式，既包含财产性的罚款、没收违法所得，同时亦包含市场禁入等行为罚。对违反环境影响评价法的规定擅自开工建设的工业企业，也加大了罚款力度。

四、排污许可制度

工业企业在生产经营过程中，不可避免地会向周围环境排放污染物。这是伴随我国工业经济迅猛发展产生的一种负外部性环境成本。排污许可制度针对这种负外部性，作出了有力回应。工业经营者在生产经营过程中有排污行为（目前法律有规定的包括排放废气、废水、产生环境噪声污染和固体废物四类），则会被要求按照核定的排放标

---

[1]《环境影响评价法》第2条规定："本法所称环境影响评价，是指对规划和建设项目实施后可能造成的环境影响进行分析、预测和评估，提出预防或者减轻不良环境影响的对策和措施，进行跟踪监测的方法与制度。"

[2]《环保法》第14条："国务院有关部门和省、自治区、直辖市人民政府组织制定经济、技术政策，应当充分考虑对环境的影响，听取有关方面和专家的意见。"

[3] 规划环评与建设项目环评的制度内容，请参见《环境影响评价法》，本书不作具体介绍。

准进行排污，包括排放的种类、数量甚至排放的位置等，都会在排污许可证中予以体现。法律不允许在无排污许可的情况下排污或者违反排污许可证的规定进行排污，否则相关主体将承担相应的法律责任。但在制度上我们要注意的是，工业企业排放污染物需经许可，并不代表排放行为本身是违法的。法律在明确环境优先的原则下，考虑不同地域的环境承载能力，运用政策工具，因地制宜地确定污染物总量控制指标和总量削减指标。在指标范围内，应允许企业在环境可承载的范围内合法排放经许可核定的污染物。[1]

五、环境收费制度

我国法律规定，工业企业或自然人从事工业行为，就成为环境利用行为人。既然有环境利用行为，就必须有对应的给付。政府作为受托代理，可运用该给付进行环境治理和环境保护。目前主要通过环境费或环境税的制度设计来实现。

1. 环境公课。过去在工业排污过程中，我国普遍实施"达标收费、超标违法"的征收排污费制度。2018 年《中华人民共和国环境保护税法》（以下简称《环境保护税法》）施行，将应税大气污染物、应税水污染物、应税固体废物、应税噪声纳入应税污染物范畴。依照法律规定，征收环境保护税的，不再征收排污费。通过费改税，加速工业环境法治化发展。

2. 生态补偿制度。在涉工业经济的生态补偿制度中，一方面，基于自然资源国有的性质，政府可能是生态保护的最大受益者。因此，法律规定，政府需以财政补偿因生态保护而受损之主体。另一方面，正当开发利用自然资源的主体，需向政府缴纳相应的生态恢复费用。

3. 自然保护费制度。按照开发者养护原则，开发利用自然资源从事工业经济事业，需要缴纳法定的自然保护费用。例如《中华人民共和国草原法》（以下简称《草原法》）规定的草原植被恢复费。

4. 环境法上的优惠和鼓励措施。按照经济法的规制方法，政府依法对制造、使用对环境有益的产品或者循环利用自然资源的行为主体，通过优惠政策或者其他给予一定利益的措施，予以支持鼓励。例如减免征费征税、补助措施以及表彰等，增强环保工业企业的竞争力，为其产品拓展提供便利。

六、突发环境事件的应急制度

据统计，自 1993 年至今，中国已经发生 3 万起突发环境事件，其中重、特、大突发环境事件就有 1000 多起。[2] 这些事件，绝大多数与工业经济链条相关。在工业生产、流通、仓储、运输等环节，均发生过重、特、大突发环境事件。从引发突发环境

---

〔1〕 关于排污许可的具体法律规定，散见于《大气污染防治法》、《中华人民共和国水污染防治法》（以下简称《水污染防治法》）、《中华人民共和国固体废物污染环境防治法》（以下简称《固体废物防治法》）等专门性环境法律中。本书不作具体介绍。

〔2〕 信春鹰主编：《〈中华人民共和国环境保护法〉学习读本》，中国民主法制出版社 2014 年版，第 202 页。

事件的原因分析，绝大多数来源于工业企业或经营者在生产经营活动中的安全生产事故灾难。事实上，这正是工业企业在发展过程中的难以避免的负外部性影响。因此，《环保法》第47条明确了突发环境事件的应急制度。《国家突发环境事件应急预案》（2014 修订）、《中华人民共和国突发事件应对法》（以下简称《突发事件应对法》）等亦对相关问题进行了初步规定，包括：一是建立预警机制。包括建立环境污染公共监测预警机制和组织做好突发环境事件的应急预案。二是建立应急响应机制。按照属地原则实行分级响应机制。三是实施应急保障机制。四是建立后期处置机制。五是建立责任追究机制。

目前，突发环境应急制度在信息透明公开、扁平化紧急应对、应急行政执行、监管机制以及与其他相关制度的系统性协调与衔接等方面，仍需结合信息工业化特征予以完善。重大突发环境事件可能会造成不可逆转的重大环境损害结果，给公民环境安全带来重大威胁。这与其他类型的重大突发事件有共通之处。所以，完善突发环境事件应急制度，还需深刻吸取我国在 SARS 和 COVID-19 等突发公共卫生事件中的有效应对经验与惨痛教训，未雨绸缪。

第三节　工业环境污染和生态破坏的间接治理制度

一、物联网、协同共享与循环经济

如上文所述，要解决工业发展与环境污染和生态破坏的矛盾，釜底抽薪的方法就是走可持续发展的道路，彻底转变工业经济发展的模式。通过打造物联网基础设施，建立相应的协同共享机制，可以实现对环境的有效间接治理。中国的物联网计划，主要在能源、物流与运输等基础领域链接高速信息网络，从而为新工业革命建立基础。

年轻一代的中国人，正在逐步地从单纯的消费者转变为所谓的产销者，在新兴的无处不在的互联网虚拟社区，用一种协同共享的机制制作和共享各类信息、汽车、自行车、房屋、工具、服装、3D 打印产品。生产和分享可再生能源。

以物联网为基础，通过协同共享模式，可以从根本上减少生产、分销和回收各类工业品和工业衍生服务所必需的信息、能源、物资、劳动力和物流成本。通过调整社会产品的所有权和使用权的关系比例，以协同共享使用分享工业产品所有权，有效降低了工业生产对生态环境资源消耗的总量，进而减少了工业生产中的污染排放和自然生态破坏。[1]

除此之外，《循环经济促进法》等法律与其他鼓励循环经济发展的政策措施，亦为推动我国的循环经济持续发力。循环经济以减量化（reduce）、再使用（reuse）和再循环（recycle）即"3r"为原则，是我国间接治理工业环境问题的理想模式。

---

〔1〕[美] 杰里米·里夫金：《零边际成本社会》，赛迪研究院专家组译，中信出版社 2014 年版，第 57 页。

二、排污权交易制度

排污权交易制度，是"指在特定区域内，根据该区域环境质量的要求，确定一定时期内污染物的排放总量，在此基础上，通过颁发许可证的方式分配排污指标，并允许指标在市场上交易。分配排污指标作为污染控制的一种方式，和总量控制制度相配套，是一种体现科学性和可持续性发展要求的环境保护新方法。"[1] 该交易制度的具体做法是：政府确定一定区域内的排污总量，据此发放排污许可证，这种许可证可以进行交易。在该区域排放总量内，企业可以自主决定是进行污染控制还是购买排污权，而选择的标准无疑是污染控制和购买排放权的成本比较：如果进行污染控制的成本大于购买排污权许可的成本，企业会选择购买排污权许可；如果进行污染控制的成本小于购买排污权许可的成本，企业会选择进行污染控制，减少自己的排污量，并出售多余的排污权许可。排污交易制度中既有市场调节因素，又有行政管制因素，是一种典型的政府间接治理模式，体现了在工业环境保护领域以市场方法修正传统的法律直接管制方法的思路。

目前，我国已经在北京、上海、深圳、广州、天津等地开展了碳排放权交易试点。

三、工业污染责任险制度

工业环境污染保险，是一种以工业环境污染风险企业作为投保人和被保险人，在出现约定的环境污染事故或者事件，需要其承担相应法律赔偿责任时，由承保的保险人承担约定保险金和责任限额内的赔偿责任。工业环境责任保险是现代工业法发展的必然产物，是工业环境责任制度的有效补充。首先，相对于法律维权制度的冗长程序，环境责任保险的及时赔付，对于突发性的环境污染事件的相关善后工作的开展和社会稳定，具有重要意义。其次，在工业污染强制保险制度设计中，保险公司深度介入工业经营者的日常环境保护工作中，对工业企业起到常效监督效果。可以有效降低环境污染风险发生的概率。最后，目前我国发生的大部分突发环境污染事件，环境赔偿或生态修复的责任通常很重，单一肇事企业往往难以承担，以至于绝大多数环境污染的责任最终都不得不由政府实际承担责任。环境污染强制保险制度实施以后，可以将此种风险转移给保险公司，保险公司又将污染企业的责任风险转移给了面临相同风险的同类企业，体现了"千家保一家"的保险责任原则。

目前，各保险公司的工业环境污染责任保险已在全国各地推广开来。但该险种的性质为自愿保险，不能充分调动工业企业环境污染责任保险的投保积极性。环境部和各地积极推进的类型化环境污染强制险亦只有政策依据，缺乏法定性。

四、工业企业的环境延伸责任制度

生产者延伸责任是一项环境保护策略，通过使产品的生产者对产品的整个生命周

---

[1] 李挚萍：《经济法的生态化——经济与环境协调发展的法律机制探讨》，法律出版社 2003 年版，第 201 页。

期承担责任（包括回收责任、再循环责任以及最终处理阶段责任），以达到减少产品的不良环境影响的环境目标。[1]西方学者 Thomas Lindhqvist 设计了一个生产者延伸责任的模型。主要内容包括：①责任，指承担由问题产品造成的经证实的环境损害的责任。责任的范围与限度由法律规定，可能发生于包括使用与最终处置阶段在内的产品生命周期的任何一个或多个阶段。②经济责任，指生产者将支付所有或部分费用，例如，支付其生产出来的产品的回收、再循环和最终处置的费用。这些费用将由生产者直接支付或者以特别费用形式支付。③行为责任，指生产者参与其产品的有形管理系统的责任。④生产者还可能在产品的整个生命周期保留产品的所有权，并因此和产品的环境问题联系起来，从而对产品的环境问题承担责任。⑤信息责任，指生产者提供由其制造出来的产品的各种影响环境特点的信息的责任。[2]

目前，中国涉及生产者延伸责任的立法包括《循环经济促进法》《清洁生产促进法》《固体废物污染防治法》《废弃电器电子产品回收处理管理条例》等法律、法规。

五、基于信息的环境治理激励机制

利用信息激励机制，改变企业的环境行为。公开企业环境行为信息的方法被称为继指令控制和市场手段之后的环境监管的"第三次浪潮"。基于信息的环境治理激励机制，已经在中国逐步建立。中国政府正在努力为公众提供更多的获得环境信息的渠道，包括：①2003年实施、2012年修正的《清洁生产促进法》，要求地方人民政府在其辖区内公开重要的污染源；②环境部颁布的一系列环境信息公开的法律文件，要求政府相关部门和相关污染企业都要公开环境信息。③《环保法》第53~56条，系统规定了环境信息的公开与披露制度。[3]

六、地方政府工业环境治理的政治激励机制

利用地方政府"政治人"的特点，通过政治上的激励，来影响地方政府的环境决策，激励其进行环境治理。目前推行的做法有对城市环境保护的综合评估、环境责任体系和设立"模范城市"等。

第四节　工业化背景下的公民环境权诉求

环境权是指人应当天然享有的在宜居环境中生存和发展的环境权利。在我国工业化发展的过程中，对环境资源财产功能的挖掘和利用已经十分充分；但由于历史认识上的偏差，对环境的生态的破坏也十分严重。对人类享有的基本生态环境价值提供强

[1] Thomas Lindhqvist , *Extended Producer Responsibility as a Strategy to Promote Cleaner Products* (1–5), Lund: Department of Industrial Environmental Ecomomics, Lund University.
[2] 马洪："生产者延伸责任的法律属性辨析"，载《学术月刊》2013年第12期。
[3] 这些制度包括：公民的环境知情权、参与权和监督权（第53条）、政府环境管理信息公开和企业信用减等及黑名单制度（第54条），企业环境信息公开制度（第55条），环评公开制度（第56条）。

有力的法律保障，就是工业化背景下的环境权的实质。事实上，环境权的核心是对日益稀缺的环境生态资源要素进行再分配，特别是要协调配置生态环境资源的开发价值与生态价值。

环境权可一般分为私权化环境权和公权化环境权两大类。私权化环境权一般通过对传统私权的限制或扩展来容纳环境资源的生态价值和公众的环境权益。私权化环境权又可以分为私益性环境权和派生性环境权。私益性环境权，即私益性较强的环境资源生态价值利用权。如合适日照权（阳光权）、安宁权、通风权。派生性环境权，如环境知情权、环境参与权、环境侵害请求权，这些权利着重于对政府环境公权力的监督，保障公民环境权的实现。公权化环境权是基于环境资源要素的公共性特点和公民的环境公共信托理论[1]产生的公共性权利。其又可分为环境公权和公益性环境权两类。环境公权即国家环境管理权，它更多地体现为一种环境行政权，包括审批、命令、许可、禁止、撤销等行政性权力。公益性环境权，具体如：清洁空气权、清洁水权、环境审美权、环境文化权、户外休闲权等，均为公共权利。但基于环境信托理论，主要由政府行使。因此，公益性环境权又可以衍生出公民对受托行为提出质疑的环境行政诉讼权利。

目前，环境公益诉讼的权源并没有确定，权利出现虚置。由于我国尚无法律对公民具体环境权进行明确界定，法院在决定是否受理此类案件时，实务操作上也遇到相当大的难题。目前，无论是私权化环境权还是公权化环境权，在维权方面基本都采取民事诉讼的模式，且被告绝大多数局限于工业污染企业。这当然已经是一个重大的进步。但是事实上，大多数的工业环境问题的源头并非污染企业。如果相关地方政府能够切实履行其受托的环境治理义务，许多问题并不会发生。[2] 因此，环境公益诉讼制度设计的重点，应该放在对行政机构的事前规划和事中监控行为的可诉性设计上，而不是在工业环境污染问题爆发以后，进行事后的民事损害赔偿或刑事上的追责。

第五节　环境行政与环境司法双轨推进

一、环境行政的路径及行政责任设计

环境行政的路径主要包括以下三个方面：

---

〔1〕 所谓环境公共信托理论，是 20 世纪 60 年代末由美国密执安大学的萨克斯教授提出的。他认为，空气、水、阳光等人类生活所必需的环境要素，不应再被视为"自由财产"，而应成为全体国民的"共享资源"，是全体国民的"公共财产"。为了合理支配和保护公共财产，共有人委托国家来管理。国家对环境资源的管理是受共有人的委托行使受托权，应本着为委托人谋取最大利益的宗旨来履行受托人的责任，不能滥用委托权。李挚萍：《经济法的生态化——经济与环境协调发展的法律机制探讨》，法律出版社 2003 年版，第 92 页。

〔2〕 例如王曦先生认为："我国环境法律在体制和制度设计上存在四个重大缺陷。一是缺乏上级政府环保部门制约下级政府的环保不作为或不当作为的制度安排；二是缺乏防止政府主要领导人对本级政府环保部门依法履行职责进行不当干预的制度安排；三是对负有环境保护职责的政府各部门的环境保护职责设定过于模糊和宽泛，行政自由裁量权的范围过大；四是缺乏社会对于政府有关环境的行政决策和行政行为的制度安排。这四个缺陷，总起来说，就是对政府行为缺乏监督和约束。"王曦："论当前我国环境法制建设亟需解决的三大问题"，载《法学评论》2008 年第 4 期。

1. 环境行政规划和环境行政决策。在此环节，政府各部门通过相关行政制度，协调经济社会发展与环境保护主要表现为各级政府在各级经济发展规划中编制环境保护规划并加以落实。结合主体功能区规划、土地利用规划和城乡规划以及环境质量标准等要求，划定环境功能区划。同时，组织对规划的前环评、跟踪环评和后环评。

2. 工业建设项目的环境行政审查。由环保职能部门对涉工业建设项目和其他涉工业产业投资项目进行环保审查。具体包括以下几个方面：其一，实施环境影响评价制度。其二，实施淘汰制度。其三，执行"三同时"制度[1]及其竣工验收要求。其四，建立环境保护责任制度。

3. 实施环境行政监察执法。主要包括：其一，实行排污许可管理。其二，环保部门和其他环境监察部门对相关工业企业实施现场检查和监督监测。

在行政责任承担上，《环境保护法》和其他专门性环境立法（比如2016年新修订的《环境影响评价法》）做出了更加全面和严格的规定。主要包括：工业企业违法排污的按日处罚制、超标排放责任、环评责任、信息公开责任、严重环境违法行为的行政拘留制度、对相关环境服务机构的行政处罚及其应当承担的连带责任。[2]

二、工业环境损害救济法

工业环境损害与一般侵权损害相比，有以下几点显著的不同：

1. 工业环境损害不仅具有一般侵权损害的私益性人身和财产损失，对环境公益的损害是其区别于一般侵权损害的重要特征。这种公益性侵害，表现为对公众环境利用行为的妨害和环境享受权的侵害。

2. 加害主体的多元性。比如在工业环境污染侵害中，经常出现复合环境污染损害。[3]这类损害的核心是多元加害主体的认定和各方责任分担等问题。

3. 除非法律明文规定，排污行为的行政合法性可阻却工业环境损害的民事违法性。目前我国工业企业合法向环境排放污染物等行为，亦可能造成环境损害结果。但如果工业企业对此损失结果已有事前认知，也已经支付了环境利用的对价，在工业企业不违反规定进行法定禁止的环境利用行为时，一般不应再追究其环境损害民事责任。[4]

4. 工业环境侵权损害的因果关系证明比一般侵权损害更加困难。一是由于工业环境侵害的法律关系是以环境为中介物的"人——环境——人"的关系。法律关系链条比较曲折，致害行为和环境损害结果之间的因果关系通常不会直接显现。许多工业环境损害需要经过相当长的时间才逐渐显现，具有潜伏性、积累性。二是工业环境侵权

---

[1] 《环保法》第41条："建设项目中防治污染的设施，应当与主体工程同时设计、同时施工、同时投产使用。防治污染的设施应当符合经批准的环境影响评价文件的要求，不得擅自拆除或者闲置。"

[2] 上述责任行政责任的具体内容，请查阅《环保法》法律责任篇章。本书不作重复。

[3] 即工业污染可能由于多种原因累加、污染物混合而产生二次污染等对环境或他人权利造成的侵害。

[4] 此问题亦与民法上的忍受限度论有关。德国学者F. 沃尔夫认为，公民有容忍第三人为法律所允许的环境污染的义务。其举例说明了忍受限度论。他认为一年一度的花园餐会所飘出的烧烤味、落叶滋扰、变压器的轻微磁辐射等，都不是所谓实质性环境侵害。而如夜间高声音乐和喧哗等，则构成了实质性侵害。［德］曼弗雷德·沃尔夫：《物权法》，吴越、李大雪译，法律出版社2002年版，第172页。

损害的结构多是复合污染。而复合污染的因果关系证明更加困难。三是致害行为发生时的科技水平往往无法证明损害是否因该行为而发生或可能发生。在环境侵权损害案件中，往往会出现法律役于科学的现象。[1]

基于以上显著区别，因应工业发展对环境损害救济的特殊要求，工业环境损害救济法做出了有力回应。

（1）工业环境污染损害实行严格责任。这与现代工业发展的特点密切相关。一是现代工业生产复杂，意外危险层出不穷。这种意外风险发生的概率不会因工业企业的主观意志发生变化。二是工业生产和工业污染的过程十分复杂，难以证实过错。三是适用严格责任是公平原则的适用。既然企业排污行为获得经济收益，亦应为其排污行为承担风险并赔偿损失。这里并不要求存在主观过错。

（2）工业环境污染损害侵权责任的构成，适应工业发展的实际状态。一是违法性判断仅以实际损害为准。二是环境损害的范围向生态破坏损失扩张。三是因果关系的认定适用事实推定制。

（3）工业环境损害的责任承担以排除危害为核心。在工业污染的背景下，环境损害的责任承担，与一般的侵权损害不同。其救济的着眼点，在于通过预防性措施，使加害人排除环境危害。而一般侵害的责任承担以损害赔偿为核心，主要为事后填补损害，体现了民事法律的一般原则，但不契合工业环境损害这种特殊侵害形态，亦不应作为工业环境损害责任的首要承担方式。因此，在工业环境损害责任承担中，应首先主张排除危害。

（4）在工业环境污染的损害赔偿方面，除一般的损害赔偿责任外，如上文所述，还充分考虑了工业环境复合污染的责任承担问题。

（5）工业环境法上的恢复原状也与民法有别，主要是指环境污染损害和生态破坏责任人把被污染或破坏的环境恢复到被损害前的状态。这种恢复是基于保护生态价值的考虑。适用这一责任形式必须具备两个条件：其一，必须有恢复的可能性，即现有技术能够恢复；其二，必须有恢复的必要性，即恢复代价要合理。

三、环境公益诉讼

环境公益诉讼是相对私益诉讼而言的新型环境诉讼。法定适格主体可以基于环境公益向法院提起类型化的环境诉讼，一般是针对已经发生环境公益侵害事实或因被告可能引发环境风险的侵害行为，诉请恢复生态环境原状或停止环境侵害行为。工业化发展到一定阶段而对环境要素产生强烈负外部性时，相关主体对环境公共利益即具有强烈诉求。环境公益诉讼制度，不仅对工业企业的污染和其他违法环境行为，起到逆向规制的作用，而且更可通过这种公众的公益性司法监督，对相关的行政执法主体的环境监管行为进行监督。因此，环境公益诉讼有着非常重要的制度价值。

---

〔1〕 如果在环境侵权中，仅以科学证明直接因果关系，那么很可能会陷入科学争论而使受害人的请求无法得到救济，也不能对环境侵权行为及时予以制止，这就是环境侵权损害中法律役于科学的现象。

理论上，公益性环境司法救济应包含三个方面的内容：一是公民基于公共信托理论，将政府作为公共环境要素的受托人，把环境公益权委托其实施。这些公益性环境权包括：清洁空气权、清洁水权、环境审美权、环境文化权、户外休闲权等。此类环境权利是由政府以受托人的身份托管的，所以对政府而言，既是权利，也是义务。一旦由于政府这个受托人的行为或不作为，使得环境公权被侵害，那么公民作为委托人，可向政府提起环境污染公益诉讼。二是如果政府在按照第一路径对环境进行管理的过程中，出现政府失职行为，侵害了不特定多数人的环境权益，那么不特定的多数人可以主张其公益性环境权，向政府提起环境公益诉讼，以促进环境保护公共政策的落实。三是如果企业排污行为对不特定多数人的清洁水权等公益性环境权构成侵害或可能构成侵害，不特定多数人可以企业为被告，提起环境公益诉讼。

目前，我国的环境公益诉讼尚处于起步阶段（2012年至2021年）。在立法上，通过修订《中华人民共和国民事诉讼法》（以下简称《民诉法》）、《环境保护法》，对环境公益诉讼作了初步规定。在司法实践上，最高院颁布了《关于审理环境民事公益诉讼案件适用法律若干问题的解释》《关于审理生态环境损害赔偿案件若干规定（试行)》等司法解释和规定。上述法律、司法解释和规定的陆续颁布实施，对打开环境公益诉讼司法新局面而言意义重大，破解了以前环境保护公益诉讼无法可依的尴尬局面。2014年7月，最高人民法院成立了环境审判庭。截至2018年底，全国共设立了1 271个环境保护法庭、合议庭或者巡回法庭，自上而下地形成了环境资源审判体系。但环境公益诉讼仍处于探索阶段。2018年全国法院受理社会组织提起的环境民事公益诉讼65件，仅审结16件。[1] 只有大力推动环保组织提起公益诉讼，自下而上地发挥各种力量，才能加大司法救济保护环境的力度。同时又要切实发挥法律赋予检察机关的公益诉讼功能，[2] 为推进工业领域的绿化发展提供强有力的司法服务和保障。

思考题：

1. 简述工业可持续发展与环境保护的关系及其法律衡平。
2. 简述工业环境问题的成因及其对策。
3. 简述环境法基本原则顺应工业化发展的具体变化。
4. 简述环境民主及其具体表现方式。
5. 简述邻避现象的环境法学讨论。
6. 简述环境诉讼中具体环境权的确权问题。
7. 简述环境私益诉讼中的损害赔偿问题。包括环境污染损害范围及其认定，特别是生态性环境损害的认定和赔偿问题，环境污染赔偿鉴定的程序问题等。

---

〔1〕 中华人民共和国最高人民法院：《中国环境资源审判（2017–2018)》，人民法院出版社2019年版，第12页。
〔2〕 根据《中国环境资源审判（2017–2018)》数据，2018年，全国法院共受理检察机关提起的环境公益诉讼1737件，审结1252件。与环保组织的数据相比可见，基于检察机关在诉讼中必然的强势地位，其已成为目前我国环境公益诉讼的主要推动力。但如何衡平检察机关与环境公益诉讼被告的诉讼权益，设计一种更合乎法理的环境公益诉讼制度，值得进一步探讨。

8. 简述环境公益诉讼相关问题。

9. 简述环境行政诉讼的类型及其程序设计。

10. 简述环境法庭的现状及解决方案。

11. 简述环境公害证据问题。

推荐阅读书目：

1. 叶俊荣：《环境政策与法律》，元照出版有限公司1993年版。

2. ［日］加藤一郎、王家福主编：《民法和环境法的诸问题》，肖贤富等译，中国人民大学出版社1995年版。

3. ［美］罗杰·W. 芬德利、丹尼尔·A. 法伯：《环境法概要》，杨广俊、刘予华、刘国明译，中国社会科学出版社1997年版。

4. 汪劲：《环境法律的理念与价值追求 环境立法目的论》，法律出版社2000年版。

5. 吕忠梅：《环境法新视野》，中国政法大学出版社2000年版。

6. 高家伟：《欧洲环境法》，工商出版社2000年版。

7. 肖剑鸣：《比较环境法》，中国检察出版社2001年版。

8. 联合国环境规划署：《UNEP环境法教程》，王曦译，法律出版社2002年版。

9. 郑少华：《生态主义法哲学》，法律出版社2002年版。

10. 金瑞林、汪劲：《20世纪环境法学研究评述》，北京大学出版社2003年版。

11. 吕忠梅：《超越与保守 可持续发展视野下的环境法创新》，法律出版社2003年版。

12. 吕忠梅：《沟通与协调之途 论公民环境权的民法保护》，中国人民大学出版社2005年版。

13. 汪劲：《环境法律的解释：问题与方法》，人民法院出版社2006年版。

14. ［美］艾伦·杜宁：《多少算够——消费社会与地球的未来》，毕聿译，吉林人民出版社1997年版。

15. ［美］巴里·康芒纳：《封闭的循环——自然，人和技术》，侯文蕙译，吉林人民出版社1997年版。

16. ［美］蕾切尔·卡逊：《寂静的春天》，吕瑞兰、李长生译，吉林人民出版社1997年版。

17. ［美］奥尔多·利奥波德：《沙乡年鉴》，侯文蕙译，吉林人民出版社1997年版。

18. ［美］亨利·梭罗：《瓦尔登湖》，徐迟译，吉林人民出版社，1997年版。

19. 世界环境与发展委员会：《我们共同的未来》，王之佳等译，吉林人民出版社1997年版。

20. ［美］丹尼斯·米都斯等：《增长的极限——罗马俱乐部关于人类困境的报告》，李宝恒译，吉林人民出版社1997年版。

21. ［美］芭芭拉·沃德，勒内·杜博斯：《只有一个地球——对一个小小行星的关怀和维护》，《国外公害丛书》编委会译校，吉林人民出版社1997年版。

22. ［美］查尔斯·哈珀：《环境与社会——环境问题中的人文视野》，肖晨阳等译，天津人民出版社1998年版。

23. ［日］岩佐茂：《环境的思想——环境保护与马克思主义的结合处》，韩立新、张桂权、刘荣华译，中央编译出版社1997年版。

24. ［美］比尔·麦克基本：《自然的终结》，孙晓春、马树林译，吉林人民出版社2000年版。

25. 覃成林、管华主编：《环境经济学》，科学出版社2004年版。

26. ［英］克里斯托弗·卢茨：《西方环境运动：地方．国家和全球向度》，徐凯译，山东大学出版社2005年版。

27. 日本律师协会主编：《日本公害环境诉讼典型案例与评析》，皇甫景山译，中国政法大学出版社2011年版。

28. ［美］约瑟夫·L.萨克斯：《保卫环境 公民诉讼战略》，王小钢译，中国政法大学出版社2011年版。

29. ［日］冷罗生：《日本公害诉讼理论与案例评析》，商务印书馆2005年版。

30. ［美］约翰·法比安·维特：《事故共和国 残疾的工人、贫穷的寡妇与美国法的重构》，田雷译，上海三联书店2008年版。

31. ［澳］彼得·凯恩：《阿蒂亚论事故、赔偿及法律》，王仰光等译，中国人民大学出版社2008年版。

32. ［美］杰拉尔德·斯特恩：《正义永不决堤 水牛湾惨案》，许身健译，法律出版社2015年版。

33. 王灿发主编：《环境纠纷处理的理论与实践——环境纠纷处理中日国际研讨会论文集》，中国政法大学出版社2002年版。

第七章
工业犯罪法

第一节　工业犯罪状况

工业化是指一种生产方式，一种以机械化或现代化生产为基础的生产方式。这种生产方式被称为工业生产方式。工业化又是一个过程，是工业生产方式的扩散、渗透、演进，最终代替手工生产方式的过程。[1] 工业发展就是生产力大幅提高的过程。第一次工业革命是 18 世纪 60 年代从英国发起的技术革命，是蒸汽机的发明和使用开创了以机器代替手工劳动的时代；第二次工业革命是 19 世纪 70 年代发电机研制成功，随着电力的发明和使用，人类全面进入了电气时代；第三次工业革命是 20 世纪四五十年代，随着计算机、网络等信息技术的兴起，人类进入了信息时代，信息改变了人们的生活、学习、交往和思维方式，使人们更紧密地联系在一起；第四次工业革命是 21 世纪 10 年代以互联网产业化、工业智能化、工业一体化为代表，以人工智能、清洁能源、无人控制技术、量子信息技术、虚拟现实以及生物技术为主的全新技术革命，主要涉及智能化生产系统和整个企业的生产物流管理、人机互动以及 3D 技术在工业生产过程中的应用等。

因为工业的迅猛发展，一些新型的工业犯罪不断出现，而法律不可避免地具有滞后性。比如，当一辆自动驾驶的汽车危害公共安全，导致人身伤亡，或当一辆自动驾驶的汽车与机器人发生碰撞危害公共安全时，其犯罪主体如何界定？其犯罪构成要件如何？如何追究刑事责任？这都需要刑法在未来修订时作出明确规定。

一、工业领域的犯罪数量呈上升趋势

工业发展推动了社会的城市化进程，大量农村人口进入城市，随着城市人口的逐年增加，工业领域的犯罪数量也不断升高，刑法中涉及工业领域的犯罪较多，如环境犯罪、生产销售伪劣产品犯罪、重大责任事故犯罪、食品安全犯罪、危害计算机信息安全犯罪、网络犯罪、妨害对公司企业的管理秩序犯罪、侵犯知识产权犯罪、扰乱工业市场秩序犯罪、危害公共卫生犯罪、危害税收征管犯罪等。英国是最早开启工业革命的国家，据英国内政部 1805 年~1842 年期间的犯罪统计，在英格兰和威尔士因刑事

---

[1]　李锡海："工业化、城市化与犯罪"，载《法学论坛》2009 年第 1 期。

犯罪而被捕的人数为："1805 年为 4605 人，1810 年为 5146 人，1815 年为 7898 人，1820 年为 13 710 人，1825 年为 14 437 人，1830 年为 18 107 人，1835 年为 20 731 人，1840 年为 21 187 人，1842 年为 31 309 人。"其中，绝大部分属于工业犯罪[1] 19 世纪初，英国高等法院所受理的案件数量大约为每年 4500 起，到 19 世纪 40 年代上升至每年 3 万件起；最终被判有罪的人数也从原来的 2700 人增加到 2 万人。[2]

在我国，由于工业化发展过程中生产要素不断向城市聚集，大量人口涌入城市，造成城市原有的秩序被打破，犯罪数量大增。据公安部统计，1979 年全国刑事立案 636 222 起，1989 年是 1 971 901 起，1999 年是 2 249 319 起，20 年间立案数量增加了 3.53 倍。[3] 近几年，北京市查处的犯罪案件比前些年增长近 24 倍，查获涉案人员增长 17 倍。[4]

二、犯罪利用工业化手段

工业化程度不断加深，在给人类社会带来进步的同时，也为违法犯罪提供了新的手段。大量犯罪利用了工业化中的高科技手段，随着现代计算机信息技术及网络的发展，犯罪手段更加多样化，工业化的发展在给人们日常生活带来便利的同时，也使得一些高难度犯罪及跨国犯罪变得更加容易。比如在毒品犯罪中，新型毒品的制造及网络销售，无疑增加了毒品犯罪侦查的难度。不安全食品生产经营者为获取更高的利润，隐瞒食品中存在的安全问题，也在不断研发各种新技术，以期在提高食品外在美感和口感的同时降低成本并隐匿犯罪痕迹以逃避刑事处罚。当"毒豆芽"容易被检出 6-苄基腺嘌呤超标时，不法商贩研究出豆芽上市前经清水长时间浸泡稀释的方法；当传统"瘦肉精"被列为禁止添加物时，新的"瘦肉精"物质"应运而生"，犯罪手段不断更新。

三、环境犯罪更为突出

环境犯罪是指违反环境保护法律法规，破坏环境生态系统，情节严重，依法应当受到处罚的行为，一般表现为在开发、利用资源过程中过度开采资源或超标排污，导致自然资源遭到破坏，环境遭受污染的行为。[5] 工业发展在创造了巨大财富的同时，也给环境造成了污染甚至严重破坏。1830 年，英格兰的大工业城市没有一个安全的饮用水供应点，这些地区的河流都受到了严重的污染，以致河里鱼都没有了。[6] 英国通过较长时间的环境治理，才使因工业发展造成的环境污染得到了有效的改善和控制，重现过去的蓝天白云。随着工业化的发展，环境犯罪在我国也大量发生，而且近些年环境犯罪形式还非常严峻，污染水、空气、土壤的犯罪大量增多，盗伐、滥伐森林犯

---

[1] Friedrich Engels, *The Condition of the Working Class in England*, London: Penguin Books Lid, 2005, p. 155.

[2] David Taylor, Crime, Policing and Punishment in England, 1750 - 1914 [M]. London: Macmillan. 1998, P. 20.

[3] 黎国智、马宝善主编：《犯罪行为控制论》，中国检察出版社 2002 年版，第 16 页。

[4] 李锡海："工业化、城市化与犯罪"，载《法学论坛》2009 年第 1 期。

[5] 陈赛："对环境犯罪控制对策的经济分析"，载《山西大学学报（哲学社会科学版）》2000 年第 4 期。

[6] ［英］弗雷德里克·F. 卡特赖特、迈克尔·比迪斯：《疾病改变历史》，山东画报出版社 2004 年版，第 112 页。

罪、破坏性采矿犯罪、毁坏耕地犯罪案件日益上升。我国每年因环境污染和破坏产生的经济损失达 2000 多亿元，已远远超过其他各种刑事犯罪造成的经济损失的总和。[1]

四、较多属于高智能型犯罪，犯罪隐蔽性较强

随着工业的发展，计算机技术及互联网也迅猛发展，工业领域中的较多犯罪具有智能性，如一些诈骗犯罪、计算机犯罪、侵犯知识产权犯罪、网络犯罪、毒品犯罪等。这些犯罪与其他犯罪相比有其独特性，犯罪主体中有些受过良好的教育，有些具备网络方面的专业知识，有些具有计算机专业技能，他们利用自己的技术特长、职业特点实施犯罪，具有极大的欺骗性和隐蔽性，且犯罪形式复杂多样，以智力代替体力，以高科技代替纯手工，跨地区、跨国境实施犯罪，其社会危害性、隐蔽性都很大。

第二节 环境犯罪

一、环境犯罪概念

环境犯罪作为一种新的犯罪类型，是经济发展到一定阶段的产物，是在社会进步和生产力发展的过程中，随着人们对物质财富的追逐出现的。环境犯罪是最为严重的破坏现存环境的行为，其具有的社会危害性也是其他传统犯罪所不能及的。环境犯罪的概念起始于 20 世纪 80 年代，属于一种较新的犯罪类型。环境犯罪又可称为危害环境犯罪、公害犯罪、破坏环境资源保护犯罪，"环境犯罪"是目前国际通行的说法。环境犯罪是指违反国家环境资源保护法律，造成或者足以造成环境资源受到污染或者破坏，或者致使他人生命健康或公私财产遭受重大损害的行为。[2] 我国《刑法》中有关环境犯罪的罪名有：①污染环境罪；②非法处置进口的固体废物罪；③擅自进口固体废物罪；④走私废物罪；⑤非法捕捞水产品罪；⑥非法猎捕、杀害珍贵、濒危野生动物罪；⑦非法收购、运输、出售珍贵、濒危野生动物、珍贵、濒危野生动物制品罪；⑧非法狩猎罪；⑨非法占用农用地罪；⑩非法采矿罪；⑪破坏性采矿罪；⑫非法采伐、毁坏珍贵树木、国家重点保护的其他植物罪；⑬非法收购、运输、加工、出售珍贵树木、国家重点保护的其他植物及其制品罪；⑭盗伐林木罪；⑮滥伐林木罪；⑯非法收购、运输盗伐、滥伐的林木罪；⑰环境监管失职罪。

二、环境犯罪的特征

（一）犯罪行为表现为污染或破坏环境

环境犯罪直接针对环境资源，从而造成他人人身或财产的损害，其犯罪后果严重，危害性很大。危害环境资源的犯罪可分为污染环境和破坏自然资源两种类型，但无论

---

[1] 张兴杰主编：《跨世纪的忧患 影响中国稳定发展的主要社会问题》，兰州大学出版社 1998 年版，第 389 页。
[2] 付立忠："环境犯罪新论"，载《法律科学·西北政法学院学报》1995 年第 2 期。

哪种类型的犯罪后果都是极为严重的，污染和破坏环境所造成生态影响是难以估计甚至不可逆转的，更不是以经济价值可以计量的。

（二）单位犯罪较多

环境犯罪的主体包括自然人和单位，但环境污染和破坏的大多数行为发生在企事业单位，单位为了节省成本和获取利益，在生产和经营活动中直接排放污染物造成环境污染或破坏，其工作人员的行为应视为单位行为，单位作为犯罪主体应对其实施的犯罪行为承担责任。

（三）具有隐蔽性

首先，环境犯罪行为本身具有隐蔽性。环境犯罪的主要表现形式为企业非法排污，而企业在排污时为了逃避责任，采取的手段大多数是修建暗渠、暗管或采取渗透等方式。这些手段不仅能够瞒过一般的公众，甚至连专业的环保监察人员都很难发现。其次，环境犯罪的结果具有隐蔽性，侦查取证难度较大。传统犯罪多直接作用于被害人身体或财产，其危害后果是显而易见的。而环境犯罪产生的危害后果并不具有即时性，需要很长时间才能逐渐显现。此外，多数环境犯罪所产生的有害物质，尤其是有害废气和废水，都通过空气、水流、土壤等介质得到了稀释，从而为环境犯罪行为人提供了天然的屏障。除非是环境污染直接造成了人员伤亡，很多情况下犯罪行为持续很久都难以被发现。

（四）被害人具有特殊性

传统犯罪被害人一般受到暴力犯罪和财产犯罪的直接侵害，而环境犯罪的被害人具有难以确定性。环境犯罪被害人一般比较难证明自身所受损害与环境犯罪行为之间存在因果关系，因为这不仅要求被害人具有较高的专业知识，还需要花费较大的人力、物力和财力。而且环境犯罪被害人主体构成具有复杂性，除了传统意义上的自然人，还包括一些极为特殊的主体，如还未出生的后代人。环境犯罪导致可再生资源的减少和不可再生资源的枯竭，直接危害后代人的生存环境和生活质量。因此，后代人也理应成为环境犯罪的被害人。

三、环境犯罪的立法完善建议

（一）增设专章规定环境犯罪

首先，环境犯罪侵犯的客体已不再是单纯的社会管理秩序，环境犯罪的罪名主要集中于《刑法》第六章第六节，还有几个罪名散布于其他章节，有必要将其从社会管理秩序罪中独立出来，单列一章，以区分环境犯罪与侵害社会管理秩序罪的本质不同；其次，设立专章规定环境犯罪，彰显国家对环境资源保护的重视，改革开放以来，我国一直将经济发展放在首要位置，可有些人为了快速发展经济忽略了对环境资源的保护；最后，在《刑法》中设立专章规定环境犯罪，还能进一步提高了环境刑法的威慑力，从刑法层面增强人们保护环境的意识，敦促人们在日常工作或生活中自觉保护环境以避免承担刑事责任。

（二）增设新罪名

为了实现生态环境良好发展的目标，有必要在《刑法》中增设新的罪名。首先，在破坏环境犯罪方面，应扩大土地的保护范围。除保护农用地外，还应增加破坏土地资源罪、破坏草原罪、破坏湿地罪等罪名，将具有特殊功能的生态资源纳入环境刑法的规制范围。另外，自然保护区作为野生动植物、大气、水、土壤等众多要素的聚集地，对生态环境的保护至关重要。如果仅对自然保护区内各个要素进行保护，而不对整个自然保护区进行保护，达不到良好的效果，故应增设破坏自然保护区罪。在精神环境方面，应增加噪声污染罪，目前我国主要通过民事和行政手段对噪声进行管理，但随着人类的生活空间越来越密集，企业及其工厂的发展扩大，为了保障精神环境的清洁，刑法有必要对噪声污染做出必要规制，以提高保护力度。

（三）设立环境犯罪的危险犯，引入严格责任制度

我国《刑法》中对于环境犯罪的规制缺乏危险犯的规定，绝大多数罪名都只规制结果犯。为顺应世界环境法的发展趋势，有效预防环境犯罪，应对环境进行事前保护，将环境犯罪的成立由结果犯改为危险犯，只要实施了具有危险环境的行为时，就可以定罪并追究刑事责任。

在司法实践中，要证明环境犯罪的行为人在主观上具有罪过有一定难度。为避免公诉方追究行为人的刑事责任时举证困难，借鉴英美法系对环境犯罪适用严格刑事责任的规定，针对环境犯罪引入严格责任，这样就不必证明行为人主观上有罪过即可追究其刑事责任。即只要行为人实施了严重的危害行为且符合环境犯罪的规定，无论主观上是否存在罪过，都应当承担刑事责任。

（四）提高并明确罚金数额

目前我国环境犯罪中罚金刑处罚力度过轻，且罚金数额不明确，应对环境犯罪中的罚金刑制度加以完善。首先，应提高罚金刑的数额上限。加大罚金刑的处罚力度是各国规制环境犯罪的发展趋势，因为只有当罚金数额高于犯罪行为所带来的利润额，才能使危害环境的行为人承担的责任与环境损害状况相当，从而使行为人预见其行为无利可图，进而减少环境犯罪行为的发生。其次，应以倍比方式或限额方式对罚金的数额加以明确规定。通过《刑法》条文对罚金数额进行明文规定，既可避免在司法实践过程中法官的自主权过大，又可对行为人起到明确的指引作用，强化环境刑法的预防和震慑作用。

（五）增设环境犯罪的资格刑

我国《刑法》中规定了剥夺政治权利和驱逐出境这两种资格刑，种类较少，不能起到良好的惩治和预防犯罪的作用。环境犯罪的实施主体多为公司企业，如果刑法剥夺其继续从事该经营活动的资格，让其不能再以原来的经营方式获取利润，则惩罚性较强，同时也具有一定的震慑作用。因此，应当在环境刑事立法中对自然人和单位规

定相应的资格刑，剥夺犯罪行为人从事原来经营活动的权利，从根源上杜绝环境犯罪行为的再次发生。

四、本节重点罪名——污染环境罪

污染环境罪是指违反防治环境污染的法律规定，造成环境污染，后果严重，依照法律应受到刑事处罚的行为。我国《刑法》第338条规定，违反国家规定，排放、倾倒或者处置有放射性的废物、含传染病病原体的废物、有毒物质或者其他有害物质，严重污染环境的，处3年以下有期徒刑或者拘役，并处或者单处罚金；后果特别严重的，处3年以上7年以下有期徒刑，并处罚金。

（一）犯罪主体

本罪的主体为一般主体，即凡达到刑事责任年龄并具有刑事责任能力的人，均可成为本罪的主体。另外，单位也可以成为本罪主体。

（二）主观方面

本罪在主观方面表现为故意。之前本罪的主观方面表现为过失，但《中华人民共和国刑法修正案（八）》（以下简称《刑法修正案（八）》）实施之后，该罪的主观方面表现为故意。

（三）犯罪客体

本罪的客体是人类在开发、利用和保护改善环境的过程中所形成的社会关系。包括人与自然之间的生态关系和人与人之间的社会关系。本罪的犯罪对象是关系人类生存和发展的各种天然的和经过人工改造的自然因素的总体。

（四）客观方面

本罪在客观方面表现为违反国家规定，向土地，水体和大气排放危险废物，造成环境污染，致使公私财产遭受重大损失或者人身伤亡的严重后果的行为。

1. 实施本罪必须违反国家规定。这些法律、法规主要包括《环保法》《大气污染防治法》《水污染防治法》《海洋环境保护法》《固体废物污染环境防治法》等法律，《工业"三废"排放试行标准》等一系列专门法规。

2. 实施排放、倾倒和处置行为。排放是指把各种危险废物排入土地、水体、大气的行为，包括泵出、溢出、泄出、喷出、倒出等。倾倒是指通过船舶、航空器、平台或者其他载运工具，向土地、水体、大气倾卸危险废物的行为。处置是指以焚烧、填埋或其他改变危险废物属性的方式处理危险废物或者将其置于特定场所或者设施并不再取回的行为。

3. 必须造成了环境污染，致使公私财产遭受重大损失或者人身伤亡的严重后果，本罪属于结果犯。《刑法修正案（八）》对本条做了修订，不再要求造成重大环境污染事故，只要严重污染环境就可成立。

推荐阅读书目：

1. 蒋兰香：《污染型环境犯罪因果关系证明研究》，中国政法大学出版社 2014 年版。
2. 吴献萍：《环境犯罪与环境刑法》，知识产权出版社 2010 年版。
3. 李希慧、董文辉、李冠煜：《环境犯罪研究》，知识产权出版社 2013 年版。
4. 蒋兰香：《环境犯罪基本理论研究》，知识产权出版社 2008 年版。
5. ［美］Timothy D. Crowe：《环境设计预防犯罪》，陈鹏等编译，中国人民公安大学出版社 2015 年版。
6. 付立忠：《环境刑法学》，中国方正出版社 2001 年版。

第三节 食品安全犯罪

一、食品安全犯罪概述

食品是人类赖以生存和发展的基础，食品安全涉及人类最基本权利的保障。随着工业化的发展，食品行业也迅速扩张，虽然工业发展为食品行业带来了许多好处，但也引发了众多关于食品安全问题的犯罪，目前食品安全形势十分严峻，直接危害广大人民的生命健康。近年来我国的食品安全事件频发，如"三鹿奶粉事件""瘦肉精"猪肉、地沟油、向牛奶中添加皮革水解蛋白等，已经严重危害社会正常秩序。如何让刑法充分发挥其对食品安全的保障作用，已成为刑法学界学者们讨论的热点和难点。我国从 1979 年《刑法》的"投机倒把罪"，到 1997 年《刑法》"生产、销售不符合安全标准的食品罪"和"生产、销售有毒、有害食品罪"，再到 2011 年《刑法修正案（八）》全面修改，刑法在此方面经历了从简单到详细的立法过程。2015 年 4 月 24 日第十二届全国人民代表大会常务委员会第十四次会议对《食品安全法》进行了修订，自 2015 年 10 月 1 日正式施行。修订后《食品安全法》建立了严格的全程监管制度和法律责任制度，对渎职的监管部门和人员也规定了严格的责任制度。

二、食品安全犯罪的立法及其罪名

美国是全球食品安全犯罪立法较完善的国家，发布了《美国联邦食品药品化妆品法》《纯净食品和药品法》《农产品安全条例》《食品预防性控制措施法规》《联邦肉类检验法》《清洁水法》《安全饮用水法》及《联邦种子法》等。美国将食品安全犯罪归属于危害公共卫生犯罪体系，注重多部门联合监管，注重食品召回和惩罚性赔偿。日本把食品安全犯罪规定为公害罪，有《食品卫生法》和《食品安全基本法》，建立了食品专门委员会，对食品进行风险评估。德国有《食品、消费品和饲料法典》，专门立法包括《畜肉卫生法》《奶管理条例》《饮用水条例》等。

我国 2009 年颁布了《食品安全法》，2015 年对《食品安全法》进行了修改，内容增加了 50 条。主要改变在于：将分段式的监管转变为食品药品监管部门统一监管，增设风险分级管理和责任约谈制度，进一步明确食品经营者和监管者的责任，加大处罚力度，对渎职的监管部门和人员也规定了严格的责任制度。我国《刑法》中有关食品安全的主要罪名有：①生产、销售不符合安全标准的食品罪；②生产、销售有毒、有害食品罪；③非法经营罪；④虚假广告罪；⑤食品监管渎职罪。

三、我国食品安全犯罪高发的原因

（一）食品生产者销售者准入门槛较低

我国食品生产行业发展的起点较低，市场准入门槛与其他行业相比相对较低，大多数食品安全犯罪者正是因为食品制造销售行业的门槛低，市场的需求又非常旺盛，这些食品生产制造者为谋取不法所得，积极投入此项不法活动中。生产有毒、有害食品或不符合安全标准的食品有利可图，不法分子在低投入、高回报的利益驱动之下从事食品安全犯罪活动。

（二）食品安全犯罪打击不力

食品安全犯罪打击不力让犯罪者意识到生产销售问题食品是一项低投入、低风险、高回报的行为。一方面食品安全行政执法与刑事司法的衔接不畅、配合不力。许多食品安全犯罪为跨区域作案，并实现网络、现实两个空间的交融。食品安全犯罪案件的侦办涉及各地侦查力量间的跨区域协作，也涉及行政执法与侦查的跨区域合作，需要实现跨区域合作以及各部门的相互合作以制约食品安全犯罪案件。加之食品安全侦查专业队伍建设薄弱，各地对食品安全犯罪的重视程度不高，导致实践中专业侦查队伍建设差别很大。另一方面食品安全犯罪案件立案标准不一，缺乏操作性。如关于食品中某一限制添加物"严重超出标准限量"，超出多少认定为"严重超出标准限量"，各地司法机关的认识差别较大。食品安全犯罪案件涉案物品检验鉴定困难，很多添加物质缺乏国家统一的检验方法和检验标准，而且食品检验机构只能出具检验报告，无法出具鉴定意见，进而造成无法认定涉案食品有毒有害或不符合安全标准。

（三）食品安全犯罪行为规定不明确

《刑法》中的生产、销售不符合安全标准的食品罪和生产、销售有毒、有害食品罪所规范的行为主要集中在生产和销售领域，这就导致对许多生产、销售环节以外的危害食品安全的行为不能进行刑事制裁。另外，司法实践中不对有关食品安全犯罪的预备行为进行定罪处罚。在当前的法律体系下，对于为生产不符合食品安全标准的食品、有毒有害食品而购入大量问题原料的行为，或为销售不符合食品卫生标准的食品、有毒有害食品而大量采购此类食品的行为，一般只能作行政处罚，而不作为犯罪处理，尚需要《刑法》明确规定对食品安全犯罪预备行为进行追究。针对食品安全犯罪案件办理中存在的法律漏洞，《最高人民法院、最高人民检察院关于办理危害食品安全刑事案件适用法律若干问题的解释》虽然解决了部分法律适用问题，但是对"足以造成严重食物中毒事故或者其他严重食源性疾病"中何为"严重超出标准限量"，何为"其他足以造成严重食物中毒事故或者严重食源性疾病的情形"等问题，依然未予明确。

四、本节重点罪名——生产、销售不符合安全标准的食品罪

生产、销售不符合安全标准的食品罪是指生产者、销售者明知是不符合安全标准的食品而生产、销售，危害人体健康的行为。《刑法》第143条规定，生产、销售不符合食品安全标准的食品，足以造成严重食物中毒事故或者其他严重食源性疾病的，处3年以下有期徒刑或者拘役，并处罚金；对人体健康造成严重危害或者有其他严重情节的，处3年以上7年以下有期徒刑，并处罚金；后果特别严重的，处7年以上有期徒刑或者无期徒刑，并处罚金或者没收财产。

（一）犯罪主体

本罪的主体是一般主体，任何从事食品生产和销售的自然人和单位都可以成为本罪的主体。

（二）主观方面

本罪的主观方面是故意，过失不构成本罪。这里的故意，是指明知是不符合安全标准的食品而生产、销售的主观心理状态。可以是直接故意，也可以是间接故意。行为人对危害结果的认知可以是一种概括的、抽象的认知。

（三）犯罪客体

本罪的客体为复杂客体，既侵犯了不特定多数人的身体健康、生命安全以及重大公私财产安全，又损害了国家的食品安全管理秩序。

（四）客观方面

本罪属于具体的危险犯，行为人实施了生产、销售不符合安全标准的食品的行为，该行为引起了一定的危险状态，且足以造成严重食物中毒事故或者其他食源性疾病，否则，不构成本罪。刑法区分三种处罚情形：①具体危险犯：生产、销售不符合安全标准的食品罪足以造成严重食物中毒或者其他严重食源性疾病；②实害犯：生产、销售不符合安全标准的食品对人体健康造成严重危害，这里的对人体健康造成严重危害，根据司法解释的规定，是指生产、销售不符合安全标准的食品被食用后，造成轻伤、重伤或者其他严重后果；③加重处罚：生产、销售不符合卫生标准的食品造成后果特别严重，是本罪的加重处罚事由。这里的后果特别严重，根据司法解释的规定，是指生产、销售不符合安全标准的食品被食用后，致人死亡、严重残疾、3人以上重伤、10人以上轻伤或者造成其他特别严重后果。

（五）本罪与生产、销售有毒、有害食品罪的界限

两罪的主要界限表现在：①在犯罪对象方面：前者是不符合安全标准的食品，而后者是有毒、有害食品。前者的范围比后者的范围要广，有毒、有害食品当然属于不符合安全标准的食品，生产、销售有毒、有害食品罪是生产、销售不符合安全标准的食品罪的特别法条，两者形成法条竞合。②在行为方式上，前者是行为人实施了生产、

销售不符合安全标准的食品的行为，该食品是《食品安全法》禁止生产、经营的；后者是行为人在生产、销售的食品中掺入有毒、有害的非食品原料或者销售明知是掺入有毒、有害的非食品原料的食品。③在构成标准上，前者属于具体危险犯，要求存在侵害法益的危险，行为人生产、销售不符合安全标准的食品，须达到"足以造成严重食物中毒事故或者其他严重食源性疾病"的程度；而后者是抽象危险犯，不要求造成物质性的和有形的犯罪结果，只要行为人实施了在生产、销售的食品中掺入有毒、有害的非食品原料或销售明知是掺入有毒、有害的非食品原料的食品的行为。

推荐阅读书目：

1. 舒洪水主编：《食品安全犯罪的罪与罚》，中国政法大学出版社 2014 年版。
2. 邵彦铭：《食品安全犯罪治理的刑事政策研究》，中国政法大学出版社 2014 年版。
3. 赵秉志主编：《危害食品药品安全犯罪的防制对策》，清华大学出版社 2015 年版。
4. 张永慧、吴永宁主编：《食品安全事故应急处置与案例分析》，中国质检出版社、中国标准出版社 2012 年版。
5. 黄昆仑、许文涛主编：《食品安全案例解析》，科学出版社 2013 年版。

第四节　生产、销售伪劣商品罪

一、生产、销售伪劣商品罪概述

生产、销售伪劣商品罪是指生产者、销售者故意生产、销售各种伪劣商品，情节严重的行为。单位可以作为本节规定的犯罪主体，本节罪名有：①生产、销售伪劣产品罪；②生产、销售假药罪；③生产、销售劣药罪；④生产、销售不符合安全标准的食品罪；⑤生产、销售有毒、有害食品罪；⑥生产、销售不符合标准的医用器材罪；⑦生产、销售不符合安全标准的产品罪；⑧生产、销售伪劣农药、兽药、化肥、种子罪；⑨生产、销售不符合卫生标准的化妆品罪。其中，生产销售伪劣产品罪是数额犯，要求销售金额 5 万元以上才构成犯罪既遂；生产、销售假药罪和生产、销售有毒、有害食品罪是抽象危险犯，这两罪的法定最高刑为死刑；生产、销售不符合安全标准的食品罪和生产、销售不符合标准的医用器材罪是具体危险犯；其他犯罪均为结果犯。生产、销售特定伪劣产品不符合《刑法》第 141 条至第 148 条规定的犯罪时，如果销售金额在 5 万元以上，以生产、销售伪劣产品罪定罪处罚。当行为符合《刑法》第 141 条至第 148 条规定的特殊犯罪的构成要件，同时又符合《刑法》第 140 条规定的生产、销售特定伪劣产品罪时，形成法条竞合，选择处罚较重的规定定罪量刑。

二、本节重点罪名——生产、销售伪劣产品罪

生产、销售伪劣产品罪是指生产者、销售者在产品中掺杂、掺假，以假充真，以次充好或者以不合格产品冒充合格产品，销售金额达 5 万元以上的行为。本罪属于选

择性罪名，即其犯罪行为分为生产伪劣产品的行为、销售伪劣产品的行为或者既生产又销售伪劣产品的行为。根据《产品质量法》的规定，伪劣产品是指：①不符合保障人体健康，人身、财产安全的国家标准、行业标准的产品；②掺杂、掺假，以假充真，以次充好的产品；③不合格的产品；④失效、变质的产品。

（一）犯罪主体

本罪的主体是生产、销售伪劣产品的生产者、销售者，属于一般主体，既可以是达到法定年龄、具有刑事责任能力的自然人，也可以是单位。生产者即产品的制造者（包括加工者），销售者即产品的批发或零售者。至于生产者、销售者是否具有合法的生产许可证或者营业执照，不影响本罪的成立。

（二）主观方面

本罪的主观方面只能是故意。行为人的故意表现为在生产领域有意制造伪劣产品；在销售领域表现为在销售产品中故意掺杂、掺假或明知是伪劣产品而销售。若是出于过失，则不构成本罪。

关于故意的类型，学界存在直接故意和间接故意之争。张明楷教授持直接故意观点，他认为本罪是目的犯，生产、销售行为者明知其行为给经济秩序、消费者权益带来影响，仍实施这种行为，并希望这种结果的发生。[1] 持间接故意观点的学者认为，生产者、销售者希望的是谋取利益而非损害市场经济秩序或损害消费者利益，对危害后果持放任心态，故只能是间接故意。[2] 本书主张本罪的主观方面包括直接故意和间接故意，其对经济利益的追求既可以是积极希望，也可以是对危害后果的放任。

（三）犯罪客体

本罪的客体是复杂客体，即国家对产品质量的监督管理制度、市场管理制度和广大用户、消费者的合法权益。本罪的产品主要是指除《刑法》另有规定的药品、食品、医用器材、化妆品、涉及人身财产安全的电器、农药、兽药、化肥、种子等之外的产品。对于产品的认定，根据《产品质量法》第 2 条，是指经过加工、制作、用于销售的产品。此处的产品不包括建筑工程，但包括用于建筑工程的材料、设备和配件等。

（四）客观方面

本罪的客观方面表现为生产者、销售者违反国家的法律、法规，生产、销售伪劣产品，销售金额达 5 万元以上的行为。生产、销售伪劣产品行为的表现方式主要有以下四种：①掺杂、掺假，是指在产品中掺入杂质或者异物，致使产品质量不符合国家法律、法规或者产品明示质量标准规定的质量要求，降低、失去应有使用性能的行为，例如在磷肥中掺入泥土。②以假充真，是指以不具有某种性能的产品冒充具有该种使用性能的产品的行为，例如用自来水冒充矿泉水。③以次充好，是指以低等级、低档次产品冒充高等级、高档次产品，或者以残次、废旧零配件组合、拼装后冒充正品或者新产品的行

---

[1] 张明楷：《刑法学》，法律出版社 2011 年版，第 362~367 页。
[2] 胡艳："生产、销售伪劣产品罪若干疑难问题研究"，广西大学 2015 年硕士学位论文。

为，例如以人工种植的灵芝冒充天然灵芝。④以不合格产品冒充合格产品，是指以不符合产品质量标准的产品冒充符合产品质量标准的产品的行为。这里的"不合格产品"，指的是不符合《产品质量法》第26条第2款规定的产品。

（五）本罪与诈骗罪的界限

诈骗罪，是指以非法占有为目的，采用虚构事实或者隐瞒真相的欺骗方法，使财物的所有人或保管人信以为真，陷入认识错误，从而骗取数额较大的公私财物的行为。销售伪劣产品罪中"以假充真、以次充好"的行为与诈骗罪中"虚构事实、隐瞒真相"的行为具有一定相似性，在司法实践中易发生混淆。但二者存在显著区别。首先，两罪的犯罪目的不同：诈骗罪是以非法占有为目的，而生产、销售伪劣产品罪是以生产、销售伪劣产品的行为获取不法利益为目的。其次，两罪的犯罪客体不同：诈骗罪侵犯的客体是他人的财产所有权，而生产、销售伪劣产品侵犯的客体是国家对产品质量的监督管理制度、市场管理制度。最后，两罪的犯罪对象不同：生产、销售伪劣产品罪交付的是双方约定的产品，只是该产品质量不符合规定，如果用赝品或毫无价值的假冒产品欺骗他人财物的，构成诈骗罪。无商品交易或虚拟商品交易骗取他人财物的，为诈骗罪。若行为人销售伪劣产品的行为符合诈骗罪的构成要件，又触犯销售伪劣产品罪，应以想象竞合犯择一重罪论处。

（六）本罪与销售假冒注册商标的商品罪的界限

销售假冒注册商标的商品罪是指销售明知是假冒注册商标的商品，销售金额在5万元以上的行为。两者的区别主要在于：一是两罪的犯罪的对象不同，本罪的对象是伪劣产品，销售假冒注册商标的商品罪的对象是他人已注册商标的商品；二是两罪的客体不同，本罪的客体是国家对产品质量的监督管理制度、市场管理制度和广大用户、消费者的合法权益，而销售假冒注册商标的商品罪的客体则是他人的注册商标专用权和国家的商标管理制度。如果行为人生产、销售了伪劣产品，同时又触犯销售假冒注册商标的商品罪，属于想象竞合犯，应择一重罪处罚。

（七）本罪的立法缺陷及完善建议

生产、销售伪劣产品罪是一个选择性罪名，行为人实施了生产或销售伪劣产品的行为之一的，可构成生产伪劣产品罪或销售伪劣产品罪；行为人同时实施了生产和销售伪劣产品两种行为的，可构成生产、销售伪劣产品罪，而非数罪并罚。不管是实施生产还是销售伪劣产品或是实施二者兼具的行为，要构成本罪的既遂，还需"销售金额达到5万元以上"，而"销售金额"是指"生产者、销售者出售伪劣产品后所得和应得的全部违法收入"，如果行为人仅从事生产行为，或销售金额未达到5万元以上，根据2001年《最高人民法院、最高人民检察院关于办理生产、销售伪劣商品刑事案件具体应用法律若干问题的解释》第2条第2款的规定，"伪劣产品尚未销售，货值金额达到刑法第140条规定的销售金额3倍以上的，以生产、销售伪劣产品罪（未遂）定罪处罚"，依照该规定，生产伪劣产品无论生产再多也永远不能成立生产伪劣产品罪既遂。显然，这样的规定不符合选择性罪名的基本原理，使选择性罪名在适用环节出现了矛盾。为解决这一矛盾，应对现行规定予以修改，明确规定生产伪劣产品达到一定数量即构成生产伪劣产品罪既遂而不是未遂，因为生产伪劣产品的行为本身就已经侵犯了产品质量的监督管理制度和市场管理制度，对广大消费者具有危险性。

关于本罪的犯罪形态，学界存在较多争议，《刑法》规定"销售产品金额5万元以上"是构成犯罪的条件，销售金额不满5万元，是不构成犯罪还是犯罪未遂？持"未遂论"的学者认为，不能因为销售金额没有达到5万元的标准而不构成犯罪。其理由是在司法实践中，许多假冒伪劣产品案件在查获时难以查清商品销售的具体数额，如果一律要求销售金额在5万元以上，那么大量案件将无法进入刑事司法程序。持"无罪论"观点的学者则认为，该罪没有未遂形态，销售金额不满5万元的行为没有达到值得科处刑罚的程度，销售金额是犯罪成立的条件，不符合该构成要件则不成立犯罪。[1] 本书认为，在不符合最高人民法院规定的未遂情形下，赞同不构成犯罪的观点，因为《刑法》明确规定销售金额必须达到5万元以上才追究刑事责任，这明确规定了处罚条件，刑法规制的是严重危害社会的行为，如此规定的目的是避免轻微的违法行为作为犯罪处理。但《关于办理生产、销售伪劣商品刑事案件具体应用法律若干问题的解释》第2条规定了伪劣产品尚未销售，货值金额达到15万元的，以生产、销售伪劣产品罪（未遂）定罪处罚，因此，将这种情形作为特例对待，其他销售金额不满5万元且销售金额的3倍与未销售的货值不满15万元的情形均不构成犯罪。

另外，《刑法》明确将销售金额5万元作为犯罪起点，不利于维护法典的稳定性。因为全国各地的经济状况不一致，用具体数额作为定罪起点容易造成量刑不公平。而且我国市场经济处于飞速发展阶段，经济发展导致的物价水平上涨和货币购买力下降，立法时规定的5万元已经不符合社会的发展实际，以具体金额作为犯罪构成要件的持续性较弱。基于以上考虑，不宜规定具体数额作为犯罪起点，而将其改为"数额较大"，另由司法解释根据社会的发展状况对"数额较大"做出具体的解释。

推荐阅读书目：

1. 涂龙科等编著：《生产、销售伪劣商品罪专题整理》，中国人民公安大学出版社2010年版。

2. 史卫忠、张径楠编著：《生产、销售伪劣商品犯罪定罪量刑案例评析》，中国民主法制出版社2003年版。

3. 熊选国主编：《生产销售伪劣商品罪》，中国人民公安大学出版社2003年版。

4. 祝铭山主编：《生产、销售伪劣商品罪 典型案例与法律适用》，中国法制出版社2004年版。

5. 刘晓刚主编，吕献、王纪松副主编：《刑事案例诉辩审评——生产销售伪劣商品罪》，中国检察出版社2014年版。

---

[1] 张明楷："刑法第140条'销售金额'的展开"，载《清华法律评论》1999年第1期。

第五节 危害计算机信息安全犯罪

一、危害计算机信息安全犯罪概述

危害计算机信息安全犯罪是随着科学技术的发展与计算机的普及而逐渐发展起来的一种新型犯罪。随着计算机和网络技术不断发展，信息量飞速增长，第三次工业革命是以数字化制造为核心，党的十八大也提出要推动信息化与工业化融合。近年来，以3D打印技术、云计算、人机互动技术、新能源技术为代表的新一轮信息技术革命进一步推动了我国新型工业化的发展。与此同时，新型的侵犯计算机信息系统的犯罪也频繁发生，该类犯罪以网络为手段，侵犯计算机信息安全即公共网络秩序的正常运行。我国1997年《刑法》对计算机犯罪作了规定，即非法侵入计算机信息系统罪和破坏计算机信息系统罪。由于科学技术的迅猛发展，我国《刑法》对计算机犯罪的规定，远不能适应工业发展的需要，实践中计算机犯罪的形式不断更新，其犯罪的危害性也越来越大。2009年，《中华人民共和国刑法修正案（七）》（以下简称《刑法修正案（七）》）增加了一些犯罪，将刑法的保护领域延伸到公共计算机信息系统和互联网系统，同时增加获取、控制型行为类型。

计算机犯罪是指违反了国家规定，利用计算机技术，非法侵入受国家保护的重要计算机信息系统以及破坏计算机信息系统并造成严重后果的应受刑法处罚的危害社会的行为。《刑法》中涉及计算机犯罪的条款主要包括《刑法》第285条、第286条和第287条及刑法修正案的相关内容，具体包括非法侵入计算机信息系统罪，非法获取计算机信息系统数据、非法控制计算机信息系统罪，提供侵入、非法控制计算机信息系统程序、工具罪，破坏计算机信息系统罪。广义的计算机犯罪还包括利用计算机实施的犯罪，如利用计算机实施金融诈骗，利用计算机实施盗窃、诈骗，利用计算机实施贪污、挪用公款，利用计算机侵犯商业秘密、窃取国家秘密、国有档案，利用计算机实施网络赌博等。

计算机犯罪的主要特点表现在：①犯罪行为的跨国性。网络的互通性和无界性，消除了行为人在实施犯罪时所受的空间和地域上的障碍，使得计算机领域的跨国犯罪非常容易。司法实践中，行为人只要有一台联网的计算机，就可以通过网络达到其跨国犯罪的目的。②犯罪现场数字化。在一般情况下，去犯罪现场勘查比较容易，但计算机犯罪行为人只是在一虚拟的空间实施犯罪行为。这种犯罪现场非常抽象，本质上是虚拟空间或数字空间，这极大地增大了侦查机关的侦查难度。③犯罪的隐秘性强。计算机信息系统具有开放性、无界性、虚拟性和超越时空性等特点，计算机犯罪在时间和空间上都有极高的隐蔽性。一方面，行为人可以在其认为合适的时间作案，不易被人察觉。另一方面，行为人可以在实施犯罪后，通过其掌握的技术手段清除犯罪痕迹。

二、本节重点罪名——非法侵入计算机信息系统罪

非法侵入计算机信息系统罪是指违反国家规定，侵入国家事务、国防建设、尖端科学技术领域的计算机信息系统的行为。所谓的计算机信息系统是指由计算机硬件及其配套的设施构成的，按照一定的应用目标和规则对新信息进行采集、加工、存储、传输、检索等处理的人机系统。

（一）犯罪主体

本罪的主体是一般主体，即已满 16 周岁、具备刑事责任能力的自然人。由于计算机技术是一种复杂的高新技术，实践中，此类犯罪的行为人多数是熟练掌握计算机技术或者具有较高操作水平的人，但单位不能构成本罪的犯罪主体。外国人在国外实施犯罪，只要被侵入的计算机信息系统属于我国国内，可适用我国刑法。

（二）主观方面

本罪的主观方面表现为故意，即明知自己的行为属于非法侵入上述三种领域的计算机信息系统的行为，而仍然侵入的主观心理态度。通常情况下，上述三种重要领域的计算机信息系统都备有自身的安全保护机制，而且多数都难以破解，行为人必须通过自己的计算机技术故意侵入，过失不能构成本罪。实践中，如果行为人不从技术上特意地突破该类安全保障措施控制机制，是不可能轻易地进入该类计算机信息系统的。

（三）犯罪客体

本罪的客体是国家重要领域和要害部门的计算机信息系统安全。本罪侵入的领域是国家事务、国防建设、尖端科学技术，非法侵入国家事务、国防建设、尖端科学技术这三个领域之外的计算机系统，不构成本罪。

（四）客观方面

本罪客观方面表现为行为人违反国家规定，侵入国家事务、国防建设、尖端科学技术领域的计算机信息系统。"非法"即第 285 条关于本罪规定的"违反国家规定"，而具体到本罪而言，是指违反国家最高立法机关和最高行政机关关于保护计算机信息系统安全的各项法律、法规。"侵入"是指未取得管理员资格或者相关部门授权，或者超越权限，访问以上特定计算机信息系统的行为。

（五）本罪的立法缺陷及完善

本罪的立法缺陷表现在：①犯罪主体不包括单位。司法实践中，虽以单位的名义、为了单位的利益、以单位的意志实施本罪，也只能追究具体的责任人的刑事责任，而无法以单位犯罪对单位进行处罚。②犯罪对象的范围过于狭窄，本罪的犯罪对象仅指国家事务、国防建设、尖端科学技术领域三类计算机信息系统，已经不适应当今社会计算机应用技术高速发展和普及的实际情况，许多关乎民生的行业的日常运转，如金融、电信、电力、燃气、航空、铁路等，都依赖于计算机信息系统，这些行业的信息安全关乎大多数人的利益，一旦出现安全方面的危机，将造成社会的不稳定甚至引发巨大

的危害。③本罪只规定了自由刑即 3 年以下有期徒刑或者拘役，法定刑过轻、缺乏震慑力，可能导致部分行为人不顾法律规定铤而走险实施犯罪。本罪没有财产刑，实践中，许多犯罪人都是以获取非法利益为目的，设置财产刑对于威慑和打击犯罪很有必要。

针对上述问题，应完善以下几点：①扩大本罪的犯罪主体范围，将本罪犯罪主体扩大到单位。②扩大本罪的犯罪对象范围，在原有基础上增加重要经济建设和社会保障领域的计算机信息系统两类，并出台具体的司法解释明确具体的保护领域。③提高本罪的法定刑，并增加以下几种刑罚：其一，罚金，对犯罪分子所处的罚金，可以以犯罪所得为标准，设定一定比例。其二，没收财产，即没收犯罪分子个人财产的部分或者全部，使其丧失继续犯罪的经济基础。其三，剥夺资格，即剥夺犯罪人与计算机信息技术相关的从业资格。

推荐阅读书目：

1. 赵秉志、于志刚：《计算机犯罪比较研究》，法律出版社 2004 年版。
2. 常建平、靳慧云等：《网络安全计算机犯罪》，中国人民公安大学 2002 年版。
3. 王永全、齐曼主编：《信息犯罪与计算机取证》，北京大学出版社 2010 年版。
4. 张越今：《网络安全与计算机犯罪勘查技术学》，清华大学出版社 2003 年版。
5. 刘会霞等编著：《网络犯罪与信息安全》，电子工业出版社 2014 年版。

第六节 重大责任事故犯罪

一、重大责任事故犯罪概述

工业化发展使人类社会进入风险社会，特别是在工业生产领域，重大责任事故犯罪频发，产生触目惊心的灾难，不仅危及人民群众的生命安全，也造成了国家和群众财产的重大损失，严重地阻碍了工业的发展。重大责任事故犯罪和责任事故不同，责任事故违反的是国家有关安全生产或管理的法律法规或规章制度，一般的责任事故若不符合犯罪构成，只由民法或者行政法进行规制。有学者认为，重大责任事故犯罪是指行为人在生产、作业或管理活动中，因过失而导致了达到相当程度的危害结果[1]但规范注意义务的违反是重大责任事故犯罪的前提，重大责任事故犯罪必须违反安全生产管理法规，如果没有违反安全生产管理法规，不会构成责任事故犯罪。因此，重大责任事故犯罪是指行为人在生产、作业、运输或管理活动过程中，违反国家有关安全生产管理的法律、法规或规章，过失导致了严重后果应受刑罚处罚的行为。上述罪名中包含故意犯罪。

---

[1] 孟庆华：《重大责任事故犯罪的认定与处理》，人民法院出版社 2003 年版，第 13～14 页。

二、本节重点罪名——重大责任事故罪

重大责任事故罪是指行为人在生产、作业中违反有关安全管理的规定，因而发生重大伤亡事故或者造成其他严重后果的行为。如果违反规章制度未造成严重后果，或造成严重后果但没有违反规章制度，均不构成本罪。

（一）重大责任事故罪的立法沿革

1963 年，我国《刑法草案修正案》第三十三稿中第一次对重大责任事故罪作出规定，1979 年《刑法》制定时，基本保留了其内容，只改变了原先的法定刑，于第 114 条规定："工厂、矿山、林场、建筑企业或者其他企业、事业单位的职工，由于不服管理、违反规章制度，或者强令工人违章冒险作业，因而发生重大伤亡事故，造成严重后果的，处 3 年以下有期徒刑或者拘役；情节特别恶劣的，处 3 年以上 7 年以下有期徒刑。"

1979 年《刑法》规定的主体范围，已经不能适应现实状况，给司法实践带来许多困惑，随后最高人民法院与最高人民检察院分别在 1986 年、1988 年和 1989 年颁布了三项司法解释来阐释本罪的主体，并将本罪的主体范围扩大至群众合作经营组织和个体经营户、无照施工经营者、在劳改企业中从事生产的职工。尽管如此，我国新兴经济组织形式的不断出现与生产分工的日益细化，使重大责任事故罪依然亟需更改。1997 年《刑法》修改时，为了让法条更具包容性，增强其在司法实践中的适用性，对重大责任事故罪进行了拆分，在"危害公共安全罪"一章中保留了原法条的同时，从中分离出重大飞行事故罪、重大劳动安全事故罪、消防责任事故罪、铁路运营安全事故罪等，令重大安全事故罪的范畴大大缩小，以方便解决具体案件时的实践操作。随着工业化的不断发展，各种新型重大事故频频发生。为顺应时代的发展，在 2006 年 6 月 29 日，全国人大常委会通过了《中华人民共和国刑法修正案（六）》对该罪进行了修改，扩充了犯罪主体的外延，规定凡是从事生产、作业的一切人员都可成为本罪主体；将犯罪构成的客观要件合理化，将之前自相矛盾的"由于不服从管理、违反规章制度"修改为更合理的"违反有关安全管理的规定"，并强调"在生产、作业中"这一时空元素，大大方便了司法实践的具体操作。

（二）重大责任事故罪的构成

1. 犯罪主体。本罪的主体以前为特殊主体，即工厂、矿山、林场、建筑企业或者其他企业、事业单位的职工。《刑法》修正后，本罪的主体为一般主体，即已满 16 周岁、具备刑事责任能力的从事生产、作业的自然人。国家机关工作人员由于官僚主义或玩忽职守造成重大损失的，不构成本罪，可构成玩忽职守罪。

2. 主观方面。本罪的主观方面表现为过失，包括疏忽大意的过失和过于自信的过失。这里的过失是就行为人对其行为所引起的重大事故的心理态度而言的，至于行为人对其违反规章制度的行为本身，则可能是明知的、故意的。

3. 犯罪客体。本罪侵犯的客体是建设施工和生产作业过程的安全。本罪之前的客体是工厂、矿山、林场、建筑企业或者其他企业、事业单位的生产安全。修改后本罪

的客体范围明显扩大了，其客体已不再限于特殊行业的生产经营安全。随着工业的发展，生产、作业愈来愈需要协作有序，某个环节发生问题，不仅仅是操作者个人的人身安全和财产安全的问题，而且会直接关系整个生产安全，造成重大损失。重大责任事故罪侵犯的生产安全，是公共安全的重要组成部分，危害生产安全，同样表现为不特定的多数人的生命、健康或者公私财产遭受重大的损害。

4. 客观方面。本罪客观方面表现为在生产作业过程中，不服管理、违反有关安全管理的规定，导致重大伤亡事故，造成严重后果的行为。首先，行为人必须具有违反有关安全管理规定的行为，包括不服管理、违反规章制度。其次，行为人违反有关安全管理规定是发生在生产、作业过程中并与生产、作业有直接关系。如果事故的发生与生产、作业没有关系，不构成本罪。最后，行为人在生产、作业过程中违反有关安全管理规定的行为必须造成了重大伤亡事故或者其他严重后果。

推荐阅读书目：

1. 王章学编著：《重大责任事故犯罪的定罪与量刑》，中国民主法制出版社 2003 年版。

2. 孟庆华：《重大责任事故犯罪的认定与处理》，人民法院出版社 2003 年版。

3. 沈德咏、文盛堂编著：《危害公共安全罪》，中国民主法制出版社 2014 年版。

4. 丁天球：《危害公共安全罪重点疑点难点问题判解研究》，人民法院出版社 2006 年版。

5. 刘志伟、左坚卫：《危害公共安全罪疑难问题司法对策》，吉林人民出版社 2001 年版。

第七节　侵犯知识产权罪

一、侵犯知识产权罪概述

侵犯知识产权罪是指违反知识产权法的规定，侵犯他人依法享有的知识产权，情节严重的行为。我国《刑法》规定的侵犯知识产权罪包括：①假冒注册商标罪；②销售假冒注册商标的商品罪；③非法制造、销售非法制造的注册商标标识罪；④假冒专利罪；⑤侵犯著作权罪；⑥销售侵权复制品罪；⑦侵犯商业秘密罪。侵犯知识产权罪的法定最高刑是有期徒刑 7 年，全部罪名均规定了罚金。

二、假冒注册商标罪

假冒注册商标罪是指违反商标管理法规，未经注册商标所有人许可，在同一种商品上使用与其注册商标相同的商标，情节严重的行为。

（一）假冒注册商标罪的构成

1. 犯罪主体。本罪的主体为一般主体和单位，即任何企业、事业单位或者个人假冒他人注册商标，情节达到犯罪标准的，即构成本罪。

2. 主观方面。本罪的主观方面是故意。这里的故意，是指明知是假冒注册商标的行为而有意实施的主观心理状态，过失不构成本罪。如不知道某一商标已被他人注册，或者自己首先使用的商标没有注册，却被他人抢先注册，自己在不知情的情况下仍继续使用的，不构成假冒注册商标罪。

3. 犯罪客体。本罪侵犯的客体是国家对商标的管理制度和他人的注册商标专用权。本罪的犯罪对象是他人的注册商标。所谓商标，是指自然人、法人或者其他组织在其生产、制造、加工、拣选或者经销的商品或者提供的服务项目上采用的，由文字、图形、字母、数字、三维标志和颜色或者其组合构成的，能够将其商品或者服务与他人的商品或者服务区别开来的，具有显著特征的可视性标志。而注册商标，是指经商标局核准注册的商标。商标一经注册，其商标专用权就受法律保护。

4. 客观方面。本罪客观方面表现为违反商标管理法规，未经注册商标所有人许可，在同一种商品上使用与其注册商标相同的商标。假冒注册商标罪在客观上具有以下三个特征：①使用他人已经注册的商标。②未经他人许可而使用其注册商标。如果经过注册商标所有人许可在同一种商品上使用该注册商标的，不成立犯罪。③在同一种商品上使用与他人注册商标相同的商标。假冒注册商标行为具体包括以下四种行为：①在同一种商品上使用与他人注册商标相同的商标；②在同一种商品上使用与他人注册商标相近似的商标；③在类似商品上使用与他人注册商标相同的商标；④在类似商品上使用与他人注册商标相近似的商标。但是刑法仅将上述第①种行为规定为犯罪，对其他三类假冒注册商标的行为不能以假冒注册商标罪论处，而只能作为商标违法行为处理。同一商品是指名称相同的商品以及名称不同但指同一事物的商品。名称不同但指同一事物的商品是指在功能、用途、主要原料、消费对象、销售渠道等方面相同或者基本相同，相关公众一般认为是同一种事物的商品。相同的商标是指与被假冒的注册商标完全相同，或者与被假冒的注册商标在视觉上基本无差别，足以对公众产生误导的商标。假冒注册商标罪"情节严重"是指具有以下情形之一：①非法经营数额在 5 万元以上或者违法所得数额在 3 万元以上的；②假冒两种以上注册商标，非法经营数额在 3 万元以上或者违法所得数额在 2 万元以上的；③其他情节严重的情形。

（二）单位实施假冒注册商标罪的追诉标准及量刑问题

1. 其他单位犯罪与自然人犯罪的定罪起点及量刑情况。

（1）单位犯罪比自然人犯罪的定罪起点更高。表一统计了我国《刑法》及有关司法解释规定的单位犯罪和自然人犯罪的追诉起点，从表中数据看，单位犯罪的起点数额明显比自然人犯罪的起点数额高，总体在 2 倍至 20 倍之间。

表 7 – 1　单位犯罪与自然人犯罪追诉起点比较

罪名	自然人	单位	倍数
对单位行贿罪	10 万元	20 万元	2

罪名	自然人	单位	倍数
走私普通货物物品罪	逃税 10 万元	逃税 20 万元	2
非法经营罪	出版物经营 5 万元	出版物经营 15 万元	3
受贿罪（单位受贿罪）	受贿 3 万元	受贿 10 万元	3.33
保险诈骗罪	诈骗 1 万元	诈骗 5 万元	5
非法吸收公众存款罪	吸收 20 万元	吸收 100 万元	5
集资诈骗罪	诈骗 10 万元	诈骗 50 万元	5
信用证诈骗罪	诈骗 10 万元	诈骗 50 万元	5
对有影响力的人行贿罪	行贿 3 万元	行贿 20 万元	6.67
行贿罪（单位行贿罪）	行贿 3 万元	行贿 20 万元	6.67
票据诈骗罪	诈骗 1 万元	诈骗 10 万元	10
金融凭证诈骗罪	诈骗 1 万元	诈骗 10 万元	10
非法经营罪	其他经营 5 万元	其他经营 50 万元	10
对非国家工作人员行贿	行贿 1 万元	行贿 20 万元	20
对外国公职人员、国际公共组织官员行贿案	行贿 1 万元	行贿 20 万元	20

（2）单位犯罪的主刑比自然人犯罪更轻。我国《刑法》对有些单位犯罪中的责任人专门规定了不同于自然人犯罪的法定刑，如单位行贿较个人行贿除了定罪起点数额由个人3万元提高到单位20万元外，其量刑也轻很多，《刑法》第393条规定单位行贿罪中的责任人的最高法定刑为5年，而第390条规定个人行贿最高法定刑为无期徒刑。另外，单位受贿较个人受贿除了定罪起点数额由个人3万元提高到10万元外，其量刑也明显轻很多，单位受贿罪对责任人的最高法定刑为5年，而个人受贿最高法定刑为死刑。单位实施走私普通货物、物品罪较个人实施走私普通货物、物品罪除了定罪起点数额由个人的10万元提高到20万元外，在处罚方面，《刑法修正案（八）》实行之前，个人走私普通货物、物品最高可判处死刑；《刑法修正案（八）》实行之后最高为无期徒刑，而对单位走私普通货物、物品罪中的责任人最高只能判处15年有期徒刑。上述规定表明，单位犯罪与自然人犯罪相比，不仅追诉起点更高，而且对单位犯罪中的责任人处罚更轻。

（3）单位犯罪的相关责任人不适用财产刑。我国刑法对单位犯罪中的责任人适用财产刑的规定并不统一，有的适用财产刑，有的不适用财产刑。表7-2统计了我国刑法中对单位犯罪的直接责任人不适用罚金刑及没收财产的情况，并与自然人犯罪进行比较通过对比可以得知，有些犯罪如非法制造、买卖、运输、邮寄、储存枪支、弹药、爆炸物罪等，不管是个人实施还是单位实施都不适用罚金刑，还有一些犯罪如违规制造、销售枪支罪，逃汇罪，采集、供应血液、制作、供应血液制品事故罪，战时拒绝、故意延误军事订货罪，只能由单位作为主体，不适用罚金刑。

表7-2　单位犯罪中的责任人不适用罚金刑情况

罪名	自然人犯罪	单位犯罪中的责任人	《刑法》法条
非法制造、买卖、运输、邮寄、储存枪支、弹药、爆炸物罪	不适用罚金刑	不适用罚金刑	第125条第1款
非法制造、买卖、运输、储存危险物质罪	不适用罚金刑	不适用罚金刑	第125条第2款
非法出租、出借枪支罪	不适用罚金刑	不适用罚金刑	第128条第2、3款
违规出具金融票证罪	不适用罚金刑	不适用罚金刑	第188条
对违法票据承兑、付款、保证罪	不适用罚金刑	不适用罚金刑	第189条
非法侵入计算机信息系统罪	不适用罚金刑	不适用罚金刑	第285条第1款
破坏计算机信息系统罪	不适用罚金刑	不适用罚金刑	第286条
妨害传染病防治罪	不适用罚金刑	不适用罚金刑	第330条
传播淫秽物品罪	不适用罚金刑	不适用罚金刑	第364条第1款
故意提供不合格武器装备、军事设施罪；过失提供不合格武器装备、军事设施罪	不适用罚金刑	不适用罚金刑	第370条

表7-3　自然人犯罪适用罚金刑、单位犯罪的责任人不适用罚金刑的情况

罪　名	自然人犯罪	单位犯罪中的责任人	法条
虚报注册资本罪	适用罚金刑	不适用罚金刑	第158条
虚假出资罪、抽逃出资罪	适用罚金刑	不适用罚金刑	第159条
欺诈发行股票、债券罪	适用罚金刑	不适用罚金刑	第160条
高利转贷罪	适用罚金刑	不适用罚金刑	第175条
擅自发行股票、公司、企业债券罪	适用罚金刑	不适用罚金刑	第179条
内幕交易、泄露内幕信息罪；利用未公开信息交易罪	适用罚金刑	不适用罚金刑	第180条
编造并传播证券、期货交易虚假信息罪；诱骗投资者买卖证券、期货合约罪	适用罚金刑	不适用罚金刑	第181条
洗钱罪	适用罚金刑	不适用罚金刑	第191条
走私普通货物、物品罪	适用罚金刑	不适用罚金刑	第153条
保险诈骗罪	适用罚金刑	不适用罚金刑	第198条

罪　名	自然人犯罪	单位犯罪中的责任人	法条
虚开增值税专用发票、用于骗取出口退税、抵扣税款发票罪；虚开发票罪	适用罚金刑	不适用罚金刑	第 205 条
伪造、出售伪造的增值税专用发票罪	适用罚金刑	不适用罚金刑	第 206 条
受贿罪；单位受贿罪	适用罚金刑	不适用罚金刑	第 386 条；第 387 条

上述表 7 - 3 所列罪名，自然人实施犯罪时要判处罚金，但单位实施这些犯罪时，不能对其主管人员和责任人员判处罚金，这说明刑法对单位犯罪的责任人的处罚要比个人犯罪轻。表 7 - 4 所列罪名，自然人实施犯罪时可以判处没收财产，但对单位犯罪中的主管人员和责任人员不能适用没收财产，这也进一步说明刑法对单位犯罪中的责任人判处的刑罚比自然人犯罪判处的刑罚要轻。

表 7 - 4　自然人犯罪适用没收财产、单位犯罪的责任人不适用没收财产的情况

罪名	自然人犯罪	单位犯罪中的责任人	法条
走私普通货物、物品罪	适用没收财产	不适用没收财产	第 153 条
保险诈骗罪	适用没收财产	不适用没收财产	第 198 条
虚开增值税专用发票、用于骗取出口退税、抵扣税款发票罪；虚开发票罪	适用没收财产	不适用没收财产	第 205 条
伪造、出售伪造的增值税专用发票罪	适用没收财产	不适用没收财产	第 206 条
受贿罪；单位受贿罪	适用没收财产	不适用没收财产	第 386 条；第 387 条
集资诈骗罪	适用没收财产	不适用没收财产	第 192 条
票据诈骗罪；金融凭证诈骗罪	适用没收财产	不适用没收财产	第 194 条
信用证诈骗罪	适用没收财产	不适用没收财产	第 195 条
行贿罪；单位行贿罪	适用没收财产	不适用没收财产	第 390 条；第 393 条

2. 单位实施假冒注册商标罪的定罪及量刑与个人犯罪一样，不符合罪刑均衡原则。2004 年最高人民法院、最高人民检察院出台司法解释规定单位实施假冒注册商标罪的追诉标准按自然人犯罪数额的 3 倍计算，即单位构成假冒注册商标罪要求非法经营数额 15 万元以上或违法所得 9 万元以上，规定单位犯罪的入罪标准更高，这充分表明我国对单位犯罪的直接责任人的量刑比自然人犯罪更轻的原则。但在 2007 年，最高人民法院、最高人民检察院对该规定进行了全面修改，规定不管是单位实施假冒注册商标罪还是个人实施假冒注册商标罪，其定罪起点相同，且量刑也完全相同。修改后，单

位构成犯罪的入罪标准明显降低，这标志着我国对知识产权的保护力度进一步加大。但自然人和单位各自实施假冒注册商标，在非法经营额相等、侵犯法益程度相同的情况下，单位犯罪中的直接责任人与非单位犯罪的个人所受的处罚虽然是一样的，但单位犯罪中的单位还需要承担罚金刑，相比之下，在实施相同危害程度的情况下，我国刑法对单位实施的假冒注册商标罪的处罚明显比个人犯罪重，这不符合刑法的公平原则和罪责刑相适应的原则。《最高人民法院关于审理单位犯罪案件具体应用法律有关问题的解释》第2条规定，个人为实施犯罪专门设立公司，或者公司设立后以实施犯罪为主要活动的，不以单位犯罪论处。对这种情形以个人定罪处罚的目的是避免单位的责任人获得较轻的处罚。然而，按照最高人民法院的上述规定，如果为实施假冒注册商标犯罪专门设立公司，或者以实施假冒注册商标犯罪为主要活动的，不能以单位犯罪论处，对单位反而不能判处罚金，即对长期实施假冒注册商标犯罪的单位不能判处罚金，一次或偶尔实施假冒注册商标犯罪的单位反而要被判处罚金，这明显不合理。这会导致原本是单位实施的假冒注册商标犯罪，行为人为了不让单位判处罚金，把原本属于单位的责任全部转移给个人，牺牲个人以保全单位。另外，单位犯罪的目的是单位利益，我国刑法理论和实践中也将"为了单位利益"作为认定单位犯罪的标准之一。[1] 单位实施假冒注册商标犯罪中的直接责任人是为了单位利益，犯罪所得归单位，而个人犯罪所获利益全部归个人，让单位犯罪中的责任人与个人犯罪责任人承担相同的处罚不符合公平原则。在单位犯罪中，让没有获得利益或获得很少利益的责任人承担与个人犯罪一样的罚金刑，既不公平也不合理，更何况我国《刑法》对假冒注册商标罪之外的很多其他单位犯罪的直接责任人的处罚都比个人犯罪的处罚更轻。

3. 单位实施假冒注册商标罪的立法完善。我国对单位犯罪的定罪量刑存在两种立法模式，第一种是单位犯罪的定罪数额比个人犯罪的数额高，这种模式下，对单位犯罪的直接责任人的量刑肯定会比个人犯罪的量刑轻；第二种是单位犯罪的定罪标准和个人犯罪的定罪标准完全一样（如假冒注册商标罪），对单位犯罪的直接责任人的量刑与个人犯罪的量刑也一样，实际上，这种模式下对单位犯罪的处罚比个人犯罪的处罚重。很明显，这两种立法模式会导致罪刑不均衡，为了避免量刑不公平的现象，笔者提出以下完善建议：

（1）应统一为一种立法模式，将第二种立法模式中的所有犯罪的定罪及量刑标准修改为第一种立法模式，以示立法公平，建议将单位实施的假冒注册商标的定罪标准设置为个人实施的假冒注册商标的定罪标准的3倍。

（2）若不提高单位实施的假冒注册商标的定罪标准，即单位实施的假冒注册商标的定罪标准与个人实施的假冒注册商标的定罪标准一样时，应修改单位犯罪的责任人的量刑，使单位犯罪的责任人的量刑比个人犯罪的量刑轻。另外，考虑到对单位已经判处罚金，单位犯罪的直接责任人可能并没有获得犯罪收益，因此，对单位犯罪的责任人可以不适用罚金刑。笔者认为应将单位实施的假冒注册商标罪的法条修改为：单

---

[1] 周振想："单位犯罪若干问题研究"，载《华东政法学院学报》1999年第1期。

位实施假冒注册商标罪的，对单位判处罚金，并对其直接负责的主管人员和其他直接责任人员，依照个人犯罪的规定的 1/3 处罚，对没有获利或获利较少的责任人不适用罚金。或者修改为：单位实施假冒注册商标罪的，对单位判处罚金，并对其直接负责的主管人员和其他直接责任人员，依照个人犯罪的规定从轻或减轻处罚，对没有获利或者获利较少的责任人不适用罚金刑。[1]

（三）关于假冒注册商标罪的非法经营额的计算问题

2004 年《最高人民法院、最高人民检察院关于办理侵犯知识产权刑事案件具体应用法律若干问题的解释》第 12 条规定，假冒注册商标罪的"非法经营数额"，是指行为人制造、储存、运输、销售侵权产品的价值。已销售的按销售价格计算，未销售的按标价或查明的实际销售平均价计算，没有标价或无法查明销售价时按市场正品价格计算。2011 年《关于办理侵犯知识产权刑事案件适用法律若干问题的意见》进一步明确，已经制作完成尚未附着商标的产品，只要证明该产品将使用假冒注册商标，也应计入非法经营数额。上文述及非法经营数额分别要以销售价、标价和正品价三个价格计算，而这三个价格在本质上却完全不同，只有产品为正品的情况下，这三个价格才有可能基本一致。一般来说，假冒商标的产品的销售价格远远低于正品价格，市场上 100 元可以买到爱马仕的假包，而爱马仕的正品包超过 10 万元，两者相差 1000 倍。另外，标价并不反映产品的实际销售价格，有的商家为了迎合消费者的打折需求故意将价格标高，然后 1 折销售，两者相差 10 倍。有的商家为了逃避法律追究，故意将标价大幅度标低。用三个完全不同的价格计算非法经营数额会得出不同的数额，导致完全不同的法律后果，其结论是荒谬的。具体分析如下：

1. 不以销售为目的的假冒注册商标的行为可以构成犯罪。假冒注册商标的非法经营数额达到 5 万元即可构成犯罪，犯罪的构成不要求产品已经销售，为了制作电影，拍摄假冒伪劣产品或在模拟火灾场景使用假冒在册商标的产品以降低损失，只要这些产品达到 5 万元的，虽然不以销售为目的，即使这些假冒注册商标的产品没有流入也不可能流入市场，但按照我国现行司法解释的规定，这些行为亦构成假冒注册商标罪。实际上，不以销售为目的的假冒注册商标的行为不具有社会危害性，不符合犯罪的本质要件，不应以定为犯罪。

2. 实施假冒注册商标未销售可构成犯罪，已经销售反而不构成犯罪。如生产假冒注册商标的"中华"牌香烟共 80 条，每条标价 700 元，非法经营数额（以标价计算）总计 56 000 元，若生产者还没来得及销售就被举报抓获，因为存货已满 5 万元，构成假冒注册商标罪；若这 80 条香烟全部销售完后被举报，经查证该批假冒香烟的具体销售价为每条 50 元，总销售金额 4000 元，非法经营数额（依照司法解释的规定以销售价计算）总计 4000 元，因为不满 50 000 元不构成犯罪。很显然，全部销售的行为危害性肯定大于未销售行为的危害性，依照这个规定，危害性小的行为构成犯罪，危害性

[1] 余向阳："假冒注册商标罪若干问题探析"，载《企业经济》2018 年第 3 期。

大的行为反而不构成犯罪。

3. 既有标价又有销售价格时，未销售的行为人可能比已经销售的行为人受到更重的处罚。标价仅仅代表行为人主观意图，不能真实反映销售价格。实践中"打折促销""清仓大甩卖"比较多见，购买者经常会讨价还价，一般来说，实际销售价会比标价低很多，因此未销售的行为人的非法经营数额（按标价计算）比已经销售的行为人的非法经营数额（按实际销售价计算）高很多，这会导致对未销售的行为人的处罚比已经销售的行为人重，产品未销售的行为对社会的危害性显然小于已经销售的行为对社会的危害，产品未销售其行为没有造成实质的社会危害，却要承担比全部销售更重的刑事处罚，实不合理。

上述矛盾的根源在于司法解释规定了销售价、标价和正品价三个价格，而这三个价格的本质是完全不同的，笔者认为对非法经营数额的计算应当统一采用一个价格。至于统一为哪一个价格，目前学界尚存在争议。第一种观点认为应以实际销售价格来计算非法经营额，[1] 第二种观点认为应当按照正品价格来计算非法经营额。[2] 本书赞同第一种观点。首先，犯罪的本质是行为对社会的危害性，假冒注册商标的产品只有通过销售才会危害到社会，而且销售数额越大其危害性越大，销售行为的危害性大于未销售（仅有标价）行为的危害性。其次，虽然立法者认为假冒注册商标的未销售产品具有潜在的危害，但我国刑法对生产伪劣产品罪的规定却是以销售价计算的，立法者认为只有销售5万元才构成生产伪劣产品罪既遂，很显然，生产伪劣产品的行为也具有潜在的危害，假冒注册商标的危害性并不一定大于生产伪劣产品的危害性，但《刑法》规定生产伪劣产品只有实施了销售行为才构成既遂，为了与生产伪劣产品罪保持一致，应以销售价计算假冒注册商标的非法经营数额；再次，司法解释虽然规定了三个价格，但排在第一位的是销售价，只有在没有销售价或无法查清销售价的前提下，才能适用标价或正品价格，这说明立法者首先认可的是销售价格。刘宪权教授也主张应按有利于被告人的原则来计算，即按实际销售价格计算。[3] 笔者建议应将销售价、标价和正品价统一为销售价，以销售价计算假冒注册商标的非法经营数额，在没有销售价或无法查清销售价时，应委托鉴定机构对产品进行鉴定。销售额未达到5万元，已销售额和未销售额之和达到15万元的，以假冒注册商标罪未遂追究刑事责任。[4]

（四）假冒注册商标罪的竞合问题

1. 假冒注册商标罪与生产、销售伪劣产品罪的竞合。假冒注册商标罪侵犯的客体是国家对商标专用权的保护，生产、销售伪劣产品罪侵犯的客体是国家对产品质量的监管制度，当行为人生产、销售不合格产品又未经许可使用他人的注册商标时，就形成假冒注册商标罪与生产、销售伪劣产品罪的竞合。关于这两罪竞合的处理方式在学

---

〔1〕 王松主编：《最高人民法院司法观点集成（知识产权卷）》，人民法院出版社2014年版，第680～681页。

〔2〕 胡云腾、刘科："侵犯知识产权刑事司法解释若干问题研究"，载《中国法学》2004年第6期。

〔3〕 刘宪权、吴允锋：《侵犯知识产权犯罪理论与实务》，北京大学出版社2007年版，第178页。

〔4〕 余向阳："假冒注册商标罪若干问题探析"，载《企业经济》2018年第3期。

界存在四种观点：第一种观点认为行为人有两个犯意，实施了两个行为，属于本质的两罪，而且不符合罪数理论中一罪的类型，应数罪并罚；[1] 第二种观点认为行为人虽然实施了两个行为，符合两罪的构成，但目的行为和手段行为之间存在牵连关系，属于牵连犯，应以一重罪处罚；[2] 第三种观点认为行为人实质上并没有实施两个行为，只实施了一个行为，只是一个行为同时触犯了两个法条，两个法条之间存在重合或交叉，属于法条竞合，应适用特别法条；[3] 第四种观点认为行为人只实施了一个行为，且一个行为同时触犯两个罪名，属于想象竞合，应以一重罪处罚。[4] 上述观点的分歧关键是竞合中的行为的个数和罪的个数，关于行为数的判断，本书基于一般社会观念认为，绝大多数生产、销售的伪劣产品是需要商标的，假冒注册商标的产品可以是合格产品也可以是不合格产品，生产、销售的伪劣产品又假冒注册商标的，如果没有完成商标的附着，还不能说该伪劣产品已经生产完成，因此假冒注册商标的行为是生产、销售伪劣产品中的行为，因此从整体上看属于一个行为。一个行为只能成立一罪，否则会导致重复评价，究竟是法条竞合还是想象竞合，这取决于法条竞合和想象竞合概念范围的界定，有学者对法条竞合的范围进行了限制，认为符合法条竞合需要满足一行为触犯的两个法条只能是包容关系而不能是交叉关系，要求有一个确定的罪名对犯罪行为所侵犯的法益进行完全评价而没有遗漏，其处罚规则只能是适用特别法条，若特别法条不能对犯罪行为进行完全准确的评价，需要适用从一重罪处罚，这不属于法条竞合，是想象竞合。[5] 基于这个判断标准，本书赞同想象竞合说，因为，即使认为伪劣产品中的"伪"的行为包括假冒注册商标的行为，但生产、销售伪劣产品罪的法条和假冒注册商标罪的法条之间并不存在特别法条与一般法条的关系，当假冒注册商标销售伪劣产品数额在20万元以下时，需要适用假冒注册商标罪的法条，因为在此时假冒注册商标罪处3年以下有期徒刑，而生产、销售伪劣产品罪处2年以下有期徒刑；而当假冒注册商标销售伪劣产品数额在50万元以上时，需要适用生产、销售伪劣产品罪的法条，因为在这种场合假冒注册商标罪应处3年以上7年以下有期徒刑，而生产、销售伪劣商品罪应处7年以上有期徒刑或无期徒刑。总而言之，没有一个确定的罪名能够充分、准确地评价行为的所有不法内涵，需要从一重罪处罚，因此认定为想象竞合更为合适。

另一种情形，行为人从生产者处购买伪劣产品，并在该产品上附着假冒注册商标后销售，上述行为包括：①行为一：购买伪劣产品；②行为二：假冒注册商标；③行为三：销售假冒注册商标的伪劣产品。在这种场合，显然无论从规范判断还是社会一般通念判断，都不能认为只有一个行为，但行为一和行为二是为了实施行为三服务的，是以行为三为目的，即行为一、行为二与行为三具有一定的牵连关系，通常情况下，

[1] 朱孝清："略论惩治假冒商标犯罪的几个问题"，载《法学》1994年第2期。
[2] 周光权：《刑法各论讲义》，清华大学出版社2003年版，第336页。
[3] 赵秉志主编：《侵犯知识产权罪疑难问题司法对策》，吉林人民出版社2000年版，第250页。
[4] 赵瑞罡、邓宇琼：《侵犯知识产权犯罪司法适用》，法律出版社2006年版，第25~26页。
[5] 张明楷："法条竞合与想象竞合的区分"，载《法学研究》2016年第1期。

行为人购买伪劣产品与销售伪劣产品具有高度伴随性，符合类型化要求；但购买伪劣产品后又在购买伪劣产品上附着假冒的注册商标再销售，两种行为之间并不具有高度伴随性，不符合类型化要求，应以假冒注册商标与销售伪劣产品罪数罪并罚。需要说明的是，《最高人民法院、最高人民检察院关于办理生产、销售伪劣商品刑事案件具体应用法律若干问题的解释》第 10 条规定，实施生产、销售伪劣商品犯罪，同时构成侵犯知识产权等其他犯罪的，依照处罚较重的规定定罪处罚。该规定强调生产、销售伪劣商品必须"同时"构成侵犯知识产权等犯罪，上述探讨的情形中的行为三属于这种情况，但上述行为一、行为二和行为三不管是时间上还是空间上都有明显的不同，不符合在实施生产、销售伪劣产品罪的"同时"构成假冒注册商标罪，因此，不能适用"依照处罚较重的规定定罪处罚"。[1]

2. 假冒注册商标罪与虚假广告罪的竞合。假冒注册商标罪与虚假广告罪侵犯的法益不同，假冒注册商标罪侵犯的是国家对商标的管理秩序和商标权人的专用权，虚假广告罪侵犯的是国家对广告的管理秩序和消费者的合法权利。当行为人生产假冒注册商标的产品又做虚假宣传时，形成假冒注册商标罪与虚假广告罪的竞合。在这种情况下，虚假广告的行为包括对产品假冒的商标做虚假宣传，还可能包括对被侵权产品本身不具有的质量、性能等做虚假宣传，如行为人生产空调未经商标权人许可附着"海尔"商标，在广告宣传时声称自己的产品是"海尔"空调，包括正品"海尔"空调涵盖的有关信息如该产品的主机、生产者、产地等，还声称该产品 1 个月只消耗 1 度电，且不需要添加"雪种"，这属于正品"海尔"空调都不具有的性能。本书认为，假冒注册商标罪与虚假广告罪产生竞合时，从行为数判断，行为人实施的不止一个行为，因此不成立想象竞合也不成立法条竞合，但无论假冒注册商标的行为还是虚假广告的行为，其目的都是销售假冒注册商标的产品，其行为之间具有牵连关系，符合类型化要求，应以一重罪处罚。[2]

3. 假冒注册商标罪与假冒专利罪的竞合。假冒专利罪侵犯的客体是他人专利权和国家对专利的管理制度。当行为人在生产、销售产品的过程中既假冒他人注册商标又假冒他人专利时，其行为构成假冒注册商标罪与假冒专利罪的竞合形态，针对这种竞合形态的处理规则，学界存在一定争议：第一种观点认为，如果被假冒的注册商标和被假冒的专利之权利人是同一人或同一单位的，应按想象竞合择一重罪处罚；如果被假冒的注册商标和被假冒的专利之权利人不是同一人或同一单位的，应数罪并罚。[3]第二种观点认为，行为人具有两个犯意，符合两个犯罪构成，应数罪并罚。[4]上述观点的分歧在于被侵犯的商标和专利是否属于同一人或同一单位，如果商标和专利分别属于不同人或不同单位，两种观点都认为应数罪并罚。本书并不赞同上述观点，本书

---

〔1〕 余向阳："假冒注册商标罪若干问题探析"，载《企业经济》2018 年第 3 期。

〔2〕 余向阳："假冒注册商标罪若干问题探析"，载《企业经济》2018 年第 3 期。

〔3〕 肖中华："侵犯知识产权罪认定若干问题研究"，载顾肖荣主编：《经济刑法：第 1 卷》，上海人民出版社 2003 年版，第 198 页。

〔4〕 安斌："假冒专利罪客观行为特征的理解及其司法认定"，载《中国刑法学杂志》2004 年第 1 期。

认为，首先应分析这种竞合形态中的行为的个数，在判断行为数的基础上，再依据罪数理论确定这种竞合形态的罪的个数，而不应根据被侵犯的商标权和专利权是否由同一人或同一单位享有。因为即使是同一人或同一单位也可能会生产多种产品，拥有多个商标权和多个专利权，如甲单位生产空调、冰箱等多种产品，空调使用"A"商标但不是专利产品，而冰箱使用"B"商标同时又使用了"C"专利，现在乙单位在其生产的空调上既假冒甲单位的"A"商标又假冒甲单位的"C"专利，按照上述第一种观点，假冒注册商标罪和假冒专利罪侵犯的是同一权利人，应择一重罪处罚，本书认为该观点值得商榷。首先，侵权行为人具有两个故意，实施了假冒注册商标和假冒专利两个行为，不符合想象竞合犯必须只有一个行为的规定；其次，两行为之间并不具有吸收关系，虽然两行为均是为了更好地销售产品，即两行为作为同一个目的的两个手段行为存在牵连关系，但这种牵连关系并不具有高度伴随性，不符合类型化要求，因此应数罪并罚。但如果被假冒的注册商标和被假冒的专利本身属于同一产品，即被假冒的产品本身既具有注册商标又具有专利，很难想象行为人在假冒该产品时只假冒注册商标而不假冒专利，或只假冒专利而不假冒注册商标，这不符合常理。本书认为，在这种情形下，两行为之间具有高度伴随性，属于具有类型化的牵连犯，应择一重罪处罚。综上所述，假冒注册商标罪与假冒专利罪竞合的情况下，当假冒的注册商标与假冒的专利原本属于同一个产品，行为人为了假冒该产品，实施了假冒注册商标的行为也多会实施假冒专利的行为，属于高概率的牵连行为，应择一重罪处罚，其他情形，即使两行为具有一定的牵连关系，但不具有类型化，应数罪并罚。

鉴于最高人民法院规定单位实施假冒注册商标罪的直接责任人与个人实施假冒注册商标罪承担相同的刑事责任，单位犯罪的，除责任人受处罚外，单位本身还要被判处罚金，实际上对单位犯罪的处罚更重，这在刑法理论上明显缺乏处罚根据。相反，本书列举了很多单位犯罪的刑事责任比个人犯罪更轻的规定，很多单位犯罪的定罪起点也比个人更高，为了罪刑均衡和刑罚公平，需要修改单位实施假冒注册商标罪的相关规定。

对假冒注册商标罪的定罪数额不应以三个本质完全不同的价格（销售价、标价、正品价）计算，这会导致同样危害程度的犯罪，结果却完全不同，甚至危害相对较小的假冒注册商标的行为比危害更大的假冒注册商标的行为受到的处罚更重，这不符合罪刑相适应原则。

当假冒注册商标罪分别与生产销售伪劣产品罪、虚假广告罪或假冒专利罪形成竞合时，由于缺乏明确规定的统一学说，司法实践中处罚混乱，本书认为，应先基于行为的判断标准判断行为的个数，若存在数行为，还应分析各行为之间的关系，然后结合我国的罪数理论确定行为人应承担的罪数及刑事责任。

基于上述分析探讨，本书提出以下解决对策：[1] 其一，修改我国《刑法》，或者由最高人民法院出台相关规定对单位实施假冒注册商标罪的直接责任人依照个人犯罪

---

〔1〕 余向阳："假冒注册商标罪若干问题探析"，载《企业经济》2018年第3期。

规定的 1/3 处罚，并且对没有获利或获利较少的责任人不适用罚金刑；或者提高单位实施假冒注册商标罪的定罪数额为个人数额的 3 倍；或者规定对单位实施假冒注册商标罪的直接责任人依照个人犯罪的规定从轻或减轻处罚。其二，最高人民法院出台司法解释规定，统一以销售价计算假冒注册商标罪的定罪数额，在没有销售价或无法查清销售价时，应委托鉴定机构对产品进行鉴定，以鉴定价计算。其三，最高人民法院出台司法解释明确规定，行为人在生产、销售伪劣产品的过程中假冒注册商标的，应择一重罪处罚；若行为人购买伪劣产品后贴附假冒注册商标或将原商标变更为假冒的注册商标，应数罪并罚；假冒注册商标罪与虚假广告罪发生竞合时，适用牵连犯的规定，应择一重罪处罚；假冒注册商标罪与假冒专利罪发生竞合时，若被假冒的产品原本属于专利产品，应择一重罪处罚；若被假冒的产品原本不属于专利产品，应数罪并罚。

三、假冒专利罪

假冒专利罪是指违反国家专利法规，假冒他人专利，情节严重的行为。假冒专利罪仅限于《专利法》第 63 条所规定的假冒他人专利的行为，而冒充专利行为和专利侵权行为被排除在假冒专利罪之外。虽然冒充专利行为的社会危害性也很大，但《刑法》未将其规定为犯罪。

本罪的主体为一般主体，企业、事业单位和个人均可构成本罪。本罪的主观方面是故意，一般具有非法获取经济利益的目的，但也可能是为了损害他人的声誉，破坏他人专利权益。出于何种目的不影响本罪的成立。本罪侵犯的客体是他人的专利所有权，包括专利权人的商誉。本罪客观方面表现为行为人实施了假冒他人专利的行为，首先，行为人假冒的必须是专利，即被授予专利权的发明创造；其次，行为人假冒的必须是"他人"专利。根据《刑法》规定，犯本罪的，处 3 年以下有期徒刑或者拘役，并处或者单处罚金。单位犯本罪的，对单位判处罚金，并对其直接负责的主管人员和其他直接责任人员，依照个人犯罪的规定处罚。

四、非法制造、销售非法制造的注册商标标识罪

非法制造、销售非法制造的注册商标标识罪是指伪造、擅自制造他人注册商标标识，或者销售伪造、擅自制造的注册商标标识，情节严重的行为。

本罪的主体为一般主体，单位也可以构成本罪。本罪的主观方面是故意，即明知是非法制造、销售非法制造的注册商标标识的行为而有意实施的主观心理状态。本罪侵犯的客体是国家对商标的管理秩序和他人注册商标的专用权。犯罪对象是非法制造的注册商标标识。商标标识是指文字、图形等元素构成的商标图样的物质实体，是表明注册商标的商品显著特征的识别标记。商标标识包括：①在商品上或者商品包装、说明书以及其他附着物上所标明的注册商标字样或者注册商标标记，以及注册标记；②在商品或包装物品上印制的注册商标图形，即注册商标的文字、图形或者其组合的图样；③经商标局核准注册或能起到商标作用的商品特定名称及外观装潢部分。本罪客观方面为伪造、擅自制造他人注册商标标识，或者销售伪造、擅自制造的注册商标

标识。伪造是指仿照他人注册商标的文字、字母、图形或者图样进行非法制造。擅自制造是指具备印制商标标识资格的企业,超越注册商标所有人授予的权限,在印刷商标标识企业与注册商标所有人的商标印制合同规定的印数之外,又私自超量印制商标标识。对于销售行为,只有销售属于伪造或擅自制造的注册商标标识的,才构成本罪。伪造、擅自制造、销售的行为必须违反商标管理法规、情节严重,才构成犯罪。根据《刑法》规定,犯本罪的,处 3 年以下有期徒刑、拘役或者管制,并处或者单处罚金,情节特别严重的,处 3 年以上 7 年以下有期徒刑,并处罚金。单位犯本罪的,对单位判处罚金,并对其直接负责的主管人员和其他直接责任人生,依照个人犯罪的规定处罚。

推荐阅读书目:

1. 柏浪涛:《侵犯知识产权罪研究》,知识产权出版社 2011 年版。

2. 魏东主编:《侵犯知识产权罪立案追诉标准与司法认定实务》,中国人民公安大学出版社 2010 年版。

3. 皮勇主编:《侵犯知识产权罪案疑难问题研究》,武汉大学出版社 2011 年版。

4. 杜国强、唐梅、王明星:《侵犯知识产权罪比较研究》,中国人民公安大学出版社 2005 年版。

5. 刘科、程书兵编著:《侵犯知识产权犯罪专题整理》,中国人民公安大学出版社 2008 年版。

第八章
工业民事诉讼法

第一节 工业民事诉讼法的基础知识

工业化发展不仅推动了生产力的快速发展，也引致了包括法律在内的上层建筑的变化。作为三大诉讼法之一的民事诉讼法，也因为整个工业化的发展产生了相应的变化。不仅如此，在工业化时代，与工业有关的民事诉讼在三大诉讼中所占比例最大，而其内容与传统的民事诉讼有诸多不同，这就必然引致民事诉讼法专业教育教学的改革。

一、工业民事诉讼法的基本含义

工业诉讼法分为工业刑事诉讼法、工业民事诉讼法、工业行政诉讼法。其中工业民事诉讼法是调整工业民事诉讼法律关系的法。

工业民事诉讼法律关系是工业民事诉讼法的调整对象。这一调整对象，比较常见的有针对工业活动实施的违法行为的诉讼、工业活动致害引起的诉讼等，都是起诉并产生诉讼系属后才发生的工业民事诉讼法律关系。工业民事诉讼法律关系的主体往往有法院、检察院、原告、被告、第三人、证人、鉴定人、勘验人、翻译人员、专家辅助人、申请执行人、被执行人、协助执行人等等。

因为处在工业化、后工业化的时代，故而工业民事诉讼法的外延也就很广，这不难想象，但需要注意的是：①工业刑事附带民事诉讼，此之附带民事诉讼属于工业民事诉讼。②工业民事诉讼中的公益诉讼不是民事公诉，而是典型的工业民事诉讼。民事公诉的概念，学界多有提及，但其实很难成立。③不仅因工业活动侵权而提起的工业公益诉讼是工业民事诉讼，而且因之而起与之并行的私益诉讼也属于工业民事诉讼。其中，关于刑诉附带民事公益诉讼，2018 年《最高人民法院、最高人民检察院关于检察公益诉讼案件适用法律若干问题的解释》（以下简称《两高关于检察公益诉讼案件的司法解释》）第 20 条做出了明确规定。

当然工业民事诉讼法的概念还处在初步的探索之中，也尚未获得学界的广泛认同，这是因为工业法这个概念以及工业法这门课程是我校首创、我校特色，别无第二，就像著名学术杂志《政治与法律》所开辟的专栏"经济刑法"是首创和特色一样，谁能说人人承认了经济刑法的概念？谁又能说不得进行创新探索？

二、工业民事诉讼的基本特征

（一）直接利害关系当事人和权利保护当事人同时并存

在民事诉讼中，多数诉讼是利害关系当事人的诉讼，利害关系当事人是与案件有直接利害关系并受法院裁判拘束的诉讼人，而少数诉讼是权利保护当事人的诉讼，权利保护当事人是保护他人民事权益，引起民诉程序发生、变更或消灭的诉讼人。这种权利保护当事人是为他人民事权益而进行诉讼的人，是一种诉讼担当，分为法定诉讼担当和约定诉讼担当，法院裁判不拘束于担当人，效力归于民事法律关系的原主体即被担当人。在工业诉讼中，利害关系当事人和权利保护当事人会在同一案件中同时并存。

在针对工业活动实施的违法行为的诉讼中，特别是工业活动致害引起的诉讼中以及在工业刑事附带民事诉讼中，由于工业活动的规模性违法犯罪、严重致害和重度侵权，会导致群死群伤，也可能会导致宣告失踪或宣告死亡，从而引发共同诉讼甚或群体诉讼。于此情形，幸存的受害人就可作为利害关系当事人起诉，已经死亡或被宣告死亡或被宣告失踪的受害人就可由其权利保护当事人起诉。这就出现了在同一共同诉讼甚或群体诉讼中，利害关系当事人与权利保护当事人同时并存的现象。

此外，在各种工业民事诉讼中，由于规模性违约、违法和侵权损害巨大，法定的国家机关、社会团体或群众组织就可作为权利保护当事人提起诉讼，而受害人自己同时起诉的则又是作为利害关系当事人的起诉，这样一来，两种性质不同的当事人就会同时出现在同一个诉讼之中。在此试举两例，一个例子是《劳动合同法》第56条规定："用人单位违反集体合同，侵犯职工劳动权益的，工会可以依法要求用人单位承担责任；因履行集体合同发生争议，经协商解决不成的，工会可以依法申请仲裁、提起诉讼"，在此如果有的职工同意工会代表自己起诉，有的职工不同意工会代表自己起诉而是自行起诉，就出现了利害关系当事人和权利保护当事人的同时并存。另一个例子是《消费者权益保护法》第37条规定："消费者协会履行下列公益性职责：……⑦就损害消费者合法权益的行为，支持受损害的消费者提起诉讼或者依照本法提起诉讼"，在此，这是一个援引性条款，"支持受损害的消费者提起诉讼"是民事诉讼法支持起诉原则在《消费者权益保护法》中的具体体现，这属于利害关系当事人自己的起诉，而"消费者协会履行下列公益性职责：……⑦就损害消费者合法权益的行为……依照本法提起诉讼"，既然是"履行……公益性职责"，以及"依照本法提起诉讼"，那就是依照该法47条的公益诉讼条款："对侵害众多消费者合法权益的行为，中国消费者协会以及在省、自治区、直辖市设立的消费者协会，可以向人民法院提起诉讼"，这属于权利保护当事人为人的起诉。而根据2015年《最高人民法院关于适用〈中华人民共和国民事诉讼法〉的解释》（以下简称《民诉适用解释》）第288条的规定，"人民法院受理公益诉讼案件，不影响同一侵权行为的受害人根据民事诉讼法第119条规定提起诉讼"，如此一来，同一工业民事诉讼中就出现了利害关系当事人和权利保护当事人的同时并存。

　　（二）公益诉讼与私益诉讼的并行不悖

　　如上所述，在工业民事诉讼中，利害关系当事人和权利保护当事人经常同时并存，但那主要还是基于私益诉讼。而在公共利益和私人利益同时受损的工业民事诉讼中，利害关系当事人和权利保护当事人的同时并存更加常见，其分别为了私益和公益而双双起诉，这就是私益诉讼和公益诉讼的并行不悖。对此，《民诉适用解释》第288条规定，"人民法院受理公益诉讼案件，不影响同一侵权行为的受害人根据民事诉讼法第119条规定提起诉讼"。2015年《最高人民法院关于审理环境民事公益诉讼案件适用法律若干问题的解释》（以下简称《环境民事公益诉讼案件司法解释》）第10条第1款规定，"人民法院受理环境民事公益诉讼后，应当在立案之日起5日内将起诉状副本发送被告，并公告案件受理情况"，第2款规定，"有权提起诉讼的其他机关和社会组织在公告之日起30日内申请参加诉讼，经审查符合法定条件的，人民法院应当将其列为共同原告；逾期申请的，不予准许"，第3款规定，"公民、法人和其他组织以人身、财产受到损害为由申请参加诉讼的，告知其另行起诉"。这就是说，公益诉讼立案后，公告案件受理情况是为了寻找其他公益诉讼人，以便形成公益诉讼共同原告的强大阵营，但私益诉讼就得另行起诉。对环境民事公益诉讼与私益诉讼的并行不悖，《环境民事公益诉讼案件司法解释》第29条作了更加明确的规定："法律规定的机关和社会组织提起环境民事公益诉讼的，不影响因同一污染环境、破坏生态行为受到人身、财产损害的公民、法人和其他组织依据民事诉讼法第119条的规定提起诉讼。"此外，2016年《最高人民法院关于审理消费民事公益诉讼案件适用法律若干问题的解释》（以下简称《消费民事公益诉讼案件司法解释》）第6、7、9条也有类似规定。

　　应该说，公益诉讼和私益诉讼的并行不悖，源于两个原因：一是损害合法权益的工业行为经常发生，而且同一工业行为同时损害公共利益和私人利益，对这两种利益的受损须都有司法救济途径，须都能起诉。二是民事诉讼法赋予法定机关和有关组织公益诉讼的诉权，却没有赋予非法定的其他法人、组织和自然人公益诉讼的诉权。如此一来，当同一工业行为损害不特定多数人的利益时，由于多数人不愿诉和不敢诉，就只能由立法者规定的公益诉讼人依据法律赋予的公益诉讼之诉权，进行法定诉讼担当，做权利保护当事人，提起公益诉讼。而与此同时，也会有少数人基于自身利益的损害，愿意诉和敢于诉，那就只能作为利害关系当事人，提起其私益诉讼。而这类主体，在司法实践中可以预计，将会以律师、法律志愿者和热心法律事业的业内人士居多，其勇于提起私益诉讼，就与公益诉讼同时并行了。其实这是十分难得的，所以司法者应该根据立法者的规定，提供各种诉讼便利。不仅如此，立法者还应该不断扩大公益诉讼的诉权主体范围，直至让所有的法人、其他组织和自然人都有公益诉讼的诉权，这将更加有利于公共利益的保护。不应过分担心公益诉讼的滥诉，各种资料显示近年公益诉讼的受案数量甚至呈下降趋势。另外，即使人人都可提起公益诉讼，由于公益诉讼与私益诉讼的并行不悖，因为自身利益受损的人，会根据自己的利益和需要来决定提起公益诉讼或提起私益诉讼，而自身利益没有受损的人则只能依据法律赋予的公益诉讼的诉权来提起公益诉讼。

（三）鉴定人和专家辅助人的广泛使用

鉴定人、专家辅助人和专家证人是不同概念。按照《民诉法》第76条，鉴定人是就案件事实的专门性问题做出其鉴定意见的人，鉴定人在原告、被告和第三人之间是居中中立的，鉴定意见是八种法定证据之一，鉴定费用最终由败诉一方当事人承担。按照《民诉法》第79条，专家辅助人是各方当事人聘请法院同意出庭，就鉴定人做出的鉴定意见或专业问题提出意见的人，专家辅助人不是居中中立的，而是归属于原告、被告或第三人的某一方，专家辅助人意见本身不是八种法定证据之一，按照《民诉适用解释》第122条第2款，"具有专门知识的人在法庭上就专业问题提出的意见，视为当事人的陈述"，由于其类似德国民诉法上的诉讼辅佐人之一，只是辅佐某一方，所以《民诉适用解释》第122条第3款规定，法院准许当事人申请的，相关费用由提出申请的当事人自行负担。专家辅助人的使用，是囿于案件事实的专门性、行业性，即便有了专家鉴定意见，所有参加诉讼的民诉法律关系主体也还是隔行如隔山，无法轻易理解，而专家辅助人就正好能进行现场的科普说明，对专业事项做出一般性阐释。由于其只是其他诉讼参与人之一，只参与庭审的某一环节，所以《民诉适用解释》第123条第2款才会规定"具有专门知识的人不得参与专业问题之外的法庭审理活动"。与鉴定人、专家辅助人是委托的或聘请的，没有强制义务不同，根据《民诉法》第72条，证人则是知道案件情况而有义务提供证言的单位和个人，其作证是对国家的一种强制义务，其证言是在回忆和还原过往案情是何时何地如何发生的，而这一任务是鉴定人和专家辅助人都无法完成的，因为他们没有亲临案发现场。证人不能像鉴定人、专家辅助人那样可以回避或替换，利害关系人、未成年人，只要能正确表达自己意思的，都须作证、都可作证，所以不能把《民诉法》第79条的专家辅助人称之为专家证人，学界对此，称谓混乱不堪，还假借英美法系的专家证人来说事，而枉顾作此规定的现行法律隶属于大陆法系。证人证言当然是八种法定证据之一，但按照《民诉法》第64条，证人证言有居中的和不居中的，当事人自己收集调查的证人证言不居中，法院依职权主动收集调查的证人证言则居中。按照《民诉法》第74条，对于证人出庭的必要费用，当事人自己收集调查的证人证言，由当事人自己先行垫付，法院依职权主动收集调查的证人证言，由法院先行垫付，但最终都由败诉一方当事人承担。那么由此推想，不居中的证人可以在做专家证人的同时做专家辅助人吗？其都为某方当事人服务，因而理论上可以，但现行规定中没有，已有的规定是专家辅助人意见视为当事人陈述，既似当事人似乎就不便再做证人。居中的证人可以在做专家证人的同时做专家辅助人吗？根本不行！因为专家辅助人只为某方当事人服务而不能居中，司法解释已经规定专家辅助人意见视为当事人陈述。此外，《民诉适用解释》第124条2款规定："人民法院可以要求鉴定人参与勘验。必要时，可以要求鉴定人在勘验中进行鉴定。"在勘验中进行鉴定的鉴定人是专家证人吗？二者不可混同。一方面勘验笔录是法院做的笔录，鉴定意见是鉴定机构给的意见，二者都只能居中，而证人有居中的有不居中的。另一方面证人证言是证人的陈述，鉴定意见是鉴定人的意见，勘验笔录是勘验人的笔录，虽然鉴定人、勘验人都是专家，但与证人毕竟还是不同的人，而且证人不得回避或替换，与可以回避或替换的鉴定人、勘验人角色冲突。再一方面鉴定人、勘验人与专家辅助人就更加无涉，因为按照《民诉法》第79条，专家辅助人的本职是要就鉴定人做出的鉴定意见或专业问题提出意见的人，是与鉴定人对簿的。而勘验人是法院的人，再兼专家辅助人就有失勘验的公信力和中立性了。

总而言之，随着社会分工的日益细化，随着科学技术的日新月异，发生在各行各业的案件，特别是发生在工业领域的案件，专业性、行业性极强，已经到了要另设知识产权法院这样的专门法院和专设专利代理人的地步，否则，多数工业民事诉讼就都要就专门性问题委托鉴定人做出鉴定意见。纵然如此，参加诉讼的民诉法律关系主体也还是会对鉴定意见有不解、困惑和外行的感觉，特别是当事人还会对鉴定意见有怀疑、担忧甚或敌视的态度，为了解决这些问题，2012年的《民诉法》规定当事人可以各自聘请专家辅助人辅佐自己，对鉴定意见提出自己的专业意见，对鉴定人进行发问，与对方的专家辅助人进行辩论，从而起到足以质证和发现真实的效果，特别是其对专业问题进行科普性的一般阐释，可以解除各方疑义，帮助法官查明案情，公正判决。如此一来，鉴定人和专家辅助人就会同时在工业民事诉讼中得到广泛运用。

（四）证据开示义务和举证倒置的广泛应用

表面上看，证据开示义务和举证倒置都仿佛是本该本证方举证却由反证方举证的问题，都只是举证倒置的一个问题，但依笔者之见，证据开示义务属于取证（认证和证明力）的问题，而举证倒置是个举证责任问题，二者不可混淆。证据开示义务由美国首创，美国法官依据经验主义、具体判例、个案分析和自由裁量，裁定本该自己取证一方之对方提交或开示证据，然后进行认证，确认其证明力的大小，这事实上是法官在取证和认证。我国民诉中，证据开示义务也多数是裁定的，而举证倒置则多半是法定的（尽管法官有对举证责任进行分配的自由裁量权）。举证倒置一般采用列举式的明确规定，集中在《民诉法》《侵权责任法》《最高人民法院关于民事诉讼证据的若干规定》（以下简称《证据规定》）和《民诉适用解释》等法律和司法解释之中，主要适用于危险领域（如高空高压、饲养动物等）、专业领域（如专利纠纷、环境污染、缺陷产品和医疗事故等）和强势领域（如劳动争议等），证据开示义务则一般采用概括式的笼统规定，交由主审法官自由裁量是否取证和如何认证，散见于部分司法解释之中。2001年的《证据规定》第75条规定："有证据证明一方当事人持有证据无正当理由拒不提供，如果对方当事人主张该证据的内容不利于证据持有人，可以推定该主张成立。"学界有解释者认为，一方请求法院命令对方提交其明显持有的证据，属于2007年《民诉法》第64条规定的"当事人及其诉讼代理人因客观原因不能自行收集的证据"而申请法院调查收集的情形，因此属于法院取证的情形，对方提交了，也属于法院在取证，对方不提交法院就对申请方做有利的经验推定，而对被申请方做不利的经验推定，而这一推定属于证明力的认证。其逻辑是法院取证——妨碍取证——证明力推定。

在工业民事诉讼中，本证方通常是缺乏科技专业知识甚至是处于弱势的一方，取证、举证手段和能力极为不足，更不对等，于是法律法规、司法解释规定了概括的证据开示义务和列举的举证倒置。举证倒置的规定已如上所述，多半都隶属工业民事诉讼领域。而证据开示义务，《民诉适用解释》第112条第1款规定，"书证在对方当事人控制之下的，承担举证证明责任的当事人可以在举证期限届满前书面申请人民法院责令对方当事人提交"，第2款规定，"申请理由成立的，人民法院应当责令对方当事人提交，因提交书证所产生的费用，由申请人负担。对方当事人无正当理由拒不提交的，人民法院可以认定申请人所主张的书证内容为真实"。《民诉适用解释》第113条还规定："持有书证的当事人以妨碍对方当事人使用为目的，毁灭有关书证或者实施其他致使书证不能使用行为的，人民法院可以依照民事诉讼法第111条规定，对其处以罚款、拘留。"这些规定充分体现了上述法院取证——妨碍取证——证明力推定的逻辑。此外，《环境民事公益诉讼案件司法解释》第13条规定："原告请求被告提供其排放的主要污染物名称、排放方式、排放浓度和总量、超标排放情况以及防治污染设施的建设和运行情况等环境信息，法律、法规、规章规定被告应当持有或者有证据证明被告持有而拒不提供，如果原告主张相关事实不利于被告的，人民法院可以推定该主张成立。"这条规定所涉证据可能是书证、物证、视听资料或电子数据等，这就足以启发我们：在工业民事诉讼中，妨碍收集调查书证、物证、视听资料、电子数据和证人、当事人的，妨碍进行鉴定或勘验的，比比皆是，因此在广泛应用举证倒置制度的同时，还应该广泛应用证据开示义务制度。

（五）诉前证据保全、诉前财产保全和诉前行为保全的提前实施

诉前财产保全，民诉法早有规定，但诉前证据保全和诉前行为保全则直到2012年《民诉法》才首次规定，这可能是民诉法的立法者原有的思路仅限于一般民事诉讼而淡忘了工业民事诉讼。倒是走在司法一线的最高法院、知识产权法域、海事海商法域和公证法域，基于工业民事诉讼的迫切需要，早在20世纪末21世纪初，就在有关司法解释、专利法、商标法、著作权法、公证法和海事诉讼特别程序法中规定了诉前证据保全和诉前行为保全，不过知识产权法中的诉前行为保全体现为诉前禁令，只涉诉前的要求不作为，不涉诉前的要求作为，而海事诉讼特别程序法规定的诉前行为保全则叫海事强制令，可命令作为或不作为。随着2012年《民诉法》的修改，往后的工业民事诉讼则无论诉前还是诉中，无论财产保全，还是证据保全或行为保全，利害关系人都可根据自己的紧急需要申请法院裁定和执行了，包括仲裁中的有关保全。这当然是一种完满的立法。

有关司法解释、专利法、商标法、著作权法、公证法和海事诉讼特别程序法之所以率先规定了诉前证据保全和诉前行为保全，而民诉法随后紧跟，在诉前财产保全规定的基础上，及时补充规定了诉前证据保全和诉前行为保全，就是因为这些民诉制度，

在关涉专利、商标、著作权、消费者权益保护、产品质量、反不正当竞争和海事海商等领域的工业民事诉讼中更为常见和更加重要。以诉前行为保全为例，诉前之作为的提前给付，就有维持合伙、暂时经营、暂不解雇和暂时承租等。诉前之不作为的提前给付就有排除妨害（如停止施工、停止排放）、停止侵权（如停止翻拍、出版）、停止生产、停止销售和停止不正当竞争等。至于诉前证据保全，在现代工业高度信息化、电子化和数据化的条件下，毁灭专利、商标、著作权和海事海商等方面的有关证据，分秒完成，还不留一丝痕迹。为了不打草惊蛇并能及时有效，《民诉法》第81条第2款才会规定"因情况紧急，在证据可能灭失或者以后难以取得的情况下，利害关系人可以在提起诉讼或者申请仲裁前向证据所在地、被申请人住所地或者对案件有管辖权的人民法院申请保全证据"。《消费民事公益诉讼案件司法解释》第8条规定"有权提起消费民事公益诉讼的机关或者社会组织，可以依据民事诉讼法第81条规定申请保全证据"。在此"情况紧急""证据可能灭失或者以后难以取得""提起诉讼或者申请仲裁前"和"向证据所在地、被申请人住所地或者对案件有管辖权的人民法院申请"等字眼极为经典，因为十万火急、起诉或申请仲裁都来不及，而证据就可能灭失、被毁或难得，这在工业民事诉讼中极易发生，而在专事仲裁工商业财产纠纷的商务仲裁中就更加常见，但仲裁委员会却无证据保全的执行权，甚或还未曾达成仲裁协议，况且既在诉前，案件未经受理，法院对有关申请也难免推脱和懈怠，于是法律列举式地规定了证据所在地、被申请人住所地或者对案件有管辖权的法院作为受理申请的必选法院。对此，《最高人民法院关于审理环境侵权责任纠纷案件适用法律若干问题的解释》（以下简称《环境侵权解释》）第11条进一步明确规定："对于突发性或者持续时间较短的环境污染行为，在证据可能灭失或者以后难以取得的情况下，当事人或者利害关系人根据民事诉讼法第81条规定申请证据保全的，人民法院应当准许。"（笔者注：本条包含诉前证据保全和诉讼证据保全）同样，就诉前财产保全和诉前行为保全，为了不打草惊蛇并能及时有效，《民诉法》第101条第1款才会规定，"利害关系人因情况紧急，不立即申请保全将会使其合法权益受到难以弥补的损害的，可以在提起诉讼或者申请仲裁前向被保全财产所在地、被申请人住所地或者对案件有管辖权的人民法院申请采取保全措施"，第2款才会规定，"人民法院接受申请后，必须在48小时内作出裁定；裁定采取保全措施的，应当立即开始执行。"《环境侵权解释》第12条进一步明确规定："被申请人具有环境保护法第63条规定情形之一，当事人或者利害关系人根据民事诉讼法第100条或者第101条规定申请保全的，人民法院可以裁定责令被申请人立即停止侵害行为或者采取污染防治措施。"（笔者注：本条包含诉前行为保全和诉讼行为保全）在此，有关经典字眼类似前述诉前证据保全，剩下的就是诉前"不立即申请保全将会使其合法权益受到难以弥补的损害""责令被申请人立即停止侵害行为或者采取污染防治措施"，都彰显了工业民事诉讼中诉前保全的典型性。现代大数据工商业时代，工商业交易已经跨国化、大宗化、批量化、巨额化，含金量极高，要有盈利难以估量，要有损害也不可估量，所以才显出诉前财产保全和诉前行为保全的重要性、急迫性和必要性。如果做了诉前财产保全和诉前行为保全，诉前可对利害关系人进行一定程度的止损，防止损失的进一步扩大，诉后可有利于法院的强制执行，诉中可对后续损害赔偿之诉进行一定程度的精算，否则就只能采用类似德国法上所谓损害估量办法进行判决了，这就类似《环境民事公益诉讼案件司法解释》第 23 条的规定："生态环境修复费用难以确定或者确定具体数额所需鉴定费用明显过高的，人民法院可以结合污染环境、破坏生态的范围和程度、生态环境的稀缺性、生态环境恢复的难易程度、防治污染设备的运行成本、被告因侵害行为所获得的利益以及过错程度等因素，并可以参考负有环境保护监督管理职责的部门的意见、专家意见等，予以合理确定。"

保全是一种临时性救济措施，财产保全作为一种假扣押，行为保全作为一种假处分，由于其紧急性、救急性，都适用简易的诉讼程序，切忌本案化，不开庭、不辩论、不听取被申请人的意见、不证明，只释明，就速裁速执行，听取对方意见及对对方的救济都是裁定和执行以后的事，诉前行为保全、诉前财产保全就更是这样。另外，诉前证据保全，虽不叫假扣押或假处分，但其裁定和执行程序也和诉前财产保全和诉前行为保全一样，对此《民诉法》第 81 条第 3 款规定："证据保全的其他程序，参照适用本法第九章保全的有关规定。"总之，利用好诉前证据保全、诉前行为保全和诉前财产保全，对工业民事诉讼大有裨益。

（六）诉讼时效的延长

工业技术的发展一方面带来了巨大福利，改善了人民生活，但另一方面，也导致了不少问题，比如工业产品的某些瑕疵具有隐蔽性，工业损害的某些结果具有潜伏期，是现有技术一时难于精确发现的，这就需要规定特别的诉讼时效——主要是延长的诉讼时效。

关于延长的诉讼时效，已有一些法律作出了特殊规定。比如《环保法》第 66 条规定："提起环境损害赔偿诉讼的时效期间为 3 年，从当事人知道或者应当知道其受到损害时起计算。"而《环境侵权解释》第 17 条规定："被侵权人提起诉讼，请求污染者停止侵害、排除妨碍、消除危险的，不受环境保护法第 66 条规定的时效期间的限制"。对此如何理解呢？2017 年 10 月 1 日起施行的《民法总则》第 196 条规定，"下列请求权不适用诉讼时效的规定：①请求停止侵害、排除妨碍、消除危险……"，这不是延长的诉讼时效，而是不适用诉讼时效。这就是说侵害、妨碍、危险常常可能是持续的，也是紧急的，停止侵害、排除妨碍和消除危险一类预防性诉请，又类似诉讼行为保全，且不涉及工业损害的隐蔽性和潜伏期，不需要准确精算或大致估量损害结果，不需要艰难的搜证过程，相反，现实危险已经十分明显，诉讼请求十分简单，随时发生，随时发现，根据危险的轻重程度或自己的承受程度，随时诉请或不诉请，所以不必适用诉讼时效。而损害赔偿之诉，特别是人身损害赔偿之诉，涉及并发症、后遗症的连续治疗和后续治疗，完全与之相反，所以需要明确的较长的诉讼时效，如不明确，如不适用诉讼时效，反而可能因证据流失而难以胜诉。

此外，《海商法》第 265 条规定："有关船舶发生油污损害的请求权，时效期间为 3 年，自损害发生之日起计算；但是，在任何情况下时效期间不得超过从造成损害的事故发生之日起 6 年。"这当然还是因为工业损害的隐蔽性和潜伏期。《合同法》第 129 条规定，"因国际货物买卖合同和技术进出口合同争议提起诉讼或者申请仲裁的期限为 4 年，自当事人知道或者应当知道其权利受到侵害之日起计算"。这是因为货物买卖合同和技术进出口合同的跨国性。最后，诉讼时效制度的目的是督促人们尽早行使诉权，制裁人们怠于行使诉权，而工业危害的损害赔偿之诉，国际工业交易的违约责任之诉，往往不是人们怠于行使诉权的问题，而是工业危害的隐蔽性和潜伏期问题、是医疗技术难于准确诊断的局限性问题、是发现真实的取证手段的严重不足性问题、是远隔千山万水的跨国性问题，有鉴于此，需要规定延长的诉讼时效。

需要特别强调的是《民法总则》第 188 条第 1 款规定："向人民法院请求保护民事权利的诉讼时效期间为 3 年。法律另有规定的，依照其规定。"这就使得上述环保法、海商法、合同法等法律规定的诉讼时效不再是延长的诉讼时效，而这些法律所规定的诉讼时效必将被相应修订，未来需要以新修订的延长的诉讼时效为准。不过这不影响我们现有的论证和说明。

（七）惩罚性赔偿的判决和调解将会增多

民法是私法，实行等价有偿原则，所以民事损害赔偿带有补偿性特征，但是英国判例首次运用而英美法系广泛引入了公法的惩罚性措施，实行了惩罚性赔偿制度。这一制度，虽然在英美法系中也颇具争议，但已为世界多国法律广泛吸取，适用于民事侵权和民事违约。其之所以被多国立法者采纳，主要是因为人身权是绝对权、对世权，无法完全用金钱衡量，而且现代社会，人权受到越来越多的关注，人身安全的保障义务日益突出。然而现代工业在给人们带来巨大福利的同时，也带来不小的风险和危害，有时还造成难以完全弥补的重大损害，这就需要最大限度地利用惩罚性赔偿。

在中国现代工业民事诉讼中，主审法院作出惩罚性赔偿的判决和调解，其主要法律依据是《侵权责任法》《最高人民法院关于审理人身损害赔偿案件适用法律若干问题的解释》《消费者权益保护法》《食品安全法》和《劳动合同法》，不过这些法律都涉及人身损害赔偿，而不涉及财产损害赔偿，其中又主要集中体现在后三个法律之中。

2013 年《消费者权益保护法》第 55 条第 1 款规定"经营者提供商品或者服务有欺诈行为的，应当按照消费者的要求增加赔偿其受到的损失，增加赔偿的金额为消费者购买商品的价款或者接受服务的费用的 3 倍；增加赔偿的金额不足 500 元的，为 500 元。法律另有规定的，依照其规定。"这里的欺诈经营，在主观上，类似刑法的直接故意（积极追求），在客观上，不要求结果，只要求行为，只以行为为构成要件，类似刑法的行为犯，即使未造成人身伤害的也要 3 倍赔偿。而"法律另有规定的，依照其规定"目前主要体现在《食品安全法》中。《消费者权益保护法》第 55 条第 2 款规定："经营者明知商品或者服务存在缺陷，仍然向消费者提供，造成消费者或者其他受害人死亡或者健康严重损害的，受害人有权要求经营者依照本法第 49 条、第 51 条等法律规定赔偿损失，并有权要求所受损失 2 倍以下的惩罚性赔偿。"这里的隐瞒经营，在主观上，类似刑法的间接故意（消极放任），在客观上，不仅要求行为，而且要求结果，要以结果为构成要件，类似刑法的结果犯，要造成人身严重损害或死亡的，才依照第 49 条进行人身伤害赔偿或死亡赔偿，以及第 51 条进行精神损害赔偿。

2018 年《食品安全法》第 148 条第 1 款规定，"消费者因不符合食品安全标准的食品受到损害的，可以向经营者要求赔偿损失，也可以向生产者要求赔偿损失"。第 2 款规定："生产不符合食品安全标准的食品或者经营明知是不符合食品安全标准的食品，消费者除要求赔偿损失外，还可以向生产者或者经营者要求支付价款 10 倍或者损失 3 倍的赔偿金；增加赔偿的金额不足 1 千元的，为 1 千元。"如果说第 1 款的赔偿还是等价有偿，那么第 2 款的赔偿则是在第 1 款之外追加的惩罚性赔偿。更为关键的是，不论其生产、经营是欺诈还是隐瞒，不论其是否造成人身伤害或死亡，一律要进行惩罚性赔偿，而且惩罚性额度远超 2013 年《消费者权益保护法》的上述规定。

《劳动合同法》第 82 条第 2 款规定："用人单位违反本法规定不与劳动者订立无固定期限劳动合同的，自应当订立无固定期限劳动合同之日起向劳动者每月支付 2 倍的工资。"第 85 条规定："用人单位有下列情形之一的，由劳动行政部门责令限期支付劳动报酬、加班费或者经济补偿；劳动报酬低于当地最低工资标准的，应当支付其差额部分；逾期不支付的，责令用人单位按应付金额 50% 以上 100% 以下的标准向劳动者加付赔偿金：①未按照劳动合同的约定或者国家规定及时足额支付劳动者劳动报酬的；②低于当地最低工资标准支付劳动者工资的；③安排加班不支付加班费的；④解除或者终止劳动合同，未依照本法规定向劳动者支付经济补偿的。"第 87 条规定："用人单位违反本法规定解除或者终止劳动合同的，应当依照本法第 47 条规定的经济补偿标准的 2 倍向劳动者支付赔偿金。"这里都不区分故意或过失、不论是否造成损害、只讲违法要件、都要额外支付，很显然就是惩罚性的赔偿金。其实劳动法域内的诸如经济补偿金、额外经济补偿金和赔偿金都是惩罚性赔偿金。

最后需要说明的是，其一，有关惩罚性赔偿，如果生产者、经营者和消费者、劳动者有高于法律规定的约定或承诺的，当然从其约定或承诺，这是私法自治和处分原则的体现，这可以叫作约定的惩罚性赔偿；其二，当有关人身损害赔偿数额无法用金钱精算时，主审法官的判决和调解可以运用上述的损失估量，而这种估量照样可带惩罚性，这可以叫作裁定的惩罚性赔偿；其三，如有社会安全保障义务，侵权人或违约人确无赔偿能力时，可以适用替代赔偿责任，遇到侵权人或违约人赔偿能力不足时，可以适用补充赔偿责任。此外，还可以利用政府救助、社会保障、商业保险和慈善捐助等综合手段来全力帮助，这可以叫作补充性补偿。

我们认为除了惩罚性赔偿外，还有准惩罚性赔偿。使用这一提法，是囿于其虽有惩罚性，但学界似乎还未明确冠之以惩罚性赔偿的概念，比如《消费民事公益诉讼案件司法解释》第 18 条规定："原告及其诉讼代理人对侵权行为进行调查、取证的合理费用、鉴定费用、合理的律师代理费用，人民法院可根据实际情况予以相应支持。"《环境民事公益诉讼案件司法解释》第 19 条第 2 款规定："原告为停止侵害、排除妨碍、消除危险采取合理预防、处置措施而发生的费用，请求被告承担的，人民法院可以依法予以支持。"该司法解释第 22 条规定："原告请求被告承担检验、鉴定费用，合理的律师费以及为诉讼支出的其他合理费用的，人民法院可以依法予以支持。"

第二节 工业民事诉讼法中的典型诉讼

在现行民事诉讼法中，隶属于工业诉讼[1]的民事诉讼，其类型包括但不限于小额诉讼、公益诉讼、第三人诉讼和恶意诉讼[2]。现就这几种典型的工业民事诉讼进行论述。

一、小额诉讼

2012 年 8 月 31 日修改颁行的《民诉法》第 162 条首次规定了小额诉讼程序："基层人民法院和它派出的法庭审理符合本法第 157 条第 1 款规定的简单的民事案件，标的额为各省、自治区、直辖市上年度就业人员年平均工资 30% 以下的，实行一审终审。"表面上看，这不是典型的工业民事诉讼，其实不然，根据范愉教授的深入研究和她对世界司法实践的广泛考察，在追讨贷款、水费、电费、租金、电话费、供楼款、物业服务费和仓储保管费等民事纠纷中，相关工商企业作为原告，铁证如山，稳操胜券，大量提起小额诉讼，每年多次起诉，利用小额诉讼程序的速审速裁和一审终审，把法院变为替其追债的讨债公司，为此日本民事诉讼法还不得不修法限制工商企业年度利用小额诉讼程序的次数。对此，在保护小额债主的合法权益与节约有限司法资源之间如何衡平，以及其他种种问题，都值得实证考察和理论研究的不断加强。

二、公益诉讼

如果说工业民事诉讼在小额诉讼程序中主要体现为工商企业做原告，那么在公益诉讼中，工商企业却主要是做被告。2012 年 8 月 31 日修改颁行的《民诉法》第 55 条规定了公益诉讼："对污染环境、侵害众多消费者合法权益等损害社会公共利益的行为，法律规定的机关和有关组织可以向人民法院提起诉讼。"2017 年 6 月 27 日修改颁行的《民诉法》第 55 条第 2 款规定："人民检察院在履行职责中发现破坏生态环境和资源保护、食品药品安全领域侵害众多消费者合法权益等损害社会公共利益的行为，在没有前款规定的机关和组织或者前款规定的机关和组织不提起诉讼的情况下，可以向人民法院提起诉讼。前款规定的机关或者组织提起诉讼的，人民检察院可以支持起诉。"从中不难想象，污染环境、破坏生态环境和资源保护、危害食品药品安全、侵害众多消费者合法权益的都是工商企业，它们都将是公益诉讼的被告，即使未来法律纳入了学界讨论的政府采购、国有资产等其他公共利益，也还是改变不了其被告的角色。再则，《环境民事公益诉讼案件司法解释》第 17 条规定，"环境民事公益诉讼案件审理

---

[1] 工业诉讼从性质上可分为工业刑事诉讼、工业民事诉讼、工业行政诉讼；从原因上可分为针对工业活动实施的违法行为的诉讼、针对工业活动行政管制引起的诉讼、工业活动致害引起的诉讼等。

[2] 恶意诉讼不是合法诉讼，而是一种非法诉讼，但却是工业诉讼中常见的非法诉讼，固有必要专门论述。

过程中，被告以反诉方式提出诉讼请求的，人民法院不予受理"，《消费民事公益诉讼案件司法解释》第 11 条、《两高关于检察公益诉讼案件的司法解释》第 16 条也都作了同样规定，这更说明了公益诉讼中的工商企业只能做恒定的被告，不可能反诉而成为原告，因为公益诉讼的原告只是在程序上进行诉讼担当，做的只是权利保护当事人，而不是直接利害关系当事人，在污染环境、危害食品药品安全、侵害众多消费者权益等案件中，不是与被告基于实体上的同一案情事实和处于同一实体法律关系中的相对一方。

三、群体诉讼

群体诉讼在立法上虽然不是民诉法的新规定，但在司法上却早就是工业民事诉讼的常见诉讼形态。随着传统工业和新兴工业的发展，在带来工业发展福利的同时，也产生了大量群体性损害，特别是在违约、侵权和意外事故中，经常发生群体性损害，引发群体诉讼。比如格式合同的群体诉讼、消费领域的群体诉讼、医疗事故的群体诉讼、集资领域的群体诉讼、证券投资的群体诉讼、小区物业的群体诉讼、环境污染的群体诉讼、群死群伤的群体诉讼（矿难、空难、海难等）等。在这些群体诉讼中，工商企业也常常作为被告，在这一点上，群体诉讼类似公益诉讼，但二者有本质区别，公益诉讼为了不特定多数人，群体诉讼为了特定多数人。公益诉讼是为了公益，群体诉讼是为了私益。群体诉讼是 10 人以上（多为原告）的诉讼，人数上不封顶，诉讼不便，故要推选诉讼代表人，而作为原告的诉讼代表人与公益诉讼人区别较大：其一，诉讼代表人是推选（委托）的诉讼担当人，但其自身也是利害关系当事人、首席当事人，而公益诉讼人是法定的诉讼担当人，不是利害关系当事人，与本案案情和诉讼结果没有直接利害关系。其二，代表人诉讼是群体诉讼，但却是为了私益，是私益诉讼，而公益诉讼并非群体诉讼，也很难出现 10 人以上的公益诉讼人，这是因为民诉法禁止自然人提起公益诉讼，新《消费者权益保护法》、新《环境保护法》又提高了提起公益诉讼的法定组织的级别。退一万步讲，即使出现 10 人以上的原告，也还是为了公益，而不是为了私益；其三，诉讼代表人为自己（私益），但同时一定也为特定的他人，且他人也是本案当事人，而公益诉讼人为不特定的他人（公益），也可能同时为自己（这不是其本质），但那些不特定的他人却不是本案的当事人，他们根本就未出现在本案之中。

关于群体诉讼与公益诉讼，学界不少论者常常混淆，常常因为群体诉讼（特别是人数不确定的群体诉讼）人数众多而误以为其为了公共利益，从而混同为公益诉讼，最典型的就是把美国集团诉讼、德国团体诉讼、日本选定当事人诉讼等都视为公益诉讼，其实这其中只有德国团体诉讼是公益诉讼，其他都是群体诉讼。

四、第三人诉讼

第三人诉讼在立法上虽然不是民诉法的新规定，但在司法上也早就是工业民事诉讼的常见诉讼形态。在现代工商业背景下，全球经济一体化，研发、初加工、精加工、组装、下线、批发、零售，从初端到终端，分由不同的工商企业完成，特别是在关联企业的关联交易中，形成多个法律关系，引起三个以上主体之间的诉讼纠纷，这就会形成第三人诉讼，要么是有独立请求权的第三人诉讼，要么是无独立请求权的第三人潜在的诉讼。第三人诉讼与共同诉讼、群体诉讼常常难以区分，困惑法官、律师和学生。其实，共同诉讼、群体诉讼，不论有多少人，只有一个法律关系，一个诉讼标的，只不过必要共同诉讼是基于完全同一的一个法律关系、一个诉讼标的，普通共同诉讼是基于多个同类但分别的多个法律关系、分别的多个诉讼标的，共同诉讼人之间、群体诉讼人之间是同一条战壕里的战友，而第三人诉讼则是两个以上法律关系、三个以上诉讼标的，第三人和本诉原告、被告之间，本诉原告和被告之间，两两对立，都不可能成为立场相近、利益一致的战友。

五、恶意诉讼

恶意诉讼当然是非法的诉讼，但常常发生在工业民事诉讼之中，出于防范和规制的目的，我们有必要对其进行研讨。

如前所述，在现代工商业条件下，研发、初加工、精加工、组装、下线、批发、零售，从初端到终端，分由不同的工商企业完成，特别是在关联企业的关联交易中，形成多个法律关系，就是在这种多个联动的法律关系，特别是关联交易的法律关系中，诉讼当事人容易恶意串通，进行恶意诉讼，损害案外第三人的合法权益。对此，现行《民诉法》第 13 条第 1 款首次规定，"民事诉讼应当遵循诚实信用原则"，第 112 条首次规定："当事人之间恶意串通，企图通过诉讼、调解等方式侵害他人合法权益的，人民法院应当驳回其请求，并根据情节轻重予以罚款、拘留；构成犯罪的，依法追究刑事责任。"这里的当事人之间以合法形式掩盖非法目的，企图借恶意诉讼侵害他人合法权益的"他人"，就是案外第三人。对于原判进入了执行程序后的恶意诉讼，第 113 条规定："被执行人与他人恶意串通，通过诉讼、仲裁、调解等方式逃避履行法律文书确定的义务的，人民法院应当根据情节轻重予以罚款、拘留；构成犯罪的，依法追究刑事责任。"这里的被执行人与他人之间以合法形式掩盖非法目的，企图借恶意诉讼逃避履行法律文书确定的义务，侵害的也是案外第三人（在此是申请执行人）的合法债权。

如上所述，《民诉法》第 112、113 条规定了主审法院对恶意诉讼人处以罚款、拘留的强制措施或另案追究刑事责任的刑法处罚，除了主审法院、其他法院可采取的对策外，同法也为案外第三人规定了救济措施，这就是第 56 条第 3 款的第三人撤销之诉和第 227 条的案外人申请再审，其中第 56 条第 3 款是这样规定的："前两款规定的第三人（笔者注：有独立请求权第三人和无独立请求权第三人），因不能归责于本人的事由未参加诉讼，但有证据证明发生法律效力的判决、裁定、调解书的部分或者全部内容错误，损害其民事权益的，可以自知道或者应当知道其民事权益受到损害之日起 6个月内，向作出该判决、裁定、调解书的人民法院提起诉讼。人民法院经审理，诉讼请求成立的，应当改变或者撤销原判决、裁定、调解书；诉讼请求不成立的，驳回诉讼请求。"有必要说明的是，这是对原判生效后为案外第三人规定的救济措施，如果原判未生效，正处于审理之中，那么案外第三人可以依照同条前两款，作为有独立请求权第三人或无独立请求权第三人参加本诉，以便进行权利主张和诈害防止。另外，其中第 227 条是这样规定的："执行过程中，案外人对执行标的提出书面异议的，人民法院应当自收到书面异议之日起 15 日内审查，理由成立的，裁定中止对该标的的执行；理由不成立的，裁定驳回。案外人、当事人对裁定不服，认为原判决、裁定错误的，依照审判监督程序办理……"，有必要说明的是，这是对原判进入执行程序后为案外第三人规定的救济措施——案外人申请再审，故叫执行程序中的案外人申请再审。依照笔者的理解，2008 年《最高人民法院关于适用〈中华人民共和国民事诉讼法〉审判监督程序若干问题的解释》中原有的执行程序外的案外人申请再审已经废止，因为执行程序外的案外人救济措施已经有了第三人撤销之诉。换言之，原判当事人通过恶意诉讼损害案外第三人利益时，原判未进入执行程序的，案外人应依照《民诉法》第 56 条第 3 款提起第三人撤销之诉，原判已进入执行程序的，案外人应依照《民诉法》第 227 条申请再审。需要特别指出的是，依照《民诉法》第 227 条，案外人、申请执行人、被执行人都可以提起执行程序中的异议之诉，但这些诉讼都不是原判当事人通过恶意诉讼造成损害所引起的，而是执行法院执行错误所引起的，故不在本标题下的研讨范围内。

为了打击恶意诉讼，《民诉适用解释》第 301 条规定："第三人撤销之诉案件审理期间，人民法院对生效判决、裁定、调解书裁定再审的，受理第三人撤销之诉的人民法院应当裁定将第三人的诉讼请求并入再审程序。但有证据证明原审当事人之间恶意串通损害第三人合法权益的，人民法院应当先行审理第三人撤销之诉案件，裁定中止再审诉讼。"这是撤销之诉和再审的合并，指的是案外第三人提起了撤销之诉，而与此同时原判当事人申请并获得再审审理，或原审法院决定再审，或有关检察院抗诉引起再审，于此情形，虽撤销之诉和再审合并，但有证据证明原诉可能是恶意诉讼的，就要裁定中止再审，先行审理第三人撤销之诉，以便突出和重点打击恶意诉讼。

第三节　工业民事诉讼法的方法论

一、学习目标

工业民事诉讼法并非三大诉讼法之外的独立学科，包括工业民事诉讼法在内的三大诉讼法又只是程序法。程序法是形式，实体法是内容，程序法最终还是为实体法服务的，要做好这一服务就得贯彻程序正义优先，否则实体正义就大可怀疑、大打折扣。有鉴于此，学习工业民事诉讼法就应当与其他课程相协调。

由于民事诉讼法课程开在刑事诉讼法课程之后、行政诉讼法和证据法学课程之前，同时民事诉讼法课程又是在民法、刑法等实体法课程开设之后，与合同法、知识产权法等实体法课程同时开设，所以应当尽量利用与刑事诉讼法课程的相通之处，突出民事诉讼法课程的自身特色，为行政诉讼法课程做好铺垫，加强与民商经济法等实体法课程的兼容和贯通。同时，该课程的开设对象为高年级学生，其在学习该课程时已经具备了一定的专业理论和基础知识，能够初步运用专业知识分析和判断基本的法律问题，所以学习目标应当与低年级学生有所不同。这就是触类旁通、融会贯通，打通点线面体，同时重点体会和把握工业民事诉讼法的精神和特征，具体说来：

1. 全面掌握民事诉讼法的基本理论和基本规则。
2. 在 1 的基础上了解工业民事诉讼法中的相关问题。
3. 熟悉民事诉讼特别是工业民事诉讼的基本技能和方法。
4. 探索和掌握工业民事诉讼法的学习方法。
5. 提升综合运用诉讼法、实体法知识分析和解决工业民事诉讼法律问题的能力。
6. 跟踪、了解和归纳工业民事诉讼和工业民事诉讼法的最新趋势和动向。

二、学习方法

（一）结合时代背景和社会热点

法学专业学习，应尽可能地将所学内容与时代背景相结合。背景学习法的重要性是基于如下原因：从认识到实践、从理论到实际、从法条到生活，须有一定的生活基础、生活经历和经验感受。当学习内容被放在一个与自己有关的背景中的时候，学习兴趣会更浓，领悟程度会更深。理性的东西一旦离开了感性，就会成为教条的、苍白的、枯燥的东西，就会边学边忘，考完忘完，知识就会从脑袋中重新回到书本中。比如学外语，许多人当初分数不低，但离开学校，离开环境、不加应用，几乎忘完，就相当于白学了。

以工业法为导向的民事诉讼法课程，采用背景学习法正是一个为学生的学习提供背景条件的学习方法。学生身处工业化社会之中，深感工业大学的环境和氛围，亲身体验着工业化带来的各种变化，熟悉其身边发生的各种工业化问题。关注工业化发展过程中的各种法律问题，不仅能提高学生学习的兴趣，也能激发学生学习的主动性、积极性，提高自己学习的效果。比如新《民诉法》规定了公益诉讼，有关司法解释规定了环境民事公益诉讼、消费民事公益诉讼，学习有关内容时可结合当下雾霾背景（北京发出红色预警，限制人口规模，车辆按单双号限行，雾霾所致病症应否纳入职业健康保险等），学习效果会比从前更好。

社会热点问题反映现实社会中民诉法律制度的实际运行状况，显现阻碍民诉法律制度实施的种种阻力和瓶颈，备受社会关注。它不仅容易引起学生学习的兴趣，也能结合民诉课程的相关内容，有助于学生学好工业民事诉讼法，有助于学生提高观察问题、分析问题和处理问题的能力。我国在推进全面依法治国的过程中，特别是在现实的司法体制改革中，新近设立了最高法院巡回法院、知识产权法院、杭州互联网法院、上海金融法院，颁布了《中华人民共和国人民陪审员法》，确立了以审判为中心的诉讼制度的改革目标，这些必将引发民诉制度领域的不断改革，必将给民诉学习不断注入新鲜题材和内容，如法官员额制、人民陪审员制、巡回法庭制、跨区域管辖制、终身司法责任制，以及司法资格考试变为法律资格考试等，都是学生关注的社会热点，都能结合课程学习内容进行思考。再如鸿茅药酒事件，学生可以分析：能否提起刑事附带民事公益诉讼？还是单独提起公益诉讼或私益诉讼？提起私益诉讼的话，是否多为小额诉讼？等等。

（二）结合生活实际和前知识结构

现代学生十分时尚，电脑、网游、网购、微信、旅游、交友、恋爱和运动等，无一不爱，但也常常发生纠纷，常常牵涉工商企业，常常形成潜在的工业民诉，比如运动受伤、旅游被骗、电信诈骗和网购退货等。有了生活遭遇，为了解脱困境，就会生病成良医，查找法条、网络搜索、深入思考、条分析理，自己得出答案。

比如学生都爱旅游，特别是毕业游，但不一定旅途愉快，那就有这样的案例：浙江大学教育学院 19 岁大二女生陈某衣，购买但丢失了 2015 年 7 月 30 日从杭州到昆明的火车票，虽是实名制下所购车票，但乘车时仍被要求另行全价补票。女孩以个人之名到杭州铁路法院状告昆明铁路局，诉请赔偿补票价款，同年 11 月 27 日法院调解结案，被告向女孩退还全价补票款。对此，可问学生：这是公益诉讼还是私益诉讼？案件可有什么不妥？

其实，针对此类案件，早在 2014 年 12 月 30 日浙江省消费者权益保护委员会就按照新消法赋予的权利，针对"铁老大"的此种行为，率先提起了国内消费维权公益诉讼，向上海铁路运输法院诉请判令上海铁路局立即停止其"强制实名制购票乘车后遗失车票的消费者另行购票"的行为，但上海铁路运输法院裁定不予受理，原告向上海铁路运输中级法院提起上诉，2015 年 11 月 30 日原告浙江消保委以相关讼争事项已与上海铁路局达成谅解，向上海铁路运输中院申请撤回上诉，此后上海铁路运输中院对此裁定予以准许。对此，结合 2012 年《民诉法》、2015 年《民诉适用解释》、2017 年《民法总则》及其他相关司法解释，学生可以思考：应否适用立案登记制？诉讼法有溯及力吗？请求停止侵权、排除妨碍、消除危险的案件适用诉讼时效吗？2015 年 2 月 4 日施行的《民诉适用解释》应否适用于这一案件？公益诉讼的管辖法院是什么法院？公益诉讼的和解条件、撤诉条件是什么？公益诉讼的再次起诉应否受理？有违一事不再理吗？

此外，由于民事诉讼法课程开在刑事诉讼法等程序法课程之后，开在民法、刑法等实体法课程之后，所以课程教学的内容应当尽量利用与刑事诉讼法（特别是附带民诉）、刑法和民法课程的相通之处，并重点突出工业民事诉讼法课程的自身内容。笔者曾经被学生问过一个题目：下列应承担民事责任的有……甲低价出售病猪给乙，乙买回后几天病猪死亡。首先，就民诉讲，需要学生回答如诉外和解、诉外调解失败，乙要追回损失是适用督促程序、简易程序还是小额诉讼程序？其次，就本题讲，结合其他部门法，问题更多，有学生提出甲要承担制造销售有毒有害食品罪的刑事责任及附带民事责任吗？可是，产品或食品包含农产品吗？乙是明知病猪而购买吗？低价购买就是明知吗？题干设问有无刑事责任问题？如此一引导，学生的前知识结构就与现场正学的民诉法彻底交融了。

其实，从诉讼角度来看，三大诉讼中，据不完全统计，民事诉讼约占全国诉讼的80%，刑事诉讼约占全国诉讼的18%，行政诉讼仅占全国诉讼的约2%；从司法角度看，除普通法院和专门法院的民庭外，专门法院中的海事法院、知识产权法院、上海金融法院以及商务仲裁委员会，都在专门解决经济、商事争议和民事财产争议；从实体角度看，民事诉讼广涉教学计划中的主要实体法。而实体法本是内容，程序法只是形式，司法实践中，高比例运用的其实还是实体法，诉讼胜负的关键也还是实体法，因此在工业民事诉讼法的学习中要高度重视实体法的基础和功夫。就这一点而言，学生有优势，其需要学习多个部门法，老师有劣势，因其只教一两门课，故学生应督促老师扩大知识面。

（三）结合正在同时开设的其他课程

对包含工业民事诉讼法在内的民事诉讼法的学习，应当与同时开设的其他课程相结合。由于民事诉讼法课程与商法总论、合同法和知识产权法等实体法课程同时或先后开设，所以课程学习的内容应当立足于民事诉讼法并尽量与其他这些课程相衔接，做到知识的融会贯通或触类旁通，比如民诉法中的诉前行为保全和知识产权法中的诉前禁令就是融通而有别的。再如与合同法的关联，笔者就曾遇到这样一个真实案例，是毕业校友前来求助的，其公司所发货物被物流公司弄丢，物流公司回复称按惯例只能赔运费的数倍，校友十分担心自己的举证问题，比如寄过与否？所寄何物？价值几何？真没收到？如何弄丢？还担心合同约定过只赔数倍运费。笔者把该案例引入课堂，并在PPT上贴出《合同法》第311条：承运人对运输中货物的毁损、灭失承担损害赔偿责任，但承运人证明货物的毁损、灭失是因不可抗力、货物本身的自然性质或者合理损耗以及托运人、收货人的过错造成的，不承担损害赔偿责任。然后对照法条，其一，侧重引导学生体会本案的举证责任这一民诉问题，让其明白除了狭义的民诉法条外，尚有大量广义的实质的民诉法条规定在其他部门法之中。其二，引导学生思考其他同时开设的部门法课程问题：本案实行无过错责任、过错责任、过错推定责任还是严格责任？我国的惯例是法吗？只赔偿所丢货物运费的几倍之惯例是否违反等价有偿的基本原则？该法条是强制性规范，没有"双方另有约定的除外"这样的"但书"，允许当事人另行约定吗？

除了要注意民诉法与其他同时开设的实体法课程的兼容外，更要注意程序法自身内部的兼容。程序法都涉救济途径，都有相通之处，其中民事诉讼法是民事程序的基本法，因此，该课程本身的学习是重头戏，但应兼顾与刑事诉讼法（特别是刑事附带民诉）、行政诉讼法的相通，应兼顾与非诉程序法的相通，主要是公证法、各种仲裁法和人民调解法等，学生应该了解民庭、司法所、公证处、律师事务所、人民调解委员会、商务仲裁委员会、劳动仲裁委员会、人事仲裁委员会和农村土地承包经营纠纷调解仲裁委员会等，使其相关知识融会贯通，并懂得多种救济途径的选用或并用。

（四）对章节内容的抓大放小和抓小放大

法学专业学习中的抓大放小和抓小放大其实就是整体与部分的系统论或体系化方

法。抓大放小是要使学生明白各章各节各大问题的整体框架、上下篇章和核心主旨，抓小放大是要使学生明白各节各段各法条的含义、要件、作用和目的。只会抓大放小就会大而化之，只会抓小放大就会坐井观天，必须使二者有机结合，而且应先抓大放小，而后才抓小放大。

以工业法为导向的民事诉讼法课程，采用抓大放小和抓小放大的学习方法能够使学生在初次学习就抓住要害、理解精髓、启发思维、提出质疑，达到事半功倍的效果。比如《民诉法》第十五章特别程序之下第七节实现担保物权案件，常常适用于有关工商业案件，对该节的把握，从抓大放小的角度看，既然隶属特别程序，那就是非诉程序，即无争议的程序，但从抓小放大的角度看，根据《民诉适用解释》第373条的规定申请实现担保物权的案件受理后，当事人可对担保财产提出诉讼保全的申请，如此，问题来了，诉讼保全不是适用于诉讼程序吗？怎么非诉程序也可适用诉讼保全？对此，再从抓大放小的角度看，《民诉法》第九章保全和先予执行是规定在第一编总则之中的，既然如此，作为总则就统辖了诉讼程序与非诉程序，也就是说诉讼保全既可适用于诉讼程序也可适用于非诉程序。有鉴于此，在工业民事诉讼中，在关涉无争议的担保物权的实现时，尽管无债权债务的实体争议，债务人无法赖账，但为了终审裁定的有效执行，就可申请诉讼保全，因为对法律关系中的债权债务本身没有争议，并不等于债务人不会转移财产、抽逃资金并使终审裁定落空，而保全的意义和作用就是为了该裁定的有效执行。在准确理解和恰当适用诉讼保全的同时还引出了另一个问题：非诉程序能适用诉前保全吗？新老司法解释都规定作为非诉程序的督促程序不能适用诉前保全，原因何在？难道实现担保物权案件还有例外？诉前保全和诉讼保全在非诉程序中如何协调一致？这就给学生留下了无尽的思考和讨论空间。

再如限制出境，常常适用于作为债务人的工商业企业的法定代表人或主要负责人、直接责任人。如何把握呢？由于其规定在《民诉法》第三编执行程序之下第二十一章执行措施之中的第255条，由此一来，从抓大放小的角度看，就只能是执行措施，从抓小放大的角度看其具体适用条件、程序、方法，司法解释和有关著述都已写得很具体。然有的教材还将其解释为强制措施，可《民诉法》第一编总则下第十章对妨害民事诉讼的强制措施中却没有任何一个条款规定过限制出境。既然作为执行措施，当然就可由债权人向法院申请对债务人实施限制出境，而且不用缴费，没有期限限制，不用申请续期，除非债务人提供充分、有效的担保或完全履行债务，否则不予解除。看似有一定的强制性，但执行措施的目的是督促履行，而债务的履行、变更、免除、和解等，即使在强制执行的过程中，债权人也有相当的处分自由，所以对债务人的限制出境，主要由债权人申请启动，也可由其申请解除，债务人也可自己提供担保而解除，这都仍基于某种私权自由，既然没有那么强制？何谓强制措施呢？而强制措施，目的是排除妨害——排除对程序的妨害，程序由法院主导，妨害诉讼程序、执行程序的，法院动用公权力强行排除，这完全是基于公权强制。总之二者是如此的不同，不通过抓大放小和抓小放大的文本解释、体系解释和目的解释，就无法真正理解这里的限制出境。

（五）学会讨论中的打破砂锅问到底

在民事诉讼法的学习特别是有关工业民事诉讼法的学习中，之所以强调采用穷追不舍、启发诱导式学习方法，是因为，其一，像其他部门法的学习一样，民诉法教学内容中有不少学习难点，难以通过一次性认真学习就彻底弄懂；其二，不同于中小学教学之以教为矛盾的主要方面，大学教学是以学为矛盾的主要方面，要发挥学生的主体性作用，就必须调动其积极性。

2012 年《民诉法》和 2015 年的《民诉适用解释》规定了不少难点，以恶意诉讼为例，工商企业特别是国有企业常常通过恶意串通、虚构债务及虚假诉讼等手段导致国有资产流失，只得通过第三人撤销之诉或案外人申请再审来追回损失。其中第三人撤销之诉须在原审裁判生效后自知道或者应当知道其民事权益受到损害之日起 6 个月内提起。于此，笔者就进行过启发或诱导，说这是因为第三人来晚了，原判都生效了，结果就真有学生问如果不来晚呢？能否适用《民诉法》第 56 条第 1、2 款的有独立请求权第三人或无独立请求权第三人条款，笔者回答那是当然的。这就把第 56 条第 3 款的第三人撤销之诉与第 1、2 款的有独立请求权第三人和无独立请求权第三人贯通了，使学生明白既然相继规定在同一条的第 1、2、3 款中，当然就说明了一方面来晚了则两种第三人都可提起第三人撤销之诉，另一方面来得不晚就分别作有独立请求权第三人或无独立请求权第三人，参加和合并到本诉之中。

笔者还接着启发，发问说如果第三人来得更晚，原判都进入了强制执行呢？毕竟申请执行时效是原判生效后 2 年内，不是会更晚吗？另一学生说那就适用 2012 年《民诉法》第 227 条的案外人申请再审。笔者诱导说既然那是执行程序中案外人申请的再审（学界叫执行程序中的案外人申请再审），那么如果不在执行程序中呢？能否申请这种再审。该学生当即回答不能。笔者追问道那怎么办？该学生回答那就还得适用第三人撤销之诉。笔者说对，但接着又说，2008 年某个司法解释规定了在执行程序外的案外人申请再审，既然不在执行程序中，能否适用该司法解释的规定？该学生说那不是与第三人撤销之诉一样了吗？笔者还追着说 2015 年的《民诉适用解释》已经没有规定执行程序外的案外人申请再审了，对此，你怎么看？该学生说难道老师的意思是第三人撤销之诉已经取代了执行程序外的案外人申请再审？笔者回答说完全可能。该学生问道那么人大版最新教材还写执行程序外的案外人申请再审是错的吗？笔者说完全可能。此时一个学生大声说：如此说来，执行程序外适用第三人撤销之诉，执行程序中适用案外人申请再审。笔者说可以这样理解，但问题是能进入或者须进行强制执行的法律文书是什么性质的？学生不懂或忘记了相关知识。笔者启发说生效的法律文书有给付性的、确认性的、形成性的，哪种才可能需要强制执行？该学生说给付性的。笔者问那么不须强制执行的确认性的、形成性的法律文书损害案外人利益怎么办？该学生说只能提起第三人撤销之诉。

当学生们已经知道了第三人撤销之诉和案外人申请再审的适用阶段和适用范围都有区分时，笔者又开始新一轮诱导，发问道如果执行名义就是给付性法律文书，又进入了强制执行，那么受该法律文书损害的第三人或案外人是提起第三人撤销之诉还是提起案外人再审申请？或者两者都可提起呢？请大家课后预习《民诉适用解释》第303条，下次我们再讨论。笔者意在另行探讨第三人撤销之诉和案外人申请再审在适用阶段和适用范围上的联系。

通过以上启发或诱导，笔者一次性把有独立请求权第三人、无独立请求权第三人与恶意诉讼、第三人撤销之诉、案外人申请再审串联了，一次性把执行程序中的第三人撤销之诉、案外人申请再审与执行程序外的第三人撤销之诉、案外人申请再审串联了，还引发学生讨论第三人撤销之诉与案外人申请再审的异同，并让其思考第三人撤销之诉与案外人申请再审之立法重叠的有无必要性。

（六）用案例攻克重点难点

笔者多年的教学感受只有8个字：准确理解、恰当运用。准确理解，上文有所涉及和体现，但必须强调的是，准确理解是恰当运用的先行基础，没有准确理解，就根本不可能恰当运用。至于恰当运用就指案例教学法了。不过笔者又认为，作为大陆法系的师生，习惯于由抽象到具体的演绎思维（规范出发型），不习惯于由具体到抽象的英美法系的归纳思维（事实出发型），因此运用案例教学法应该适可而止。案例只该用来攻克重点难点，而不应该面面俱到，否则覆盖不了所有的教材内容和所有的法律规范，会导致课程讲授不完。再说案例太精彩会把教学变成追求悬念和情节的故事会，流于肤浅，顾此失彼，导致学生记住了故事，却淡忘了法理。对于非重点难点的内容，最多以口头现编的案例进行讲解，对于重点难点的内容，才以书面预设的案例进行讲解。案例还不应复杂，最好是一句话案例，切忌一个案例用了几个版面的PPT，另外最好用师生真名现场或预先编写案例，这一点不像追诉犯罪的刑法、刑事诉讼法不便操作，民事诉讼法是容易完成的，谁被编写，谁在饰演，就比其他同学更有亲身感受，更受强化训练。在案例的分析和讲解中还应追求王泽鉴先生的水准：浅浅案例、深深法理。一句话的案例他可以分析几万字，等于打通了英美法系和大陆法系。

就工业民事诉讼法而言，工商企业一般都有其合作伙伴、关联企业和众多客户，这些合作伙伴、众多客户和关联企业的财产或财产权利一般会由工商企业持有，故当工商企业作为被执行人时，执行法院就会经常执行到这些案外人的财产或财产权利，就会导致执行异议之诉的提起。为了简化问题，笔者教学中用学生真实姓名编过类似的案例：

甲诉本老师还5万元，获胜诉判决并申请强制执行，执行中法院扣留了乙保管在本老师家的电脑。

笔者追着学生问，谁是原审当事人？乙是什么人？是民庭审判错误还是执行局执行错误？多数人能回答乙是案外人，但却有人回答是民庭错误，笔者就追着问民庭错在哪里？如何纠错？是不是乙要通过案外人申请再审来纠错？学生不敢回答。笔者就进一步问道甲诉请5万元，民庭判本老师还其5万元，都只涉现金，未涉电脑，民庭错了吗？最后是谁不该动而又动了乙的电脑呢？谁错了？于此环节，学生们就都能回答是执行局执行错误，案外人乙只能通过提起案外人异议之诉来纠错，不过笔者还又追问假定乙依法定的前置程序先提出对其电脑执行的书面异议，如果执行法院认为异议成立，裁定中止执行该电脑，乙还会再闹吗？她还有必要提起案外人异议之诉吗？学生们当然说没有必要了，因为她很开心。既然中止执行，谁最急？谁最可能不服？学生们都能回答是甲。那么申请执行人甲不服该怎么办？如果被执行人本老师认为该电脑本来就是自己的，他很想早点还完甲的债，他对中止执行会也不服又该怎么办？此时部分学生也能回答申请执行人甲可提起申请执行人异议之诉，被执行人本老师可提起被执行人异议之诉。与之相反，如果执行法院认为乙的异议不成立，裁定驳回异议，还要执行该电脑，此时法院认为该电脑是谁的？乙还会再闹吗？乙有必要提起案外人异议之诉吗？学生们当然说此时法院认为该电脑是本老师的，乙当然不服，当然有必要提起案外人异议之诉。

通过该案例的分析，对2012年《民诉法》第227条中的案外人申请再审和案外人异议之诉这一巨大难点，一下就能使多数学生明白：其一，案外人申请再审是纠正民庭审判错误，案外人异议之诉是纠正执行局执行错误；其二，前置程序是案外人先对执行提出书面异议，对该书面异议法院只可能有两种裁定结果——或支持或驳回，后续程序是当案外人得到支持时，案外人就不会再提起异议之诉，但申请执行人或被执行人可能会提起异议之诉，当案外人被驳回时，案外人就会提起异议之诉。

不过对于异议之诉中的当事人诉讼地位问题，还值得深究。《民诉适用解释》第307条规定：案外人提起执行异议之诉的，以申请执行人为被告。被执行人反对案外人异议的，被执行人为共同被告；被执行人不反对案外人异议的，可以列被执行人为第三人。第308条规定：申请执行人提起执行异议之诉的，以案外人为被告。被执行人反对申请执行人主张的，以案外人和被执行人为共同被告；被执行人不反对申请执行人主张的，可以列被执行人为第三人。对此法条，大可非议，在本案中案外人乙和被执行人本老师只有一个保管的法律关系，没有另一个法律关系，在实体上属于共同占有，本老师直接占有，乙间接占有，因此在异议之诉中是基于实体的必要共同诉讼，同时也是基于程序的必要共同诉讼（罗森·贝克尔比较强调基于程序的必要共同诉讼），换言之在上述实体或程序的任何情况下，本案被执行人都不应该成为第三人，除非另有一个法律关系，比如被执行人本老师把自己替人保管的电脑又转售他人，这就有了另一个法律关系，而也只有这个他人才可能做异议之诉中的第三人。在此可引导学生思考下列问题：第三人与共同诉讼人的区别，第三人是另一法律关系中的其他人，必要共同诉讼人是同一法律关系中的自己人。

（七）偶尔进行专题学习

民事诉讼法课程是针对大二学生开设的一门专业基础课，是国家规定的十八门核心中的核心课程之一，通过系统性全面性的讲授和学习，特别是通过法律资格考试的一级备战，学生的基本知识和基本技能已经得到一定的积累和训练，在此基础上，在高年级开设的工业法特色课程之中，就要通过本章，使学生对工业民事诉讼法进行专题学习,从中突出工业民事诉讼法的特色,侧重解决上述一类理论和实务的重点难点问题,从而深化学生民诉法学的理论知识,扩宽学生的专业视野,增强学生分析问题、处理问题的能力。如果高年级还另外开设了法律专题课程的话,程序法老师特别是民诉法老师就更应该引导学生专门破解上述一类重点难点问题。

(八)结合经典文献进行学习

一方面,现行教育体制下为了综合测评、评优评先,学生最为关注的是考试成绩。为了考试成绩,学生首先关注的又是教材和课件,其次还关注题海。这是无可厚非的,是求学初级阶段打基础的必经环节,能使学生全面掌握民诉课程的基本知识,但有了初级阶段的坚实基础后,就要把学生往求学的高级阶段特别是工业民事诉讼法方向引导了,因为法学教育主要不是一种知识传授型的教育,更多的是对学生思想的培养、方法的引导和信仰的培育。只是把教材内容和授课课件作为学习的唯一资源,难以完成对学生专业思想深度和高度的培养。为此,在重点章节应当给学生指定阅读书目,帮助学习在更广阔的领域汲取高级营养。

另一方面,大陆法系民诉立法体例已经基本定型,民诉教学早已是个传统学科,但民诉具体制度的建设还在不断发展,民诉法学理论还在不断丰富和更新,已有的教研成果、科研成果和经典名著早已汗牛充栋,这些是人类最聪明的脑袋积累上千年的精品,是点睛之笔,能点石成金,而课堂教学只是学习民诉的一个部分,还需要学生重视课外学习,尤其是重视对重要文献、经典名著的学习。为了督促学生完成指定阅读书目的学习,应当对学生的课外阅读提出相应的要求。如要求阅读的时间,提交阅读之后的书面感想和体会,组织专题读书分享讨论交流会,等等。

尚需强调的是,其一,熟读教材、课件和法条,打好基础,带着疑问和思考,才能去读经典文献。没有基础,直奔经典,会读而无所得。没有基础就直奔科学研究,就像没有基础就直奔法律实务一样,吃力不讨好,还荒诞不经。这种浮躁现象,近年来在高校范围内比比皆是,值得警惕。而且往往都打着提高动手能力,满足社会需求、开展学生课外科技等口号在进行。其二,推荐经典书目,也要由低到高、由浅入深和循序渐进。首次推荐就列举最晦涩难懂、翻译质量不好的读本,会让学生望而生畏和怯战退场,会严重影响学生的自我评价。一般而言,推荐国外经典要避开太厚太深还翻译不佳的版本。像李浩先生、杨建华先生、王泽鉴先生,德国汉斯—约阿希姆·穆泽拉克先生的民诉、民法作品就易入门。其三,推荐民诉经典名著,对广大学生而言,最好只能指定某本中的某章某节,对有民诉考研或研究志向的学生,才可以推荐整本、全套、多本的经典名著,但不能要求立即阅读,可以暂时知道、加以收藏,通过法律资格考试或硕士入学以后再来遍览精读。

(九)恰当运用实践教学

民事诉讼法是一门实践性极强的学科,实践教学在教学过程中无疑具有十分重要的地位和作用。实践教学不同于实践学习,实践教学通过把学术探讨和实际体验相结合,融合了学生的实际动手和老师的学术指导,使理论与实践融为一体,而实践学习则偏重于学生的实务自修和个人体验。"正如学习和教学不能混为一谈，实践学习也因此区别于实践教学。教师和教学机构的有无并不影响学习行为的发生。教学，与一次偶然的学习机会不可相提并论，它是一种融合了设计、管理和指导的经历。"[1] 因此，虽然学生做兼职法律工作也是可贵的实践学习，但这种学习经历并不能被看作是实践教学，因为在这种环境下的学习不一定伴随着教学过程所必需的学术探讨。[2] 需要说明的是，强调工业民事诉讼法课程本身的实践教学并不排斥其他形式的实践教学，如庭审观摩、模拟法庭、法律诊所等，而是说工业民事诉讼法课程的教学本身首先就应当重视实践教学。

不过在认识和实践、理论和实际的辩证关系中，既要反对动辄贬低理论和认识，也要反对动辄抬高实践和实际。在笔者看来，其一，理论与实际，一定是有距离的，否则就不是两个概念，就不必谈二者的辩证关系，有了坚实理论，缩短其与实际的距离，只要不是书呆子，都不困难。其二，理论与实际，一定是理论更难，因为它是古今中外的千秋万代中最聪明的脑袋积淀的成果。没有理论功夫就去解决法律实务就相当于还不会走就想要飞了。众所周知，通过学习，许多人都可能具有高级技校般的动手能力，却不可能具有清华大学般的理论水平。

由于理论与实际、认识和实践的同等重要和不同难度，在民事诉讼法本身的教学中，尤其是在关涉物流、交通等内容的工业民事诉讼的讲解中，就要经常设法密切结合二者，下面试举几例：

例一（笔者注：笔者本人代理过的真案），甲带车加盟某出租车公司，同时聘请乙一同营运该辆出租车，约定乙晚上驾车，并自负盈亏，约定乙自己负责晚上的加水、加油和洗车等费用，乙要按月给甲交费，另外，甲、乙和该出租车公司的合约显示他们与公司不存在劳动关系。某晚乙营运过程中被人杀死，杀人犯逃逸，甲被起诉，法院经过发回重审，三轮都判甲赔偿，理由是甲对乙存在雇佣关系，依据是《最高人民法院关于审理人身损害赔偿案件适用法律若干问题的解释》，笔者在课堂上问道甲乙之间是谁给谁钱？甲乙之间的法律关系到底是什么关系？该诉讼是什么案由的诉讼？法院判决错在何处？对重审判决的上诉有信心吗？通过这些思考，笔者才使本案完全翻转，使自己代理的甲被终审判决为分文不赔。

例二，甲的大树被狂风吹倒，砸坏乙的房屋。乙诉甲，这是什么案由的诉讼？本案应归哪个法院管辖？甲是否赔偿？有学生回答说是相邻权纠纷。笔者问相邻权规定在《物权法》中，故相邻权纠纷属于物权纠纷，要实行不动产所在地法院的专属管辖，可是本案是因为房屋的占有、使用、收益或处分引起的争议吗？是在争夺或者已经失去了、妨碍了房屋的占有、使用、收益或处分吗？

在上述案例的讨论中，要先充分调动学生，让其亲身感受，由其自己评析，其后

[1] James E. Moliterno, Legal Education, Experiential Education, and Professional Responsibility, 38 Wm. & Mary L. Rev. 71, 78 (1996) (citations omitted).
[2] 参见［美］罗伊·斯塔基等著：《完善法学教育——发展方向与实现途径》，许身健等译，知识产权出版社2010年版，第156页。

再加评论，肯定答对者，引导答错者，最后自然引出不言自明的结论，达到了民诉法教学中理论和实际相结合的实践教学的效果。

（十）结合学生课外科技立项

在当前背景下，我国工业化发展过程中存在的资源环境问题、产品质量问题、食品药品安全问题、消费者权益保障问题、劳动者权益保障问题和安全生产经营等一系列问题，是影响我国工业化健康发展的主要问题，通过民事诉讼特别是工业民事诉讼具体解决这些问题，才能惩治违法行为和保护合法行为，才能为工业化经济的健康发展保驾护航。而学生对这些问题也较为关注，就可以引导其开展对相关民事诉讼特别是工业民事诉讼的研究，并通过课程作业、课程论文、毕业论文特别是课外科技立项等形式来提交作品。

第九章
工业刑事诉讼法

> 刑事诉讼是国家基本法之测震仪。该项政治现实同时亦表示着，每一项政治结构上的重大变动都将带动刑事诉讼法的修订。
>
> ——克劳斯·罗克辛

工业化系一个沿着一定方向不断发展推动的过程，并非停留在机器生产代替人工生产的阶段，也并非一个具有固定达成目标的概念，而是由现代革命所引发的经济制度、社会结构、法律制度的转变过程。我们不能用现代工业化发展的实际状况指代它，其应是一个传统工业化模式强调依托资源和生产要素禀赋，在充分发挥低成本劳动力和其他生产要素价格优势的基础上，利用全球产业分工逐渐从价值链低端向中高端升级的过程。尽管发达国家实现工业化的时间不同，但均通过工业化完成了现代化进程。[1] 我国对新型工业化和信息化的发展越来越重视（见图9-1）。尤其是党的十八大以来，以习近平同志为核心的党中央高度重视工业发展，扎实推进工业转型升级和制造强国建设，中国特色新型工业化发展取得重大成就，为经济社会稳定发展和综合国力稳步提升提供了重要支撑。

刑事诉讼法是规范刑事诉讼活动的基本法律。从目的上来看，有学者认为，刑事诉讼，旨在发现犯罪真相并将犯罪绳之以法；刑事诉讼法，旨在减少个案并维护个人尊严[2]；也有学者认为，刑事诉讼与刑事诉讼法在目的维度没有差别。本文认为，刑事诉讼与刑事诉讼法的目的不同，刑事诉讼旨在发现犯罪并将罪犯绳之以法；刑事诉讼法是国家制定和实施刑事诉讼法的出发点和追求的结果，旨在保证刑法的正确实施，惩罚犯罪，保护人民，保障国家安全和社会公共安全，维护社会主义社会秩序。

习近平总书记曾在多个场合多次提及"新工业"。[3] 在新型工业化和信息化战略实施以来，我国在提高新型工业化水平、调整工业结构及完善基本公共服务方面都取

---

〔1〕 参见赵昌文："把握新时代新型工业化的新内涵"，载《人民日报》2017年11月26日，第5版。

〔2〕 参见邓子滨：《刑事诉讼原理》，北京大学出版社2019年版，第11页。

〔3〕 如2017年9月习近平在金砖国家领导人厦门会晤中提出，要共同把握新工业革命带来的历史机遇；同年7月在G20汉堡峰会上指出，要在数字经济和新工业革命领域加强合作，共同打造新技术、新产业、新模式、新产品。在2015年12月中国担任二十国集团主席国时呼吁把握科技进步和新工业革命的历史机遇、引领世界经济迈向新一轮增长。2015年7月，习近平在同吉林省企业职工座谈时更明确指出："中国梦具体到工业战线就是加快推进新型工业化。把制造业搞上去，创新驱动发展是核心。"

2002年11月中共十六大：新型工业化道路概念

即坚持以信息化带动工业化，以工业化促进信息化，从而达到科技含量高、经济效益好、资源消耗低、环境污染少、人力资源优势能充分发挥。

是从我国实际出发，汲取世界各国工业化的经验和教训，立足于当今时代经济科技发展的新水平，充分发挥自己比较优势和后发优势的新型工业化道路。

2012年11月，党的十八大报告

坚持走中国特色新型工业化、信息化、城镇化、农业现代化道路，推动信息化和工业化深度融合、工业化和城镇化良性互动、城镇化和农业现代化相互协调，促进工业化、信息化、城镇化、农业现代化同步发展。

2013年9月30日：《在十八届中央政治局第九次集体学习时的讲话》

我国现代化同西方发达国家有很大不同。西方发达国家是一个"串联式"的发展过程，工业化、城镇化、农业现代化、信息化顺序发展，发展到目前水平用了二百多年时间。我们要后来居上，把"失去的二百年"找回来，决定了我国发展必然是一个"并联式"的过程，工业化、信息化、城镇化、农业现代化是叠加发展的。

2017年11月，党的十九大报告

坚持新发展理念，推动新型工业化、信息化、城镇化、农业现代化同步发展，主动参与和推动经济全球化进程，发展更高层次的开放型经济，不断壮大我国经济实力和综合国力。是叠加发展的。

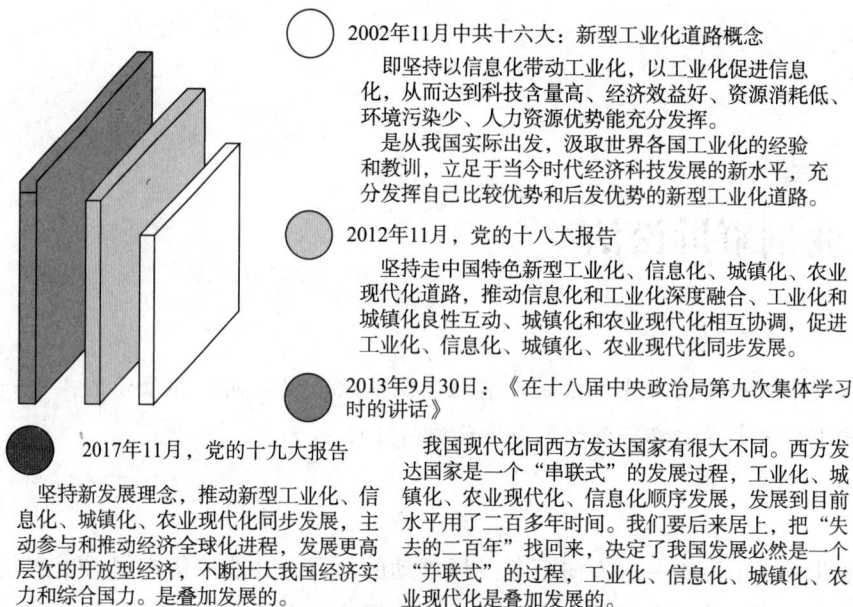

图9-1 我国工业化发展论述

得了很大的进步。而正如克劳斯·罗克辛所言，每一项政治结构上的重大变动都将带动刑事诉讼法的修订，据此，我国在取得长足进步的同时，又出现了新的问题，主要表现为，我国多数地区新型工业化和我国刑事诉讼法的发展不同步、不协调。

第一节 工业化与刑事诉讼理论

我国作为发展中国家，新工业革命意味着工业化和信息化的融合，而对发达国家则是"再工业化"与信息化的融合。从世界各国发展情况来看，本书认为，目前我国处于第四次工业革命时期，业已步入后工业化时代，正处于经济结构转型升级的关键时期（见图9-2）。

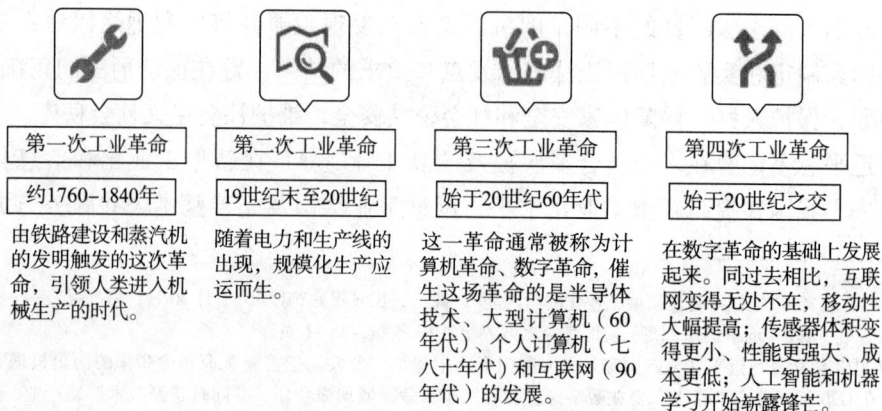

第一次工业革命	第二次工业革命	第三次工业革命	第四次工业革命
约1760-1840年	19世纪末至20世纪	始于20世纪60年代	始于20世纪之交
由铁路建设和蒸汽机的发明触发的这次革命，引领人类进入机械生产的时代。	随着电力和生产线的出现，规模化生产应运而生。	这一革命通常被称为计算机革命、数字革命，催生这场革命的是半导体技术、大型计算机（60年代）、个人计算机（七八十年代）和互联网（90年代）的发展。	在数字革命的基础上发展起来。同过去相比，互联网变得无处不在，移动性大幅提高；传感器体积变得更小、性能更强大、成本更低；人工智能和机器学习开始崭露锋芒。

图9-2 历次工业革命的历史嬗变

一、工业化与刑事诉讼的发展

近年来，工业发展推动了社会的城市化进程，大量农村人口进入城市，随着城市人口的逐年增加，工业领域的犯罪数量逐年攀升。工业领域犯罪所涉罪名主要包括：环境犯罪、生产销售伪劣产品犯罪、重大责任事故犯罪、食品安全犯罪、危害计算机信息安全犯罪、网络犯罪、妨害对公司企业管理秩序罪、侵犯知识产权犯罪、扰乱工业市场秩序犯罪、危害公共卫生罪、危害税收征管罪及新型犯罪、智能犯罪等。可见，工业化程度不断加深，在给人类社会带来进步的同时，也成为违法犯罪利用的手段。即大量犯罪利用高科技手段，现代计算机信息技术及网络的发展拉近了人与人之间的距离，给人们日常生活带来便利的同时，使跨国犯罪、大数据犯罪、智能犯罪变得更加容易、隐蔽，新型毒品的制造及网络销售，给毒品侦查、诉讼等带来更大的难度。实践中，问题食品生产经营者为获取更高的利润，隐藏食品中存在的安全问题，也在努力学习研发各种技术，以期在提高食品外在美感和口感的同时降低成本并潜藏犯罪踪迹以逃避打击。当"毒豆芽"容易被检出 6 – 苄基腺嘌呤超标时，不法商贩就研究出豆芽上市前经清水长时间浸泡稀释的方法；当传统"瘦肉精"被列为禁止添加物时，不法商贩就开发出新的"瘦肉精"物质。

刑法公布后，人们通常会知道刑法的轻重。但实际上，在刑事诉讼指向具体人之前，刑罚的一般威慑力是遥远的、不确定的，因而也是微弱的。相比之下，刑事追诉开始后，不确定的程序才真正具有威慑力。[1] 庞德作为社会法学派的代表，认为程序法是实现实体法的手段，而且法律本身即是实现社会控制的工具。中国工业化发展的历史经验证明，没有工业法规范的工业化难以保障工业化的健康发展，而由于没有法律的规范，新中国的工业化从一开始就陷入困境。[2] 据此，刑事诉讼法为了有效实现工业领域犯罪行为的刑罚权，需要做出相应变革来适应社会发展的需求。我国法学界对工业法的概念较陌生，目前研究文献中既没专门的工业法，也鲜有官方层面对工业法问题的讨论，学界更是罕有关于工业法问题的专门研究。按照邵俊武教授的观点，工业法是指调整基于工业化活动所发生的各类法律关系的法律规范的总称。而刑事诉讼是指国家专门机关在当事人及其他诉讼参与人的参加下，依照法律规定的程序，追诉犯罪，解决被追诉人刑事责任的活动。[3] 基于此，工业刑事诉讼法就是指调整基于工业化活动所发生的刑事诉讼法律关系的法律规范的总称。

随着工业化发展，工业犯罪现象越来越多。从 1978 年至 2018 年，改革开放已实施40 年。在这 40 年中，我国刑事诉讼法学经历了由重建到发展再到繁荣的不同时期。我国现行刑事诉讼法是全国人民代表大会 1979 年通过，1996 年、2012 年、2018 年三次修正的《中华人民共和国刑事诉讼法》（以下简称《刑事诉讼法》），这部法典是我国

---

〔1〕 参见邓子滨：《刑事诉讼原理》，北京大学出版社 2019 年版，第 4 页。
〔2〕 参见邵俊武："工业化发展与工业法治保障"，载《广东工业大学学报（社会科学版）》2014 年第 2 期。
〔3〕 参见陈光中：《刑事诉讼法学》，北京大学出版社 2017 年版，第 1 页。

刑事诉讼法规范的主要载体，是刑事诉讼必须遵循的基本规范。通常，一定的社会状态与一定的犯罪现象相对应。在农业社会中，社会关系简单，犯罪类型较少，因此犯罪数量也相对较少。到工业社会，随着经济的不断发展，一些新型的工业犯罪不断增多，工业化发展在推动社会经济快速发展的同时，也在一定程度上影响我国刑事诉讼法的发展和变化。

二、工业化与刑事诉讼理念

有社会必有冲突，正如作为个体的人时时处于经验的生物性与超验的道德性的对抗中一样，冲突是每个社会都必须面临的状态。[1] 实现国家的工业化，是近代以来中华民族几代人历经磨难而终无所获的美好愿望，但在毛泽东的领导下，中华人民共和国用了不到 30 年的时间，把一个贫弱的农业国建设成为一个具有独立的比较完整的工业体系和国民经济体系的工农业国。[2] 中华人民共和国的工业化是与社会主义相结合的模式。理念是制度的支撑，是实践的指导。刑事诉讼理念是刑事诉讼制度的核心与灵魂，它既要反映司法的基本规律，还要统领刑事诉讼活动的整体程序架构。刑事诉讼法改革要想取得成效，必须以科学的理念作为支撑，而工业化在我国的快速发展，使得我国刑事诉讼理念呈现升华与多元的趋势。司法理念彰显司法规律，科学的司法理念与法律原则是改革完善司法制度的思想和理论基础，刑事诉讼的基本理念要求："控审分离、控辩平等、居中裁判。"

（一）刑事诉讼目的与构造

刑事诉讼旨在发现犯罪真相并将罪犯绳之以法，刑事诉讼法旨在减少错案并维护个人尊严，保证刑法的正确实施，惩罚犯罪，保护人民，保障国家安全和社会公共安全，维护社会主义社会秩序。若刑事诉讼是奔马，刑事诉讼法则是道路。没有道路，马照样可以狂奔；但有了道路，马奔跑起来更加安全。路人车马对"如何行走"皆有稳定期待，终会实现整体路面安全。因为有道路，前车后辙，平稳省力，不易迷路，形成一种路径安全。[3] 在刑事诉讼领域，权力任性与法治不彰的突出表现，往往是祭出发现真相与反形式主义两面大旗，以此化解妨碍事实发现的所有形式规则。然而，内容必须借助形式才能得以存在，没有形式就没有内容，没有程序就没有实体。刑事诉讼目的是指国家制定刑事诉讼法、进行刑事诉讼活动所期望达到的目标，是立法者根据社会主流价值观的需要并基于对刑事诉讼固有属性的认识预先设计的关于刑事诉讼结果的理想模式。[4] 工业化的发展，使得我国刑事诉讼目的日趋合理，旨在为发现犯罪真相并将罪犯绳之以法，刑事诉讼法旨在最大限度减少错案并维护个人尊严，维

〔1〕 参见左卫民、周长军：《刑事诉讼的理念》，北京大学出版社 2014 年版，第 3 页。
〔2〕 参见马泉山：《中国工业化的初战——新中国工业化回望录（1949－1957）》，中国社会科学出版社 2015 年版，第 1 页。
〔3〕 参见邓子滨："刑事诉讼及刑事诉讼法目的要旨"，载《中国社会科学院研究生院学报》2018 年第 6 期。
〔4〕 参见陈光中主编：《刑事诉讼法学》，中国人民公安大学出版社、人民法院出版社 2004 年版，第 12 页。

护社会秩序的稳定。[1]

刑事诉讼结构，是由一定的诉讼目的所决定的，控诉、辩护、裁判三方在刑事诉讼中的地位及相互关系。20 世纪以后，大陆法系与英美法系有关于刑事诉讼基本理论的比较研究逐步兴起，其中最具有代表性的就是对于刑事诉讼结构的两种不同的主张，即大陆法系的"三角诉讼结构"和英美法系的"线性结构"。刑事诉讼三角结构以审判中立、控辩平等、控辩双方积极对抗为特征，要求诉审分离，审判本位主义。刑事诉讼的线性结构认为国家司法机关和犯罪嫌疑人这两大类人员在刑事诉讼中虽有交叉，却是两个相互对立的主体，形成了两条相互平行的线，故称为"线性结构"。工业化的发展使得我国刑事诉讼构造在打击犯罪的基础上更加注重保障人权，主要表现为线性结构兼采三角结构，也就是职权主义诉讼兼采当事人主义诉讼构造模式。

（二）刑事诉讼理念

工业化会带来阶级分化和社会利益冲突，其发展中存在的问题不仅包括经济方面的问题，不断壮大起来的工业企业不可避免地要与社会公共利益相冲突。[2] 工业化背景下，我国刑事诉讼理念为，惩罚犯罪与保障人权相结合，程序公正与实体公正并重，控审分离、控辩平等和审判中立以及公正优先兼顾效率。为了贯彻上述理念，工业化的发展使得我国刑事诉讼法在如下方面逐步有所突破：

1. 逐步确立无罪推定理念。无罪推定即任何人在未经依法确定有罪前，应推定其无罪。[3] 有罪推定易导致侵犯人权、刑讯逼供和司法专横等，发达国家的宪法和刑事诉讼法均通过各种途径确立了无罪推定理念。第四次工业革命以前，我国法学界对无罪推定理念的研究缺乏实质性的进展，多数学者虽关注了具体问题，但理论层面却直接套用西方的结论，研究成果也大都为对策法学作品，真正从中国刑事诉讼理念中总结规律、提炼出理论的作品并不多见。[4] 我国司法实践中有罪推定理念仍存，犯罪嫌疑人、被告人程序主体地位有待确立，体现无罪推定理念的程序制度有待健全。工业化背景下该理念尚需强化三个原则：①任何人不被强迫自证其罪原则。该原则起源于17 世纪的英国，现已成为当代社会所普遍承认的刑事诉讼准则，旨在防止国家机关以强制手段迫使被追诉人做出供述，并以此为证据对其进行刑事追究，是刑事诉讼中对被追诉人进行公正审判的最低限度的保障。我国《刑事诉讼法》规定，严禁刑讯逼供和以威胁、引诱、欺骗以及其他非法方法收集证据，不得强迫任何人证实自己有罪，体现了任何人不被强迫自证其罪原则的基本要求。[5] 此原则包含两方面内容：一是赋

---

[1] 参见邓子滨："刑事诉讼及刑事诉讼法目的要旨"，载《中国社会科学院研究生院学报》2018 年第 6 期。

[2] 参见邵俊武："工业化发展与工业法治保障"，载《广东工业大学学报（社会科学版）》2014 年第 2 期。

[3] 参见宋英辉主编：《刑事诉讼原理》，法律出版社 2003 年版，第 89 页。

[4] 我国《刑事诉讼法》规定："未经人民法院依法判决，对任何人都不得确定有罪。"即是无罪推定理念的体现。

[5] 十八届三中全会《中共中央关于全面深化改革若干重大问题的决定》指出，"严禁刑讯逼供、体罚虐待，严格实行非法证据排除规则"。十八届四中全会《中共中央关于全面推进依法治国若干重大问题的决定》（以下简称《依法治国决定》）指出，"加强对刑讯逼供和非法取证的源头预防，健全冤假错案有效防范、及时纠正机制"。上述中央文件的规定，实际上也体现了任何人不被强迫自证其罪原则的要求。

予被告人诉讼主体地位；二是明确证实被告人有罪的证明责任：公诉案件中被告人有罪的证明责任由人民检察院承担，自诉案件中被告人有罪的证明责任由自诉人承担。十八届四中全会《依法治国决定》指出，要确保侦查、审查起诉的案件事实证据经得起法律和历史的检验，揭示了审前程序中侦查和审查起诉职能的内在关联。从审前程序的进程看，侦查机关收集犯罪证据，调查犯罪事实，旨在为检察机关提起公诉奠定基础。尽管检察机关在审查起诉阶段亦可补充完善证据，但案件事实证据基础仍然取决于侦查阶段。可见，侦查机关承担着最基础的证明责任。而侦查机关与检察机关共同承担证明责任，有助于强化侦查机关的诉讼意识和证明意识，推动侦查机关按照法庭审判的要求全面收集和移送证据。②证据裁判原则。该原则从历史维度否定神判，从规范维度否定刑讯逼供等非法取证，从程序维度强调庭审在认定证据、查明事实等方面的决定性作用。控方唯有证据确实、充分才可提起公诉，法院唯有证据确实、充分方可认定被告人有罪。同时，法院在审查证据时，优先审查证据的证据能力。③疑罪从无原则。该原则核心是在无法证明被告人有罪又不能证明被告人无罪的情况下，应推定被告人无罪。在刑事诉讼中，控诉方的证明只有达到证据确实、充分的证明标准，才能推翻被告人无罪的法律规定，进而促使法院认定被告人有罪；存疑有利于被告。2013年最高人民法院《关于建立健全防范刑事冤假错案工作机制的意见》进一步强调，定罪证据不足的案件，应当坚持疑罪从无原则，依法宣告被告人无罪而不得降格做出"留有余地"的判决。如此方可确保依法准确惩罚犯罪，真正落实庭审实质化。

2. 逐步贯彻程序公正理念。秉承程序公正理念是办案过程符合程序公正的保障。我国传统司法"重实体、轻程序"的思想根深蒂固，不利于实现司法公正。随着工业化进程的推进，我国刑事诉讼领域为改变"重实体、轻程序"问题，逐步落实了程序法定原则、司法监督原则和及公正审判等原则。①程序法定原则。我国《刑事诉讼法》在立法维度已有相关条文体现其精髓；在司法实践维度，已有多地严格要求公安司法机关必须严格依照法定程序，才能采取限制或剥夺人身自由，或对其财产权益加以损害，甚至剥夺其生命等一系列的诉讼中的强制措施。[1] ②司法监督原则。《依法治国决定》指出，"完善对限制人身自由司法措施和侦查手段的司法监督，加强对刑讯逼供和非法取证的源头预防，健全冤假错案有效防范、及时纠正机制"。③公正审判原则。兼具诉讼制度改革的目标与诉讼原则，是审判阶段的核心原则，控辩平等、直接言词、诉讼及时等原则均为公正审判原则的子原则。[2]

3. 逐步衡平保障人权与惩罚犯罪。在万物相连之后，人人都危在旦夕[3] 工业化使

---

〔1〕 参见韩平："论程序法定原则"，载《辽宁警察学院学报》2013年第5期。

〔2〕 公正审判权的理论依据源于英美法中的"法律的正当程序"，其并非仅指审判阶段的权利，按照诉讼阶段将其分为审判前的权利（如迅速获知指控、获得律师帮助）、审判中的权利（如法庭面前平等、公开审判、审判时在场、询问证人）和审判后的权利（如上诉权、刑事错案赔偿权）。参见熊秋红："解读公正审判权——从刑事司法角度的考察"，载《法学研究》2001年第6期。

〔3〕 参见［美］马克·古德曼（Marc Goodman）：《未来的犯罪》，林俊宏译，木马文化事业股份有限公司2016年版，第15页。

表9-1 公正审判原则的子原则

控辩平等原则	是公正审判的基本要求,包括诉讼构造上的控辩双方法律地位平等和诉讼能力上平等武装。
直接言词原则	要求:一是法庭要亲自审理案件,直接接触第一手证据材料,并且对原始的证据进行调查,有效审查证据的可靠性,从而准确认定证据、查明事实。二是让证人出庭作证,通过当庭的言词辩论维护被告人的质证权,确保审判程序的公正性。 核心要求:证人出庭作证,若法庭的证据调查主要围绕书面证据材料进行,庭审难以成为诉讼的中心。 直接原则强调法官的亲历性和证据的原始性。 言词原则强调与书面相对的证据提供形式。
诉讼及时原则[1]	是指在诉讼进行的每个阶段,司法机关和司法人员都应当及时对案件做出处理,不拖拉、不延误,该原则为公正审判的内在要求。 表现:迟到的正义与非正义[2]、集中审理[3]和及时裁判。

得大数据、人工智能、物联网等高科技发展迅速,犯罪越来越科技化、隐蔽化、复杂化,未经过仔细思考和检验的科技,很可能会忽然回头反咬一口。刑事诉讼人权保障系犯罪嫌疑人、被告人的人权保障,其关键在于辩护制度。犯罪嫌疑人、被告人只有获得辩护律师的专业帮助,才能有效维护自身的合法权益。在法庭审理阶段,只有辩护律师有效参与,才能实现庭审的实质化。2018年《刑事诉讼法》修正案增设认罪认罚从宽制度,2019年10月11日最高人民检察院联合最高人民法院、公安部、国家安全部、司法部发布《关于适用认罪认罚从宽制度的指导意见》,公安司法机关适用认罪认罚从宽制度都彰显了通过合法手段获取犯罪嫌疑人、被告人自愿供述的功能。[4] 惩罚犯罪时易侵犯人权[5],"根据刑事诉讼法关于疑罪从无的原则,凡是证据不足、指

---

[1] 目前,绝大多数案件,包括重大、复杂案件的审判,都体现了集中审理的要求。但有些案件,由于非法证据排除等程序性争议,影响了案件的集中审理。针对此类问题,一方面,有必要完善庭前准备程序,通过庭前会议等机制有效解决管辖、回避、非法证据排除等争议,避免此类争议当庭提出导致法庭审理中断。另一方面,有必要规范程序性裁判的审理规程,通过专门程序有效解决非法证据排除等程序性争议,保证庭审集中顺利进行。此外,司法实践中,有的案件审理至裁判之间拖延时间较长,既增加了被告人的审前羁押期限,也容易面临庭审虚化的质疑。因此,有必要强调及时裁判的要求,对适用速裁程序审理的案件一律当庭宣判,对适用简易程序审理的案件一般应当当庭宣判,对适用普通程序审理的案件逐步提高当庭宣判率。

[2] 刑事诉讼牵涉多方利益,诉讼当事人和社会公众都渴求正义尽快实现。如果不重视诉讼效率,案件久拖不决,不仅无法满足各方的正义诉求,而且容易引发外界对司法公正的质疑。特别是对被害方而言,有些情况下,即使迟来的诉讼结果是公正的,但效率低下的诉讼可能已经使其对正义的渴求和信心消失殆尽。

[3] 集中审理,是指案件的审理应当不间断地持续进行,直到审理完作出裁判为止。集中审理有助于保证法官根据当庭新鲜记忆形成的心证作出裁判,防止记忆模糊或者案外因素对心证产生不当影响。

[4] 参见杨迎泽:"认罪认罚从宽制度目标功能之多维解读",载胡卫列、董桂文、韩大元主编:《认罪认罚从宽制度的理论与实践——第十三届国家高级检察官论坛论文集》,中国检察出版社2017年版,第25页。

[5] 如为了查明案件事实、获取犯罪证据而刑讯逼供、非法取证。保障人权往往会影响到惩罚犯罪的进程,比如对非法获取的证据予以排除等,虽然实现了保障人权之目的,但可能会因此延缓甚至妨碍案件侦破,影响惩罚犯罪目的的实现。

控的犯罪不能成立的，都不能定罪。为确保严格公正司法，既及时有力惩罚犯罪，又防范通过刑讯逼供等非法方法获取证据，需要鼓励引导犯罪嫌疑人、刑事被告人自愿如实供述罪行"。此即该功能的直接体现，也是该制度的首要功能。[1] 目前，司法实践中大多数案件若无犯罪嫌疑人、被告人的口供，仅仅通过其他证据查实和证明案件事实，不仅代价巨大，而且多数情况下难以实现。在改革刑事诉讼制度时，不仅要反对完全依赖口供、不注重收集其他证据的"口供中心主义"，而且也要辩证看待口供的积极作用。事实上，"零口供"是对"沉默权"的误解，因为沉默权并非绝对排斥口供。美国95%以上的案件都是通过认罪答辩或诉辩协商[2]的途径解决，其非但不排斥口供，反而非常重视口供，只不过其在重视口供的同时有口供来源的自愿性和口供获取方法的合法性。因此，沉默权制度与诉辩协商制度是无法分割的"标配"。[3] 一方面，追求正确惩罚犯罪，就不能脱离程序性权利的保障，另一方面，保障人权也不能脱离惩罚犯罪，两者联系密切、同等重要。可见，以合法方式为犯罪嫌疑人、被告人提供足以促使其自愿供述的利益，以获取其自愿的供述，能达到既惩罚犯罪又不侵犯人权的效果。

三、工业化与刑事诉讼法基本原则

工业化的发展使得大数据、人工智能、云计算、互联网等技术在刑事诉讼领域逐渐渗透。2018 年《刑事诉讼法》从如下方面进行改革：①调整检察职能，为改革和完善监察体制提供了法律依据；②构建缺席审判制度；③总结试点经验，使认罪认罚从宽程序和速裁程序进法典；④完善律师制度；⑤修正案关于刑诉法与其他部门法相衔接的有关问题。工业化的发展使得我国《刑事诉讼法》除现有基本原则[4]外，还需遵循以下原则：

（一）优化司法职权配置原则

"公、检、法"三机关办理刑事案件，分工负责，互相配合，互相制约符合中国国情，具有中国特色。2018 年《刑事诉讼法》修正案删去原《刑事诉讼法》第 18 条规

---

[1] 《关于授权在部分地区开展刑事案件认罪认罚从宽制度试点工作的决定（草案）的说明》同时强调被害人的有效参与，但被害人的有效参与属于认罪认罚从宽制度设计与实施中需要注意的问题。

[2] 诉辩协商（plea negotiation）也即诉辩交易（plea bargaining）。近年来，美国在正式场合讨论该制度时，一般都避免使用 plea bargaining 的表述，而代之以 guilty plea（认罪答辩）或 plea negotiation。认罪答辩和诉辩交易虽然不是同一层面的概念，但由于认罪答辩大多都是通过诉辩交易达成的，而且即便是被告人直接做出了认罪答辩，辩护律师也依然会与检察官协商以为其争取更大的利益，因此这两个概念也常常在同等意义上被使用，这里即是如此。

[3] 因为在赋予嫌疑人沉默权的情况下，要想得到他的供述，就只有一个办法——为其提供足以促使他自愿放弃沉默而选择供述的利益。

[4] 现行刑事诉讼法基本原则主要有：侦查权、检察权、审判权由专门机关依法行使原则，人民法院、人民检察院依法独立行使审判权、检察权原则，以事实为根据、以法律为准绳原则，依靠群众原则，分工负责、互相配合、互相制约原则，人民检察院依法对刑事诉讼实行法律监督原则，审判公开原则，有权辩护原则及未经人民法院依法判决对任何人都不得确定有罪原则。详见陈卫东主编：《刑事诉讼法学》，高等教育出版社2019年版，第64~75页。

定的由人民法院管辖的"贪污贿赂犯罪、国家工作人员的渎职犯罪",转隶为国家监察委管辖,此两类犯罪涉及刑法规定的六大类88种案件:①贪污贿赂犯罪;②滥用职权犯罪;③玩忽职守犯罪;④徇私舞弊犯罪;⑤重大责任事故犯罪;⑥公职人员的其他犯罪。同时,明确了《中华人民共和国监察法》(以下简称《监察法》)和《刑事诉讼法》衔接的主要内容和范围,包括:①基本原则的衔接。《监察法》第4条关于"监察机关办理违法和职务犯罪案件,应当与审判机关、检察机关、执法部门互相配合、互相制约"的规定;②管辖衔接。修正案中将原《刑事诉讼法》第18条修改为第19条,其内容为:六大类88种案件转由监察委管辖。《监察法》第11条第2项规定"对涉嫌贪污贿赂、滥用职权、玩忽职守、权力寻租、利益输送、徇私舞弊以及浪费国家资财等违法和职务犯罪进行调查。"③修正案第12条第2款规定:"对于监察机关移送起诉的已采取留置措施的案件,人民检察院应当对犯罪嫌疑人先行拘留,留置措施自动解除。人民检察院应当在拘留后的10日以内作出是否逮捕、取保候审或者监视居住的决定。在特殊情况下,决定的时间可以延长1日至4日。人民检察院决定采取强制措施的期间不计入审查起诉期限。"④审查起诉的衔接。修正案第12条第1款规定"人民检察院对于监察机关移送起诉的案件,依照本法和监察法的有关规定进行审查。人民检察院经审查,认为需要补充核实的,应当退回监察机关补充调查,必要时可以自行补充侦查。"《监察法》第47条关于移送给检察院的案件强制措施的适用以及审查起诉后的处理规定:一是对监察机关移送的案件,人民检察院依照《刑事诉讼法》对被调查人采取强制措施。二是人民检察院经审查,认为犯罪事实已经查清,证据确实、充分,依法应当追究刑事责任的,应当作出起诉决定。三是人民检察院经审查,认为需要补充核实的,应当退回监察机关补充调查,必要时可以自行补充侦查。对于补充调查的案件,应当在1个月内补充调查完毕。补充调查以2次为限。四是人民检察院对于有《刑事诉讼法》规定的不起诉的情形的,经上一级检察院批准,依法作出不起诉决定,监察机关认为不起诉的决定有误的,可以向上一级人民检察院提请复议。可见,工业化背景下推进以审判为中心的诉讼制度改革,虽然监察机关可以介入部分案件的刑事侦查,但实质上并未改变"公、检、法"三机关在刑事诉讼中的基本职权关系。以审判为中心,是在分工负责、互相配合、互相制约的前提下,刑事诉讼的各个阶段都以法院的庭审和裁判关于事实认定和法律适用的要求和标准进行,确保案件质量,防止冤假错案的发生。推进以审判为中心的诉讼制度改革需要在坚持"公、检、法"三机关互相配合、互相制约原则的基础上,进一步优化诉讼过程中配合与制约的方式。[1]

(二)遵循刑事诉讼规律原则

现代西方社会崇尚法治,法律制度完善,法官独立超然,享有崇高地位,一般公民也有很高的个人权利意识,故一起纷争便往往诉至法院,以求公正裁决。即便双方

---

〔1〕 所谓配合,更多的是指工作衔接层面的配合。在诉讼职能方面,则应当更多地体现后续诉讼程序对先前诉讼程序的制约,特别是审判对侦查、审查起诉的引导和制约,同时要弱化审前程序对审判程序的制约,进而在诉讼程序框架内促使侦查、审查起诉活动按照审判的要求进行。

愿意和解，也往往限于司法程序开始以后，对于在法院以外解决纷争的方法这方面的发展便一直停滞不前。[1] 十九大报告提出构建中国特色轻罪诉讼制度体系，我国香港地区承袭中西文化，法律制度完善，市民一般相信诉讼是解决纷争的理性方法，法院会作出公正独立的裁决，因此法院以外解决纷争的方法并不发达。目前简化审程序在香港地区主要表现为简易程序，这与我国刑事速裁程序有很多相同点。我国刑事速裁程序意在构建一种比简易程序更为宽松的处理认罪认罚轻微刑事案件的机制。《关于授权在部分地区开展刑事案件速裁程序试点工作的决定》和《关于在部分地区开展刑事案件速裁程序试点工作的办法》均彰显中国轻罪诉讼制度体系的精神。一旦犯罪嫌疑人、被告人自愿适用速裁程序，其前提必然是犯罪嫌疑人、被告人认罪且同意量刑建议。在此，由于犯罪嫌疑人、被告人可以通过速裁程序获知具体的刑种、刑期并有机会得到从宽量刑，在认罪激励功能的效果上显然要高于简易程序。刑事速裁程序一方面构建了一种新的轻微认罪刑事案件分流机制；另一方面较好地发挥了认罪激励功能，两者相互作用，使得该机制使用效率大大提高，有效地节约了司法资源。在刑事诉讼过程中，尽管侦查、审查起诉也涉及对犯罪事实和犯罪嫌疑人刑事责任等问题的认定，但相比之下，审判对罪责刑问题的认定和解决才具有终局性、权威性。国家通过审判来确保法律得到统一、规范的适用，审判需要严格执行法律的标准，因此，强调诉讼以审判为中心，实际上就是强调要严格执行法律，这是由审判权的判断和裁决性质所决定的，是刑事诉讼规律的内在要求。十八届四中全会《依法治国决定》指出，全面贯彻证据裁判原则，严格依法收集、固定、保存、审查、运用证据，完善证人、鉴定人出庭作证制度，落实罪刑法定、疑罪从无、非法证据排除等法律原则，健全冤假错案有效防范、及时纠正机制，确保事实认定符合客观真相、办案结果符合实体公正、办案过程符合程序公正。上述要求有助于贯彻以事实为根据、以法律为准绳的基本诉讼原则，从司法维度看，这是对审判的要求，但对侦查、审查起诉工作亦有指导作用。严格司法既要求法院严格依法裁判，也要求侦查、审查起诉严格执行法律的标准。诉讼以审判为中心，要求侦查、审查起诉活动始终围绕审判程序进行，确保侦查、审查起诉的办案标准符合审判的法定定案标准，从源头上防止事实不清、证据不足的案件或者违反法定程序的案件"带病"进入审判程序，确保侦查和审查起诉的案件事实证据经得起法律的检验，确保诉讼证据出示在法庭、案件事实查明在法庭、诉辩意见发表在法庭、裁判结果形成于法庭。

（三）加强人权司法保障原则

工业化背景下如何积极利用工业化为经济社会发展助力，并抑制工业化的消极影响，为人类的可持续发展创造制度基础值得深究。以法治和人权为国家治理的重要机制，有效地促进工业化为人类服务，为人的全面而自由的发展提供物质保障，是社会发展的趋势。刑事诉讼法关系到公民的生命、自由和财产等重要权利，历来有"小宪

---

〔1〕 参见陈弘毅等合编：《香港法概论》，三联书店（香港）有限公司2015年版，第121页。

法""人权法"之称。刑事诉讼领域对人权的保障水平是一国法治发展水平的"晴雨表"。2018年《刑事诉讼法》修正案构建中国特色轻罪诉讼制度体系等彰显了人权司法保障的重要性。加强人权司法保障有助于实现案件的公正审判,是推进以审判为中心的诉讼制度改革的重要切入点。刑事诉讼领域的人权保障广义上包含对被害人、证人等的人权保障,但主要指对犯罪嫌疑人、被告人的人权保障。[1] 加强人权司法保障,不能仅靠办案机关在办案过程自觉遵守法定程序,而是既要重视建立健全防范侵犯人权的法律制度,也要完善犯罪嫌疑人、被告人人权遭到侵犯的救济制度。[2]

(四) 兼顾公正与效率价值原则

工业化进程逐步推进使我国社会治理体系创新和法治建设逐步完善,刑法的规范功能逐步受到关注。尤其是劳动教养制度废止后,常见多发违法行为如醉驾等入刑,使刑事案件呈显著增长态势,再加上员额制诉讼配套制度的改革,使得刑事案件增长趋势加快,司法资源日益紧张。合理配置司法资源须对刑事案件进行"区别对待"、繁简分流,将更加复杂的刑事诉讼程序用于处理少数疑难、复杂案件,将更简便的程序用于处理占绝对多数的简单、轻微案件。兼顾公正与效率价值原则的实质即合理分流案件,实现程序层次化和体系化。人类社会内部各种角色基于利益分化而发生的冲突与对抗贯穿人类社会发展的全过程,为了解决冲突与对抗,社会必然会建构并运作一个纠纷解决体系。当前,严重危害社会治安犯罪的案件数量呈下降趋势,但轻微刑事案件的数量仍在高位徘徊,司法机关"案多人少"的矛盾仍然突出……工业化引发的轻罪诉讼制度体系有利于在确保司法公正的基础上提高司法效率[3],推动刑事诉讼程序制度的层次化改造。依认罪认罚从宽制度设计,对于可能判处3年有期徒刑以下刑罚的认罪认罚案件,可适用速裁程序,由审判员独任审判,不再进行法庭调查、法庭辩论,当庭宣判;对于可能判处3年有期徒刑以上刑罚的认罪认罚案件,亦可适用简易程序审判。这一方面可以使各级法院从不堪重负,疲于应付简单、轻微刑事案件的困境中解脱出来,另一方面也有助于在少数疑难、复杂刑事案件中严格贯彻落实疑罪从无、非法证据排除、直接言词原则等现代刑事司法理念和制度,最终确保案件的质量和审理效果。推进以审判为中心的诉讼制度改革牵涉侦查、审查起诉、辩护、审判等诉讼职能,因此,需要政法各部门按照刑事诉讼规律的要求,分工负责、合力推进。对于改革中牵涉多个部门的内容,需要各部门统筹协调,按照改革的精神和要求全面落实实施方案,积极稳妥推进改革。

---

〔1〕 因为犯罪嫌疑人、被告人的人权在诉讼过程中更容易遭到侵犯。

〔2〕 十八届四中全会《依法治国决定》指出:强化诉讼过程中当事人和其他诉讼参与人的知情权、陈述权、辩护辩论权、申请权、申诉权的制度保障……完善对限制人身自由司法措施和侦查手段的司法监督,加强对刑讯逼供和非法取证的源头预防……

〔3〕 详见2016年8月,最高人民法院院长周强在第十二届全国人大常委会第二十二次会议上对《关于授权在部分地区开展刑事案件认罪认罚从宽制度试点工作的决定(草案)》所作的说明。

第二节　工业化与刑事诉讼制度改革

一、谦抑精神逐步渗入刑事诉讼制度

"谦抑"一词最先出现在刑法领域，人们所熟知的刑罚轻缓化，非刑罚化均为刑法谦抑的内容。随着刑事法律科学的一体化，人们开始把刑事实体法与刑事程序法统一起来，使得谦抑精神逐步为刑事诉讼制度所吸收。按照我国学者通说观点，刑事诉讼谦抑精神即刑事诉讼在纠纷解决开始时的克制性、在纠纷解决过程中的妥协性及在纠纷解决结果上的宽容性[1]。一部人类刑法的发展史，就是从注重犯罪行为的客观危害，强调"以眼还眼、以牙还牙""同态复仇""等量报应"向更加注重犯罪人的主观恶性和人身危险性，更加注重犯罪人的人格、生活成长经历及主观罪过转变的历史。此转变使刑罚不再仅仅是冷漠的报应，而更多体现了现代刑事司法的宽容精神和人文关怀，强调对犯罪人的教育改造，促使其早日回归社会。尽管我国现行刑法中设置了自首从宽、坦白从宽等制度，量刑规范化改革也明确规定了犯罪嫌疑人、被告人具有自首、坦白等法定情节的，可以减少基准刑的一定比例，但这些刑罚制度的价值主要体现在审判阶段，无法覆盖刑事诉讼程序全过程，也无法覆盖刑事诉讼制度始终。对公安、检察机关而言，基于侦查法定原则及起诉法定原则，即使被告人认罪认罚，公安、检察机关仍必须依法移送审查起诉、依法提起公诉，关系被告人切身利益的量刑问题只有到了审判阶段才被提上日程，并被视为法院独自享有的裁量权。

从党的十八届四中全会提出完善刑事诉讼中认罪认罚从宽制度的重大部署开始，认罪认罚从宽制度作为一项重大司法改革举措逐步在司法实践中得到探索和适用。2018年11月26日，全国人大常委会通过了包含认罪认罚从宽制度内容的《全国人民代表大会常务委员会关于修改〈中华人民共和国刑事诉讼法〉的决定》，在适用条件、遵循原则、从宽幅度、办理程序、证据标准、律师参与、当事人权益保障等方面对认罪认罚从宽制度做出了一系列具体规定。该制度体现了我国刑事诉讼法对多元诉讼程序的积极追求。一方面，《刑事诉讼法》确立的"简易程序和普通程序"二元审判程序模式略显单一，尤其是简易程序适用跨度大，简化程度缺乏明显区分，难以完全适应实践需要，甚至容易因程序繁琐而造成不必要的司法资源浪费；另一方面，我国实际上并不存在贯穿诉讼全过程的简易程序，诉讼分流与简化主要集中在审判阶段，导致审前阶段缺乏有效的分流机制，分流效果有限，未能有效缓解办案压力。而认罪认罚从宽制度能弥补审前分流机制的缺失，打破简易程序的功能局限，可以广泛适用于刑事诉讼全过程，审前阶段被告人认罪认罚的案件应当分流至认罪程序中，不必再按照普通程序进行处理。当然，为了确保制度的正当性，对于是否对被告人认罪认罚给予法律上的积极评价，法院拥有最终审查决定权。但建立有关认罪认罚的程序处理机

---

[1]　参见王乐龙："刑事诉讼谦抑理念与刑事错案的预防"，载《山西高等学校社会科学学报》2009年第3期。

制，将形成崭新的刑事诉讼格局，即以认罪程序与不认罪程序作为第一层次划分，以认罪程序下简易程序、速裁程序、和解程序作为第二层次划分。由此，各个刑事诉讼程序之间将有序衔接，充分发挥诉讼程序多元化的优势，实现司法资源配置的最优化，形成符合我国司法实践需要和刑事诉讼发展规律的多层次诉讼程序体系。[1] 可以说，该制度一方面给予了犯罪嫌疑人、被告人最大限度的"政策优惠"，另一方面也赋予了公安机关可以撤销案件、人民检察院可以做出不起诉决定，或对涉嫌数罪中的一项或多项提起公诉，或向人民法院提出量刑建议的权力，这将增加公安、检察机关在侦查、审查起诉案件时的能动性，积极引导犯罪嫌疑人、被告人认罪服法，减少社会对抗，争取自身利益最大化，最终提高诉讼效率，实现刑罚目的。与此同时，我国刑事诉讼中附条件不起诉制度的健全、简易程序的细化、不起诉制度的完善等都与谦抑精神密切相关，谦抑精神对于优化我国刑事诉讼结构、促进提升社会治理法治化水平至关重要。

二、以审判为中心的诉讼制度改革

刑事司法职能与人类社会的历史发展均是人们的社会分工不断走向专业化的进程。早期世界各国的司法职能通常与军事职能以及行政职能等社会公共管理职能合并在一起；我国封建社会时期，审理狱讼[2]一直是各级行政长官的基本职能，到近代，司法职能才逐步与行政职能相分离[3]。在古代社会，东西方国家查明案情和做出裁判的职能均由主持审判的司法官或行政官行使，通过在法庭上讯问当事人和证人的方式进行，时而会走出法庭去调查取证。[4] 工业化背景下刑事司法职能趋向专业化，刑事诉讼参与人出现了侦查人员、检察人员和审判人员，刑事诉讼阶段分为侦查、起诉和审判阶段。刑事司法的专业分工使我们开始思考哪个阶段应为刑事诉讼过程的中心。该问题实质即刑事诉讼进程应该以侦查为中心还是以审判为中心。据此，日本学者松尾浩提出"精密司法"[5] 概念，其实质即以侦查为中心。其将"精密司法"界定为从侦查活动开始，即彻底以侦查为中心，检察官得到详细的犯罪事实证据资料后，从证据的确定性与追诉的必要性两个方面严密地分析案件，在后续的审判中，加上辩护人充分的防御辩护及法院认真审理查明案件之真相，并根据这个结果做出确切的判决。[6] 然而，多年来日本刑事司法裁判运行的结果是检察官起诉定罪率是99.9%，这固然是精密司法的正面表现；但另一方面，也反映出无罪判决少，重视侦查中的犯罪嫌疑人自白较

---

[1] 参见梁静飞："认罪认罚从宽制度的逻辑展开"，载找法网，http://china.findlaw.cn/lawyers/article/d676374.html，最后访问时间：2020年7月23日。

[2] 在古代，审理狱讼不属于专业化的司法官员。

[3] 中国古代的司法官员兼具行政官员身份，且通常首先是行政官员。

[4] 例如，中国历史上著名的"法官"狄仁杰和包拯就同时担负着侦查破案的职责，而且他们也确实是侦查破案的"专家"。

[5] 参见［日］松尾浩也：《日本刑事诉讼法（上卷）》，张凌译，中国人民公安大学出版社1991年版，第16页。

[6] 参见［日］松尾港也："刑事司法の日本の特色—いわ中るモデル論とも関連して—"，载《法曹時報》1994年第1期。

多及利用证人证言的机会少，这几乎是世界各国裁判少有的类似情况。[1] 随后，日本学者平野龙一提出"核心司法"概念，其实质即以审判为中心。若主张或采用参审制度，而这些侦查程序也必须明确、抓住重点或针对案件的核心；然而这些程序可能也会对证据调查方法、羁押时间的长短产生影响；而且，在公判庭审理时讯问证人或当事人讯问证人等等，这些都不是强调精密的问题，而是重视案件争点的核心问题，这不是粗糙的判决，而是核心司法。[2]

党的十八届四中全会《依法治国决定》指出，要"推进以审判为中心的刑事诉讼制度改革，确保侦查、起诉的案件事实证据经得起法律的检验"[3]。这一规定明确了以审判为中心诉讼制度改革的目标、任务和要求。以审判为中心的诉讼制度改革与省以下法、检两院人、财、物由省直管为主的管理体制改革和让审理者裁判、由裁判者负责为主的审判权运行机制并立，构成了我国司法改革的三大重要板块。以审判为中心是刑事诉讼规律的必然要求，实质是以庭审为中心，内在要求是以证据为核心，关键是要体现程序的正当性。以审判为中心的诉讼制度改革涉及刑事诉讼制度框架的重度变革和各诉讼主体职能的深度调整，能否确立审判在诉讼中的中心地位，能否实现、如何实现"以审判为中心"，是检验司法改革成效和刑事法治发展水平的重要标志。现代刑事诉讼是一个各诉讼环节紧密相连、各诉讼阶段彼此依赖的系统工程，是控辩审三种职能共同作用的总和，终极目的是惩罚犯罪、保护人民，使无罪的人不受刑事追究。可见，刑事诉讼是以审判为中心的综合指标，是综合公、检、法和辩护律师正能量的合成。[4] "基于以审判为中心，大陆法系国家承认犯罪嫌疑人有沉默权或者不受强迫自证其罪的权利，犯罪嫌疑人在侦查程序中有权获得律师的帮助，这能为审判阶段的辩护活动做好准备，以保证其获得公正审判。"[5] 孙长永曾言："审判中心主义是近现代国家刑事诉讼中普遍认同的一项基本原则，它是司法最终解决原则在刑事诉讼中的具体表现"。这既是实行刑事程序法定原则而导致程序法治化的必然结果，也是民主社会公正彻底地解决政府与个人利益冲突的客观需要。[6]

工业化背景下，大数据、人工智能、云计算、互联网等技术的发展和应用，使得侦查中心已不能有效应对我国司法改革，审判中心开始发展为决定诉讼结果的关键环节。大陆法系国家的刑事诉讼中心逐步发展为以审判为中心[7]，蒋石平教授曾言："大陆法系基于审判中心主义理念，强调法官对侦查程序的早期参与，以实现法官对侦查程序的有效调控。侦查机关虽然拥有广泛的侦查手段，但除现行犯或紧急情形外，采取强制侦查措施如羁押、搜查、扣押、邮检、监听等侵犯个人自由或隐私权的强制

〔1〕 参见李春福：《刑事诉讼法论》，新学林出版股份有限公司2017年版，第15~16页。
〔2〕 参见李春福：《刑事诉讼法论》，新学林出版股份有限公司2017年版，第16页。
〔3〕 《中共中央关于全面推进依法治国若干重大问题的决定》2014年10月23日中国共产党第十八届中央委员会第四次全体会议通过.
〔4〕 参见樊崇义："'以审判为中心'的概念、目标和实现路径"，载《人民法院报》2015年1月14日，第5版。
〔5〕 蒋石平："论审判中心主义对侦查程序的影响"，载《广东社会科学》2004年第3期。
〔6〕 孙长永："审判中心主义及其对刑事程序的影响"，载《现代法学》1999年第4期。
〔7〕 例如，法国在19世纪形成了侦查权、起诉权、审判权相对分立的体制。

措施，原则上必须经过法官的批准，要接受法官的司法审查。"[1] 口供中心主义的侦查在大陆法系至少在法律上同样受到摒弃，凡是以强制、胁迫或者其他不正当方式获得的口供，在审判阶段均无证据效力。近年来曝光的几起重大冤错案件，促使以审判为中心、推进庭审实质化已成为我国刑事诉讼制度的热词。[2] 我国推进以审判为中心的诉讼制度改革有利于"核心司法"的实现，有助于助推刑事诉讼制度的发展变化，其将对我国刑事审判制度、刑事诉讼结构产生深远的影响。主要体现在：①凸显检察机关量刑建议在刑事审判中的权重，进一步深化量刑规范化改革；②被告人认罪认罚案件对公正的需求比被告人不认罪案件和死刑案件低，实现相对公正足矣。这将推动刑事证据制度作出调整，使前者在证据收集、固定、非法证据排除及证明标准上区别于后者；③进一步推动我国审级制度改革。当前，被告人的上诉权是绝对的、不受限制的，只要被告人在法定期限内提出上诉，必然启动二审程序。对于被告人认罪认罚的案件，就应当对被告人的上诉权作出适度限制，实行一审终审，否则不仅浪费司法资源，增加诉讼程序负担，也违背了诚信原则，破坏司法公信力；④有助于改善当前刑事审判中长期存在的重实体、轻程序，重定罪、轻量刑，重打击、轻保护等现象。认罪认罚从宽制度强调对被告人实体权利和诉讼权利的保障，包括从快办理、从轻量刑，还包括对被告人选择程序、获得法律帮助、最后陈述等权利的保障，势必强化被告人的诉讼主体地位，确保其自愿认罪、自愿选择程序、知悉程序后果，等等。上述制度变量都将凝聚成强大的合力，最终推动中国刑事审判制度，乃至整个刑事诉讼制度的深刻变革。[3]

三、捕诉一体机制逐步确立

我国现行《宪法》规定，检察机关是我国的法律监督机关，拥有批捕权、起诉权。检察机关恢复重建40年来，经历了从"捕诉合一"到捕诉分开的改革。1995年检察机关设立反贪局，检察机关在侦查、批捕、起诉过程中是一体的；2000年以后检察机关内设侦查监督部门，公安机关立案、初查，认为可能构成犯罪、判处有期徒刑以上的刑事案件，移送报请检察机关批捕，由该部门批捕以后，公安机关按照法律规定进一步进行侦查，调查取证。期限一般为两个月，特殊案件可以延长，认为确实构成犯罪，事实、证据充分，移送检察机关审查起诉，经过公诉部门审查以后，向法院提起公诉。当前正过渡到"捕诉一体"的阶段。"捕诉一体"机制是指对于同一案件的适时介入、审查逮捕、审查起诉、诉讼监督等检察环节工作由同一承办检察官办理的办案机制。

---

〔1〕 虽然刑事案件调查取证权主要归侦查人员，但法官在法庭审查认定证据环节越来越重要。

〔2〕 习总书记指出："推进以审判为中心的诉讼制度改革，目的是促使办案人员树立办案须经得起法律检验的理念，确保侦查、审查起诉的案件事实证据经得起法律检验，保证庭审在查明事实、认定证据、保护诉权、公正裁判中发挥决定性作用。这项改革有助于促使办案人员增强责任意识，通过法庭审判的程序公正实现案件裁判的实体公正，有效防范冤假错案的发生"。

〔3〕 参见袁小安、谭婵："关于实施认罪认罚从宽制度的几点思考"，载湖南省人民检察院网，http://www.hn. jcy.gov.cn/rdjj/lltt/lltt/2017/content_71312.html，最后访问时间：2017年11月22日。

继未成年人刑事犯罪案件"捕诉一体"后，在2018年7月全国部分地区试点后，现已全面铺开"捕诉一体"办案机制。[1] 可见，我国长期存在着"捕诉分离"机制，工业化的发展使得我国开始出现"捕诉一体"机制。该机制在缓解人案矛盾、实现检察专业化、防止捕诉脱节和冤假错案发生、推进以审判为中心的诉讼制度改革等方面具有重要的功能价值。

（一）强化侦查引导与侦查监督，防止捕诉脱节

"捕诉一体"刑事办案机制为我国新一轮司法改革的需要。2019年初，最高人民检察院党组书记、检察长张军在国务院新闻办新年首场新闻发布会上宣布刑事办案机构实行"捕诉一体"办案机制，据此，该机制正式在全国检察机关实行。"捕诉一体"机制的确立，使得刑事办案机制从"捕诉分离"转变到"捕诉一体"。在"捕诉分离"机制下，逮捕的证据标准低于起诉的证据标准，侦查监督部门的检察官不能完全按照庭审的要求引导侦查的情况时有发生，且侦查监督部门与公诉部门对侦查机关各自分段监督，使得监督力量分散，且对侦查违法的监督标准不一，极易产生监督意见相互矛盾之情形。在审查起诉阶段后，公诉部门对于批捕阶段要求继续侦查的证据难以落实，对补充侦查的目的也不甚了解，尤其是补充监控录像、通话记录，痕迹鉴定等关键证据易错失良机。[2] "捕诉一体"机制后，检察机关将侦查监督提前到审查批捕阶段，变消极监督为积极监督，从介入案件时起，就将审判阶段的证据标准通过审查批捕向侦查阶段传导，以判决的标准倒逼侦查质量，在批捕阶段就建立起证明犯罪的证据体系，也使其与侦查机关的沟通更加顺畅。监督方式的转变使得检察机关提出的补充侦查方向更具针对性，符合侦查监督的运行机理。

（二）优化司法资源配置，缓解人案矛盾

在传统的"捕诉分离"机制下，检察机关刑事案件审查批捕和审查起诉分别由侦查监督部门和公诉部门负责，也就是同一个案件需要经过不同部门的两名检察官审查。此时，案件经过检察官审查批准逮捕环节后，对于负责审查起诉的检察官来说仍然是一个新的案件，在一定程度上拉长了审查起诉的办案期限。而在"捕诉一体"机制下，检察机关刑事案件审查批捕和审查起诉由同一部门负责，也就是一个案件的审查批捕、审查起诉、提起公诉和出庭支持公诉只需一名检察官或办案组织承办，可以有效节约司法成本。此时，鉴于负责审查批捕的检察官也精通审查起诉标准，在审查批捕后能针对侦查机关后续的侦查行为提出科学合理的意见，以降低退回补充侦查的概率、防范程序倒流。可见，"捕诉一体"机制可使优化司法资源配置、提高司法效率，缓解人案矛盾。

（三）实现检察专业化、提高办案质效

"捕诉分离"机制下，刑事案件承办检察官只需负责审查逮捕工作或者审查起诉工

---

〔1〕 参见殷强："'捕诉一体化'改革的法理分析与展望"，载《中国社会科学报》2019年11月21日，第7版。
〔2〕 参见郑赫南等："捕诉合一在这里已实行一年多——走进山西省太原市小店区检察院"，载《检察日报》2018年7月27日，第2版。

作。此时，负责审查逮捕工作的检察官对审查起诉工作相对陌生，而负责审查起诉工作的检察官对审查逮捕工作也不熟悉。而在"捕诉一体"机制下，检察官对审查逮捕、审查起诉工作都比较熟悉，一定程度上可以拓宽检察官的业务范围和视野，提高检察官的综合业务能力[1]。尤其是工业化的发展使得犯罪呈现出专业化、智能化的特点，检察机关的办案难度越来越高，此时，可以考虑借鉴法院按案件类型设立若干审判庭，且在各审判庭内进一步细分专业，成立不同领域合议庭的做法，按照不同的犯罪类型设立专业化的检察业务机构和团队，实现检察专业化，而"捕诉一体"机制正好契合该要求。鉴于捕、诉的工作特点和要求不同，"捕诉一体"机制必然要求检察官既应具备侦查监督所需的业务素质，也应具备履行公诉职能的业务素质，也就是对检察官的业务能力和职业素养提出了更高的要求。这最终会倒逼检察官提高自身素质和办案质效。

（四）有利于律师辩护，防止冤假错案发生

中国特色社会主义法治道路，使我国形成了不同于西方的刑事诉讼体制，现行法律规定将批捕权和公诉权交由检察机关集中行使。宪法从国家重要制度的角度，规定检察机关是法律监督机关，依法独立行使检察权，确立了检察机关在刑事诉讼中和法院、公安分工负责，互相配合，互相制约的关系。《刑事诉讼法》第3、80、89、169条等规定明确了审查批准逮捕、公诉的权力由检察机关行使，审查批准逮捕决定人员为检察长。这为检察机关行使批捕权和公诉权提供了依据和操作模式。批捕、公诉权由检察机关享有，是实现法律监督权能应有之意，二者统合于法律监督权能之下，合一具有合法性、正当性[2]。

"捕诉一体"机制有利于提高审前阶段刑事辩护的覆盖率，促使公安司法机关听取辩护意见的实质化推进。如上海和重庆等地对审前阶段刑事辩护的覆盖面予以了明确规定，同时规定听取辩护意见贯穿审查批捕和审查起诉全过程，充分保障律师会见权、阅卷权，从而确保"捕诉合一"机制下人权保障水平的提升。总之，"捕诉一体"机制从审查批捕、审查起诉到出庭支持公诉，辩护律师只需要与一个承办检察官交流、沟通即可，其辩护难度明显小于"捕诉分离"模式下控辩对抗的制度安排，在一定程度上可以防止冤假错案的发生。

（五）有利于助推以审判为中心的诉讼制度改革

以审判为中心，其核心要求是作为裁判根据的案件信息，形成于且只能形成于审判程序。所以，以审判为中心，并非忽视侦查、审查起诉程序，侦查和审查起诉是审判的准备，其收集和运用证据的质量关乎审判之公正，高质量的侦查和审查起诉，可以在源头上防范冤假错案于未然[3]。以审判为中心的诉讼制度改革关键在于庭审实质化，因此，审查批捕和审查起诉都应坚持以庭审的标准和要求为导向，将检察机关对

---

〔1〕 参见张金萍："'捕诉一体'刑事办案机制运行实践探究"，载《重庆行政（公共论坛）》2020年第3期。

〔2〕 参见郭晓东、任建华："'捕诉一体'办案机制的理论与实践思考"，载《中国检察官》2019年23期。

〔3〕 参见魏晓娜："以审判为中心的刑事诉讼制度改革"，载胡卫列等主编：《以审判为中心的诉讼制度改革与检察工作发展——第十一届国家高级检察官论坛论文集》，中国检察出版社2015年版，第82页。

侦查的引导贯穿审查批捕和审查起诉的始终，在批捕时以公诉的证据标准引导侦查取证。"捕诉一体"机制有利于通过审查批捕和审查起诉的实质化推动庭审实质化，助推以审判为中心的诉讼制度改革的顺利进行。

第三节　工业化与刑事证据制度的发展

证据制度是诉讼制度乃至司法制度的核心与基础，是实现司法公正、司法为民，维护公平与正义的关键；是追求客观真实，实现审判目的，保护合法行为，惩戒违法行为的前提，是社会主义法律体系完备的重要组成部分。

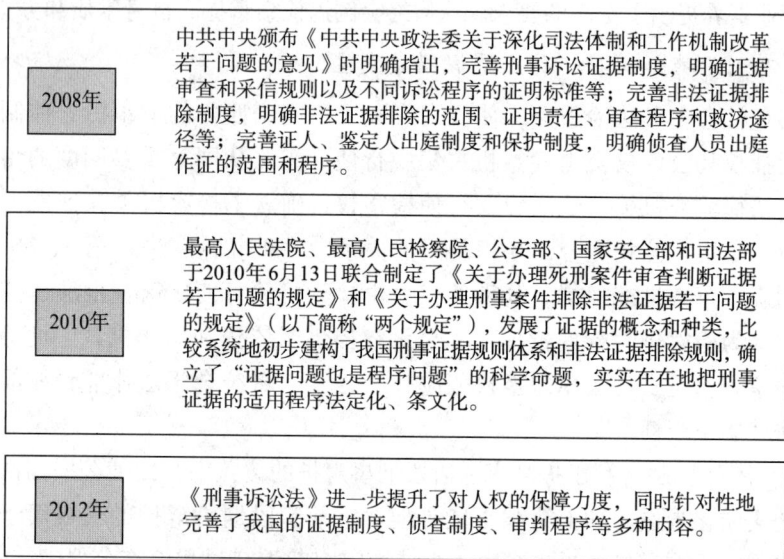

2008年	中共中央颁布《中共中央政法委关于深化司法体制和工作机制改革若干问题的意见》时明确指出，完善刑事诉讼证据制度，明确证据审查和采信规则以及不同诉讼程序的证明标准等；完善非法证据排除制度，明确非法证据排除的范围、证明责任、审查程序和救济途径等；完善证人、鉴定人出庭制度和保护制度，明确侦查人员出庭作证的范围和程序。
2010年	最高人民法院、最高人民检察院、公安部、国家安全部和司法部于2010年6月13日联合制定了《关于办理死刑案件审查判断证据若干问题的规定》和《关于办理刑事案件排除非法证据若干问题的规定》（以下简称"两个规定"），发展了证据的概念和种类，比较系统地初步建构了我国刑事证据规则体系和非法证据排除规则，确立了"证据问题也是程序问题"的科学命题，实实在在地把刑事证据的适用程序法定化、条文化。
2012年	《刑事诉讼法》进一步提升了对人权的保障力度，同时针对性地完善了我国的证据制度、侦查制度、审判程序等多种内容。

图9-3　我国刑事政治制度的立法演变

我国社会主义法律体系的建设进入新阶段，各项法律制度趋于完备。伴随着司法改革的逐步深化，司法审判活动与信息技术实现了深度融合，其在催生诉讼活动新模式的同时，也为证据制度带来了新的挑战。[1] 工业化背景下刑事证据制度的发展与改革是我国刑事诉讼制度改革的关键一环，我国进一步强化证据制度的完善力度，从强化司法实践管理和保障当事人合法权益的维度进一步规范化管理刑事诉讼的每一个环节，强化对证据的获取和应用行为，有效提升证据的证明力和有效性，为刑事诉讼行为的有效开展提供必要的帮助和支持，实现司法程序正义与公平的有机统一。工业化背景下我国对刑事证据制度发生下述变化：

一、工业化与刑事证据概念的演进

刑事证据概念系刑事证据制度的基本问题，其演进与工业化密切关联。科学界定

---

[1] 参见强卉："智慧司法背景下的证据制度：挑战与应对"，载《中国社会科学报》2020年7月8日，第5版。

刑事证据概念，很大程度上决定着证据法学的研究对象乃至立法根基。近现代意义上的证据有着一张普罗透斯的脸，不同的理解有不同的答案。美国《布莱克法律词典》将证据解释为，当事人为使法官或陪审团相信他们的论点而以证人、记录、文件以及其他有形的物品为媒介而在审判时提出的任何种类的有证明力的内容。我国理论界对证据的概念界定大体有三种学说：事实说、材料说、根据说。本文认为，刑事证据就是证明一切刑事案件事实的材料。[1] 正如墨菲指出：从科学的角度看，司法语境中的证据，就是用来帮助法庭建构过去发生的事实到可接受的程度的任何事物。英国学者认为，（刑事）证据在广义上是指当事人向法庭提交的旨在说服法庭相信他们的观点的信息。[2] 质言之，即当事人为证明他们的案件而提出的信息。[3] 美国著名证据法学家威格莫尔认为，（刑事）证据是任何一件或一组可知的事实，而不是法律或伦理的原理。[4] 它被看作是法庭上提出的，旨在法庭的重要阶段对于主张的真实性肯定或否定的信念……依据这个信念法庭才能做出判断。[5] 按照目前证据学界观点，刑事证据具有客观性、关联性与合法性三个特征，上述三种学说在我国刑事诉讼法中均有突出表现，2012 年《刑事诉讼法》将"证明案件真实情况的一切事实，都是证据"修改为"可以用于证明案件事实的材料，都是证据"。这表明立法者放弃了原《刑事诉讼法》中的"事实说"，改为采用"材料说"[6]。

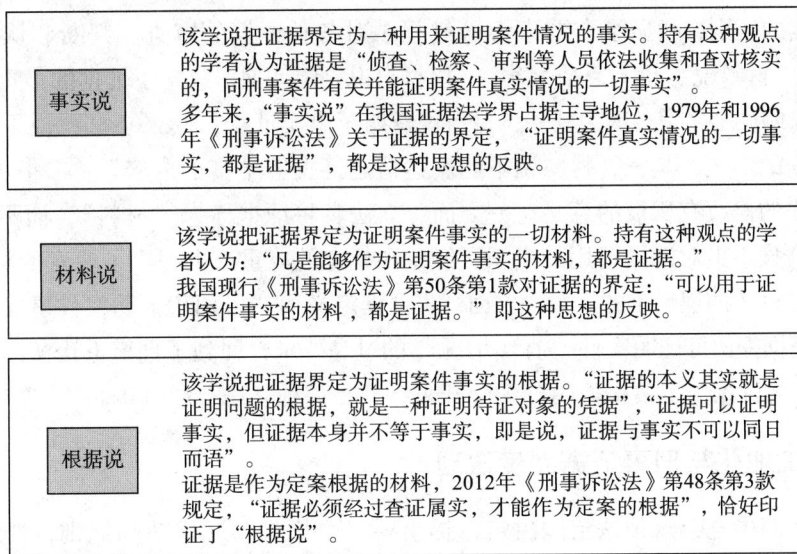

事实说	该学说把证据界定为一种用来证明案件情况的事实。持有这种观点的学者认为证据是"侦查、检察、审判等人员依法收集和查对核实的，同刑事案件有关并能证明案件真实情况的一切事实"。 多年来，"事实说"在我国证据法学界占据主导地位，1979年和1996年《刑事诉讼法》关于证据的界定，"证明案件真实情况的一切事实，都是证据"，都是这种思想的反映。
材料说	该学说把证据界定为证明案件事实的一切材料。持有这种观点的学者认为："凡是能够作为证明案件事实的材料，都是证据。" 我国现行《刑事诉讼法》第50条第1款对证据的界定："可以用于证明案件事实的材料，都是证据。"即这种思想的反映。
根据说	该学说把证据界定为证明案件事实的根据。"证据的本义其实就是证明问题的根据，就是一种证明待证对象的凭据"，"证据可以证明事实，但证据本身并不等于事实，即是说，证据与事实不可以同日而语"。 证据是作为定案根据的材料，2012年《刑事诉讼法》第48条第3款规定，"证据必须经过查证属实，才能作为定案的根据"，恰好印证了"根据说"。

图 9 - 4　我国理论界对证据的概念界定之学说

对证据概念的重新界定，涉及对各种学说的评价。一是事实说。1996 年《刑事诉讼

〔1〕 参见易延友：《证据法学：原则　规则　案例》，法律出版社 2017 年版，第 5 页。
〔2〕 参见郭天武：《刑事证据法学：原理·案例·实验》，中国法制出版社 2015 年版，第 53 页。
〔3〕 参见 See Steve Uglow, *Evidence: Text and Materails*, London Sweet & Maxwell, 1997.
〔4〕 参见郭天武：《刑事证据法学：原理·案例·实验》，中国法制出版社 2015 年版，第 53 页。
〔5〕 参见卞建林、刘玫：《外国刑事诉讼法学》，人民法院出版社、中国社会科学出版社 2002 年版，第 218 页。
〔6〕 参见张军主编：《新刑事诉讼法法官培训教材》，法律出版社 2012 年版，第 124 页。

法》第 42 条规定："证明案件真实情况的一切事实，都是证据。证据有下列七种：①物证、书证；②证人证言；③被害人陈述；④犯罪嫌疑人、被告人供述和辩解；⑤鉴定结论；⑥勘验、检查笔录；⑦视听资料。以上证据须经查证属实，才能作为定案的根据。"可见，它应该是事实，应能够证明案件的真实情况。所以，证据应该是"真实"的事实，并且真实性成为判断是否是证据的充分必要条件〔1〕。然而，事实是事情的本来面目，既然证据需要查证属实，那么证据显然不是诉讼意义上的事实。以物证为例，"物证是证据，证据是事实，但是物证等于又不是事实"因此这一立法不符合逻辑〔2〕。正因如此，"事实说"证据概念在《刑事诉讼法》中得以修正。二是根据说。"根据说"将所有的证据，无论是司法机关收集和当事人提供的证据，还是司法机关用作定案根据的证据，都纳入一个统一的证据范畴之中，避免了"事实说"证据概念的不周延性，而且完全符合证据这一词语本身具备的基本含义。应当说，从"根据说"界定的证据外延来看，其与"材料说"是可以等同的，但缺陷在于，"根据"一词过于抽象，不好把握〔3〕。主张"根据说"的学者也曾指出："证据就是证明的根据这一'基本定义'中的'根据'一词确实有些抽象，学者要对其进行解释和说明也是无可非议的。"〔4〕三是材料说。"材料说"将证据界定为证明案件事实的材料，不仅表达了证据的内容，还体现了证据的一般表现载体，既准确反映了客观证据与材料之间的区别，又体现了材料与定案根据的区别，凸显了在刑事诉讼过程中对各种证据的审查、判断和认定的必要性〔5〕。但"材料说"也不乏质疑声。"以材料说界定证据，忽略了证据的多重含义，有简单化并以偏概全之嫌。因为其一，材料说忽略了事实证据；其二，材料说不能准确表达言词证据的形式；其三，材料说不能表达情态证据等丰富的内容"〔6〕。但不管怎样，刑事诉讼法的修改有积极的意义。一方面，立法者将证据称为"材料"，而不再定义为"事实"，这显示出对证据运用的常识、经验和规律的尊重，也解决了原有的将"事实"混同于"材料"的逻辑难题。另一方面，将证据定义为"可用于证明案件事实的材料"，也不再对证据提出可证明案件"真实情况"的过高要求，回到了刑事诉讼法运用证据的逻辑起点，将证据与定案根据明确区分开来，这是一种立法上的进步〔7〕。

二、工业化与刑事证据制度法理

十八届四中全会《依法治国决定》提出要"全面贯彻证据裁判规则，严格依法收集、固定、保存、审查、运用证据"，换言之，证据的依法收集、妥善保管、规范处理是证据裁判原则得以贯彻实施的基础。刑事诉讼任一环节的依法收集、妥善保管、规

---

〔1〕 邵晖："对'证据'概念及属性的法理解析"，载《学术交流》2011 年第 9 期。

〔2〕 参见熊志海：《刑事证据研究—事实信息理论及其对刑事证据的解读》，法律出版社 2009 年版，第 69 页。

〔3〕 参见张军主编：《新刑事诉讼法法官培训教材》，法律出版社 2012 年版，第 125 页。

〔4〕 何家弘："让证据走下人造的神坛：试析证据概念的误区"，载《法学研究》1999 年第 5 期。

〔5〕 参见张军主编：《新刑事诉讼法法官培训教材》，法律出版社 2012 年版，第 126 页。

〔6〕 龙宗智、苏云："刑事诉讼法修改如何调整证据制度"，载《现代法学》2011 年第 6 期。

〔7〕 参见陈瑞华："证据的概念与法定种类"，载《法律适用》2012 年第 1 期。

范处理出现差错，都将会影响证据的真实性和同一性，进而影响案件事实的准确认定，从而不利于冤假错案的防范与救济，以及司法公正的实现。《刑事诉讼法》将"尊重和保障人权"作为我国当前刑事诉讼活动开展必须遵循的原则。作为我国重要的程序法，其为我国的刑事司法实践活动提供必要的路径，而我国之前的《刑事诉讼法》更加注重办案的效率，却对犯罪嫌疑人及相关当事人的权益有一定的忽视，甚至在司法实践中为了获取证据而进行刑讯逼供，造成很多案件的审判结果同现实有非常大的出入，而现行《刑事诉讼法》更加强化对刑事诉讼程序和制度的管控，更加注重保障人权。同时遵循"疑罪从无"的原则，第 175 条第 4 款明确规定："对于二次补充侦查的案件，人民检察院仍然认为证据不足，不符合起诉条件的，应当做出不起诉的决定。"第 200 条第 3 项也规定："在审判阶段，证据不足，不能认定被告人有罪，应当做出证据不足、指控的犯罪不能成立的无罪判决。"从这些规定来看，在刑事诉讼的整个实践过程中，证据制度都可以起到非常好的管控效果，且"疑罪从无"原则可以有效保障犯罪嫌疑人的人权，符合我国司法实践的要求。

三、工业化与证据效力的强化

证据，即用于证明案件事实的材料。其具有客观性、关联性和合法性的特征。证据效力又称证据能力，指其在法律上的证明资格。刑事诉讼法在细化刑事证据制度过程中更加强调证据制度的效力，这对于规范刑事诉讼行为有着非常重要的作用。一方面，现行《刑事诉讼法》明确规定了定罪量刑的事实，要求犯罪事实、犯罪要件以及惩罚方式和惩罚事实等都需要有证据证明，强化了刑事诉讼过程中罪、责、罚相适应，在这种情况下，证据的效力更加明确、有效；另一方面，强化了法定程序对于证据的查证。不但要求证据收集方式的合法性，也要求证据自身证明力的有效性，颠覆了过去办案机关只关心取证结果，忽视证据取得的过程的形式，更为有效地规范了取证的方式合法性。

在现行《刑事诉讼法》中，要求调取证据要由相关权力机关批准，按照规定的取证程序严格执行，即使取证结果有效，但是如果取证方式不合法的话，证据也应当被排除，这可以有效规范取证过程。此外，还强化了对证据的使用，要求办案人员要综合全案证据，客观判断案件事实，坚持法定的证明标准，严格利用证据开展诉讼行为，这让证据的证明效力更加客观，也可以更好地规范审判环节。

四、工业化与非法证据排除

随着工业化进程的推进，刑事诉讼法进一步强化了非法证据排除制度，加强对证据的有效管理。在司法实践活动中，严格规定不得非法取证，坚决遏制刑讯逼供行为。若所得的证据或者证词等是以非法的手段获取的，应该依法排除这些证据。从现行《刑事诉讼法》的完善情况来看，其进一步明确了非法取证的情节和排除的条件。现行《刑事诉讼法》第 56 条规定："采用刑讯逼供等非法方法收集的犯罪嫌疑人、被告人供述和采用暴力、威胁等非法方法收集的证人证言、被害人陈述，应当予以排除。收集物证、书证不符合法定程序，可能严重影响司法公正的，应当予以补正或者作出合理解释；不能补正或者作出合理解释的，对该证据应当予以排除。"可见，现行法强调预防非法取证行为的出现，杜绝司法实践活动中为了获取证据而不遵守我国法律规定行为的出现，且在证据获取过程中要重视尊重和保障犯罪嫌疑人的合法权益，特别是坚决制止非法言词证据，有效保障人权，让实体正义和程序正义更为有效地结合在一起，实现了刑事诉讼程序的优先性，并很好地兼顾了实体正义，这是我国司法改革的必然要求。

五、工业化与口供和实物证据的管理

工业化背景下，刑事诉讼中证人不出庭作证是一个世界性难题，也是困扰我国司法实践的难题。随着工业化进程的推进，我国刑事诉讼领域更加注重程序公正。长期以来，我国刑事诉讼司法实践中存在"重结果，轻过程"、"重实体，轻程序"的思想观念。如严禁刑讯逼供、非法证据排除程序的逐步完善等系列改革，彰显了我国刑事诉讼证据制度更加注重程序公正，这将对转变我国公安司法人员的诉讼观念产生深远影响。[1] 现行《刑事诉讼法》进一步强化了对口供和实物证据的管理力度。对于口供来说，为了有效解决办案人员错误对待口供问题以及犯罪嫌疑人或被告人翻供等行为，我国《刑事诉讼法》进一步提升了管理的质量，规定了"不得强迫任何人证实自己有罪"，使犯罪嫌疑人有更大的空间去行使选择的权利；同时，在司法实践活动中，还要进一步强化"非法证据排除制度"，办案人员在获取证据时要依照法定程序来获取口供，同时要进一步提升对口供真实性和客观性的审查。对于办案机关来说，在获取证据时，需要结合客观情况，严格审查口供内容的真实性，从而提升证据应用的有效性。对于实物证据来说，为了改善过去办案人员不够重视实物证据重要性，过分依赖证人证言的情况，新《刑事诉讼法》明确规定："收集物证、书证不符合法定程序，可能严重影响司法公正的，应当予以补正或者作出合理解释，不能补正或者作出合理解释的，对该物证应当予以排除。"据此可知，工业化的发展使得《刑事诉讼法》加强了对实物证据的排除力度，也相应地排除了非法证据范围，有效完善了非法证据的排除制度。

此外，理论界和司法实务界还对某些刑事证据问题做了详实的论述。如有专门知识的人发表的对于鉴定意见的意见不能作为证据使用。原因有二：①我国在立法层面采取证据法定原则，《刑事诉讼法》第50条明确规定，可以用于证明案件事实的材料都是证据，能作为定案的证据就八种。②有专门知识的人的意见是对鉴定人的意见进行质证的一种形式，不能又把这种质证的材料拿过来，做一种定案的根据。当所要收集的电子数据并非公共信息时，涉及侵犯公民的隐私或者商业秘密，同时公安机关在立案前对电子数据证据的收集和提取，并在之后将其作为证据使用违反了只能在立案后收集证据的法的一般原则，强制措施直接干预了公民的基本权利。技术侦查证据须经质证才能作为定案依据；在行政证据的刑事适用问题上，实物证据与言词证据可以考虑区别对待。现行《刑事诉讼法》针对非法证据排除问题的规定是一个法治的重大进步。

---

〔1〕 因为法律程序本身，比案件审理结果更重要。毕竟，每一个案件只是个案，审理结果错了还可以修改，而由于程序正义没有得到严格遵守，公民因此对"法律神圣"产生的怀疑却难以修复。

第四节 工业化与刑事辩护制度

工业化作为一个过程具有竞争性发展的特点，必须高度重视创新，只有不断创新，工业化才有强大的竞争力和旺盛的生命力。党的十九大报告指出，创新是引领发展的第一动力，而科技则是创新的基本推动力。为此，要深化科技体制改革，强化基础研究和应用基础研究，为建设科技强国、质量强国、航天强国、网络强国、交通强国、数字中国、智慧社会提供有力支撑。随着工业化进程的推进以及司法体制改革进程的加速，我国刑事辩护制度逐步完善，主要表现为：

一、有效辩护制度逐步健全

有效辩护制度是指在刑事诉讼中保障辩护律师以及其他辩护人履行辩护职责，充分保证被告人行使其实体权利和程序权利的制度。[1] 有效辩护是刑事辩护的目的所在、生存之本，也是司法公正的根本保证，其在刑事诉讼中有着重要的价值。我国刑事辩护制度从改革开放至今业有三十余年，总的来说，刑事律师的辩护率很低，这和我国基层的经济发展也有很大的关系，一是辩护律师需要独立自主经费，支出较大；二是官本位的思想在传统社会条件下自然就认为律师的权利地位是很低的，再加上部分错案的影响，形成所谓的"刑辩律师无用论"的观点。自由与法治是相对的概念，没有法治就没有自由，虽然似乎在自然条件下人们才能是最自由的状态，政治条下的自由不是自由，但世界上没有哪个国家是由自然来管理社会的（即使是像非洲原始社会部落制度），因为社会终归是以人为本位来发展的。正如日本学者田口守一所言，现在的辩护权论强调的是保障辩护人委托权，今后，辩护权论必须向可以接受有效辩护的辩护机能论发展。[2] 美国的刑事辩护全覆盖到有效辩护制度建立也经历了长期的争辩与演进。目前我国刑事辩护全覆盖只是有效辩护的第一步，让律师不再是奢侈品，而是每一个刑事案件当中都必备的专职人员。未来刑事辩护的有效性将是刑事诉讼改革的必然趋势。

近年来，我国刑事辩护律师全覆盖试点办法逐步出台，有效提高了辩护率。辩护制度的发展也是社会发展的一个体现，刑事案件律师辩护贯穿侦查、审查起诉、审判全部环节。根据《刑事诉讼法》第 34 条第 1 款规定："犯罪嫌疑人自被侦查机关第一次讯问或者采取强制措施之日起，有权委托辩护人；在侦查期间，只能委托律师作为辩护人。被告人有权随时委托辩护人。"在刑事案件侦查、审查起诉、审判阶段，律师辩护的侧重点不同，但都是根据事实和法律，围绕犯罪嫌疑人、被告人无罪、罪轻或者减轻、免除其刑事责任的材料和意见等展开，同时对办案机关工作进行专业监督，以实现维护犯罪嫌疑人、被告人的诉讼权利和其他合法权益的目的。

---

〔1〕 参见需瑛："浅析刑事诉讼中的有效辩护制度"，载黄冈市黄州区人民法院网，http：//hzqfy.hbfy. gov. cn/Doc-Manage/ViewDoc？docId = e7dc398a-bebd-4ac1-a5b8-8770fa5cfcd3，最后访问时间：2015 年 8 月 12 日。
〔2〕 参见魏中赫："有效辩护原则研究"，河北大学 2010 年硕士学位论文。

目前，工业化不仅是一国自身的问题，也是世界各国的问题；完善一国工业法律制度，事关一国经济健康发展，也影响一国经济对外开放的大局。改革开放以来，我国对建立有效辩护制度进行了一系列的探索，规定了被告人的辩护权，确立了律师辩护制度。我国《刑事诉讼法》及《中华人民共和国律师法》关于辩护制度的规定均赋予律师在刑事辩护中的会见权、查阅案卷材料权与调查取证权，然而在我国的诉讼发展中，并没有形成典型的、完备的对抗制审判方式，因此有效辩护制度的发展也存在着旨在促进有效辩护制度的法律规范得不到落实，律师辩护存在"三难""两低"，刑事辩护量少、质差，辩护律师的消极代理等诸多问题。十八大以后，司法体制改革主要是围绕着司法的管理体制、司法权的运行机制、人权的司法保障等方面来展开。随着司法体制改革深入推进，以审判为中心的刑事诉讼制度、刑事案件认罪认罚从宽制度试点等刑事改革互相交织融合，在此过程中，如何把握惩治犯罪与保障人权的平衡，如何在改革庭审方式中推进庭审实质化，如何发挥律师作用促进司法公正，成为刑事司法体制改革需要思考的重要问题。同时，作为司法体制改革不容回避的重要课题，加强人权司法保障，更好地保障犯罪嫌疑人、被告人权益也需要持续深入研究。2017年4月，司法部提出"推动实现刑事辩护的全覆盖"。在此背景下，2017年10月，最高人民法院和司法部联合下发了《关于开展刑事案件律师辩护全覆盖试点工作的办法》的指导性文件，决定在全国八省市开展为期1年的刑事案件律师辩护全覆盖试点工作。试点半年来，北京市法律援助值班律师法律帮助率达97.4%，法律援助律师辩护率达91.1%，成效明显，增强了辩护数量，提高了辩护质量。

二、值班律师制度进法典

值班律师制度是舶来品，值班律师在我国经历了从无到有的相对漫长的孕育期。这场中国化的早期探索，为值班律师的发展奠定了基础。[1] 工业法以规范和保障工业化的健康发展为宗旨，值班律师制度的构建与完善便是实现这一宗旨的有效措施。长期以来，辩护律师在刑事诉讼制度中具有举足轻重的作用。值班律师制度作为新一轮司法改革的产物，对完善我国法律援助体系、保障以审判为中心的刑事制度的推进起了巨大作用。根据在中国裁判文书网上搜集的信息进行统计发现：搜集到的370万份刑事案件裁判文书中，被告人有代理律师的案件为53万份。统计数据显示，我国刑事案件中律师辩护比例为14%。律师代理案件排名前三的省份为广东省、山东省、浙江省，均为东部沿海经济较发达地区。经统计，在40万份判决书中，法院不予采纳律师辩护意见的案件为10万件，比例为25%；法院部分采纳或完全采纳辩护意见的案件为29万件，比例大概为75%。可以看出，在我国，辩护律师在刑事诉讼中依然具有举足轻重的作用，对于符合案件事实的辩护意见法院是愿意去采纳的。[2] 从速裁程序到认

〔1〕 参见朱腾飞："司法部负责人就开展法律援助值班律师工作答记者问"，载《中国司法》2017年第10期。

〔2〕 参见中华人民共和国最高人民法院："司法数据"，载中华人民共和国最高人民法院网，http://www.court.gov.cn/fabu-gengduo-21.Html，最后访问时间：2021年2月25日。

罪认罚从宽制度的出台，诉讼程序的简化并不意味着被追诉人权利的减少，值班律师制度作用明显。然而，在司法实践过程中，值班律师制度存在着流于形式、定位不明确、发展滞后等问题。

2018 年《刑事诉讼法》修正案第 4 条："增加 1 条，作为第 36 条：'法律援助机构可以在人民法院、人民检察院、看守所等场所派驻值班律师。犯罪嫌疑人、被告人没有委托辩护人，法律援助机构没有指派律师为其提供辩护的，由值班律师为犯罪嫌疑人、被告人提供法律咨询、程序选择建议、申请变更强制措施、对案件处理提出意见等法律帮助。"人民法院、人民检察院、看守所应当告知犯罪嫌疑人、被告人有权约见值班律师，并为犯罪嫌疑人、被告人约见值班律师提供便利。'"现行《刑事诉讼法》将值班律师写入法典，是刑事诉讼法历史性的进步，有学者进一步提出值班律师"辩护人化"，给予值班律师辩护人的部分权利，加强公检法各部门之间的沟通与联系，以期值班律师制度能发挥出本身应有的作用。[1] 目前，我国对值班律师的定位尚有异议，有学者认为其为法律援助律师的重要组成部分，有学者认为其为辩护律师，等等，然而，随着工业化进程的推进，值班律师的定位会逐步清晰。

第五节 工业化与刑事诉讼程序

工业化带来了城镇化、市场化等的社会变迁，为社会关系变革及法律、刑事诉讼法变革提供了最重要的动力。工业化不仅带来生产方式的改变，还带来了人口的集聚和生活方式的改变，对现代社会的影响是多方面的。工业化的发展使得刑事诉讼程序越来越精密化、多元化、信息化。我国目前刑事诉讼采取分段的模式，即侦查、审查起诉和审判各守一段、各司其职，使司法权力保持动态平衡。

一、刑事诉讼程序繁简分流趋势明显

工业化使得我国刑事诉讼中相继出现了简易程序，轻刑快审程序，犯罪嫌疑人、被告人刑事和解诉讼程序，附条件不起诉程序，刑事速裁程序以及认罪认罚从宽制度。尤其是认罪认罚从宽制度的建立，使我国刑事司法效率有了前所未有的提高。2016 年，最高人民法院制定的《最高人民法院关于进一步推进案件繁简分流优化司法资源配置的若干意见》（以下简称《意见》）明确提出探索认罪认罚案件庭审方式改革，要求在充分保证当事人基本诉讼权利的基础上，简化被告人认罪认罚案件庭审程序，以实现案件的繁简分流。该制度与我国刑事政策中"宽严相济"的司法理念相符合，也在司法公正的基础上建立起了包容、有效、合法、合理的刑事诉讼制度[2]。同时有助于激励被告人认罪，减少审前包括侦查、起诉等阶段司法资源的投入，有助于合理简化庭

---

〔1〕 参见尹亚子："值班律师制度相关问题分析"，载《河南工程学院学报（社会科学版）》2018 年第 6 期。
〔2〕 参见赵秉志："宽严相济刑事政策视野中的中国刑事司法"，载《南昌大学学报（人文社会科学版）》2017 年第 1 期。

审过程中法庭调查、法庭辩论环节，实现刑事案件的繁简分流。

随着工业化进程的推进，我国刑事案件繁简分流具有一定的理论基础——刑罚目的转变。西方刑法史上，刑罚目的思想经历了由报应主义学说到功利主义（预防主义）学说的转变。19 世纪中叶以后，随着产业革命的完成，社会矛盾尖锐化，犯罪问题特别是暴力犯罪、少年犯、累犯等问题日益突出，刑罚的威慑作用受到普遍怀疑，加之自然科学的广泛发展，实证方法被大量应用到社会科学领域，以实证主义为思想基础的预防主义应运而生。孟德斯鸠认为，"惩罚犯罪应该总是以恢复秩序为目的。一个良好的立法者关心预防犯罪，多于惩罚犯罪，注意激励良好的风俗，多于施用刑罚。"[1]贝卡利亚主张刑罚的目的仅在于预防犯罪，即"刑罚的目的仅仅在于，阻止罪犯再重新侵害公民，并规诫其他人不要重蹈覆辙"[2]。现实基础——案多人少矛盾。2018 年《刑事诉讼法》增设认罪认罚从宽制度是我国繁简分流的直接体现。以广州为例，数据显示，2017 年，广州市两级检察机关共适用认罪认罚从宽制度提起公诉案件 10 540 件（涉 11 707 人），占全部刑事公诉案件的 50.72%。其中，适用速裁程序的 6604 件（涉6969 人），占比 62.7%；适用简易程序的 2814 件（涉 3179 人），占比 26.7%；适用普通程序的 590 件（涉 856 人），占比 5.6%。[3] 总体来看，认罪认罚从宽制度在试点地区取得了良好成效。不仅如此，适用该制度的罪名在部分地区已经扩大到了重罪案件，如 2017 年 5 月 18 日上午，广东省广州市中级人民法院公开开庭审理一起适用认罪认罚从宽制度的故意杀人案。该案是广州市检察机关自 2016 年 9 月试行认罪认罚从宽制度以来，在重大刑事案件中适用认罪认罚制度起诉的首起开庭审判的案件。[4] 而司法数据表明，2006 年全国生效判决人数只有 89.0755 万人，截至 2015 年，全国生效判决人数已经增至 123.2695 万人。30 年间，生效判决人数增加 34 万多人，新增人数是2006 年生效判决人数的 1/3。但相比之下，司法资源的增幅非常有限，尤其是随着司法员额制改革的全面推行，各地司法机关享有办案资格的法官、检察官人数相对减少，因此，在我国司法实践中，普遍呈现案多人少、司法资源趋于紧张的局面。在当前刑事案件数量居高不下的背景下，要实现庭审实质化，必须对案件在侦查、公诉、审判环节分别实行分流，将司法资源向重大复杂疑难以及被告人不认罪等案件倾斜，以应对长期以来司法机关"案多人少"的突出问题。

二、刑事立案阶段信息化趋势明显

无论是公诉案件还是自诉案件，只要启动刑事诉讼程序，刑事立案程序都是必不可少的环节。工业化进程的推动使得信息化已深入影响到刑事立案的进行。在公诉案

---

〔1〕 ［法］孟德斯鸠：《论法的精神（上）》，张雁深译，商务印书馆 1961 年版，第 83 页。

〔2〕 ［意］贝卡里亚：《论犯罪与刑罚》，黄风译，中国大百科全书出版社 1993 年版，第 42 页。

〔3〕 广东省法学会："广州认罪认罚从宽制度在试点改革——努力在刑事案件中实现高效的公平正义"，载搜狐网：http://www.sohu.com/a/216580472_476404，最后访问时间：2018 年 1 月 15 日。

〔4〕 钟亚雅、李春薇、彭勇："广州首宗适用认罪认罚从宽制度的重大刑事案件的开庭审理！检察长出庭公诉！"，载搜狐网：http://www.sohu.com/a/141588183_476404，最后访问时间：2017 年 5 月 18 日。

件中，公安机关刑事立案信息化主要体现在立案材料的发现和接受以及对立案材料的审查与立案两个程序中。根据《刑事诉讼法》的规定，刑事立案程序主要由三个部分组成：一是立案材料的发现或者接受；二是立案材料的审查与立案；三是立案监督。就公安机关而言，其刑事立案信息化主要体现在立案材料的发现和接受以及对立案材料的审查与立案两个程序中。在主动发现犯罪事实和犯罪嫌疑人方面，除了常规的现场巡逻外，当前虚拟警察巡逻已经较为普遍。而在被动地接受立案材料的常规举报方式以外，以局长信箱、网上派出所、网络违法犯罪举报网站、微信、微博公众号等为代表的新方式也层出不穷。当前，对所接受的立案材料的审查与立案基本摆脱了传统的纸质化方式转而采用网上录入、网上流转、网上审查签章的方式，通过组织结构和工作流程的优化极大地提高了立案效率。

三、侦查阶段引入大数据技术

工业化、新一轮科技革命引发了社会各方面的爆发式变革，互联网、大数据、人工智能与各领域的融合发展已经成为不可阻挡的时代潮流。从某种意义上说，刑事诉讼法的产生、发展和演进是工业化驱动的结果，是工业化这种现代生产方式在法学领域的折射与体现。工业化的产生与发展改变了原有的生产方式和生活方式，从而促进社会关系的变革，并带来了刑事诉讼程序的变动。因此，基于工业化而来的刑事诉讼程序的变革是理解刑事诉讼法发展及其内在机理的重要线索，也是开展刑事诉讼法教学必须重视的重要维度。

公安机关是我国刑事犯罪的主要侦查机关，管辖案件类型范围最广、数量最多。随着科学技术的不断发展，大量侵害公民民主权利的案件在不断增加，犯罪分子实施犯罪活动的手段越发的科技化、隐秘化，为了与犯罪分子做斗争，我国增加了技术侦查[1]措施以迅速及时地收集证据，查获犯罪分子。然而，技术侦查措施有其自身的不足。工业化驱动下，鉴于大数据具有发掘案件[2]、引导侦查方向[3]以及可以为职务犯罪的侦查提供证据等优势，目前其已被广泛应用于犯罪侦查，且作用十分明显。在犯罪侦查中，大数据方法主要有数据搜索法（数据库搜索法、互联网搜索法和电子数据搜

---

[1] 所谓的技术侦查，就是指侦查机关针对特定的犯罪行为而进行侦破，根据国家立法的相关规定，经过严格的审批程序，而采取的一种特定技术手段。技术侦查行为是运用技术侦查措施的侦查行为，通常包括电子侦听、电话监听、电子监控、秘密拍照、用机器设备排查、传递个人情况数据以及用机器设备对比数据、录像、进行邮件检查等秘密的专门技术手段。

[2] 大部分职务犯罪的犯罪主体，往往代表着国家公权力，有单位或者所在部门的虚假外衣做庇护，他们实施犯罪行为所留下的证据非常难以获得，按照传统的职务犯罪的普通侦查方式难以获得破案的有效信息，而在大数据背景下，大众的工作、学习、生活等活动都已经和互联网紧密结合在一起了，在使用互联网进行交流的过程中，众多的信息就已经以数据的形式被固定下来了。同样，犯罪分子的互联网及其移动设备的使用记录也都会被保存，所以我们在对其犯罪行为进行侦查时，只需要进入大数据库，根据需要检索案件信息即可。

[3] 大数据相互关联的特性，使职务犯罪侦查活动有迹可循，按照因果关系破解案件。比如，公共设施的建设落实情况、国家发放的财政补贴是否到位、政府采购达标与否、相关地区的娱乐场所大额消费服务等相关信息，都可以通过分析大数据信息网中的相关信息得出结论，侦查人员就可以顺藤摸瓜。按照大数据提供的信息对犯罪主体、犯罪行为及实施地点进行定位，进而展开深入的侦查活动。

索法），数据碰撞法（话单数据碰撞法、网络轨迹碰撞法、车辆轨迹碰撞法、视频轨迹碰撞法及其他数据碰撞法），数据挖掘法（手机数据挖掘、话单数据挖掘和网络轨迹数据挖掘）和数据画像法等。在犯罪侦查中，大数据方法的运用与小数据时代的侦查方法存在明显不同，应当将大数据方法与小数据时代侦查方法的优点有机结合起来，全面提升侦查机关的侦查能力。在职务犯罪侦查中收集证据有以下几方面：一是发现证据；二是获取证据；三是固定、保全和移送证据。工业化驱动下，侦查人员要逐步加强对数据信息的敏感度，有强烈的数据办案意识。大数据时代的电子数据是证据的主要来源和存在方式，侦查机关在办案过程中应该积极探索电子数据的收集方法，紧跟时代步伐，应用新技术、新手段、新证据，实现高效率、高质量侦破职务犯罪大案、要案的目标。大数据背景下获得的数据作为证据，是不会说话的证据，但是不会说话的证据比口供具有更强的证明能力和说服力，而且这是一种对于人权没有重大威胁的取证途径。基于此，大数据对于职务犯罪侦查提供的证据线索可谓非常完美，与其他的证据形式相比，它具有时代性的优势。

大数据、人工智能的应用，使得传统侦查模式转变为信息技术为主导的集成型、智能型侦查。利用大数据、人工智能高效指挥、合成作战，各个警种资源共享、数据碰撞、整体研判、辅助决策、智能布控等，缓解了警力不足的压力，提升了侦查效能。具体而言，各地公安机关侦查部门从传统侦查向数字侦查升级转型，依托基础数据的采集与深度运用，可以获取人、车、物的结构化信息，做出快速检索、查询，即时了解犯罪嫌疑人的活动轨迹，对嫌疑人员进行比对，快速确认目标身份，进而科学部署警力，其显著效果便是科技强警策略走在前沿区域的公安机关的破案率呈几何级数提升。[1] 此外，互联网时代到来后公安机关作为应对网络化的传统犯罪以及新型网络犯罪的主要力量，信息化技术的运用对其具有举足轻重的作用。[2] 在人工智能、大数据与侦查办案精准契合下，各地相继成功研发出"人工智能辅助办案系统"，这使得办案质量和效率呈现明显提升的态势。同时，《监察法》赋予监察机关一定的侦查权，也是工业化驱动下刑事诉讼改革的结果。

四、审查起诉工作转型发展科学化

审查起诉，是指人民检察院对公安机关等侦查机关侦查终结移送起诉的案件进行全面审查，以决定是否起诉并将犯罪嫌疑人交付审判的诉讼活动。根据《刑事诉讼法》的规定，凡需要提起公诉的案件，一律由人民检察院审查决定。审查起诉是对案件提起公诉、不起诉或者退回侦查处理的前提和基础，是独立的诉讼阶段，也是连接侦查与审判的重要纽带，能够启动法院审判程序，限定法院审判范围，影响审判质量。

1. 审查起诉具有审查监督、侦查追诉双重职责。党的十八届四中全会通过的《依

---

〔1〕 参见宋家宁："人工智能辅助侦查的思考——基于价值呈现与适配要求的双重视角"，载《中国刑警学院学报》2018 年第 5 期。

〔2〕 公安工作信息化一个突出的特点在于，在以公安部为首进行计算机网络基础建设、数据库建设与共享以及金盾工程建设的同时，各地公安机关也较早地投入了信息化建设中。

法治国决定》提出"推进以审判为中心的诉讼制度改革，确保侦查、审查起诉的案件事实证据经得起法律的检验"。应当说，《依法治国决定》为审查起诉程序的改革设定了目标。实现此项目标，不仅需要检察机关客观审查证据、准确认定案件事实，更需要犯罪嫌疑人及其辩护律师的参与。以审判为中心，就是要确保审判成为刑事诉讼的核心环节，侦查、审查起诉活动面向审判、服从审判要求，同时发挥审判在认定事实、适用法律上的决定性作用。[1] 以审判为中心在树立并强化审判之中心地位的同时，"丝毫没有弱化程序，反而强化了侦查与起诉程序的作用和地位，对侦查和起诉程序提出了更高的要求"。[2]《刑事诉讼法》规定，检察机关对刑事案件审查起诉过程中，需要进行补充侦查的，既可以退回公安机关补充侦查，也可以自行侦查。《最高人民法院关于适用〈中华人民共和国刑事诉讼法〉的解释》第 49 条和第 224 条规定，辩护人认为在侦查、审查起诉期间公安机关、人民检察院收集的证明被告人无罪或者罪轻的证据材料未随案移送，申请人民法院调取的，应当以书面形式提出，并提供相关线索或者材料。人民法院接受申请后，应当向人民检察院调取。可见，在审查起诉阶段，检察机关承载着审查监督和侦查追诉的双重职责。增设"清单"这一法律文书，依法接受有关诉讼当事人提交的证据材料，是检察机关在审查起诉阶段全面、客观收集证据材料的具体表现。

2. 审查起诉阶段的核心是证据。工业化驱动审查起诉阶段趋向科学化发展。审查起诉阶段以证据为核心，即以证据作为定罪量刑事实认定的依据，将证据裁判原则贯穿于诉讼全过程。公诉部门逐步围绕以证据为核心的刑事指控体系和新型诉侦、诉审、诉辩关系，更好地发挥诉前主导、审前过滤、庭审指控以及人权保障等作用，确保案件质量、效率。

3. 公诉司法理念趋向于坚持法治引领，强化五种意识，实现五个转变。即强化人权保障意识，从一元片面打击犯罪向打击犯罪与保障人权并重的二元平衡诉讼价值观转变；强化证据裁判意识，从依赖口供印证事实的书面式审查模式向综合运用客观性证据证明事实的亲历性审查模式转变；强化程序公正意识，从偏重实体向实体与程序并重的司法公正观转变；强化当庭指控意识，从以审查起诉为重心的办案观向以审查起诉与当庭指控并重的办案观转变；强化司法公开意识，从封闭孤立的司法观向公开透明的司法观转变。[3]

4. 在公诉转型发展路径上，逐步坚持办案模式、业务建设、队伍素能三位一体统筹推进、同步发展。办案模式上，更注重对侦查取证引导与监督的融合，更注重证据合法性、案件亲历性审查，更注重当庭指控与审判监督并举，更注重与律师形成人权保障与严防冤假错案的合力。业务建设上，着力构筑司法办案规范、案件质量保障、阳光公诉及办案场所标准等四大体系。队伍素能建设上，着力强化案件审查与出庭指

〔1〕 参见魏晓娜："以审判为中心的刑事诉讼制度改革"，载《法学研究》2015 年第 4 期。
〔2〕 张泽涛："'以审判为中心'的内涵及其制度完善"，载《法学》2016 年第 11 期。
〔3〕 参见黄生林："以证据为核心着力推进公诉工作转型发展"，载检察日报网，http://www.jcrb.com/procura-torate/theories/practice/201508/t20150812_1535139.html，最后访问时间：2015 年 8 月 12 日。

控实战技能，着力创新完善素能建设机制措施、着力打造专精尖人才队伍。

5. 审查起诉决定多元化。目前，审查起诉结束后，检察机关可以作出不起诉决定、起诉决定、针对未成年人刑事案件符合条件的可以作出附条件不起诉决定等多重决定方式，有助于我国审查起诉阶段公诉工作更加科学。与此同时，我国已在深化司法办案信息公开，提升办案透明度公信度方面有所进步。法律文书公开已成为常态，2017年江苏省各级检察院共依法公开起诉书、不起诉决定书等检察环节终结性法律文书七万二千余件。重要案件信息公开范围进一步拓展，在做好职务犯罪案件信息公开的同时，各级检察院及时主动公开重大、敏感刑事案件、公益诉讼案件等相关案件信息，回应社会关切。[1]

6. 在公诉转型发展方法上，逐步突出问题导向，坚持继承与创新的结合、基层实践与上层设计的对接。抓住制约落实证据核心要求、阻碍转型发展的重点，立足公诉部门严防冤假错案、推行客观性证据审查模式等创新经验，加大破解力度，上下合力推进转型发展。

2018年《刑事诉讼法》修正案为具有中国特色的监察制度的改革，加大反贪反腐等腐败犯罪的打击力度做出了历史性贡献，并解决了刑事诉讼体制和结构中长期存在的人民检察院关于职务犯罪案件的自立、自侦、自诉的基本问题。工业化背景下，未来一段时间需要集中精力解决相关制度的衔接问题。《宪法》和《监察法》均规定"监察机关办理职务违法和职务犯罪案件，应当与审判机关、检察机关、执法部门互相配合，互相制约"，因此必须通过合理设计《监察法》与《刑事诉讼法》的制度衔接，使这项原则得以切实遵守。

五、审判程序逐步精细化

1. 中国特色轻罪诉讼制度体系逐渐形成。在西方，在旧的身份共同体关系的解体与资本主义新秩序的确立过程中，有两项制度起到了关键作用：一是社会和私法领域里的契约；二是国家或公法领域里的秩序。世界各国的司法改革，尽管其具体动因、过程、目的不同，但有一点是相同的，那就是探索和完善本国的司法模式。受司法模式各种组成要素的影响，不同国家、同一国家的不同历史时期，司法模式是不同的。一般来说，司法模式的组成要素包括两个主要方面：司法职权的配置模式和运行模式。其中，司法职权的配置模式是静态的、结构性的配置模式，主要受政治制度和主要司法制度的影响；司法职权的运行模式是动态的、技术性的；运行模式主要受司法制度、司法政策、司法惯例等的影响。上述因素可以概括为两个方面，亦即影响司法模式的两个基本因素：一是司法国情，二是司法规律。[2]习近平总书记指出，"司法不公的深层次原因在于司法体制不完善，司法职权配置和权力运行机制不科学、人权司法保

---

〔1〕 江苏省检察院："《法治蓝皮书：中国法治发展报告（2018）》发布 江苏省检察院检务透明度蝉联全国第一"，载中共江苏省新闻网，http://www.zgjssw.gov.cn/yaowen/201803/t20180322_5218571.shtml，最后访问时间：2018年3月22日。
〔2〕 参见曹全来：《历史、理论与实践：中国国情与司法改革》，人民法院出版社2011年版，第301页。

障机制不健全"。司法改革过程中，与简单轻微刑事案件数量增势明显状况相联系，推进检察官、法官员额制改革使得司法机关办案力量趋向精简干练，但案多人少矛盾依然存在。按照现行员额制改革的试点方案，法官、检察官数量约占中央政法专项编制人员总数的39%以下，司法辅助人员约占46%，司法行政人员约占15%。[1] 从目前试点地区的改革效果来看，尽管大部分试点地区达到了这一要求，但部分试点地区鉴于办案压力的顾虑，仍坚持在较大入额比的情况下推行法官员额制改革，如何攻破办案负担居高不下的难题，成为深化员额制改革的核心。与此同时，《中华人民共和国刑法修正案（九）》《中华人民共和国刑法修正案（十一）》的出台，劳教制度被废止，凸显了我国刑事司法领域向犯罪轻型化的转变，[2]"立案登记制"改革等系列举措、大数据、人工智能、互联网等信息化司法的运用导致有限的司法资源与解决司法纠纷的社会需求之间的张力越发明显。同时，目前在部分常规的犯罪类型及某些犯罪手段较隐蔽的案件中，侦查机关开展侦查活动以获取充分证据材料的难度比以前更大[3]，出于有效恢复被害人损失、打击犯罪、维护社会安定秩序的目的，健全轻罪诉讼制度体系、完善认罪认罚从宽制度具有现实紧迫性。目前我国正在推行"以审判为中心的诉讼制度改革"，然而此项改革却在司法实践中遇到了系列阻力，在劳动教养废止后，伴随着员额制配套诉讼制度的改革以及犯罪手段隐蔽、犯罪种类多样化等一系列问题，犯罪轻刑化趋势越发明显，使得司法实践中案多人少矛盾越发凸显，为了解决案件积压问题，我国先后构建了简易程序、附条件不起诉程序、刑事和解程序，并积极探索刑事速裁程序，健全与完善认罪认罚从宽制度等，这些都有利于助推中国特色轻罪诉讼制度体系快速形成。

2. 刑事诉讼制度改革走向以审判为中心。中国改革开放40年以来，民主法治建设早已步入快车道，尤其是党的十八大以来，人民法院司法体制改革工作取得巨大成就，其中包括纠正聂树斌案在内的一批冤假错案。以审判为中心的刑事诉讼制度改革主要有以下特点：一是贯彻以审判为中心理念。将诉讼各方的注意力聚集到审判标准上来，把法律面前人人平等、尊重和保障人权、罪刑法定、罪责刑相适应、控辩平等、程序正义等理念和原则不折不扣地落实到每一个案件中。侦查、起诉和审判诉讼活动都应围绕审判为中心开展。积极贯彻落实刑事案件律师辩护全覆盖，充分尊重和保障律师依法履行职权，真正使诉讼各方在庭上举证、在庭上说理，力戒庭审形式化，推进控辩对抗实质化。二是落实庭前会议制度。中央改革文件关于完善庭前会议程序的要求非常明确，将庭前会议界定为庭审准备程序，既不能弱化庭审，又不能取代庭审。人民法院在庭前会议中可以依法处理可能导致庭审中断的程序性事项，组织控辩双方展示证据，归纳并全面掌握控辩双方争议焦点，开展附带民事调解，但不得处理定罪量刑等实体性问题。从功能上讲，适用普通程序审理的案件，合议庭在开庭前细致审查

---

〔1〕 陈卫东："认罪认罚从宽制度研究"，载《中国法学》2016年第2期。

〔2〕 吴月红："'劳教'废止后中国刑事司法制度的衔接与完善"，载《暨南学报（哲学社会科学版）》2015年第3期。

〔3〕 如利用网络实施犯罪案件、隐蔽性较强的犯罪案件等。

卷宗材料，充分做好庭前准备，能够有效推进依法裁判实质化，确保法庭集中持续审理，提高庭审质量和效率。三是推进庭审实质化改革。法庭调查程序是刑事诉讼活动的关键环节。将证据裁判、居中裁判、集中审理、诉权保障和程序公正确立为法庭调查的基本原则，规范开庭讯问、发问程序，严格落实证人、鉴定人、侦查人员出庭作证的相关规定，切实提高出庭作证率，推进司法证明实质化。完善各类证据的举证、质证、认证规则，确保诉讼证据出示在法庭、案件事实查明在法庭、诉辩意见发表在法庭、裁判结果形成在法庭。除法律规定需要提交审委会讨论决定的案件外，力争在庭审查明事实的基础上当庭宣判。四是贯彻证据裁判规则。法官认定事实必须依据证据，没有证据不得认定事实。作为认定事实的证据必须有证据能力且得出唯一合理的结论。证据必须在法庭上出示，经过控辩双方的质证、认证。法官应不断提高驾驭庭审的能力，依法保障当事人的诉讼权利，充分发挥审判对侦查、起诉环节的制约和引导作用，防止事实不清、证据不足的案件进入审判程序，提高刑事诉讼整体水平。五是非法证据排除规则。党的十八届三中全会提出，严禁刑讯逼供、体罚虐待，严格实行非法证据排除规则；四中全会进一步要求，健全落实非法证据排除等法律原则的法律制度，加强对刑讯逼供和非法取证的源头预防。中央全面深化改革领导小组 2017 年 4 月审议通过《关于办理刑事案件严格排除非法证据若干问题的规定》，这是新时期加强人权司法保障、维护司法公正的重要举措，对以审判为中心的刑事诉讼制度改革具有重要的助推作用。非法证据排除规则重申中央改革文件对非法证据范围的规定，并重点针对实践中存在的启动难、证明难、认定难、排除难等问题，进一步明确对证据合法性争议的处理程序，对侦查、起诉工作提供了以审判为中心的明确指引。六是疑罪从无。只有坚持尊重和保障人权原则、依法独立行使审判权原则、程序公正原则、审判公开原则、证据裁判原则，才能有效防范和杜绝重大刑事冤假错案的发生。从 2013 年的浙江叔侄案、李怀亮案，再到 2016 年的聂树斌案，法官如果不能坚持疑罪从无原则，迟来的正义会成为法治之殇并让法治蒙羞。聂树斌等案件让我们清醒地认识到，完善法治的道路仍然漫长，正义既不能缺席，也绝不能耽搁在路上。

3. 缺席审判制度逐步构建。刑事缺席审判制度是对特殊刑事案件中未出席法庭审判的刑事被告人所设置的，为解决其刑事责任问题的特殊审判程序。从某种意义上说，我国 2018 年《刑事诉讼法》修正案所规定的这项制度相较于我国刑事司法制度而言，基本属于"无中生有"的全新制度。因为，2012 年《刑事诉讼法》第五编规定的违法所得的没收程序，虽然也是针对特殊案件中被告人缺席的审判制度，但其所要解决的是违法所得财产的没收问题，而非直接解决被告人的刑事责任问题；而我国刑事诉讼中已有针对因死亡而缺席审判的被告人刑事责任的程序，如第 15 条第 5 项规定的（审判阶段）犯罪嫌疑人、被告人死亡的案件，应终止审理或宣告无罪，以及《刑事诉讼法》所规定的审判监督程序等，其中也包含了被告人如因生效裁判确有错误而可以通过再审予以平冤，但对这些特殊案件的缺席审判却并无具体的特别程序规定。因此，2018 年《刑事诉讼法》修正案所规定的缺席审判是一项全新的制度。鉴于以往的刑事诉讼理论和实践均对刑事缺席审判制度缺乏必要的认识和探讨，因此，笔者对其中的相关问题进行探讨，以期有助于我国刑事缺席审判制度构建的品质提升。刑事缺席审判制度不仅是我国一项全新的制度，也是一项因被告人缺席而有"天然缺陷"的制度。为此，我们应系统探讨如何弥补、减少其所固有的"缺陷"以及有可能产生的问题；深入分析问题的性质，并探索予以妥善应对的方法，以确保增设该项制度的初衷不至于走偏，避免制度设计留有隐患。

第十章
工业证据法

第一节　工业化与证据法

工业化发展不仅推动了社会经济的快速发展，也必将影响作为上层建筑的法律及其活动的发展和变化。诉讼证据法作为诉讼法律制度的基本制度，也因为整个社会工业化的发展而产生了相应的变化。不仅如此，诉讼是法律关系发生纠纷以后，通过审判权加以处理和解决的一种法律制度，在工业化时代，与工业有关的各种社会纠纷在所有纠纷中的占比更大，且其内容与传统社会纠纷相比也有很大的不同，在诉讼过程中，与工业活动有关的诉讼的案件事实的证明也有其不同之处。充分重视与工业活动有关的诉讼案件的证据及其证明问题，是正确处理相关诉讼案件的基础。

一、科学技术领域的证据大量涌现

在证据的类型上，虽然工业诉讼[1]的证据也不外乎我国三大诉讼法规定的几大证据种类，但由于现代工业是随着科学与技术的进步发展起来的，因此，基于工业活动发生的各类诉讼通常都与科学和技术问题发生联系。具体而言，在工业诉讼中，以下一些证据形式更为常见，或者以下一些证据形式在工业诉讼中扮演着更为重要的角色：

（一）鉴定意见证据应用广泛

在工业活动引发的各类诉讼中，是否存在损害事实，损害事实是因为什么原因造成的，行为人主观上是否有过错，等等，往往是诉讼争议的焦点，也是诉讼的核心事实和基础问题。而此类问题又往往涉及某些专业技术领域的知识和能力，法官难以直接作判，需要提交相关鉴定机构的专家进行专业判断和分析。因此，与一般诉讼相比，专家的鉴定意见在工业诉讼中的使用更为普遍。甚至在有些案件中，鉴定不仅是当事人力图证明诉讼主张的一个重要手段，同时也被法院作为案件审理过程中需要依职权启动的一项诉讼工作。如《环境侵权解释》第 8 条规定："对查明环境污染、生态破坏案件事实的专门性问题，可以委托具备相关资格的司法鉴定机构出具鉴定意见或者由负有环境资源保护监督管理职责的部门推荐的机构出具检验报告、检测报告、评估报

---

[1] 工业诉讼从性质上可分为工业刑事诉讼、工业民事诉讼、工业行政诉讼；从原因上可分为针对工业活动实施的违法行为的诉讼、针对工业活动行政管制引起的诉讼、工业活动致害引起的诉讼等。

告或者监测数据。"

（二）具有专门知识的人出庭参与诉讼（专家证人）成为常态

在一般诉讼中，法官可以依据法律的规定，遵循法官职业道德，运用逻辑推理和日常生活经验法则，对证据有无证明力和证明力大小独立进行判断。[1] 但是，在工业诉讼中，由于法官通常既不具备相关的专业知识和能力，又无与工业直接相关的日常生活经验，在审查和判断诉讼证据时，无法仅凭自己的知识和能力独立做出判断。因此，往往需要依赖鉴定意见和具有专门知识的人的协助，方能对案件争议的事实和相关的证据有无证明力及证明力的大小得出结论。

基于工业诉讼技术性、专业性比较强的特点，为了充分证明诉讼争议的事实，当事人通常也需要邀请具有专门知识的人出庭，代表当事人对鉴定意见进行质证，或者对案件事实所涉及的专业问题提出意见。而且，工业诉讼往往涉及面较广、涉讼金额较大，充分利用各种证据资源力争达成争讼问题的证明工作，不仅是当事人的追求，也是法院准确查明案件事实的客观需要。事实上，工业诉讼中的企业一方当事人往往具有较强的社会影响力和经济承受能力，更容易邀请到相关的专家，更有财力负担具有专门知识的人出庭参与诉讼的各项费用，邀请专家支持诉讼是其比较常用的一个选项。

（三）涉及专业技术性问题的证据的形式更为多样化

在一般诉讼中，涉及专业技术性问题的证据主要是现场勘验、鉴定意见和专家证人等。但在工业诉讼中，基于其专业技术性比较强的特点，还会出现一些其他形式的涉及专业技术性问题的证据形式。如涉案的调查报告、检验报告、检测报告、评估报告、监测数据等，通常都是工业诉讼中独有的证据形式。

（四）技术标准在工业诉讼中广泛应用

在涉及工业问题的诉讼中，技术标准的选择适用是一个基础性的工作。如何认定和适用技术标准，是保证法院正确裁判的前提，也是法律责任确定和承担的依据之一。由于技术标准具有很强的专业性，因此，在涉及技术标准的民事责任诉讼中，如何认定和分配当事人的民事责任，是一个重要的法律问题。

1. 符合技术标准与法律责任的证明。在工业诉讼中，符合国家的技术标准成了企业推卸其民事责任的挡箭牌，致害企业也往往持以下理由进行抗辩：行为不具违法性（符合相关技术标准），行为对社会有益（如垃圾焚烧场），选址符合规划（如变电站），土地利用的先后关系（企业先于居民建于本地）等，受害者更是难以要求企业承担民事责任。我国虽然对产品质量责任也采用了无过失责任原则，但却规定了较宽泛的免责范围，使得那些符合国家标准、行业标准的产品造成的人身和财产损害难以得到救济。因此，在工业诉讼中，如何正确认定和处理有关技术标准的问题，是比较复杂的。

---

〔1〕 参见《最高人民法院关于民事诉讼证据的若干规定》第85条和《最高人民法院关于适用〈中华人民共和国民事诉讼法〉的解释》第105条。

我国《标准化工作指南 GB/T20000.1－2002》规定，实施标准化的基本目的，是使产品、过程或者服务具有适用性，包括品种控制、可用性、兼容性、互换性、健康、安全、环境保护、产品防护、相互理解、经济效能、贸易等。因此，技术标准的宗旨是为了使产品、过程或者服务能够确保社会及公众的健康、安全和环境的保护，而不是为了给产品和服务的生产者、提供者给社会及公众造成的损害开脱责任，充当它们的保护伞。从社会安全的角度而言，即使生产和服务活动符合相关技术标准，但仍存在一定安全隐患，虽然其目前还没有给社会和公众造成实际损害，或者其损害目前还难以完全认定的，也应通过国家和地方的产业政策对其加以调整或者使其退出，以降低社会安全风险。

2. 不符合技术标准与法律责任的证明。根据我国《标准化法》的规定，生产、销售、进口产品或者提供服务不符合强制性标准，或者企业生产的产品、提供的服务不符合其公开标准的技术要求的，依法承担民事责任；生产、销售、进口产品或者提供服务不符合强制性标准的，依照《中华人民共和国产品质量法》、《中华人民共和国进出口商品检验法》、《中华人民共和国消费者权益保护法》等法律、行政法规的规定查处，记入信用记录，并依照有关法律、行政法规的规定予以公示；构成犯罪的，依法追究刑事责任。《中华人民共和国标准化法实施条例》第 38 条同时规定："本条例第 32 条至第 36 条规定的处罚不免除由此产生的对他人的损害赔偿责任。受到损害的有权要求责任人赔偿损失。赔偿责任和赔偿金额纠纷可以由有关行政主管部门处理，当事人也可以直接向人民法院起诉。"

据此，在工业诉讼中，当事人通常只需要举证证明对方当事人违反国家标准化管理的规定，即可要求其承担相应的法律责任。

3. 没有技术标准与法律责任的证明。由于社会发展的突飞猛进和社会活动本身的复杂性，现实生活中有大量的新生产和新服务尚没有相应的技术标准据以规范，或者只有企业标准，尚没有可供执行的国家标准和行业标准。因此，我们既要鼓励产品的生产者和服务的提供者积极创新，不断满足社会的各种新兴需要，同时，也要注意防止生产者和服务者为了片面追求经济利益，将尚不成熟的和对社会公众可能有较大危害的产品和服务推向市场。为此，应当要求其产品和服务能够确保公众的安全和社会公共利益，要求产品的生产者和服务的提供者不仅要达到法律上一般合理的注意标准和行业内的注意标准，更要达到相关领域专家的注意标准。

4. 技术标准的调整与民事责任的证明。随着社会的进步和科技的发展，原有的一些技术标准可能要相应进行一定的调整，某些技术指标可能会有所提高，但在原技术指标的规范下生产的产品并不能即刻同时退出人们的生活。如果该标准的调整只是完善了生产工艺、提高了生产效率和资源利用率、改进了产品的功用，则其原有产品即使仍然被使用，也不存在较大的法律问题；但是，如果该标准是国家的强制性标准，且涉及社会公众的健康和人身、财产安全的，产品的制造者应当负责召回、更换、修理；否则如果造成公众的人身和财产损害的，产品的制造者不能以其产品符合当时的技术标准为由进行抗辩，除非产品的拥有者和使用者拒绝接受召回、更换或修理。

5. 当事人约定的技术标准与法律责任的证明。有许多行业，由于其技术的复杂性和产品与服务的个性化程度较高，无法制定统一的技术标准，或者技术标准只是一些一般性的基本要求而无法提供具体可供直接操作的技术指标，需要当事人在交易时根据其需要与生产者、服务者技术能力的可能，协商约定具体的技术标准。对于这种情况下发生的民事损害赔偿问题，既要看双方约定的内容，也要看生产者或服务提供者通过明示（如广告）或者默示方式向社会做出的承诺和担保，同时，还要结合该项生产或服务现有的技术发展水平综合进行判断。一般而言，消费者通常没有相关的专业技术能力识别和判断生产者或服务者做出的承诺内容的真实性、可行性，生产者或服务者应当就其虚假承诺和扩大宣传承担法律责任。

二、工业行政管理过程中形成的各种材料成为工业诉讼的重要证据来源

对工业活动实施管理，是行政管理工作的一项重要内容。国家通过产业政策、财税、金融、贸易、政府采购、土地、环保、安全、知识产权、质量监督、市场准入和退出机制、标准等政策的协调配合，对工业活动实行全面管理。针对制造业是国民经济的支柱产业，是工业化和现代化的主导力量，是国家安全和人民幸福的物质保障，是衡量一个国家或地区综合经济实力和国际竞争力的重要标志，国务院还于 2015 年 5 月发布了《中国制造 2025》，对制造业工业做出了战略性安排。

基于依法行政的要求，行政机关在行使工业行政管理权的过程中，在对各种工业行政违法行为进行查处时，要调查、收集、整理必要的证据材料，作为其做出行政管理行为的依据；在对工业活动的日常检查、监督过程中，行政机关也会获取和掌握相关的调查材料；在审查批准工业企业依法提出的各种申请时，行政机关也会建立和保存相关的档案材料。在发生工业诉讼时，行政机关在行政管理过程中形成的这些材料将成为法院判断和认定有关案件事实的重要依据。如《环境侵权解释》第 10 条规定："负有环境资源保护监督管理职责的部门或者其委托的机构出具的环境污染、生态破坏事件调查报告、检验报告、检测报告、评估报告或者监测数据等，经当事人质证，可以作为认定案件事实的根据。"

三、证明责任的新变化

（一）无过错责任

无过错责任原则是在 19 世纪伴随着现代化工业大生产而发展起来的。虽然在资本主义发展时期确立的过错责任原则促进了自由资本主义经济的蓬勃发展，也充分体现了处于上升时期的资产阶级在事业上生气勃勃的进取精神和在竞争中优胜劣汰的价值观念。但进入 19 世纪以后，面对大机器大工业生产所带来的高度危险和巨大的事故损害，过错责任原则显得力不从心。现代工业社会是事故频繁的时代，这种事故多是在合法而必要的活动中由难以发现的工业技术缺陷引起的，常具有频发性特点，所造成的损害又极为巨大，受害者众多。要求受害人证明加害人主观上有过错，是非常困难的，如果坚持过错责任，受害人利益则得不到有力保护，社会秩序难以安定下来。因

此，各国先后通过立法和判例，逐步确立了无过错责任原则。[1]

在资本主义初期，实行过错责任原则，行为人对造成的损害结果，只有在自己的主观上有过错的情况下，才负侵权赔偿责任。因此，在自由资本主义时期，具有高度危险性的工业企业大规模兴建，在事故造成的损害面前，被侵权人必须证明事故的责任者即工厂主在主观上有过错后才能获得赔偿。而拘泥于过错责任原则的后果，就在事实上剥夺了对工人的一切保护，不仅被侵权人无法证明工厂主造成工业事故的"过错"，而且工厂主也会利用过错责任原则，借口"无过失"而拒绝赔偿被侵权人的损失，使工厂主几乎不可能败诉。在这种情况下，侵权法一方面坚持过错责任原则，另一方面例外地就特殊损害事故承认无过错责任，在立法上出现了无过错责任或者严格责任的规定，即在特定情况下，即使致人损害的一方没有过错，也应承担赔偿责任。

最早确认无过错责任原则的是普鲁士王国。它在 1838 年制定的《铁路企业法》中承认了这一原则；翌年又制定了《矿业法》，把这一原则从铁路企业扩大到矿害方面。德国于 1872 年曾制定《国家责任法》，规定经营矿山、采石场及工厂者，对其所雇用的监督者和工头的过失致劳工损害者，在一定范围内负损害赔偿责任而不管雇主有无过失。严格地说，这种无过失责任并不彻底，因为还需要被侵权人证明监督者和工头的过失。1884 年，德国制定了《劳工伤害保险法》，规定了工业事故社会保险制度，真正确立了事故责任的无过失责任制度。法国在 1898 年制定《劳工赔偿法》，规定了工业事故的无过失责任。英国政府在 1880 年制定了《雇主责任法》，并多次修改《工厂法》，逐渐加重了雇主的责任；1897 年制定《劳工补偿法》，规定在即使存在"共同过失"的情况下，即受害的雇员及其同伴或者第三人对损害的发生有过失，而雇主无过失，雇主仍应对雇员在受雇期间所受的损害承担损害赔偿责任。而美国也先后用特别立法或者判例等方法，确认了这一原则，使之成为一个同性的归责原则。[2]

根据无过错责任原则的规定，在诉讼过程中，原告只要能够证明被告的行为与损害结果之间存在因果关系，就可以完成其证明的任务，向被告提出承担民事责任的请求。即，在适用无过错责任原则的案件中，因果关系是决定行为人责任承担的基本条件，只要行为人的行为与损害结果之间有因果关系，行为人就要承担相应的法律责任。至于行为人在实施该项行为时的主观状态如何，都不影响其法律责任的承担。原告在此类案件中的举证责任，也就自然不包括举证证明行为人主观上是否有过错的内容。

（二）举证责任的倒置

举证责任倒置理论产生于 19 世纪末 20 世纪初工业革命时期的德国，在这一时期出现了大规模的环境污染问题，医疗事故引起的伤害赔偿问题等案件，对此如果沿用旧的举证责任分配原则，对受害者显失公平，但同时又缺乏新的原则，因此，法官们在法律没有规定的情况下，根据司法实践中的新情况，借助法律赋予自己的司法自由裁量权，将举证责任转移给加害人承担。德国法院对于执行专门职业者违反一定执业义

---

〔1〕 参见魏振瀛主编：《民法》，北京大学出版社、高等教育出版社 2000 年版，第 683 页。

〔2〕 参见杨立新：《侵权责任法》，北京大学出版社 2014 年版，第 56~57 页。

务的诉讼中，经常利用举证责任转换的方法，使加害人对其行为无故意、过失的事实及其行为与损害之间无因果关系的事实负举证责任。

我国法律也确立了举证责任倒置的相关规定，主要集中在工业诉讼领域。例如：

1. 因新产品制造方法发明专利引起的专利侵权诉讼，由制造同样产品的单位或者个人对其产品制造方法不同于专利方法承担举证责任；

2. 高度危险作业致人损害的侵权诉讼，由加害人就受害人故意造成损害的事实承担举证责任；

3. 因环境污染引起的损害赔偿诉讼，由加害人就法律规定的免责事由及其行为与损害结果之间不存在因果关系承担举证责任；

4. 因缺陷产品致人损害的侵权诉讼，由产品的生产者就法律规定的免责事由承担举证责任等。

四、因果关系的证明更为困难

因果关系的证明一直是困扰法律人的实务问题之一。在工业化时代，因为科学和技术因素的作用，使得在与工业活动有关的诉讼案件中，致害原因与致害结果之间因果关系的证明问题尤为突出，尤其是一些复合型因素造成的工业致害案件，其因果关系的证明愈加困难。例如，美国直至 1960 年才开始面对环境危害，这在很大程度上是因为环境问题提出了关于科学证据与统计因果的难题。[1] 在日本，以往公害诉讼的原告之所以败北，原因在于加害企业往往钻"进行何种程度的举证就可以认定因果关系"这一审判原则未被确立的空子，并展开"无效的科学争论"，要求提供大量且需要花费很长时间的证据。针对工业污染造成的因果判断困难的问题，以救济因大气污染等健康受到损害的受害人为主要目的，日本曾经于 1973 年制定了《公害健康受害补偿法》（该法在 1988 年修订时，取消了公害患者的认定制度），根据该法，对于大气污染，在全国共指定了 41 个地区为公害指定区域，将在这些区域中居住或者工作一段时间并患有慢性支气管炎、支气管哮喘及肺气肿等疾病的患者认定为大气污染引发的公害病患者，并向其支付医疗费和疗养费。该费用的 80% 由企业负担，余下的 20% 由机动车重量税支付。[2]

为了减轻对因果关系问题的证明负担，我国也对有些案件中的因果关系问题作了直接规定。如《最高人民法院、最高人民检察院关于办理危害食品安全刑事案件适用法律若干问题的解释》第 1 条规定："生产、销售不符合食品安全标准的食品，具有下列情形之一的，应当认定为刑法第 143 条规定的'足以造成严重食物中毒事故或者其他严重食源性疾病'：①含有严重超出标准限量的致病性微生物、农药残留、兽药残留、重金属、污染物质以及其他危害人体健康的物质的；②属于病死、死因不明或者

---

〔1〕 参见［美］约翰·法比安·维特：《事故共和国——残疾的工人、贫穷的寡妇与美国法的重构》，天雷译，上海三联书店 2008 年版，第 1 页。

〔2〕 参见日本律师协会主编：《日本环境诉讼典型案例与评析》，皇甫景山译，中国政法大学出版社 2011 年版，第 43 页。

检验检疫不合格的畜、禽、兽、水产动物及其肉类、肉类制品的;③属于国家为防控疾病等特殊需要明令禁止生产、销售的;④婴幼儿食品中生长发育所需营养成分严重不符合食品安全标准的;⑤其他足以造成严重食物中毒事故或者严重食源性疾病的情形。"再如《环境侵权解释》第 7 条规定:"侵权人举证证明下列情形之一的,人民法院应当认定其污染环境、破坏生态行为与损害之间不存在因果关系:①排放污染物、破坏生态的行为没有造成该损害可能的;②排放的可造成该损害的污染物未到达该损害发生地的;③该损害于排放污染物、破坏生态行为实施之前已发生的;④其他可以认定污染环境、破坏生态行为与损害之间不存在因果关系的情形。"

事实上,在我国,规范性文件不仅对部分工业诉讼案件中的因果关系作了直接规定,对法律责任的承担比例也直接做了规定。如《最高人民法院关于审理铁路运输人身损害赔偿纠纷案件适用法律若干问题的解释》第 8 条规定:"铁路运输造成无民事行为能力人人身损害的,铁路运输企业应当承担赔偿责任;监护人有过错的,按照过错程度减轻铁路运输企业的赔偿责任,但铁路运输企业承担的赔偿责任应当不低于全部损失的 50%。铁路运输造成限制民事行为能力人人身损害的,铁路运输企业应当承担赔偿责任;监护人及受害人自身有过错的,按照过错程度减轻铁路运输企业的赔偿责任,但铁路运输企业承担的赔偿责任应当不低于全部损失的 40%。"

五、证人作证的问题更为突出

由于证人证言是第三者所做的关于案件事实的陈述,相对于当事人自己的陈述,给人以更高的可信度,所以是证明案件事实的一种重要的证据形式。遗憾的是,证人出庭作证率低一直是一个困扰我国司法实践的问题。在工业诉讼中,证人不作证的问题则是一个世界性的问题。例如,在美国,在工作事故案件中,受伤的工人无法代表自己作证,因此势必依赖工友们的证词,但如果工友们还希望保持现有的工作,他们大都不愿意出庭作证反对自己的雇主。正如 20 世纪早期的观察家们所指出的,工友们"由于担心被解雇而拒绝作证"的现象司空见惯[1] 美国 1984 年的一项调查显示,在提起诉讼后又弃权的理由中,最通常的是获得证据的困难。或者在事故发生时可能不存在证人;或者证人后来消失了;或者证人不愿意作证,尤其是不愿意出庭作证;等等。事故发生后,物证(如果认为工具或者设备有缺陷)可能消失,事故现场的环境(例如道路或者建筑地点)也可能迅速发生改变,导致难以确定事故发生时的现场情况。[2] 20 世纪 60 年代日本发生了著名的熊本县水俣市氮肥有限公司在生产过程中排放废水导致数万人受害的汞中毒事件。该氮肥公司是当地通过招商引资进驻的企业,通过多年的发展和引进欧洲的新技术成长为当时世界综合性化工企业,对当地经济与地方财政具有决定性的影响力。在该工厂工作的员工们曾是一种特权阶层,在当地的

---

〔1〕 参见 〔美〕约翰·法比安·维特主编:《事故共和国——残疾的工人、贫穷的寡妇与美国法的重构》,天雷译,上海三联书店 2008 年版,第 95 页。

〔2〕 参见 〔澳〕彼得·凯恩主编:《阿蒂亚论事故、赔偿及法律》,王仰光等译,中国人民大学出版社 2008 年版,第 281~282 页。

市民中，"没有氮肥公司就没有水俣"的观念深深植根于其头脑之中，当地的市民中与氮肥公司相关的从业人员占到了全市人口的一半。在诉讼过程中，虽然氮肥公司企业利益优先、无视人权、轻视人的生命的事实比较清楚，但受害人却难以找到证人作证。不仅工厂的工人不敢作证，因为作证将会被企业解雇，周围的居民也不敢做出对该企业不利的证言，否则就在当地住不下去了。[1]

六、证据造假问题突出

证据造假在我国是一个非常普遍的现象，但在工业企业中则更为突出。[2] 主要因为以下几方面原因而发生：

1. 工业活动的技术性特点，使得造假具有更大的隐蔽性，囿于技术条件的限制，执法部门难以发现，受害人难以举证，法院难以查明。

2. 工业生产过程具有一定的封闭性，企业的生产活动主要发生在工厂之内，只有企业的员工才能进入工厂参与，产品生产过程中相关的数据和资料均在企业的掌控之中。一旦发生诉讼，企业有很便利的条件隐匿、销毁、篡改、伪造各种技术数据。

3. 工业企业作为营利性主体，具有天然的逐利性，企业需要最大限度地降低各种生产成本，提高生产利润。早期工业企业环境管理的成本，包括污染治理设施的投资和运行成本一般占企业生产成本的 3%~5%。然而，随着我国环境问题的不断恶化和对环保投入需求的不断增加，3%~5% 的环境管理成本已经不能满足环保事业的客观需求，有的企业环保投资占企业总投资的比例甚至可能高达 40%。[3] 这一沉重的负担，将迫使企业铤而走险，不采取环保措施，伪造环境管理材料和数据以应对行政检查。

4. 有的地方政府也是证据造假的推动者和实施者。环保部副部长吴晓青坦言，有的地方确有监测数据造假的问题。有些地方政府为了减轻考核压力、实现环境质量达标等目的，行政管理部门指使环境监测站编造、篡改监测数据的情况时有发生，严重损害了政府尤其是环保部门的公信力，对监测系统也造成了非常大的伤害。[4]

七、原告的举证异常艰难

1. 因为工业诉讼涉及大量的技术性问题，作为普通公众的原告，不具有相关的专业知识，也没有相应的设备和技术条件，更缺乏必要的财力支撑，难以对工业侵害行为提出证据加以证明。虽然法律对某些特定案件做出了举证责任倒置和无过错责任的规定，但不能覆盖所有的工业诉讼，原告的举证困难不能从根本上消解。

---

〔1〕 参见日本律师协会主编：《日本环境诉讼典型案例与评析》，皇甫景山译，中国政法大学出版社 2011 年版，第 73 页。

〔2〕 参见郄建荣："7 家企业监测数据造假被抓典型"，载《法制日报》2015 年 6 月 13 日，第 6 版。

〔3〕 参见周新、高斌："关于中国企业环境管理体制的调研"，载《环境保护》2001 年第 1 期。转引自汪劲：《环保法治三十年：我们成功了吗》，北京大学出版社 2011 年版，第 323 页。

〔4〕 参见刘世昕："部分地方仍存环境监测数据造假——环保部拟出台《环境监测数据弄虚作假处理办法》"，载《中国青年报》2015 年 4 月 2 日，第 1 版。

2. 由于工业生产过程的封闭性特点，使得相关的证据往往掌控在企业一方，原告难以收集和获取。

3. 工业企业通常是当地经济发展和财政经费来源的重要力量，地方政府往往给予工业企业以特殊的照顾，在发生工业诉讼时，原告不仅难以得到地方政府的支持，甚至还可能受到来自地方政府的压力，使得其查证、取证工作遭遇阻力。

4. 由于普通公众没有工业企业那样雄厚的财力，难以获得高水平专家的支持，在与专业化的工业企业和其聘请的高水平专家在诉讼中就有关的技术证据进行辩论时，原告的证据和证据主张都难以取得法院的信任和接受。

八、证据的可采性有了具体规定

在大陆法系国家，一般没有严格的证据可采性的具体规定，什么东西可以作为认定事实的依据，法律通常只是以是否合法为标准做一般性规定，[1] 具体的判断工作交由法官自由裁量。我国也是如此。但在工业诉讼中，由于工业诉讼的复杂性，只是以是否合法为标准难以判断某些证据能否作为认定案件事实的依据。为了避免某些不能作为认定案件事实依据的材料错误地进入到诉讼中去，导致法院认定和判断事实的错误，需要对哪些材料可以作为认定案件事实的依据做出具体明确的规定。如《最高人民法院关于审理食品药品纠纷案件适用法律若干问题的规定》第 7 条规定："食品、药品虽在销售前取得检验合格证明，且食用或者使用时尚在保质期内，但经检验确认产品不合格，生产者或者销售者以该食品、药品具有检验合格证明为由进行抗辩的，人民法院不予支持。"根据此项规定，产品的检验合格证本是证明该产品质量符合相关标准的证据，但在诉讼中，经检验确认该产品不合格的，检验合格证就不可以作为判定该产品质量是否合格的依据。与此相类似的还有，《环境侵权解释》第 1 条第 1 款、第 2 款规定："因污染环境、破坏生态造成他人损害，不论侵权人有无过错，侵权人应当承担侵权责任。侵权人以排污符合国家或者地方污染物排放标准为由主张不承担责任的，人民法院不予支持。"即符合污染物排放标准的证据，不能作为污染者不承担侵权责任的依据。

此外，由于工业诉讼中科技方面的内容比较高，公众一般难以正确理解和认识其中的一些问题，在诉讼过程中，公众难以避免地发生错误的判断，进而做出错误的表示。为了防止公众因工业科技方面知识的不足从而给自己带来不利的法律后果，《最高人民法院关于审理环境民事公益诉讼案件适用法律若干问题的解释》第 16 条规定："原告在诉讼过程中承认的对己方不利的事实和认可的证据，人民法院认为损害社会公共利益的，应当不予确认。"

九、对具体证据的性质做出规范性判定

同一个物体，在不同的领域可能会有不同的认识。在诉讼过程中，如何判定某个

---

[1] 如《最高人民法院关于适用〈中华人民共和国民事诉讼法〉的解释》第 106 条规定："对以严重侵害他人合法权益、违反法律禁止性规定或者严重违背公序良俗的方法形成或者获取的证据，不得作为认定案件事实的根据。"

具体物体是否属于认定案件事实的依据，涉及当事人法律责任的认定问题，必须予以明确，方能做到准确执法。如《最高人民法院关于审理破坏电力设备刑事案件具体应用法律若干问题的解释》第4条规定："本解释所称电力设备，是指处于运行、应急等使用中的电力设备；已经通电使用，只是由于枯水季节或电力不足等原因暂停使用的电力设备；已经交付使用但尚未通电的电力设备。不包括尚未安装完毕，或者已经安装完毕但尚未交付使用的电力设备。"据此，对电力设备的认定，就不能从一般意义上加以认识，法官也不能基于其自身的认识自由裁量，而是限定在一定的范围之内的，才能构成法定的行为。

同时，为了指导各级法院正确办理工业诉讼案件，最高法院的司法解释也对具体案件中如何界定某类特定证据的性质做出了一些指导性的规范。如《最高人民法院、最高人民检察院关于办理环境污染刑事案件适用法律若干问题的解释》第15条规定："下列物质应当认定为刑法第338条规定的'有毒物质'：①危险废物，是指列入国家危险废物名录，或者根据国家规定的危险废物鉴别标准和鉴别方法认定的，具有危险特性的废物；②《关于持久性有机污染物的斯德哥尔摩公约》附件所列物质；③含重金属的污染物；④其他具有毒性，可能污染环境的物质。"事实上，由于此类问题纷繁复杂，法院的规定不可能穷尽所有内容。通常情况下，这些问题主要由相关的行政管理部门加以管理和规范。如农业部、卫生部、国家药品监督管理局就公告有《禁止在饲料和动物饮用水中使用的药物品种目录》。在案件的审理过程中，需要检索相关的规定。

十、伪证行为的法律责任有所不同

伪证行为包括对案件事实做虚假陈述、对有关证据做虚假辨认、伪造证据、提供虚假证据、故意做虚假翻译等。根据我国法律的规定，在一般诉讼过程中，构成伪证行为的，或者可能构成伪证罪，或者对其采取妨碍诉讼行为的强制措施。而且，伪证罪和妨害诉讼行为的构成，均以行为人主观故意为条件，且行为人并不因此而承担案件的实体法律责任。

在工业诉讼的某些特定情况下，行为人如果构成伪证，则有可能成为案件实体法律责任的承担者，而且行为人的主观状态不仅可能因故意构成，还可能因过失构成。如《最高人民法院关于审理食品药品纠纷案件适用法律若干问题的规定》第12条、第13条规定："食品、药品检验机构故意出具虚假检验报告，造成消费者损害，消费者请求其承担连带责任的，人民法院应予支持。食品、药品检验机构因过失出具不实检验报告，造成消费者损害，消费者请求其承担相应责任的，人民法院应予支持。""食品认证机构故意出具虚假认证，造成消费者损害，消费者请求其承担连带责任的，人民法院应予支持。食品认证机构因过失出具不实认证，造成消费者损害，消费者请求其承担相应责任的，人民法院应予支持。"

十一、工业诉讼证据规范的国际化

1. 证据规则的国际化。由于工业活动的国际化，促成了国际经济的一体化，从而导致了国际经济相关规则的一体化；具有共同性质的国际公约、协定逐渐代替了传统意义上的冲突法；以地区性合作制定统一法的趋势日趋增强；国际公约的参加过越来越广泛。全球化在国内法上的主要表现为：国内法尤其是国内商事法律的日渐趋同。[1]这一趋势在证据规则领域也是如此。

2. 取证方式的国际化。工业诉讼的国际化，必然涉及两个以上国家的问题，为了方便一国法院向在他国的人调取证据，1997 年 7 月 3 日第八届全国人民代表大会常务委员会第二十六次会议决定，中华人民共和国加入 1970 年 3 月 18 日订于海牙的《关于从国外调取民事或商事证据的公约》。

3. 证据形式的特殊要求。如《证据规定》第 16 条和《最高人民法院关于行政诉讼证据若干问题的规定》第 16 条均规定，当事人向人民法院提供的在中华人民共和国领域外形成的证据，应当说明来源，经所在国公证机关证明，并经中华人民共和国驻该国使领馆认证，或者履行中华人民共和国与证据所在国订立的有关条约中规定的证明手续。当事人向人民法院提供的证据是在中华人民共和国香港特别行政区、澳门特别行政区、台湾地区内形成的证据，应当具有按照有关规定办理的证明手续。

十二、法院依职权调查取证和委托鉴定

在一般诉讼中，法院通常不依职权主动调查取证，确因客观原因当事人不能收集的证据，需要法院调查收集的，当事人及其代理人要向法院提出申请。但是，根据《民事诉讼法》第 55 条的规定，由法律规定的机关和有关组织提起的污染环境、侵害众多消费者合法权益等损害社会公共利益行为的诉讼，依照《民诉适用解释》第 96 条的规定，法院可依职权主动进行调查取证工作。不仅如此，根据《环境民事公益诉讼案件司法解释》第 14 条第 2 款的规定，对于应当由原告承担举证责任且为维护社会公共利益所必要的专业性问题，人民法院可以委托具备资格的鉴定人进行鉴定，不以当事人的申请为条件。

第二节　专业技术性问题的分类及其证明方法

工业诉讼中涉及的科学技术问题内容广泛、类型复杂，其中既包括各种不同的学科领域，也包括同一学科领域内的不同问题。更为重要的是，不同学科领域的问题，由于学科专业的不同，意味着诉讼所要运用的判断分析手段与方法不同；即使是同一学科领域内的问题，也会因为具体问题的性质不同，诉讼解决的方式方法也不尽相同。因此，不同的专业技术性问题，意味着需要通过法律处理和解决的对象不同，其相关的法律解决方法与规则也不同。

---

〔1〕　参见尹伟民：《国际民事诉讼中证据能力问题研究》，法律出版社 2008 年版，第 125 页。

一、专业技术性问题的分类

要在法律范畴内讨论涉及专业技术性问题的纠纷解决，必须首先明确专业技术性问题所包含的范围，并对各种专业技术性问题在法律科学的范畴内予以分类。例如，在争议涉及的专业技术性问题的类别上，可以分为对科学技术分析结论的争议、对科学技术分析程序的争议、对科学技术分析方法的争议、对科学技术分析主体的资格与能力的争议等。而在案件争议的事实上，专业技术性问题主要包括以下几类：

1. 争议的事实直接属于某一专业领域技术问题的争议。某些专业技术性问题在其自身专业领域内就存在着不同的认识，对于处理和解决涉及该专业技术性问题的纠纷来讲，首先必须要在该专业领域内统一认识和观点，否则，案件审理者无以是从。例如，在北京德润生贸易有限公司诉方舟子名誉侵权案中，[1] 案件涉及的核心问题就是关于 CEB 技术的独创性和真实性的争议，而相关科技领域内对于该项技术是否认同，决定了该案件审理的结果。

2. 争议的事实须借助于某种专业技术手段予以显现。虽然某些专业技术性问题在自身专业领域内不存在争议，但对案件审理者来说，却由于专业知识的局限，无法凭借其自有知识直接进行判断并确认。因此，需要相关领域的专家通过专业技术手段将之转换成非专业人员可以识别的材料。

3. 争议的事实（包括某些证据）须借助于某种专业技术手段予以验证。虽然某些专业技术性问题在相关学科领域内已有比较成熟的结论，某项事实在某种特定条件下是否必然出现或者不出现，无论是在理论上还是在实践中已有明确的结论，但对于非本专业的人士来说，却并非众所周知的事实和自然规律及定理，不属于无须举证证明的事实。因此，该项事实在案件所处环境条件下是否也能再现，仅凭案件审理者的自有知识和经验无法直接得出和确认，需要交由有关专家运用其专业技能与手段予以验证，并向案件审理者提供其验证的结论。

4. 争议的事实需要专门机构通过专业调查方法予以核实与确认。有些案件所涉及的专业技术性问题，案件审理者虽然能够运用其自有知识和经验直接感知到它的客观存在，但其具体结果如何却无法判定，而案件的审理又要求必须对该事实进行量化和分析认定。因此，其量化的过程及其结论的析出，需要借助相关的专业手段与方法。如关于环境污染损害赔偿案件中损失大小的计算和统计等。

5. 争议的事实需要具有专门知识或经验的人加以确认和评价。某些专业技术性问

---

〔1〕 原告德润生贸易有限公司在其宣传材料中声称，其生产的一种名为"德润生 CEB 营养米"含有一种叫 CEB 的物质，"CEB 是一种对人体机能有益的细胞营养素""可以提高人体耐力和免疫力、增强人体抗疲劳能力""每天食用二两 CEB 营养米，相当于一次口服 4000 粒维生素 E 丸"，并以每公斤 96 元的"天价"在市场上公开销售。身为"学术打假人"的本案被告方舟子在博客中屡番质疑"天价大米"如此"神奇"的真实性，并在多个媒体上公开宣称德润生公司拥有的核心技术和产品是"骗人的"。为此，原告以侵犯名誉权为由将被告告上法庭。本案质疑的焦点集中在 CEB 技术是不是全球首创的科学成果？煮熟后的 CEB 米饭是不是对人体有益？CEB 大米是不是转基因食品？详见："这个大米不一般"，中央电视台第一套节目《今日说法》2009 年 3 月 3 日。

题具有较强的经验性，从事该类职业的人员在其长期的职业活动中，熟悉和掌握了某些事实是否会发生以及如何发生等客观规律，可以向案件的审理者提供涉及此类专业技术性问题的意见，以帮助审查认定案件争议的事实。

6. 争议事实中的专业技术问题需要具有相关专门知识或经验的人提供意见予以解释和说明。某些案件中所涉及的专业技术性问题在相关专业领域内属于通用型的知识，在理论上已经形成了共识，在具体案件中也未发生争议，但是囿于专业知识的限制，案件审理者无法认识和理解其含义，需要相关专业领域的专家提供支持，帮助案件审理者正确理解案件中所涉及的专业理论问题的确切含义，以使案件得到正确处理。

二、诉讼中须借助专业手段认定的问题

随着工业化的推进，科技进步的成果不断渗透到现实生活中来，诉讼中法庭需要通过专家协助的有关专业技术性问题愈益多样，涉及的学科领域也愈加广泛。概括来讲，诉讼过程中法庭希望从专家那里获得的帮助主要涉及以下几方面问题：

1. 同一认定。即对某一事物的性质或种类与讼争事实的性质或种类是否具有同一性所进行的认定。如 DNA 鉴定、指纹鉴定、文书鉴定，以及在知识产权诉讼中对被侵权的技术和相关技术的特征是否相同或者等同的认定等。

2. 因果关系认定。即对某一现象是否是导致讼争事实发生的原因及其作用力大小所进行的分析和认定。因果关系认定大量存在于侵权损害赔偿纠纷中，如死亡原因与方式鉴定，环境污染致害原因鉴定，毒（药）物致害原因鉴定等。

3. 属性认定。即对讼争事实的性质和特点进行的认定，既包括对某一物质的性质、规格或质量等进行的认定，也包括对某一行为是否符合相关规范和要求所进行的认定。前者如根据《进出口商品数量重量检验鉴定管理办法》的规定对进出口商品的数量、重量所做的检验，对血液中酒精成分含量的认定，以及对视听资料内容的真实性、完整性及其所反映情况的过程的鉴定等；后者如对是否构成医疗事故所进行的鉴定等。

4. 状态认定。即对争议对象现存样态及价值进行的认定，既包括对人的行为能力、损伤程度、劳动能力等进行的认定，也包括对物质对象损害程度及现存状态的认定。前者如人体损伤程度及伤残等级的评定等；后者如工程造价的估算，对非法手段使计算机系统内数据的安全性、完整性或系统正常运行造成的危害情况的鉴定等。

5. 责任认定。即对当事各方的主观过错及行为作用导致的责任进行综合的判断和认定。责任认定与因果关系认定并不完全一致，通常情况下，因果关系是责任认定与责任承担的基础和前提，如道路交通事故责任的认定等。

三、专业技术性问题的专业证明的方法

由于上述专业认定和判断大多已超出了司法认知的范围，法官难以运用逻辑推理和日常生活经验独立做出判断，必须借助于专家的帮助方可得出正确的裁判。从专家角度而言，对于法庭希望得到专业支持的上述问题，其专业证明活动通常通过以下方法展开：

1. 调查统计法。调查统计法主要适用于需要专门机构通过专业调查方法予以核实与确认的专业技术性问题，包括一般性统计和根据贝叶斯定理[1]所进行的各种概率的统计等。前者如对侵权损害程度的调查；后者如对某种物质是否会导致患者罹患某种疾病的调查等。

2. 抽样分析法。从待证事实涉及的材料中随机抽取具有代表性的一部分内容作为检材加以剖析，以做出对全部样品特性的分析和判断。抽样分析法主要针对大量存在的同质化样品而采用，常见于产品质量纠纷、工程质量纠纷等诉讼中。

3. 实测法。包括实地勘验和实际检测。实地勘验不仅是确认某些案件事实的重要方法，也是发现其他证据线索的重要手段。如对道路交通事故责任的认定，专门人员必须亲临现场，通过对现场状况的观察和测量，结合从现场提取的各种物证，分析判断事故发生原因。实际检测包括对人身的检测与对物的检测，对人身的检测主要发生在法医学鉴定领域；对物的检测如痕迹鉴定、文书鉴定、环境污染检测等。

4. 模拟验证法。如果诉讼中涉及的问题属于检验某一原因是否必然导致某一结果的发生，而其相关变量因素和条件又均具可控性，可以通过实验模拟的方法验证其结果的发生情况。

5. 理论分析法。诉讼中涉及的有些专业技术性问题，由于其个体差异，不能简单地通过一般原理做出判断，也无法借助于一般手段予以复核和检验，必须具体问题具体分析。典型的如工业劳动造成的医疗损害纠纷案件，"虽然医学早已脱离了经验主义医学，进入了实验医学科学的阶段，但是对于某些新型的病症，经验主义仍然是科学处于阴云密布时期的向导"[2]。而且由于患者个体的差异和医学本身存在的高风险性，每个病例都有其独特性，应当予以具体分析和专门研究。

6. 同行复核法。任何一个专业问题，都必须具有一定的科学基础，并被相关领域的专家广泛认同，尤其是诉讼中的专业技术性问题，由于其不以探索发现和科技创新为己任，更需强调其在相关学科领域内的认同度。但是，科学的复杂性和可能的误差以及科学方法的多样性，使得诉讼中经常遇到某个在相关专业领域内迄今也尚未形成统一认识的专业问题，这时必须将其交由该领域同行对其可靠性和普遍信任度做出复核和检验认定，以过滤其中可能存在的投机取巧或在研究方案或数据分析中存在的严重缺陷。这种做法或许有悖于科学所鼓励的创新性精神，但却符合司法保障社会公平、正义的基本价值追求。此外，如果某一事实来自某一领域专业人士长期工作的观察和体验，而案件争议涉及该项事实是否存在以及呈何种样态存在发生争议时，也需要该领域内具有一定资质的专业人士加以复核与确认。

---

〔1〕 由英国科学家贝叶斯（Thomas Bayes，1702–1763）创立并沿用至今的一种统计理论，其基本原理是指当分析样本大到接近总体数时，样本中事件发生的概率将接近于总体中事件发生的概率。假定 B1，B2，……是某个过程的若干可能的前提，则 P（Bi）是人们事先对各前提条件出现可能性大小的估计，称之为先验概率。如果这个过程得到了一个结果 A，那么贝叶斯公式提供了我们根据 A 的出现而对前提条件做出新评价的方法。P（Bi｜A）即是对以 A 为前提下 Bi 的出现概率的重新认识，称 P（Bi｜A）为后验概率。

〔2〕 ［法］克洛德·贝尔纳：《实验医学研究导论》，夏康农、管光东译，商务印书馆1991年版，第226页。

当然，专家向法庭提供专业证明的方法远不止于上述几种，它是一个开放的、多元的体系，且随着科技的进步，各种专业证明手段与方法还会陆续涌现和不断更新。与之相应的，案件中所涉及的专业技术性问题的性质和类别不同，诉讼中所选择适用的证明方法也有所区别，这不仅是诉讼查明案件事实的必要，也是相关学科领域对于专业技术性问题调查和认识的规律所决定的。诉讼在查明专业技术性问题的过程中，应当顺应相关学科领域的特点与规律，灵活运用与待证的专业技术性问题相适应的各种证明手段与方法，以保证专业技术性问题的准确查明。

四、专业技术性问题的诉讼证明方法

工业化问题引起的诉讼中涉及的专业技术性问题不仅专业领域分布广泛，而且具体情形复杂、类型多样，固守任何一种单一形式的证明方法，均无法涵盖和满足各种专业技术性问题证明的需要。因此，包括我国在内的世界各国仍在不断探索适合不同专业技术性问题的诉讼证明的形式与方法，专业技术性问题的诉讼证明问题似乎一直是一个世界性问题。

在普通法诉讼程序中，如果诉讼中需要专家就某门技艺或者科学提供帮助，这类帮助由专家证人提供；这些专家证人由当事人召集，并且像其他证人一样接受询问和交叉询问。[1] 然而，随着专家证人由当事人各自提出而缺乏必要的客观中立性以及诉讼拖延、费用高昂等弊端的显现，美国开始尝试改进专家证人制度，试用法官传唤专家证人、法官召集专家会议以及在医疗纠纷案件中建立专家组等方式。[2] 英国也在积极推进专家证人制度的改进，如单一共同专家制，各方当事人希望就某一特定问题提交专家证据时，法院可指定只由一名专家证人就有关问题提交专家证据；在案件中如果当事人被允许使用各自的专家证人，法院在诉讼的任何阶段都可以指令双方专家进行"无偏见"的讨论，旨在要求专家证人确认诉讼中的问题，并且可能的话，就有关问题达成一致。[3] 日本对诉讼中的专业技术性问题采用鉴定和鉴定证人的方式进行。"鉴定是指由有鉴定学识经验的人就经验法则本身进行报告或者就经验法则适用于法院所指示的具体资料而作出的判断进行报告；陈述其根据特别的学识、经验而得知的事实的人称之为鉴定证人。"[4] 法国自 1973 年以来，对专业技术性问题的调查和证明，在鉴定程序之外增加了另外两个程序——验证和咨询，对于某些最简单的问题，法官有可能不仅满足于通过某一非专业人员进行简单的"确认"，例如由法院执达员进行的简单确认，尽管这些执达员也有其专业资格，但执达员的确认不属于专家验证。法国 1945 年民事诉讼法规定，法院执达员可以受法官的委派或者受某一个人的委派，进行"纯事实的确认"，并且不得对可能由此引起的法律与事实上的后果提出任何见解与看法。但是，这一规定被 1971 年 9 月 9 日的法令取消，1973 年法国新的民

---

〔1〕 参见〔英〕J. A. 乔罗威茨：《民事诉讼程序研究》，吴泽勇译，中国政法大学出版社 2008 年版，第 173 页。
〔2〕 参见〔美〕约翰·W. 斯特龙：《麦考密克论证据》，汤维建等译，中国政法大学出版社 2004 年版，第 41 页。
〔3〕 参见齐树洁：《英国民事司法改革》，北京大学出版社 2004 年版，第 294 页，第 300 页。
〔4〕 〔日〕中村英郎：《新民事诉讼法讲义》，陈刚、林剑锋、郭美松译，法律出版社 2001 年版，第 21 页。

事诉讼法中也再没有这方面的规定。而是由技术人员在其技术知识范围内进行"技术性验证";法官也可就某一并不要求专家进行复杂调研的纯技术性问题,向专家进行咨询,听取其意见;而对于通过技术性验证和咨询都不足以充分查明问题真相的情况下,法官可命令启动鉴定程序。[1] 在德国,法官可以任何适合的方式获得有关经验法则的知识(自有证据),特别是借助鉴定人的帮助,但也可以通过自己的行动,例如通过阅读专业书籍进行。[2]

我国法律对于专业技术性问题的调查和证明的手段主要包括两种情形:一是委托有关机构和人员进行鉴定,并提交鉴定意见;二是由具有专门知识的人员对案件中的专业技术性问题进行说明和对质。如我国《刑事诉讼法》第 146 条规定:"为了查明案情,需要解决案件中某些专门性问题的时候,应当指派、聘请有专门知识的人进行鉴定。"我国《民事诉讼法》第 76 条规定:"当事人可以就查明事实的专门性问题向人民法院申请鉴定。当事人申请鉴定的,由双方当事人协商确定具备资格的鉴定人;协商不成的,由人民法院指定。当事人未申请鉴定,人民法院对专门性问题认为需要鉴定的,应当委托具备资格的鉴定人进行鉴定。"《民诉适用解释》第 121 条规定:"当事人申请鉴定,可以在举证期限届满前提出。申请鉴定的事项与待证事实无关联,或者对证明待证事实无意义的,人民法院不予准许。人民法院准许当事人鉴定申请的,应当组织双方当事人协商确定具备相应资格的鉴定人。当事人协商不成的,由人民法院指定。符合依职权调查收集证据条件的,人民法院应当依职权委托鉴定,在询问当事人的意见后,指定具备相应资格的鉴定人。"第 122 条规定"当事人可以依照民事诉讼法第 79 条的规定,在举证期限届满前申请 1 至 2 名具有专门知识的人出庭,代表当事人对鉴定意见进行质证,或者对案件事实所涉及的专业问题提出意见。具有专门知识的人在法庭上就专业问题提出的意见,视为当事人的陈述。人民法院准许当事人申请的,相关费用由提出申请的当事人负担。"《最高人民法院关于行政诉讼证据若干问题的规定》第 48 条第 1 款规定:"对被诉具体行政行为涉及的专业性问题,当事人可以向法庭申请由专业人员出庭进行说明,法庭也可以通知专业人员出庭说明。必要时,法庭可以组织专业人员进行对质。"

综观各国的立法与司法,由于法律体制的不同,在探究专业技术性问题证明方法的多样性方面也有所不同。普通法系国家主要是在法庭的审理过程中通过传唤专家证人的方式探究专业技术性问题的诉讼证明形式;大陆法系国家则基于成文法的习惯,多通过立法规范的方式革新专业技术性问题的诉讼证明形式。

完善司法鉴定制度,规范司法鉴定活动,无疑可以有效提升司法鉴定结果的公信力,有助于法院对涉及专业技术性问题的案件的正确审判,但这仍不能改变我国现有制度关于专业技术性问题诉讼证明方式规定的局限性。单一的司法鉴定的形式不能涵

[1] 参见[法]让·文森、塞尔日·金沙尔:《法国民事诉讼法要义(下)》,罗结珍译,中国法制出版社 2005 年版,第 988 页。
[2] 参见[德]奥特马·尧厄尼希:《民事诉讼法》,周翠译,法律出版社 2003 年版,第 265 页。

盖其他无须鉴定的专业技术性问题证明的需要，引入专家辅助人虽然扩展了专业技术性问题的证明方式，但由于缺乏必要的规范与约束，也易陷入英美法国家的专家证人制度的困境。单一由当事人各自提出专家辅助人的方式，削弱了民事诉讼中专家辅助人的外观中立性，影响法官对专业技术性问题的准确判断。而且，专家辅助人制度存在"嫌贫爱富"的天然缺陷，专家辅助人的水平与影响力与当事人的财力支持能力直接相关。因此，建立多元的专业技术性问题的诉讼证明制度，是完善我国诉讼证据制度的一个重要课题。

第三节　工业证据中若干问题

一、工业诉讼中科学证据的认定标准

工业诉讼中涉及大量科学技术的问题，使得立足于经验常识的传统的证明制度与司法审判制度面临严峻的挑战。如何应对涉及各种科学问题的纠纷，如何处理含有各种专业技术问题的争议，已成为一个世界性的司法难题，始终困扰着法学家和法律工作者，也一直是社会关注的热点问题。

在这方面，美国的经验值得借鉴。1923 年，在 *Frye v. United States* 一案中，最初确立了某种科学理论或技术必须证明在其所属的特定领域中已经获得普遍接受法庭才予认定的原则；但是考虑该原则可能造成将可采性问题的决定权交给相关的科学界的担心，1993 年，在 *Daubert v. Merrell Dow Pharmaceuticals，Inc.* 一案中，确立了法官要对所提供的科学证据的可靠性进行审查的原则。[1] 具体标准包括：①形成专家证言所依靠的科学理论与科学方法是否建立在可检验的假设之上；②形成专家证言所使用的科学理论与科学方法是否与现有的专业出版物中记载的原理相同；③有关理论的已知的或者潜在的错误率以及该理论现存的研究标准；④指导相关理论的方法论及研究方法为相关科学团体所接受的程度。[2] 目前该两个规则都还在美国各州法院适用。此外，也有科学家列出了他们自己的要素清单。例如：独立可检验性（能独立检验因之而引起该检验的某些案例），统一性（把一小族问题解决战略用于内容广泛的案例的结果），多产性（当某个理论开辟了新的效果良好的领域），以及精确性（即数据的精确和准确），系统的重要性（对科学来讲），对主题的内在兴趣等。[3]

从美国的情况观察，试图穷尽一个对专门性问题诉讼证明的可依据的要素清单似乎是一件不现实的事情，但其中有些原则却是共同的，例如在美国，虽然 *Daubert* 案件后用"科学认知"替代了 *Frye* 案件提出的"普遍接受"规则，但 Frye 规则在许多州法

---

〔1〕　参见［美］Edward J. Imwinkelried："从过去 30 年美国使用专家证言的法律经历中应吸取的教训"，王进喜、甄秦峰译，载《证据科学》2007 年第 1 期。
〔2〕　参见徐继军：《专家证人研究》，中国人民大学出版社 2004 年版，第 54 页。
〔3〕　参见［美］肯尼斯·R. 福斯特、彼得·W. 休伯：《对科学证据的认定——科学知识与联邦法院》，王增森译，法律出版社 2001 年版，第 270 页。

院仍在适用，人们也并不担心对于一份证言，法官认真应用 Frye 规则时将它驳回，而认真应用 Daubert 规则时却将它接受。[1]

由于诉讼中的专门性问题实际上已经演变成为一个法律性质的问题，成为诉讼中的一个事实问题，因此，必须按照法律对于诉讼事实的调查和证明规则加以进行，而不能以某种科学领域的自有方法进行。笔者认为，法庭在采信鉴定意见及其他专家意见的过程中，应当遵循以下基本规则。

1. 鉴定的主体适格。一个专业精进、品德高尚的专家，不仅具有保证鉴定正确性的水平，也具有抵御各种外来干扰的道德自律能力；相反，一个唯名利是图、职业操守不端的专家，难以获得社会的信任，其所作的鉴定意见也必然会遭到质疑。因此，首先应被规范的是鉴定的主体资格：①鉴定机构是经国家核准许可从事鉴定工作的组织；②鉴定人具有依法实施鉴定的专业资格与能力；③鉴定机构和鉴定人具有从事委托鉴定事项的能力和条件；[2] ④鉴定人职业操守与品行没有重大瑕疵。

2. 鉴定活动及鉴定意见的理论依据成熟。鉴定所依据的科学理论应当是学科领域内相对成熟的研究结果，学科领域内的成员对其能够普遍接受与认同。虽然在任何一个学科领域内，无法保证其全体成员对每一种理论都能达成共识，但是一个为较多成员所接受的理论必然经过了更多人的验证，经受了更复杂和更长时间的检验，其可能的虚假与欺诈能够得到更有效的排除，其稳定性与可靠性更为显著。事实上，每一项科学理论的权威性就是建立在更多人认可的基础上的。

3. 鉴定的方法得当。鉴定手段与方法对于鉴定意见有时有着重要的意义和作用。同一鉴定事项或许可以采用不同的鉴定手段与方法完成，但不同的鉴定手段和鉴定方法所得出的鉴定意见或许也有一定差异。因此，鉴定意见应当报告其所选择使用的鉴定手段与方法，并证明其合理性。

4. 鉴定使用的设备与仪器的性能可靠，能够满足鉴定的需要。仪器设备的完好是完成相关鉴定的必要条件，因此，鉴定意见应当报告鉴定所使用的仪器设备的完好状况，以备法庭审查之需。此外，现代社会由于科技的高度发达，技术设备的发展更新很快，相对来讲，新仪器设备较之以往的仪器设备其精确度更高，得出的结论的准确率也相应更高。因此，鉴定人如果在鉴定中仍然选用原有设备而不是新设备时，应当说明理由。

5. 鉴定的结论规范。首先，鉴定意见应当按照《司法鉴定程序通则》要求的形式和内容撰写提交。其次，鉴定意见作为一种科学性意见，应当符合科学的规范和要求。一个科学的结论应当是一个客观的存在，其他同行采用与他相同的方法也应当能够得

---

[1] 参见［美］肯尼斯·R. 福斯特，彼得·W. 休伯：《对科学证据的认定——科学知识与联邦法院》，王增森译，法律出版社 2001 年版，第 268 页。

[2] 例如，2007 年 7 月陕西省林业厅组织专家对镇坪野生华南虎生存状况所做的鉴定中，参加学术论证的专家中，有的多年从事金丝猴研究，有的是从事鼠类研究的，有的是研究鱼类的，有的是做藏羚羊研究的，他们从来没有研究过华南虎，甚至一生都没有见过野生华南虎。这样的专家显然就不具备资质条件，其所做结论自然也就难以服人。参见"虎照疑云"，中央电视台新闻调查 2007 年 12 月 8 日。

到同样的结果，而法官实际上正是通过借助其他同行的相同研究结果对鉴定意见做出判断的。"最好的证据常常是：可由其他人进行检验，在经过控制的条件下获得，并且可以精确地表达。"[1] 此外，鉴定意见还不应是超科学的结论。虽然法庭希望能够得到鉴定人最肯定的回答，例如某种药物（有）没有任何风险，或者低于国家标准的电磁辐射对人体健康（有）没有任何影响，但作为一个诚实和负责任的专家，却无法回应这样的要求。

二、工业诉讼中虚假科技证据问题

在科学的领域内，科学和伪科学的斗争一直在持续，许多虚假和似是而非的所谓科学一直在困扰着现代科学。不仅如此，事实上许多所谓的科学，并没有得到科学界的完全认可。例如，"在美国，对精神病学和心理学的证言的可靠性问题的怀疑一直存在"[2]。"除了由神经病科医师开出的神经性疾病的诊断外，任何精神病诊断都不是或不可能是根据病状做出的，而是根据非医学方面的因素，也就是经济、个人、法律、政治或社会方面的因素和动机做出的。"[3] 又如人们谈虎色变的电磁辐射问题，"目前既没有建立在生物学意义上可行的 EMF（电磁场）诱发癌症的机理，也不能用流行病学研究为测量的磁场强度和疾病之间的关联提供一致的证据，所以宣称因果关系的案例所得到的支持异常微弱。在实施并能够重复一系列研究之前，法庭和陪审团只能猜测因果关系。从最新的研究成果来看，许多科学家相信，为驱散某些记者煽动起来的EMF（电磁场）恐惧症已经做了足够的工作，那些记者感兴趣的是一个好故事而不是好科学"[4]。

在专门性问题领域，即使不考虑仪器、设备、材料等硬件的差异，同一领域的专家对同一专门性问题也可能做出不尽相同甚或完全相反的结论。正如有学者所言，"一位相当受人尊敬的经济学家也许是一只反垄断之'鹰（hawk）'，而另一位同样声誉显赫的经济学家则可能是一只反垄断之'鸽（dove）'。每位经济学家都可能有这一长串著名的学术出版物，完全与系统地支持原告（或支持被告）的证言保持一致。一位法官或者一个陪审团要因此从他们之间做出抉择，几乎没有理由，尤其是既然每一位专家证人都能够从其前提出发以无懈可击的逻辑进行推理——这些前提对非专业的听众来说，似乎同样有理有据。而且在这一领域，可能并不存在拥有相关专业知识的中立者，因此在这种情形下，一名法院指定的专家将不可避免地成为一方当事人的支持

---

〔1〕 ［美］M. 尼尔·布朗、斯图尔特·M. 基利：《走出思维的误区》，张晓辉、王全杰译，中央编译出版社1994年版，第91页。

〔2〕 ［美］Edward J. Imwinkelried："从过去30年美国使用专家证言的法律经历中应吸取的教训"，王进喜、甄秦峰译，载《证据科学》2007年第1期。

〔3〕 ［美］肯尼斯·R. 福斯特、彼得·W. 休伯：《对科学证据的认定——科学知识与联邦法院》，王增森译，法律出版社2001年版，第236页。

〔4〕 ［美］汉斯·采泽尔、戴维·凯：《用数字证明——法律和诉讼中的实证方法》，黄向阳译，中国人民大学出版社2008年版，第77页。

者"[1]。

但问题的复杂性不止如此，科学所要求的创新性精神，使得某些或许真正有价值的科学研究成果，可能暂时得不到科学界的认可。法庭不是科学的竞技场，法院也不是科学的裁判官，但是法学专业必须直面这些问题，并尽可能地减少伪科学的误导。事实上，在鉴定意见与专家证言的可靠性问题的判断上，无论设计出多么具体与科学的采信标准，最终还是要依赖科学界自身的力量加以实现，无论是美国的"普遍接受"规则还是"科学认知"规则，其实都仰仗于科学界自身对案件争议所涉及的专门性问题的认识。难以想象一个道德沦丧的科学界能够在诉讼中转而从良。法庭所能做的就是搭建一个利于科学充分争论的舞台，提供一套保证科学公平争论的规则。

三、工业公害诉讼中的证据问题

工业化是各种环境和资源公害发生的主要原因，解决这一问题，法庭是一个表达公民关心维护环境质量意愿的极为合适的场所，在很多情形下，诉讼是公民真正参与政府运作过程的唯一形式，[2] 而证据则是实现这一过程的关键。因此，公害诉讼的证据问题不仅是一个技术问题和科学问题繁多的难点、焦点，也是实现公众参与社会管理的重要手段。

工业公害是工业化发展过程中各国均面临过的一个普遍问题。但是，工业公害的取证问题却是一个非常棘手的问题。

1. 造成公害的工业企业往往是当地政府招商引资的结果，受害人如果起诉要求加害企业承担责任，必然引发政府的不满和干预，甚至还会发生相关的行政监管机关与公害企业合谋伪造证据，违法庇护公害企业的现象。

2. 造成公害的企业往往是吸纳当地民众就业的重要企业，受害人对加害企业的诉讼，会引起当地民众的反对。例如，在震惊世界的日本熊本县水俣市的氮肥股份公司排放甲基汞化合物造成的水俣病公害案件中，该公司的厂长同时也是水俣市的市长，当地总共5万人口中，在该公司从业的人员达1万人，如再加上当地商店及饮食店等与工厂相关的人员，该市与氮肥公司相关的从业人员占到了全市人口的一半。甚至"没有氮肥公司就没有水俣"的观念深深植根于当地民众的心中。因此，当受害者对氮肥公司提起损害赔偿诉讼的时候，该企业工会方面的答复是，如果工厂的职工就工厂内部的情况提供证言，就会被解雇，因此，企业职工不能作证。而市民会议方面的答复则是，周围居民如果做出对氮肥公司不利的证言，在这里就再也住不下去，所以，居民也不能作证。[3]

---

[1] ［美］理查德·A. 波斯纳：《证据法的经济分析》，徐昕、徐昀译，中国法制出版社2001年版，第160页。

[2] 参见［美］约瑟夫·L. 萨克斯：《保卫环境——公民诉讼策略》，王小钢译，中国政法大学出版社2011年版，第49页。

[3] 参见日本律师协会主编：《日本环境诉讼典型案例与评析》，皇甫景山译，中国政法大学出版社2011年版，第67、73页。

第十一章
工业产权法

第一节　工业产权法的历史演进

　　人类发展的历史是一部以现有知识为基础，发挥想象、创新和创造以解决各种问题的历史。[1] 技术与文明作为整体，是人类有意识或无意识选择、智能活动与奋斗的产物。在过去的两个世纪里，正是由于全世界发明人的想象促使人类逐步推进到当今的技术发展水平。想象与创造推动了艺术和科学的创造，其中机器的发明和使用，使得人类文明的物质基础和文化形式发生了翻天覆地的变化，技术逐渐在现代文明中扮演了其决定性作用的角色。

　　创新与创造不是自然而然的，技术革新要引发社会基础与文化格局的演进还需要一系列的社会制度的辅助与支撑。从人类早期历史来看，虽然在技术方面也曾达到非常高的程度，例如在许多文明早期已经拥有时钟表、印刷机、磨坊、指南针、纺织机、火药、纸张等关键技术与技术成果；中国人、阿拉伯人和希腊人早在欧洲人之前，就在许多领域中率先使用机器。然而，这些民族与文明都没有像欧洲人一样，利用机器和技术的发明，使整个社会的生产、生活模式与机器的步调和能力相适应。欧洲社会，尤其是西欧社会，是如何做到这一点的呢？[2] 显然，西方社会的工业革命，也即从 18 世纪开始的一系列工业上的变化，以及在此基础上出现的知识产权制度，使得人类文明演进的历史发生转折。

　　从字面上理解，"知识产权"是"对知识的产权"，其中的"产权"指的是法律意义上的财产权。在西方，财产的观念相当明确，是人类文明史上最为古老的制度。现代意义上，波斯纳等学者指出，法律上构成财产必须符合三方面条件：一是因稀缺而具有价值；二是能够归属于某一特定主体，并且该主体能排除他人的干涉；三是可以让渡给他人。对知识赋予财产权，意味着在法律上构筑保护技术开发或创造、经营等正常进行的权利制度，使之得与技术开发—产业—消费者组成的市场结构相对应的权

---

〔1〕 ［苏丹］卡米尔·伊德里斯：《知识产权：推动经济增长的有力工具》，曾燕妮译，知识产权出版社 2007 年版，第 1 页。
〔2〕 ［美］刘易斯·芒福德：《技术与文明》，陈允明、王克仁、李华山译，中国建筑工业出版社 2009 年版，第 7 ~ 8 页。

利制度。[1] 这类权利伴随着以竞争为前提条件的近代社会的形成而产生和发展起来，也即在随着技术的发展，机器的发明和使用，改变了社会生产模式与生产速度，变更了社会基础条件，需要一定的商业与工业自由改变要素和产品市场，相应的商业权利和工业权利也就随之产生了。

所谓工业权利，也就是工业产权（Industrial Property），最初指的是专利和商标，但随着时代的变迁，技术及其形式趋于多样化，促使工业产权的保护对象日益增多，内涵也日渐丰富。但从历史源头看，工业产权源起于特许垄断权。对技术授予专利最早出现在 14 世纪的威尼斯。在 14 世纪早期，威尼斯给法国人安东尼奥斯·马里尼（Antonius Marini）的石磨设计授予了专利；在 1421 年的佛罗伦萨，建筑设计师 Brunelleschi 在石料运输船上配备起重机因而获得了历史上第一个有书面记载的专利。"专利"一词也出现于当时，原为拉丁文"patere"（开），意指君主授予的有关特权的公开文件。[2] 到威尼斯元老院 1474 年法案，第一次对专利制度进行了系统规定，首次规定了限制公众利益的个人独占权：

本元老院特规定，任何在本城市作出了新颖而精巧的机械装置者，而且在本城邦内前所未有，一旦其发明经改进以臻完善，则应向市政厅报告，以便使该项发明得以利用及运作。以后十年内，我辖区内的其他任何人，未经发明者许可或授权都不得制作任何与其发明相同或相类似的事物。如果有人以违法的方式制作读物，上述作者或发明人有权向本城长官控告此人，而长官应令侵权人付发明人 100 金币，且立即销毁伪造品。[3]

自此，在法律制度上开始承认技术和机器的发明和创造，并授予一定特许权，保障个人的发明和创造投入。随着技术发明和运用的逐渐广泛，意大利的手工业者带着他们的机器横跨欧洲的同时，也带去了对发明进行保护的理念。到 16 世纪中叶，有关专利权的观念就传入到英国，英国都铎王朝建立的专利制度，以此吸引外国能工巧匠，从而将欧洲大陆的技术传到英国。在这个意义上，英美专利制度曾一度是重商主义政策下的一项具体措施，以专有特权的授予为诱饵，吸引技术移民。1623 年颁布的《垄断法规》就是第一部对发明授予一定期限垄断权的成文法，禁止王室滥用权利授予垄断权，而允许颁发"专利特许证"，对"新产品的制造或生产方法"授予专利。[4]

到 18 世纪，欧洲社会进入一个贸易和工业的黄金时期，18 世纪 60 年代经由瓦特改良蒸汽机以来，由英国为中心扩展至欧洲大陆开启了第一次工业革命，涵盖纺织、

[1]　[日]富田彻男：《市场竞争中的知识产权》，廖正衡等译，商务印书馆 2000 年版，第 1 页。
[2]　[美]Robert P. Merges 等：《新技术时代的知识产权法》，齐筑等译，中国政法大学出版社 2003 年版，第 101 页。
[3]　参见 Mandich, Venetian Patents（1450－1550），30J. Pat. & Trademk. Off. Society 166, 177（1048），转引自[美]Robert P. Merges 等：《新技术时代的知识产权法》，齐筑等译，中国政法大学出版社 2003 年版，第 101 页。
[4]　[美]罗杰·谢科特、约翰·托马斯：《专利法原理》，余仲儒组织译，知识产权出版社 2016 年版，第 12 页。

冶金、机械制造、煤矿和交通运输等各个行业，整个工业进入了飞速发展的繁荣阶段，传统个体经验累积式"技艺"向近代普遍逻辑推演式"技术"转变，技术的产生和运用逐渐获得了内在的逻辑自洽性与和描述性，可脱离发明者个人实现规模化工业应用。[1] 技术的公开应用属性决定了法律制度层面授予其排他权利的必要，即国家代表社会公众通过社会契约的方式对技术创新和创造施以短时期保护以换取长远意义上的社会技术累积、共享和进步。

尽管对技术创新的排他性保护可溯及中世纪的威尼斯，但英国、法国等地区都将授予专利的排他权利称为特权或垄断权。法国专利法的起草人德布浮拉认为使用特权或垄断权这样的词，会遭到立法议会和反封建的法国人民的反对，因而提出"工业产权"这个概念取而代之。所以，直到 1791 年法国颁布该国的第一部专利法，"工业产权"一词才进入法律正式文本。

此后，在工业革命浪潮推动下，考虑到产业布局与发展，专利制度和在国际贸易初步兴起过程中产生的商标制度被合并在一起考察，逐渐形成与"文学产权"相并列的"工业产权"。工业产权涵盖了工业制造过程中所包含的生产工艺、技术，制造方法，工业品外观设计，厂商名称，工业品包装式样、设计等内容。随着英国、法国、德国、瑞士、荷兰、美国等国家在法律层面展开了关于专利、商标等工业产权制度的论战，在国际层面，经过 1873 年维也纳会议和 1878 年巴黎会议两次代表性会议，催生了对工业产权提供国际保护的压力，为制定国际统一的工业产权保护规则奠定基础。

1873 年的维也纳会议设定了建立通行的专利法体系的目标，确定了若干专利法最低要求的共同规则模式，为达成专利国际保护的基本原则作出了最初的努力。到 1878 年巴黎世博会召开时，保护工业产权的第二次国际会议于当年 9 月 5 - 17 日在巴黎顺利召开，会议分为专利、外观设计和工业新型、商标和商业名称三个小组，参会国代表共同商讨并提出了工业产权保护最低要求的建议。[2] 之后，部分成员国代表逐步提出保护工业产权的条约草案，并经过数次讨论与协商，在 1880 年的巴黎会议上形成了富有弹性的工业产权保护条约草案——《保护工业产权巴黎公约》（以下简称《巴黎公约》），并于 1884 年生效。

《巴黎公约》是世界范围内的第一部工业产权国际保护公约，其签署和生效是反映了世界经济发展和知识产权制度构建的新高度和新阶段，打破了传统上保护创新的狭隘的民族主义，消除专利保护和自由贸易间的矛盾。同时，《巴黎公约》也对工业产权进行了广泛定义，根据公约的规定，工业产权的保护对象包括了专利、实用新型、工业外观设计、商标、服务商标、商号、货源标记或原产地名称以及制止不正当竞争。理论上，工业产权的内容可以分为三类：①与产业利用相关的创造性成果权，如专利权、外观设计权；②工商业识别性标记权，如商标权、服务商标权、商号权、原产地名称权；以及③制止不正当竞争的利益，如禁止他人仿冒、限制竞争、商业贿赂、侵

---

〔1〕 李宗辉：《历史视野下的知识产权制度》，知识产权出版社 2015 年版，第 3 页、第 18 页。
〔2〕 李宗辉：《历史视野下的知识产权制度》，知识产权出版社 2015 年版，第 206 页。

犯商业秘密等。

其后的《专利合作条约》（1970），《建立世界知识产权组织公约》（1967），《商标注册条约》（1973），《与贸易有关的知识产权协定》（1994）等国际公约都在《巴黎公约》的基础上对发明，工业品外观设计，集成电路布图设计、商标、服务标记以及商业名称和标志、未公开信息与禁止不正当竞争等提供综合性的保护。

在第一次、第二次工业革命大背景下，工业产权伴随着工商业活动的兴盛而出现，聚焦产业实践中的创新问题，并且这一原则和精神一直延续下来，形成了目前主流的工业产权法体系，囊括了专利法、商标法、反不正当竞争法等诸法律，对工商业中的知识创新与创造，有用知识的运用和保护作出了全面的规定。

我国在知识产权法律制度构建的过程中，适应工业产业的实际诉求和国际通行工业产权立法实践，目前也制定了包括《中华人民共和国专利法》（以下简称《专利法》）、《中华人民共和国商标法》（以下简称《商标法》）、《中华人民共和国著作权法》（以下简称《著作权法》）、《中华人民共和国反不正当竞争法》（以下简称《反不正当竞争法》）、《集成电路布图设计保护条例》等系列法律法规，力求保护我国工业产权。同时，为了更好应对再工业化进程中的工业产权保护，我国实施《中国制造2025》的制造强国战略，大力推行工业产业发展，打造具有国际竞争力的制造业，以提升我国综合国力、保障国家安全、建设世界强国。

第二节　工业化与企业创新

一、新型工业化的时代变革

在工业革命的推动下，技术创新，产业升级，工业时代已经历了三个以一百年为跨度的历史时期，并被后人总结为我们今天熟知的"工业1.0""工业2.0"和"工业3.0"时代。到21世纪的今天，我们已经迎来或者说正在进入工业4.0的时代（也称为"第四次工业革命"）。和数百年前的1.0时代相比，一场更深刻的，更具有颠覆性的技术变革正在发生，信息环境、技术条件、产业格局、社会经济发展水平都在改变，每个人都身处其中无法脱离：人们的思想、交流和表达方式、生活方式；产业中的生产结构、创新生态、产业链条；甚至社会秩序、经济形态等，方方面面都受到了技术变革的影响。在这个剧变过程中，旧有秩序被颠覆，新的秩序需要建立，对于个人，对于产业中的竞争者，还是社会整体，都需要回顾历史，冷静理清当前情势，才能顺应技术前进的浪潮，寻得应对之策。

第一次工业革命后，技术创新经历了一个发展的顶峰后迅速下滑，在自由放任市场环境下，产业革命激发了创新率的提升，却难以维持它的上扬势头，需要较充分界定的产权以改善创新所必需的要素和产品市场，为新知识的供给曲线增加弹性。由此形成的工业产权制度，根深蒂固的逻辑来源于有形物的财产理论，根据实实在在的工业产品进行制度设计。

当前，大数据、云计算、互联网＋、物联网等技术兴起，源起于就工业革命时代的工业产权制度与技术的紧张关系更为明显。产业的持续创新路径生产结构、生产模式、商业模式与产业经济增长都随之发生改变。

在创新模式上，旧工业时代，推动知识生产的主要要素是资本与实物资产。工厂兴起，厂商出现，将原料、机器设备等生产资料与劳动工人聚集在同一屋檐下，企业家在汇集资本与实物资产的条件下，大幅度提升了工业品的生产能力和速度的同时，实现了知识创新。大量信息、经验和技能在生产车间、工作场域内沉淀和催化。统筹大量资金与实物资本的企业成为知识创新的主体。19 世纪以来，在有形资产推动创新的逻辑下，企业内部研发投入（R&D）持续增长，不仅构成各国总研发主力，也成为各国进行创新能力评估的一项重要指标。

在新型工业化背景下，制造业与互联网等信息技术结合，工业化与信息化深度融合，知识生产方式也悄然发生变革。从互联网到物联网，"超连接"时代中，借助于各类移动电子设备，个人就能成为"知识工厂"，完成知识创新。创客运动、分布式协同生产等新的知识生产方式，打破了旧工业时代的厂商模式。引发创新的主要要素变成了人力资源的整合与信息、数据等无形资产的再组织。[1] 组织体在工业化与信息化深度融合的背景下，需要以新的方式组织这些无形资产，才能应对新型工业化时代对创新能力的要求。

在产业形态上，工业产品的生产模式也发生变化。过去，借助于纵向一体化的组织优势实现生产的规模效应，能有效降低生产成本。通过齐一化的生产标准、生产流程、经营和服务水平，科层组织能有效统筹各类有形资产，实现高效率与可计算的生产模式，[2] 提高生产的边际收益。可口可乐、麦当劳、沃尔玛、宜家家居等知名企业组织，都藉此获得巨大成功。

随着产业革命的不断升级，资源、信息、物品以及个人均进行互联，工业产品的生产出现差别化、异质化的要求，定制化、个性化的产品与服务更具吸引力与潜在市场，定制、3D 打印、个性化量产等以信息引导制造的新的生产模式普及。零库存、外包、分包、协同生产在新型工业化过程中蓬勃发展。同时，在产业互联网中，制造环节和生产要素被重新配置，从需求的获取，原材料的采购，到产出的销售均可在线完成。信息化带来的要素配置，未来制造业的生产范式也将转变为真实制造与数字化"虚拟呈现"相融合。[3]

在商业模式上，越来越多的经营与消费从实物消费转向信息消费，从线下营销变为线上营销。新型工业化进程中，互联网基础从信息技术，到通信技术，再向数据技

---

〔1〕 ［英］迈克尔·吉本斯等：《知识生产的新模式——当代社会科学与研究的动力学》，陈洪捷等译，北京大学出版社 2011 年版，第 56 页。

〔2〕 ［美］乔治·瑞泽尔：《汉堡统治世界?! 社会的麦当劳化》，姚伟等译，中国人民大学出版社 2013 年版，第84 ~ 131 页。

〔3〕 周向前："虚拟工场'现实制造'与'虚拟呈现'的融合"，载《ICT 新视界》，https：//e. huawei. com/cn/publications/cn/ict_ insights/201502131031/focus/201502151408，最后访问时间：2019 年 10 月 20 日。

术演进，工业制造的商业化路径更显多元化：不再是提供单纯的标准化工业产品；而是在工业制造的生产链与价值链全过程的连接互通，提供综合企业组织的内部结构、合作伙伴网络以及关系资本的产品与服务。加深纵向与横向价值链的拓展与延伸，搭建融合物联网、数据联网、服务联网以及人员联网的工业互联网，[1] 将更有助于企业在新环境下应对各种不确定性。

二、工业企业创新能力的内部提升

面对不断变化的社会条件，持续出现的新问题、新机遇、新挑战，工业企业的知识创新范式也需进行适应性调整和优化。依赖于企业家与企业组织的资本优势、规模优势无法持续性维系企业的创新能力。正如熊彼特所言，创新已不仅是发明本身，还囊括了技术的市场化和组织创新。在新阶段，工业企业要提升创新能力，除了持续性从事研发活动，还需要进行多方面的综合革新。

（一）促进创新商业化

就技术商业化而言，创新扩散是漫长而复杂的过程，从最初的概念化到技术上可行性的确定，实现创新的商业化，需要时间的推演。在旧工业时代，瓦特蒸汽机发明于18世纪，在19世纪初就被用到水利运输上，但直到19世纪末蒸汽船才开始替代帆船，成为水利运输的动力装置。一个变革性的技术创新几乎需要一百年的时间才能取代其前身。[2] 产业革命的推动，加速技术创新的商业化进程，可对于现今发展蒸蒸日上的物联网，在其概念于1998年首次提出至今，也经过了20年的时间，才从不起眼的理论发展成为革命性的概念。[3]

过去，创新大多来自大企业的研究与产品研发部门，企业基于组织的规模效应也具备足够资金将创新商业化。新环境下，越来越多高科技创新来自中小型企业，市场地位较低，创新成果商业化很大程度依赖风险投资和大企业投资。[4] 创新主体的多样化，使创新能力不再是有形资产与无形资产的简单获取和汇集，更侧重于对信息、数据等无形资产的富有创造性的再处理、重组织、可拓展。表现在制造业发展中，中国作为世界最大的"制造工厂"，工业企业在长期生产过程中累积了大量可以变为创新知识的经验。这些有关生产和制造的有用知识，或用于革新旧有生产流程，或用于改变现有产品设计，或用于创造全新的产品与零部件，[5] 为中国工业企业的创新商业化提供了三条可行思路：

1. 对成熟产品的再设计。早年，基于中国制造的成本优势，大量西方优质工业品的生产被转移到我国。在生产制造进程中，我国企业不仅掌握了产品的生产流程，还能借助于反向工程，将产品生产所需的材料、零配件、产品功能进行符合中国市场需

〔1〕刘云浩：《从互联到新工业革命》，清华大学出版社2017年版，第55页。
〔2〕［美］诺斯：《经济史中的结构与变迁》，陈郁等译，上海人民出版社1994年版，第184页。
〔3〕刘云浩：《从互联到新工业革命》，清华大学出版社2017年版，第45页。
〔4〕［美］苏珊娜·伯杰：《重塑制造业》，廖丽华译，浙江教育出版社2018版，第136页。
〔5〕［美］苏珊娜·伯杰：《重塑制造业》，廖丽华译，浙江教育出版社2018版，第156页。

求的改造，生产设计被简化，融入中国生产的零部件，整体性降低产品的生产成本。

2. 对新设计的产品化或流程化。新产品的早期生产过程囊括了从实验室到模型，再到大规模商品化的复杂过程。[1] 当别国设计灵感进入中国，完全由我国企业的专业知识来完成产品化与商业化过程，这些外来的设计知识加上本国企业的生产制造知识，就可以结合起来用于新的商业项目。通过技术许可或技术转让，建立企业间的合作关系，合作双方能拓展专长与知识结构，结合本土市场进行产品与服务的差别化或去特性化改进，为后续新产品的研发与生产制造提供可借鉴思路与实施模式。

3. 对产品创新的本土化。技术创新，从概念的提出到市场化的实现，不仅要求企业有创新产品化的能力，还需要对产品的再设计和本地化。数十年的面向全球的制造与加工，使中国工业企业累积了丰富的生产制造的经验性知识与能力。在产品生产制造阶段，能根据我国存在的低成本市场、优异品质市场、"世界最好"的市场以及"刚刚好"的市场[2]进行价格维度的市场划分，将产品创新分别进行异质化或去特性化，为多样化的中国市场提供更丰富属性的产品与服务。

（二）企业组织结构革新

技术不仅推动知识生产模式的变革，也大幅度改变行业面貌以及企业组织形态。大量研究表明，组织结构的革新对企业创新能力有巨大推动作用。第一次和第二次科技革命是集中化的，企业内部管理的组织成本要比外部交易成本低，在企业内部建立严密的、封闭式的等级网络能激励创新并发挥创新带来的好处。[3] 第三次、第四次工业革命是开放的、分散式的，利用协同共享与横向合作，打破大公司的垄断。[4] 扁平化的，[5] 具有分布式、去中心化、协作以及可适应性[6]的组织结构形式将符合新环境的企业运作需求。企业倾向于精简组织体，利用外包、众包、众筹等新兴知识产品市场化方式，建立知识产品基础上的共享与合作，提高企业的创新速度与水平。

优化组织规模，降低内部管理成本，允许企业提高创新投入的比例。中小型企业，尤其是初创企业，尚未形成组织规模效应，无法获取锁定、网络效应、价格歧视等市场优势。建造围绕知识创造的"承上启下"式[7]组织结构，在组织内部实现"自上而下"的命令式管理和"自下而上"的自治性管理间的融合，疏通组织内信息、知识的纵向与横向流动和交汇。

〔1〕 [美]苏珊娜·伯杰：《重塑制造业》，廖丽华译，浙江教育出版社 2018 版，第 161 页。
〔2〕 [瑞士]乔治·豪尔、马克斯·冯·泽德沃茨：《从中国制造到中国创造：中国如何成为全球创新者》，许佳译，中信出版社 2017 年版，第 128 ~ 130 页。
〔3〕 [美]奥利弗·E. 威廉姆森：《资本主义经济制度：论企业签约与市场签约》，段毅才、王伟译，商务印书馆 2004 年版，第 293、294 页。
〔4〕 [美]杰里米·里夫金：《零边际成本社会：一个物联网、合作共赢的新经济时代》，赛迪研究院专家组译，中信出版社 2014 年版，第 22、23 页。
〔5〕 [美]埃里克·施密特等：《重新定义公司：谷歌是如何运营的》，靳婷婷译，中信出版社 2015 年版，第 20 页。
〔6〕 [美]凯文·凯利：《失控：全人类的最终命运和结局》，东西文库译，新星出版社 2011 年版，第 28 页。
〔7〕 [日]野中郁次郎、竹内弘高：《创造知识的企业：日美企业持续创新的动力》，李萌、高飞译，知识产权出版社 2006 年版，第 145 ~ 152 页。

更精简的组织结构，为企业提供更宽松的知识累积与发酵的空间。企业创新能力的提升，越来越依赖于存储于组织内部，由第一线员工在边干边学过程中习得的知识技能和中层管理人员在联结市场前景与现场反馈形成的局部经验，共同汇集成组织内部的特有"信息"。这些信息或是可组织化、显性化的形式知识，但更多的是难以标准化、格式化的缄默知识；以及一些是组织内的冗杂"噪声"。只有在个体有特殊生产制造经历时，这些信息才会促进员工缄默知识的转化，被重新塑造成有意义的信号，推进创新。

此外，企业组织革新还表现出一定柔性特征。企业组织的内部结构不是僵化的，而更富有灵活性。在柔性程度高的企业中，企业的生产次序可以打乱，企业组织设计转向以任务为中心的部门安排，而非固定功能的线性架构。[1] 在中等柔性程度的企业中，组织内的线性结构与灵活的团组结合，中层与高层管理人员定期在不同部门轮换，实现不同层级知识的融合，促进管理层人员信息结构的复合，以便更快速、更精准应对市场变动和基层信号的反馈。在蕴含一定柔性特征的组织结构中，流动的信息与知识，为缄默知识向形式知识转化提供足够的空间，在对缄默知识的充分调动和转化中，企业组织以不确定性本身更好地应对外部不确定性，提高知识创新所需的组织条件。

（三）企业与人力资本的关系革新

新经济环境下，企业维系和提高创新能力必备的核心资产已从有形资产转向无形资产和人力资产。[2] 然而，在组织结构逐渐精简化、扁平化过程中，企业与内部员工的关系也产生了一定变化。晚近二十年，企业的员工离职率、流失率大幅度提高，员工的跳槽、被挖角或是离职单干的情形时有发生。员工，尤其是掌握企业核心知识与信息的员工的离职，对企业是一笔重大损失，更有知识外泄导致竞争优势丧失的巨大风险。越来越多的研究认为，离职员工成为企业遭受信息侵害的最主要原因。[3]

人力资本流动性的持续提高，要求企业革新组织与人力资本的关系，严格的"命令与服从"式的雇佣关系要向"信任与忠诚"的联盟关系、伙伴关系演变。单纯限制员工流动，减少员工离职，已不足以应对工业产业新发展所产生的各种不确定性，并且也不利于企业的持续性创新。企业在对待人力资本时，以更开放的态度，运用人脉式关系技术，将非终身雇员转化为企业的长期人脉，是一种可弥补员工离职率攀升所带来的不利后果的缓和方式。

新型工业化道路要求信息化基础上的工业化，连接成了产业发展的新常态。建立企业与员工之间新的连接关系，可提高企业应对新环境、新挑战的可靠路径。具体而

〔1〕 ［美］理查德·桑内特：《新资本主义的文化》，李继宏译，上海译文出版社2010年版，第29页。

〔2〕 ［日］岩井克人：《未来的公司》，张永亮等译，东方出版社2018年版，第237~240页。

〔3〕 Brian Krebs, Data Theft Common By Departing Employees, *Washington Post*, February 26, 2009, available at: http://www.washingtonpost.com/wp-dyn/content/article/2009/02/26/AR2009022601821.html; McAfee, Unsecured Economies: Protecting Vital Information, 2009, available at: https://resources2.secureforms.mcafee.com/LP=2984; Kroll, 2015/2016 Global Fraud Report: Vulnerabilities on the Rise, available at: http://www.kroll.com/fraud-report-confirmation. 最近访问时间：2019年10月12日。

言，一方面，以产业视角对待雇主与雇员的联盟关系，以平等主体间的人际交往结构，建立"企业—人才"的合作伙伴关系。企业是产业市场中的创新竞争参与者，然而，缺乏足够人力资本的企业组织本身是无法完成创新活动的。员工是产业结构中的人力资本，在专业实践中掌握了有关生产、制造的暗默知识。他们在产业中流动，与不同企业组织展开知识迁移、共享、交叉、运用、开发等合作活动，组织企业内外的各种形态知识与信息，成为企业组织知识创造的基础。在这个意义上，企业与员工在新的工业化背景下，不是简单的等级关系，而具有一定双向选择的平等性。另一方面，企业以联盟关系对待雇员，能降低员工高流动性带来的困扰，人才的离开不等同于人才流失和知识外泄。联盟关系的构造力求打造企业长期人脉，形成企业与雇员间的互惠关系，促使企业完成更丰富的无形资产与人力资产的累积。创新不是一个孤立事件，而是一种生活方式，一个不断发现和想象的过程。[1] 当员工成为企业的人脉，赋予了企业利用"相邻可能"（adjacent possible）[2] 来拓展创新——企业能在创新"雨林"[3] 中实现组织、人员、创意、资金等诸要素的混合、碰撞，加速知识生产。

三、工业企业创新的外部驱动

工业化的发展，工业企业的创新，从来不是产业，甚至单一企业单独能够完成的。除了企业内部知识生产外，还需要必备的外部援助和支撑，既包括与社会、经济、技术发展相适应的工业产权法律制度、司法系统和宏观政策的环境支持，也囊括企业组织外研究机构、政府实验室、高校等创新组织体的知识支持。

在法律层面，为推进工业企业的持续创新与发展，我国于 2011 年启动第三次《著作权法》修订工作；2015 年启动第四次《专利法》修订工作；《商标法》经过第 4 次修订，于 2019 年 4 月 23 日颁布；《反不正当竞争法》经过第 2 次修订，于 2019 年 4 月 23 日颁布。此外，《中华人民共和国科学技术进步法》《中华人民共和国促进科技成果转化法》《中华人民共和国药品管理法》《中华人民共和国广告法》《中华人民共和国海关法》《植物新品种保护条例》《企业名称登记管理规定》《计算机软件保护条例》等大量法律、行政规章都经过修订，共同为促进工业企业创新营造日臻完善的法律保护机制，与促进创新商业化的良好营商环境。

在政策层面，自 2002 年 11 月中共十六大提出"新型工业化道路"这一概念以来，围绕"坚持以信息化带动工业化，以工业化促进信息化，从而达到科技含量高、经济效益好、资源消耗低、环境污染少、人力资源优势能充分发挥"的目标，我国先后出台了《国家中长期科学和技术发展规划纲要（2006－2020 年)》《国务院关于加快培育和发展战略性新兴产业的决定》（国发〔2010〕32 号）《中国制造 2025》（国发

---

〔1〕［美］乔希·林克纳：《破坏式创新：从 0 到 1vs 从 1 到 N》，松布尔译，电子工业出版社 2015 年版，第 4 页。
〔2〕［美］史蒂文·约翰逊：《伟大创意的诞生——创新自然史》，盛阳燕译，浙江人民出版社 2014 年版，第 28、38 页。
〔3〕［美］维克多·黄、格雷格·霍洛维茨：《硅谷生态圈：创新的雨林法则》，诸葛越等译，机械工业出版社 2015 年版，第 13 页。

〔2015〕28 号）《深化科技体制改革实施方案》《中共中央国务院关于深化体制机制改革加快实施创新驱动发展战略的若干意见》《中华人民共和国国民经济和社会发展第十三个五年规划纲要》《国家创新驱动发展战略纲要》《国务院关于深化制造业与互联网融合发展的指导意见》（国发〔2016〕28 号）《"十三五"国家战略性新兴产业发展规划》（国发〔2016〕67 号）等大量关于推进工业化与制造业创新发展的政策，在政策上对工业化发展与工业企业创新营造良好环境。

第三节　发明创造的工业产权保护

一、概述

工业化的推进，离不开切切实实的创造性成果、科技性成果的运用和保护。在工业产权范畴下，创造性成果囊括极广，包含专利、集成电路布图设计、植物新品种、技术秘密等。这些不同领域、不同层面的智力创造，都需要工业产权法予以保护。本节以发明创造为代表，着重讨论技术创新的工业产权保护机制。

（一）专利与专利法概述

1. 专利的概念。"专利"这一术语的英文对应单词为 patent，来源于拉丁文 patens，意指"可以打开的文件"[1]。在汉语中，这一词语最早出现在《国语》，后世在《资政新编》中也曾使用："尚有能造火轮事，一日夜能行七八千里者，准自专其利，限准他人仿做。"[2] 但与西方国家的 patent 内涵并不一致，未能全面涵盖英文 patent 所指向的"公开"与"法授权利"的意思。现代意义上的专利制度，通过在一定期限内授予排他性权利作为对价，换取发明创造公开，以达到促进创造性活动，推动科学技术发展的目的。

现代意义上"专利"这一术语，在不同语境下可指代不同内涵：一是专利权的简称；二是专利技术，也即获得专利权的发明创造；三是专利文献，记载专利权内容的公开文献总和。由此，需在具体语境中考查"专利"的实际含义。

2. 专利权的概念与法律特征。专利权是国家经法定程序授予申请人在法定期限内实施发明创造的排他性权利。[3] 作为知识产权中的一种，专利权除了具备知识产权的一般特性外，还具备不同于商标、著作权等其他知识产权的法律特征。

（1）保护对象为发明创造。我国专利法所保护的发明对象包括发明、实用新型和外观设计。发明和实用新型均为新的技术方案，须满足新颖性、创造性和实用性；外观设计是工业产品外观的新设计，须具备新颖性、创造性和富有美感等特征。

（2）保护对象的公开性。专利权的取得必须由申请人经法定申请程序，向社会公

---

〔1〕 张玉敏主编：《知识产权法学》，法律出版社 2017 年版，第 200 页。

〔2〕 （清）洪仁玕：《资政新编》，参见《太平天国史料》，中华书局 1995 年版，第 29 页。

〔3〕 李雨峰主编：《知识产权法入门笔记》，法律出版社 2018 年版，第 132 页。

开其发明创造的内容。以专利申请文件中对技术方案或设计进行清楚和完整的说明，作为专利授权的前提。这也是促使私人创新流向公共知识领域的社会化通道，推动技术进步，避免重复研究。

（3）排他性更强。知识产权都具有排他性，但专利权的排他性更强。专利权的高排他性表现为在特定法域内，相同发明创造只能由一个权利主体（除非是共有关系）取得一项专利权；而对于其他知识财产类型，独立完成的创造性成果，主体可分别享有相应的知识产权。

（4）依法定程序授予。专利权非自动产生，必须经过严格的法定程序审查后才能获得。完成发明创造本身，不当然产生专利权，申请并经审查才是专利权原始取得的唯一途径。

（5）权利限制更突出。尽管许多知识产权都受到时间性和地域性等限制，但专利权在这些方面受到的限制更为突出。知识产权制度要实现利益衡平，就知识产权的权利保护水平，将权利保护期限视为权利长度、保护范围视为权利宽度、排他性强度视为权利强度，则知识产权保护的整体函数应当保持均衡。在专利权的场合，排他性更强，意味着在权利长度与权利宽度上受到更多限制。目前，我国《专利法》规定了发明专利保护期为 20 年，实用新型专利保护期为 10 年，外观设计专利保护期为 15 年，短于著作权。同时，《专利法》中规定了"强制许可"机制，防止权利滥用，而在《著作权法》中并无此规定。

3. 专利权的对象。专利法的宗旨是保护专利权，鼓励发明创造，推动发明创造的应用，因此，"发明创造"即是专利权的保护对象。按照我国《专利法》的规定，"发明创造"指发明、实用新型和外观设计三种。

我国《专利法》除明确了专利权的三种保护对象，还规定了不能授予专利权的对象。根据《专利法》第 5 条和第 25 条的规定，违反法律、社会公德或者妨害公共利益的发明创造；违反法律、行政法规的规定获取或者利用遗传资源，并依赖该遗传资源完成的发明创造；科学发现；智力活动的规则和方法；疾病的诊断和治疗方法；动物和植物品种；原子核变换方法，以及用原子核变换方法获得的物质；对平面印刷品的图案、色彩或者二者的结合作出的主要起标识作用的设计等，都不属于专利权的保护对象。

4. 专利权的主体。专利权的主体，即是专利权人，可以分为发明人、设计人为专利权人和其他人为专利权人，原始取得专利权的人和继受取得专利权的人，以及国内专利权人和国外专利权人。[1]

发明人或设计人是对发明创造的实质性特点作出创造性贡献的人。发明人是发明和实用新型的完成人，设计人则是外观设计的完成人。须同时满足直接参与发明创造活动，以及对发明创造的构思及其实现提出创造性见解并作出实质性贡献两个条件的，才构成专利法上的发明人和设计人。在完成发明创造过程中，只负责组织工作的人、

---

[1] 王迁：《知识产权法教程》，中国人民大学出版社 2019 年版，第 291 页。

为物质技术条件的利用提供方便的人或者从事其他辅助工作的人，不是发明人或者设计人。

"职务发明创造"的场合下，发明人、设计人所在单位享有专利申请权。职务发明创造是执行本单位的任务或者主要是利用本单位的物质技术条件所完成的发明创造，此时专利申请权利属于单位，申请被批准后，该单位成为专利权人。职务发明创造的场合，发明人或设计人享有署名权和获得报酬、奖金的权利。

合作发明创造与委托发明创造的场合下，首先明确是否存在共同发明创造人；其次，根据《合同法》与《专利法》的规定，专利申请权和取得的专利权归全体发明创造人共有，按照共同共有原则分享。若专利申请权和专利权的共有人对权利行使有约定的，从其约定。值得注意的是，在合作发明创造的场合，若一方当事人不同意申请专利，则他方不得申请专利。

外国人也有权在我国申请专利，一旦该申请获得批准，申请人被授予专利权，外国专利权人与国内专利权人一样成为专利权的主体，享有专利法赋予的权利并承担专利法规定的义务。外国人在我国申请专利，根据《巴黎公约》《与贸易有关的知识产权协定》（以下简称《TRIPs 协定》）等国际公约的要求和我国的规定，该外国人在中国有经常居所或真实有效营业所的，享有与我国专利申请主体同等的专利申请权和专利权。否则，需根据不同情况处理。

（二）技术秘密：作为专利的替代

发明创造的法律保护可以通过申请取得专利权的方式实现，不过在现实中，要取得专利权还需公开发明创造和满足授予专利权的实质性条件。若技术持有人不愿公开发明创造的内容，避免竞争者过早了解其技术创新，或是发明创造本身不具备可专利性而导致发明创造无偿捐献给社会，此时，技术持有人可选择保密的方式，通过技术秘密维护自身利益。

1. 技术秘密的构成。技术秘密，也可被称为技术秘密成果、非专利技术、专有技术等，属于商业秘密中的一类。"技术"从狭义角度界定，是根据自然科学原理和生产实践经验形成的工艺操作方法与技能，不包括社会科学及其相应技能。[1]

作为商业秘密中的一类，技术秘密要满足以下三个构成要件：

（1）秘密性。秘密性指信息不为公众所知悉，并且不为其所属领域的相关人员容易获得。秘密性的要求是相对的，而非绝对的，不等同于秘密信息持有人以外的其他任何人都不知悉，合同相对人、负有保密义务的人等知悉秘密信息，并不破坏其秘密性。

（2）商业价值性。技术秘密须具有现实的或潜在的商业价值，能为秘密持有人赢得竞争优势。《TRIPs 协定》界定为"因是保密信息而具有商业价值"。商业价值性的衡量，并不单纯以信息持有人的主观意志来判断，而要考量其在社会上的商业价值高低。此外，商业价值性的判断，不排斥技术秘密中的积极信息与消息信息。积极信息

---

〔1〕 张玉敏主编：《知识产权法学》，法律出版社 2017 年版，第 426 页。

是行为人经过实质性研究开发或其他合法途径取得的，能直接应用于产业活动的信息；消极信息则是不能直接运用于产业活动，但能为信息持有人带来竞争优势的信息。[1] 两者都满足商业价值性的条件。

（3）合理保密措施。只有采取了合理保密措施的技术信息，才能成为技术秘密。合理保密措施要求，一方面能体现信息持有人将该特定信息作为技术秘密加以保护的"私有化"主观意图，并在客观上采取了相应措施保护信息的秘密性。另一方面，保密措施构成秘密信息存在的一种客观"凭证"。技术秘密并不产生财产权利，不具备专利权式的"权利证书"，需通过信息持有人的保密活动表征其技术秘密之存在。

2. 技术秘密与专利的异同。从信息哲学出发，工业产权的对象形态都可被视为"信息组合"，在技术层面上，专利与技术秘密具有共性，导致实践中专利与技术秘密的法律机制具有可替代性。

当然，二者在权利取得途径、专用性、保护方式、保护强度、侵权认定、社会化机制、立法模式等方面均有差别：①就权利取得而言，技术秘密并非是一种财产权，不构成一项独立的法律权利，不具有专利一般的权利取得途径。特定技术创造性信息，即便创造性、新颖性、实用性程度很低，并不妨碍该信息可以获得技术秘密的保护。②在专用性上，不同于专利权的高度排他性，技术秘密的排他性极弱，他人通过独立研发、反向工程等合法途径获得相同技术秘密的，并不构成侵权。③在保护方式上，技术秘密的保护不同于专利权的所有权式保护，通过《反不正当竞争法》《合同法》《刑法》等行为规则规制侵害技术秘密的不当行为。④在保护强度上，法律对于技术秘密的保护强度低于专利，有关技术的秘密信息主要有赖于信息持有人的保密措施而维系其利益，一旦遭泄露、被公开，则不再具秘密性，不受法律保护。⑤在侵权认定上，若发明创造的实施行为落入专利权的效力范围，不论行为人的主观过错与否，都构成专利权的直接侵权；在技术秘密的场合，侵害行为的认定必须要求技术秘密的攫取、披露、使用或允许他人使用等行为及主观上的不正当性，违反诚实的商业道德。⑥在社会化机制上，专利制度通过权利申请中的公开机制、较短的保护期限以及专利维持年费、强制许可等机制，为专利权利人提供高水平的法律保护的同时，推进创新成果的社会化，减少重复研发；而技术秘密以秘密性为权益存在基础，是反对信息社会化的。⑦在立法模式上，我国尚无保护技术秘密的专门立法，而是通过反不正当竞争法、合同法、民法、刑法等多部法律进行综合保护。

二、授予专利权的实质条件

发明创造要获得专利权，须满足形式条件和实质条件。形式条件即申请专利所需经过的程序要件；实质条件则是发明创造本身必须具备的属性要求，也称可专利性，包括新颖性、创造性、实用性等。我国《专利法》第22条规定了发明和实用新型专利必须同时具备新颖性、创造性和实用性三个条件；第2条和第23条规定了外观设计专

---

〔1〕 张玉敏主编：《知识产权法学》，法律出版社2017年版，第425页。

利权必须同时具备新颖性、创造性和富有美感。

（一）发明或实用新型专利的实质条件

1. 新颖性。

（1）不属于现有技术。《专利法》第 22 条第 2 款规定，新颖性，是指该发明或者实用新型不属于现有技术；也没有任何单位或者个人就同样的发明或者实用新型在申请日以前向国务院专利行政部门提出过申请，并记载在申请日以后公布的专利申请文件或者公告的专利文件中。新颖性的判断基础是现有技术，即申请日以前在国内外为公众所知的技术。[1] 如果申请专利的发明或实用新型落入现有技术范畴，则因缺乏新颖性不能取得专利授权。

现有技术范围的判断有三个维度：其一，公开方式。专利法上的技术方案公开应是清楚、明了的，足以使得本领域普通技术人员能够重复实施再现的程度。公开的方式主要有出版物公开、使用公开以及以其他方式公开。其二，公开时间。我国专利法上对现有技术的判断时间节点为申请日，也即申请日以前公开的技术内容都落入现有技术范畴，但申请日当日公开的除外。其三，公开范围。信息化、数字化的发展，使信息的获取成本大幅度降低。技术内容，不论以何种方式公开，均无地域限制，并且不以公众实际知晓为必要，也称为"绝对新颖性"标准。

（2）不属于抵触申请。现有技术仅指向申请日以前公开的技术内容，但若专利申请属于抵触申请的情形，同样不具备新颖性。如果专利申请与"任何单位或个人在先申请、在后公布或者公告的发明或者实用新型专利申请"相雷同，就构成抵触申请。不过，抵触申请在新颖性判断中的作用不同于现有技术，是由于禁止重复授权原则与先申请原则的要求，而将抵触申请作为在后申请而缺乏新颖性的特殊情形。[2]

（3）公开不视为丧失新颖性。《专利法》第 24 条规定，在申请日以前 6 个月内，技术方案在国家出现紧急状态或者非常情况时，为公共利益目的首次公开的；中国政府主办或者承认的国际展览会上首次展出的；在规定的学术会议或者技术会议上首次发表的；被他人未经申请人同意而泄露其内容的，不丧失新颖性。上述 6 个月也称为"新颖性的宽限期"。

2. 创造性。《专利法》第 22 条第 3 款规定，创造性，是指与现有技术相比，该发明具有突出的实质性特点和显著的进步，该实用新型具有实质性特点和进步。创造性的判断基准同样是现有技术；评价主体则为所属技术领域的普通技术人员。

对发明专利而言，创造性指具有突出的实质性特点和显著的进步。突出的实质性特点，意味着发明创造相对于现有技术而言，对所属领域的普通技术人员是非显而易见的；显著的进步要求发明与最接近的现有技术相比能够产生有益的技术效果。在评价发明是否具有显著的进步时，主要考虑发明是否具有有益的技术效果。但判断发明的创造性难度很高，有时会借助一些辅助性标准帮助判断，比如：发明是否具有开拓

---

[1] 参见《专利法》第 22 条第 5 款。
[2] 李雨峰主编：《知识产权法入门笔记》，法律出版社 2018 年版，第 149 页。

性，或克服了技术偏见，或取得了预料不到的技术效果，或取得商业上的成功等。对实用新型专利而言，创造性要求具有实质性特点和进步。可见，实用新型专利的创造性要求略宽松于发明专利。

3. 实用性。《专利法》第22条第4款规定，实用性，是指该发明或者实用新型能够制造或者使用，并且能够产生积极效果。这要求发明创造必须能够实现产业应用，并且能解决技术问题。能在产业上制造或使用的技术方案，是符合自然法则、具有技术特征的可实施的技术方案，既包括特定产品的制造，也包括某种方法。能产生积极效果，要求这些效果是所属技术领域的技术人员可预料的，积极的，有益的。假如技术方案不具有可再现性，违背自然规律，利用独一无二的自然条件的，无积极效果的，都不具有实用性。[1] 实践中，发明或实用新型专利是否具备实用性的判断，优先于新颖性和创造性的判断。

（二）外观设计专利的实质条件

1. 新颖性。外观设计被授予专利权，也需要满足新颖性要求。《专利法》第23条第1款规定，外观设计的新颖性，指该外观设计不属于现有设计，也不存在抵触申请。该条第4款规定，现有设计是申请日以前在国内外为公众所知的设计。现有设计在判断上，与发明或实用新型专利中的现有技术相似，不过评价主体不是同领域的技术人员，而是一般消费者。外观设计不涉及技术问题，并且主要是针对消费者而言，通过产品的美学设计追求吸引消费者的目的，因此判断上采用一般消费者标准。此外，现有设计既可以是以产品为载体的外观设计，也可以是无产品载体的单纯形状、图案、色彩及其结合。

2. 区别性：最低限度的"创造性"。《专利法》第23条第2款要求，授予专利权的外观设计与现有设计或者现有设计特征的组合相比，应当具有明显区别。这一要求被认定为类似于"创造性"的条件。只不过对于外观设计而言，其并非技术方案，因此不要求技术意义上的"创造性"，而是要求设计方案具备独有的特征，满足低限度的"创造性"。外观设计的区别性判断同样以一般消费者为评判主体，依据一般消费者的认知水平和认知能力加以判断。

3. 富有美感。富有美感，是指在判断是否属于外观设计专利权的保护客体时，关注的是产品的外观给人的视觉感受，而非产品的功能特性或者技术效果。我国专利法中规定这一条件，在于鼓励人们创造更多更美的新设计，要求外观设计的装饰性，排除产品的功能性。

4. 不得与他人在先取得的合法权利相冲突。外观设计涉及产品的形状、图案、色彩或其结合，就形状、图案、色彩或其结合本身，不仅可以成为外观设计专利权的保护对象，也可能成为商标权、著作权、肖像权、企业名称权、知名商品特有包装装潢使用权等的客体。《专利法》第23条第3款规定的这一要件，意在解决权利间的冲突，

---

[1] 尹新天：《中国专利法详解》，知识产权出版社2012年版，第201页。

避免外观设计对他人在先权利的侵犯。

三、专利权的申请和审查

（一）专利申请原则

1. 书面原则。申请专利权的各种法定手续，都需通过书面形式办理，既包括纸质形式，也包括电子文件形式。书面原则能有效将专利申请的相关资料保存下来，为日后检索提供材料；同时，在未来被授予的专利权遭遇纠纷时，也可确保有据可查。根据《专利法》第 26 条、第 27 条的规定，要求申请专利必须提交请求书、说明书及其摘要、权利要求书，外观设计的图片或照片以及其简要说明等文件。这体现了专利申请的要式性，促使专利申请人通过语言和书面的形式，固定其发明创造。

2. 先申请原则。先申请原则，是指两个以上的申请人分别就同样的发明创造申请专利的，专利权授予给最先申请的人。专利法中申请在先的判断以"申请日"为基准。根据《中华人民共和国专利法实施细则》（以下简称《专利法实施细则》）规定，若两个以上的申请人同日分别就同样的发明创造申请专利的，应当在收到国务院专利行政部门的通知后自行协商确定申请人；若协商不成，则两件申请将均被驳回。

对于申请日的判断，根据《专利法实施细则》，申请人当面递交申请文件的，以递交日为申请日；以邮寄方式提交的，以申请文件寄出的邮戳日为申请日；邮戳日不清晰的，除非当事人能证明，以国务院专利行政部门收到日为申请日。[1] 若专利申请有优先权的，则以优先权日为申请日。

3. 禁止重复授权原则。《专利法》第 9 条规定，同样的发明创造只能授予一项专利权。同时，同一申请人同日对同样的发明创造既申请实用新型专利又申请发明专利，先获得的实用新型专利权尚未终止，且申请人声明放弃该实用新型专利权的，可以授予发明专利权。

4. 单一性原则。一件专利申请只限于一项发明创造，不允许将两项以上发明创造合在一起提出一件申请。单一性原则的设置主要有以下几方面理由：①技术原因：简化专利行政机关对专利申请案的分类、检索、审查，便利于人们对发明创造的理解和对专利文献的检索。②成本调节原因：避免因一件申请涉及多项发明创造而导致的申请费、审查费以及专利维持年费的计算困难，降低对申请人和权利人缴纳相应费用的监督成本；③促进专利运用：若专利申请获批准，授予专利权，一项专利权包含多项发明创造，将造成专利权权利范围的不明确，导致专利权的转让和实施许可的障碍。

基于便利专利授权机关审查和公众检索使用专利技术的考量，《专利法》还规定了单一性原则的例外。根据《专利法》第 31 条的规定，若申请的发明专利和实用新型属于"一个总的发明构思"，可以作为一件申请提出；若申请的外观设计是用于同一类别并且成套出售或者使用的产品上的两项以上设计，可以合案申请。

---

〔1〕 王迁：《知识产权法教程》，中国人民大学出版社 2019 年版，第 300 页。

（二）专利申请文件

基于专利申请的书面原则，申请专利需要提交必要的专利申请文件。申请发明或者实用新型专利的，应当提交请求书、说明书及其摘要和权利要求书等文件；申请外观设计专利的，应当提交请求书、该外观设计的图片或者照片以及对该外观设计的简要说明等文件。

1. 申请发明、实用新型专利应提交的文件。

（1）请求书。请求书表达申请人请求授予其专利权的意愿。申请人需要填写《发明专利申请书》或者《实用新型专利申请书》。一般情况下，在请求书当中，应当载明发明创造的名称、发明人、申请人、联系人、专利代理机构、专利代理人、联系地址及其他事项等信息。

（2）说明书。说明书是重要的专利申请文件，对于发明专利申请，说明书不仅用以解释权利要求的内容，是国家专利局进行实质审查的基础，在经过法定期间后还要向社会公开。同时，技术人员可以从公开的说明书中了解最新技术的发展，获得有益的技术知识。根据《专利法》第 26 条第 3 款规定，说明书应当对发明或者实用新型作出清楚、完整的说明，以所属技术领域的技术人员能够实现为准；必要的时候，应当有附图。

（3）权利要求书。权利要求书确定申请人请求专利权的保护范围。申请人取得专利权后，权利要求书就成为判断他人使用相关技术的行为是否构成专利侵权的根据。根据《专利法》第 26 条第 4 款规定，权利要求书应当以说明书为依据，清楚、简要地限定要求专利保护的范围。

（4）其他文件。根据发明创造类型或申请的实际情形，有时还需要提交其他文件。比如，主张优先权的相关证明文件；申请费用减缓的请求书等。[1]

2. 申请外观设计专利应提交的文件。外观设计是针对产品形状、图案、色彩或其组合产生的新设计，较难仅通过书面文字详细描述，因此我国《专利法》第 27 条规定，外观设计专利的申请须提交请求书、图片或者照片以及对该外观设计的简要说明等文件。

（1）请求书。在外观设计专利申请中，请求书与发明专利或实用新型专利申请的请求书性质相同。申请人需填写《外观设计专利申请书》，写明外观设计的产品名称，并且该产品名称应当符合国际外观设计分类表的规定。

（2）图片或者照片。这一申请文件在作用上相当于专利或实用新型发明中的权利要求书。根据《专利法》第 64 条规定，外观设计专利权的保护范围以表示在图片或者照片中的该产品的外观设计为准。申请人可就外观设计提交不同角度、不同侧面的图片或者照片，以清楚展现所请求保护的对象。

（3）简要说明。简要说明用于解释图片或者照片所表示的该产品的外观设计。依据《专利法实施细则》的规定，简要说明应当写明外观设计产品的名称、用途，外观

---

〔1〕 李雨峰主编：《知识产权法入门笔记》，法律出版社 2018 年版，第 159 页。

设计的设计要点，并指定一幅最能表明设计要点的图片或者照片。对同一产品的多项相似外观设计提出一件外观设计专利申请的，应当在简要说明中指定其中一项作为基本设计。并且简要说明不得使用商业性宣传用语，也不能用来说明产品的性能。

（三）专利的审查、批准和授予

专利申请人提交专利申请文件后，经国家专利行政主管部门的受理，进入专利申请的审查批准阶段。我国专利法对发明专利、实用新型专利和外观设计专利的审查采用了不同的审查批准程序：发明专利采取形式审查与实质审查结合的双重审查制；实用新型专利和外观设计专利为形式审查制。

1. 发明专利的审查和授权。我国对发明专利申请的审查采取"早期公开、延迟审查"的原则，要经过初步审查、申请公布、请求实质审查和实质审查、授权公告等程序。

（1）初步审查。初步审查是对专利申请的形式审查，查明申请案是否符合专利法关于发明专利申请的形式要求。就专利申请文件是否齐备，格式和内容是否符合要求，申请人的申请资格，申请的主题是否明显不属于《专利法》的保护对象，是否符合单一性原则，是否缴纳申请费用等事实进行审查。

（2）申请公布。经过初步审查合格的，根据《专利法》第34条，自申请日起满18个月，发明专利申请即行公布；国务院专利行政部门可以根据申请人的请求早日公布其申请。

在早期公开阶段，专利申请审查程序仍在继续，申请人还未取得专利权。为保障申请人的权益，《专利法》第13条规定了早期公开的临时保护制度，申请人可以自申请公布之日起，要求实施其发明的单位或者个人支付适当费用。

（3）请求实质审查。发明专利的审查程序不是自动推进的，在申请公布后，自申请日起3年内，需申请人请求国家专利行政主管部门对其申请案进行实质审查。这主要考虑到实质审查程序比较复杂，耗时耗力。对一些发明专利的申请，经过一定时间，申请人可能不愿再获取该发明专利权，则申请人可以不请求实质审查。该不作为被视为申请撤回，适度减轻审查机关的审查压力。按照《专利法》第35条第2款，在必要时候，国家专利行政部门也可以自行启动对发明专利申请的实质审查程序。

（4）实质审查。实质审查要判断申请专利保护的发明是否符合专利授权的实质条件，特别是明确其是否符合专利法有关"新颖性、创造性和实用性"的规定。同时还要查明是否不属于专利法保护的对象、专利申请是否符合单一性原则、权利要求书和说明书的撰写是否符合规定等。

（5）授权、登记和公告。发明专利申请经过初步审查和实质审查均符合法律规定的，由国家专利行政部门作出授予发明专利权的决定，发给发明专利证书，同时予以登记和公告。根据《专利法实施细则》第54条，申请人应在收到国家专利行政部门的授予专利权通知之日起2个月内办理登记手续；逾期未办理的，视为放弃取得专利权。

（6）复审。国家知识产权局设有专利复审委员会。根据《专利法》第41条，专利申请人对驳回申请决定不服的，可以在收到通知之日起3个月内向国务院专利行政部门请求复审；对国务院专利行政部门的复审决定不服的，可以自收到通知之日起 3 个月内向人民法院起诉。

2. 实用新型和外观设计专利的审查和授权。实用新型和外观设计对国民经济或技术进步的作用小于发明，在权利的审查上只需经过形式审查，手续完备，符合法定形式要求，就准予登记规定，实用新型和外观设计专利申请经初步审查没有发现驳回理由的，授予专利权。《专利法》第 40 条，由国务院专利行政部门作出授予实用新型专利权或者外观设计专利权的决定，发给相应的专利证书，同时予以登记和公告。

在形式审查中，专利局认为实用新型或外观设计专利申请不符合专利法规定的，即驳回申请。申请人对该决定不服，同样可以在收到通知之日起 3 个月内，向专利复审委员会请求复审；对专利复审委员会的复审决定不服的，可以在收到通知之日起 3 个月内向人民法院起诉。

四、专利权的内容

（一）专利权的内容

专利权的内容即是专利权人依法享有的各项权利。然而这些专用权首先是禁止权，[1] 而非自用权。由于专利产品和方法的实施往往受到其他法律的规制，专利权人享有专利权，更直接的是有权利阻止他人未经许可实施自己的专利技术；而非专利权人自由地实施专利。整体上，专利权的内容可以概括为专有实施权、实施许可权、处分权、标示使用权几方面。[2]

（二）发明和实用新型专利权的内容

发明专利包含产品专利和方法专利，实用新型专利只指向产品专利。产品专利保护的是专利产品，包括发明专利产品和实用新型产品。所谓"专利产品"，是具备权利要求书中所记载的全部技术特征的产品，但并不一定是与专利权人制造的产品相同的产品。[3] 方法专利的对象是方法，是为实现一定技术效果的一系列程序或步骤。根据《专利法》第 11 条第 1 款，发明和实用新型专利权被授予后，除该法另有规定的以外，任何单位或者个人未经专利权人许可，都不得实施其专利，即不得为生产经营目的制造、使用、许诺销售、销售、进口其专利产品，或者使用其专利方法以及使用、许诺销售、销售、进口依照该专利方法直接获得的产品。由此，对于产品专利，发明和实用新型专利权人享有制造权、使用权、许诺销售权、销售权和进口权 5 项专有权利。

1. 产品专利的权利内容。

（1）制造权。制造专利产品，是作出或者形成覆盖专利权利要求所记载的全部技术特征的产品。[4] 只要专利产品是未经许可，以生产经营为目的而制造的，该行为本

---

〔1〕 刘春田主编：《知识产权法》，高等教育出版社 2015 年版，第 200、201 页。
〔2〕 张玉敏主编：《知识产权法学》，法律出版社 2017 年版，第 250～252 页。
〔3〕 王迁：《知识产权法教程》，中国人民大学出版社 2019 年版，第 340 页。
〔4〕 参见最高人民法院（2012）民申字第 197 号民事裁定书。

身构成直接侵权。制造权实质上是对专利权的时间上的保护。专利产品的生产需要耗费时间，意味着权利人以外的其他主体，非经得授权或是有法律依据，必须等到权利期限届满，才能开始进行产品的制造。

（2）使用权。使用专利产品是将具有权利要求所记载全部技术特征的产品按照其技术功能付诸使用。未经许可的生产经营性使用行为也构成侵权。不过当专利产品被合法转移产品所有权后，使用该专利产品，不需要经得专利权人授权。

（3）许诺销售权。根据《最高人民法院关于审理专利纠纷案件适用法律问题的若干规定》第18条的规定，许诺销售是指以做广告、在商店橱窗中陈列或者在展销会上展出等方式作出销售商品的意思表示。这种直接提供销售的行为，也构成侵权。

（4）销售权。销售专利产品，是转移专利产品的所有权，此时专利权并不一并发生移转。需要注意的是，当专利产品经过合法销售后，销售权穷竭，再次销售行为不需要经得专利权人授权。

（5）进口权。未经权利人许可的生产经营性进口专利产品的行为侵害进口权。"进口"的构成与所进口专利产品在其来源国、制造国、出口国是否受专利保护无关，只要该产品在中国境内受专利权保护，权利人即享有进口权。权利人发现将有侵权产品进入国内市场，可以直接申请海关保护，通过海关执法行为阻止产品进口。

2. 方法专利的权利内容。

（1）使用权。方法专利保护的是专利方法，包括权利要求书中记载的工艺、流程、操作步骤或工序等技术特征。使用该方法属于权利人的专有权利，未经许可的生产经营性使用行为则构成侵权。

（2）对方法专利的延伸保护。对于方法专利而言，如果单纯保护方法本身，就会导致权利人只能控制方法的使用行为，无法阻止产品的使用、进口和流通，不能充分保障专利权人的合法利益。因此需要对方法专利提供延伸保护，《专利法》第11条规定不得未经许可使用、许诺销售、销售、进口依照专利方法直接获得的产品。

（三）外观设计专利权的内容

《专利法》第11条第2款规定，外观设计专利权被授予后，任何单位或者个人未经专利权人许可，都不得实施其专利，即不得为生产经营目的制造、许诺销售、销售、进口其外观设计专利产品。

由于外观设计不涉及技术内容，该专利权保护的是审美价值，与产品的功能性、使用用途无关，相比于发明或实用新型专利，外观设计专利权没有使用权。即便以生产经营为目的，使用未经许可制造、销售或进口的外观设计专利产品也不构成侵权。

五、专利权的限制和消灭

（一）专利权的限制

1. 专利强制许可。专利强制许可，也称非自愿许可，是国家专利行政部门依法律规定，不经权利人同意，直接许可具备实施条件的申请者实施发明或者实用新型专利的一种法律制度。获得强制实施许可的单位和个人，可直接实施该发明或实用新型专利，但仍应当向专利权人支付合理的使用费。

（1）防止权利滥用的强制许可，指专利权人自专利权被授予之日起满3年，且自提出专利申请之日起满4年，无正当理由未实施或者未充分实施其专利的，国家专利行政部门依申请可给予实施专利强制许可。申请人在提出强制许可请求前，应努力从权利人处获取自愿许可，曾以合理条件与专利权人协商；并能在提出请求时，证明其以合理条件请求获得专利权人许可其实施专利，而未在合理期限内获得许可。

（2）反垄断的强制许可。垄断行为危害市场公平竞争，专利权人滥用自己的市场支配地位，不利于消费者利益与社会公共利益。因此，《专利法》第53条规定，如果专利权人行使专利权的行为被依法认定为垄断行为，为消除或者减少该行为对竞争产生的不利影响的，国务院专利行政部门可以依申请给予实施发明专利或实用新型专利的强制许可。

（3）为公共利益的强制许可。强制许可制度不仅限制专利权人滥用权利，还是国家和公共利益的保证机制。根据《专利法》第54条，在国家出现紧急状态或者非常情况时，或者为了公共利益的目的，国务院专利行政部门可以给予实施发明专利或者实用新型专利的强制许可。此时，须指定具备实施条件的单位实施相关专利技术，并且不需要经该特定单位的申请。

（4）从属专利的强制许可。技术创新更多是累进的、渐进的，基于已有创新成果的持续创造，构成"改进发明"。当前后两个专利之间在技术上存在从属关系，在后专利所保护的技术方案落入在先专利的权利范围内，构成从属专利。从属专利的强制许可，是根据专利之间的相互依存关系而取得的一种有利于科学技术发展的强制实施许可制度。根据《专利法》第56条的规定，在后专利权人可申请从属专利的强制许可，该项强制许可给予后，在先专利权人也可以申请取得在后发明或实用新型的强制许可，二者形成交叉许可关系。

2. 不视为侵犯专利权的行为。基于特定的立法目的和政策考量，《专利法》上除了通过强制许可机制限制专利权外，在第75条还规定了一些未经专利权人许可而制造、使用或销售专利产品，不视为侵犯专利权的特殊情形。并且，实施人无须向专利权人支付使用费。

（1）专利权用尽后的特定实施行为。专利产品经合法途径进入市场流通后，使用、许诺销售、销售、进口该产品不构成侵权行为。当专利产品以合法方式发生产品（"物"）的所有权转移后，该产品的所有权与专利权发生分离，不再受专利权人控制。为此，《专利法》第75条第1款规定，专利产品或者依照专利方法直接获得的产品，由专利权人或者经其许可的单位、个人售出后，使用、许诺销售、销售、进口该产品的，不视为侵犯专利权。需注意的是，专利权中的制造权因不被用尽，他人制造专利产品均需获得专利权人授权或具备法律正当性。

（2）先用权人的特定实施行为。一般说来，创设知识产权，不得损害在先权利。由于专利权的授予采取先申请原则，当出现两个以上的人进行了相同的发明创造，只有一人能够获得专利授权。若一概禁止他人未经许可的专利实施行为，有失公平。为此，《专利法》上规定了对先用人利益的保护，允许先用人在专利申请日前已经制造相同产品、使用相同方法或者已经作好制造、使用的必要准备，并且仅在原有范围内继续制造、使用。

（3）临时过境的外国运输工具的专利使用行为。根据《巴黎公约》和我国《专利法》的规定，临时通过中国领土的外国运输工具，为运输工具自身需要而在其装置和设备中使用专利的行为，不需经得专利权人授权。对于临时过境的外国运输工具，其在中国境内使用专利的时间较为短暂，要求行为人取得专利权人许可，或是由权利人对该使用行为提出专利侵权指控在实践中都难以操作。并且将这类行为认定为侵权，也不利于国际交通运输的正常运行。[1]

（4）专为科学研究和实验的专利使用行为。"专为科学研究和实验"是专门针对获得专利技术本身进行的科学研究和实验，通常包含用以判断专利技术的技术特征或技术效果，确定实施专利技术的最佳方案，改进专利技术等形态。但"科学研究和实验"的范围是有限度的，若是利用专利技术进行另外的技术研发，或是针对实施专利技术的其他方面进行研究实验，或是对实施该技术方案的商业前景进行研究实验等行为，[2]则需按照正常途径取得专利权人的授权。

（5）基于行政审批需要的使用行为。对于药品、医疗器械行业，为促进专利期届满后的仿制品及早上市，增进公共健康福利，允许为行政审批需要对进口专利药品或专利医疗器械的制造、使用行为。对于药品、医疗器械行业，产品上市需经一系列实验和行政审批程序，耗时较长；若严格执行专利权，则变相延长专利权的保护期限。因此我国专利法在这一特殊行业规定了此项例外。

（二）专利权的消灭

我国《专利法》规定了发明专利享有 20 年保护期，实用新型专利享有 10 年保护期，外观设计专利享有 15 年保护期，当权利保护期限届满，专利权归于消灭。此外，若专利权人没有按规定缴纳专利年费，专利权人书面放弃专利权或专利权被宣告无效，也会导致专利权消灭。

1. 未缴纳年费。专利制度不仅促进创新，更要推进发明创造的实施，因此《专利法》上规定了年费制度，并且设置了递增式的专利年费。通过提高专利权的维持成本，促使权利人实施有价值的发明创造，淘汰不具市场价值或市场前景的专利权。根据《专利法》第 43、44 条，专利权人应当自被授予专利权的当年开始缴纳年费；没有按规定缴纳年费的，专利权在期限届满前终止。

2. 放弃专利权。专利权是一项典型的私权，权利人若难以自行实施专利，也无法许可专利实施的，可以选择书面声明放弃其专利权，经国家专利行政主管部门登记和公告后生效。专利权的放弃只允许放弃全部专利权，不允许放弃部分专利权。放弃部

---

〔1〕 尹新天：《中国专利法详解》，知识产权出版社 2012 年版，第 628 页。
〔2〕 尹新天：《中国专利法详解》，知识产权出版社 2012 年版，第 630～631 页。

分专利权的声明，视为未提出。

3. 专利权被宣告无效。专利权的宣告无效是自专利权授予之日起，已授权的专利因不符合专利法的规定，任何单位或个人可以请求专利复审委员会宣告专利权无效，也称为"请求宣告专利权无效"。

提出该请求的主体可以是包括专利权人在内的任何人，专利权人一般是请求部分宣告无效，主动限缩专利权范围以提高其专利权被支持的可能性，避免被竞争对手请求宣告全部无效。

根据《专利法》和《专利法实施细则》，可以请求宣告专利权无效的理由如下：①授予专利权的发明创造不符合专利法有关发明、实用新型和外观设计的界定；②授予专利权的发明创造违反国家法律、社会公德或者妨害公共利益，或者发明创造的完成依赖于违反法律、行政法规的规定而获取或利用遗传资源；③授予专利权的发明创造违反了禁止重复授权原则或先申请原则；④授予专利权的发明或实用新型向外国申请专利权未经保密审查；⑤授予专利权的发明创造不具备专利授权的实质条件；⑥授予专利权的发明创造属于不能授予专利权的内容；⑦发明或实用新型专利的说明书没有达到"充分公开"；权利要求书未以说明书为依据，清楚、简要地限定要求专利保护的范围；⑧外观设计专利的图片或者照片未清楚地显示要求专利保护的产品的外观设计；⑨对发明或实用新型专利申请文件的修改超出原说明书和权利要求书的记载范围，或对外观设计专利申请文件的修改超出原图片或照片表示的范围；⑩发明或实用新型专利的权利要求书中的独立权利要求没有从整体上反映技术方案，未记载解决技术问题的必要技术特征；⑪基于分案申请授予的专利权，分案申请超出原申请记载的范围。[1]

《专利法》第46条规定，国务院专利行政部门对宣告专利权无效的请求应当及时审查和作出决定，并通知请求人和专利权人。宣告专利权无效的决定，由国务院专利行政部门登记和公告。对国务院专利行政部门宣告专利权无效或者维持专利权的决定不服的，可以自收到通知之日起3个月内向人民法院起诉。人民法院应当通知无效宣告请求程序的对方当事人作为第三人参加诉讼。在法律效力上，专利权被宣告无效，则该专利权自始不存在。

六、专利权的保护

（一）专利权的保护范围与侵权判定

专利权的保护范围，即专利权的权利边界，是对其进行法律保护的基础前提。专利权保护范围的确定过程，是权利要求内容的解释过程，影响权利人与社会公众间的利益关系。《专利法》第64条规定，发明或者实用新型专利权的保护范围以其权利要求的内容为准，说明书及附图可以用于解释权利要求的内容。外观设计专利权的保护范围以表示在图片或者照片中的该产品的外观设计为准，简要说明可以用于解释图片

---

[1] 尹新天：《中国专利法详解》，知识产权出版社2012年版，第357页。

或者照片所表示的该产品的外观设计。

1. 发明和实用新型专利权的保护范围。发明和实用新型专利权的权利边界确权依据为权利要求的内容，仅在说明书或者附图中描述而在权利要求中未记载的技术方案，[1] 不属于专利权的保护范围。具体而言，应当以权利要求中的独立权利要求记载的技术内容为准进行确定，须确定独立权利要求中所记载的每项技术特征的确切本质含义及其等同特征。若权利人选择以从属权利要求确定专利权保护范围的，主动限缩专利权边界，则以从属权利要求记载的附加技术特征及其引用的权利要求记载的技术特征确定专利权的保护范围。[2]

说明书及附图可作为确定专利权保护范围的解释性依据。在司法实践中，法院应当根据权利要求的记载，结合本领域普通技术人员阅读说明书及附图后对权利要求的理解，确定专利权利要求的内容。可以运用说明书及附图、权利要求书中的相关权利要求、专利审查档案解释权利要求。说明书对权利要求用语有特别界定的，从其特别界定。若仍不能明确权利要求含义的，可以结合工具书、教科书等公知文献以及本领域普通技术人员的通常理解进行解释。[3]

2. 发明和实用新型专利权的侵权判定。

（1）全面覆盖原则，也称字面侵权原则，指被控侵权物（产品或方法）将专利权利要求中记载的技术方案的必要技术特征全部再现，被控侵权物与专利独立权利要求中记载的全部必要技术特征一一对应并且相同。发明和实用新型专利的侵权判断，遵循技术特征比对规则，一般不考虑被控侵权物与专利技术是否为相同应用领域。若专利实施的技术特征与专利技术的技术特征完全相同，或是所实施技术的特征包含了专利技术的全部技术特征外，还包含专利技术所没有的技术特征，都构成对专利技术的"全面覆盖"，构成侵权。

（2）等同原则。在专利侵权判定中，当适用全面覆盖原则判定被控侵权物（产品或方法）不构成侵犯专利权的情况下，则适用等同原则进行侵权判定。有时，行为人通过对专利技术特征中的某一项或多项以等同手段进行替换，以规避全面覆盖原则的适用，所以需等同原则予以补充。所谓等同原则，是指被控侵权物（产品或方法）中有一个或者一个以上技术特征经与专利独立权利要求保护的技术特征相比，从字面上看不相同但经过分析可以认定两者是相等同的技术特征。所采用的与专利技术所记载的技术特征以基本相同的手段，实现基本相同的功能，达到基本相同的效果，并且本领域的普通技术人员无需经过创造性劳动就能够联想到的特征，即等同特征。在适用上，等同原则应以全面覆盖论为基础，必须适用于权利要求的各个对应特征，而不是仅适用于权利要求的发明整体。

（3）禁止反悔原则，是对申请人或专利权人在专利权取得或维持过程中所放弃的

---

〔1〕 参见最高人民法院《关于审理侵犯专利权纠纷案件应用法律若干问题的解释》（法释〔2009〕21号）第5条。
〔2〕 参见最高人民法院《关于审理侵犯专利权纠纷案件应用法律若干问题的解释》（法释〔2009〕21号）第1条。
〔3〕 参见最高人民法院《关于审理侵犯专利权纠纷案件应用法律若干问题的解释》（法释〔2009〕21号）第2、3条。

技术内容，不允许再在专利侵权诉讼中纳入其专利权保护范围。[1] 禁止反悔原则体现了诚实信用原则和公平原则的必然要求，该原则在适用上要求：其一，限制承诺或者放弃保护的技术内容，须是对专利权的授予或权利有效性的维持产生实质性作用的；其二，申请人或专利权人关于特定技术特征所作的限制承诺或放弃必须是明示的，并且已经被记录在专利文档中。

（4）捐献规则，是专利申请人只记载于说明书及其附图中，而未同时记载于权利要求书中的技术内容，视为将其捐献给社会公众，不受专利权保护。这一原则实质上是对等同原则适用的限制。有时，专利申请人为获得专利授权，在权利要求中采用较下位的概念，而在说明书及其附图中进行扩张解释；或是专利权人在侵权诉讼中主张说明书所扩张的部分属于等同特征，以扩大专利权的保护范围。为避免上述情形，捐献规则强调了权利要求书是确定专利权保护范围的惟一标准，维护权利要求书的公示性。

3. 外观设计专利权的保护范围与侵权判定。外观设计专利权的权利边界，由产品类别和产品的外观设计共同确定。在司法实践中，若在与外观设计专利产品相同或者相近种类产品上，采用与授权外观设计相同或者近似的外观设计，则落入外观设计专利权的保护范围。[2] 相同产品，是与外观设计专利产品在用途和功能上完全相同的产品；相近类别产品，是与外观设计专利产品的用途相同但具体功能有所不同的产品。相同外观设计，是在与外观设计专利产品相同的产品上使用的与外观设计专利产品的外观设计在视觉上无差别的外观设计；近似外观设计，是在与外观设计专利产品相同或者相似产品上使用的与外观设计专利产品的外观设计相近似的外观设计。判断外观设计的相同或近似，以一般消费者的知识水平和认知能力为基准，并且是进行整体观察与综合判定。[3]

（二）侵犯专利权的法律责任

1. 专利侵权的法律责任。专利权是一种民事权利，受到侵犯时首先产生民事责任，侵权人应承担停止侵权和赔偿损失的民事责任。

若直接侵权者缺乏主观过错，则免于承担赔偿责任，只承担停止侵权的法律责任。根据《专利法》第77条的规定，为生产经营目的使用、许诺销售或者销售不知道是未经专利权人许可而制造并售出的专利侵权产品，能证明该产品合法来源的，不承担赔偿责任。同时，在专利侵权诉讼中，若权利人请求判令其停止侵权行为的，人民法院应予支持，但基于国家利益、公共利益的考量，人民法院可以不判令被告停止被诉行为，而判令其支付相应的合理费用。[4]

若侵权者具有主观过错，根据《专利法》第71条，侵犯专利权的赔偿数额按照权利人因被侵权所受到的实际损失或者侵权人因侵权所获得的利益确定；权利人的损失

---

〔1〕 杨志敏：《专利权保护范围研究——专利权行使与对抗的理论与实践》，四川大学出版社2013年版，第250页。
〔2〕 参见最高人民法院《关于审理侵犯专利权纠纷案件应用法律若干问题的解释》（法释〔2009〕21号）第8条。
〔3〕 参见最高人民法院《关于审理侵犯专利权纠纷案件应用法律若干问题的解释》（法释〔2009〕21号）第9～11条。
〔4〕 参见最高人民法院《关于审理侵犯专利权纠纷案件应用法律若干问题的解释（二）》第26条。

或者侵权人获得的利益难以确定的，参照该专利许可使用费的倍数合理确定。对故意侵犯专利权，情节严重的，可以在按照上述方法确定数额的 1 倍以上 5 倍以下确定赔偿数额。并且，赔偿数额还应当包括权利人为制止侵权行为所支付的合理开支。

2. 假冒专利的法律责任。假冒专利是对公众的欺诈。根据《专利法》第68条，假冒专利除了依法承担停止侵权、赔偿损失等民事责任外，还应承担相应行政责任和刑事责任。其中，行政处罚包括由管理专利工作的部门责令改正并予公告，没收违法所得，可以并处违法所得 5 倍以下的罚款；没有违法所得或者违法所得数额在 5 万元以下的，可以处 25 万元以下的罚款。假冒专利行为若构成犯罪，还应依法追究刑事责任。《刑法》第 216 条规定了"假冒专利罪"，假冒他人专利，情节严重的，处 3 年以下有期徒刑或者拘役，并处或者单处罚金。

第四节 商业标识的工业产权保护

一、概述

改革开放以来，我国工业经济实现了跨越式发展。但与工业经济发展速度和规模相比，工业企业品牌建设相对滞后。走新型工业化道路，需要进行品牌治理，鼓励企业加大工业设计投入，推动工业设计与企业战略、品牌的深度融合，推动中国制造向中国创造转变，提升我国工业企业的国际竞争力。商业标识作为企业品牌的一个重要构成要素，受到包括商标法在内的工业产权法的保护。

（一）商标与相关标识

商业标识，可以视为广义的商标，凡具有特定指向意义的符号都可视为标识。在知识产权法中，商业标识具有更严格的内涵，主要指狭义的商标，即是用以识别不同商品或服务来源的符号及其符号组合。《TRIPs 协定》第 15 条第 1 款规定：任何标记或标记的组合，只要能够将一个企业的货物和服务区别于其他企业的货物或服务，即能够构成商标。

首先，商标是一种标识，能为人所感知。在商标法上，能够作为商标申请注册的标志类型很多，包括文字、图形、字母、三维标志、颜色组合和声音等。商标以一种精炼简洁的方式对外呈现持有人的主体特征，以契合并且凸显主体异质化特点与属性的符号或符号的组合更有利于商标功能的发挥。由于《商标法》第 8 条并未穷尽列举可构成商标的符号类别，至少在理论上，气味、全息影像、特定位置、闪耀的灯光等动态符号，也具备成为商标的可能。[1]

其次，商标是一种识别性标识，用以识别不同商品或服务的来源。商标法中明确将可识别性、区分能力作为商标的构成要件之一，这与美国、欧盟等域外立法规定

---

[1] 李扬：《商标法基本原理》，法律出版社 2018 年版，第 2 页。

相同。

除了狭义商标以外，在商业实践中还存在一些与商标相临近的符号类型：

1. 标语。标语一般呈现为简短的文句，功能在于提供广告、宣传效果。一般说来，标语较难发挥识别商品或服务来源的作用，不具备构成商标的条件。在特殊情况下，简短的标语通过使用获得识别性，可以成为商标，获得注册。[1]

2. 商品名称、包装、装潢。商品名称是对商品的称呼，可分为通用名称和特定名称；商品包装是为了在流通过程中保护商品，防止损坏或美观目的而采用的容器、材料及辅助等的总体名称；[2] 商品装潢是为美化商品，吸引消费者购买而对商品包装进行的装饰。商品名称、包装、装潢可以作为文字、图形或立体标识申请商标注册，同时上述要素也可以作为非注册商标使用，也在一定程度上起到识别商品或服务来源的作用。

3. 商号。商号，也称厂商字号，或商业名称，是商主体的名称，既是商主体具备法律人格的体现，同时也发挥识别商品或服务来源的功能，因此可以作为商标申请注册。商号需在企业所在特定地域范围进行登记；在使用上，其识别性功能的发挥往往不限于其登记地域范围的限制，以商业标识的方式保护能对商号提供更大范围的法律保护。

4. 姓名。姓名，是自然人在社会活动中用以指向自己的文字。指向自己的文字符号，除了真实姓名外，还包含雅号、艺名、笔名等。这些符号在我国民法中受到人格权的保护。但姓名等符号被作为商业标识使用的场合下，还可以作为商标申请注册，受到商标法和反不正当竞争法的保护。

（二）商标的特征与功能

1. 商标的特征。商标作为识别商品或服务来源的符号，除了具备可识别性这一基本特征外，还具备以下特征：

（1）商业标识负载和传播信息。商标等商业标识，以简洁明了的符号化标识承载和传播有关经营者及其产品或服务的信息与知识。一方面，产品或服务及其提供者本身蕴含了庞杂的信息组合，经济活动的参与者、消费者并不具备足够的知识与信息进行区分和判别，而且这种识别也是效率低下的。企业在工商业活动中，通过一定的简明符号形式，向外传递必要信号，提高其他经营者与消费者的判断效率。另一方面，商业标识通过使用，可能负载了超出其原本构成要素所揭示的信息，蕴含了产品质量、企业信用以及商业信誉等信息，使得社会公众透过这一符号不仅产生有关商品或服务来源的对应，还能形成关于产品或服务体验的心理感受和经验，成为日后再次判断的参考依据。

（2）商业标识具有区分能力。区分性是商业标识的基本特征，也是商业标识可申请商标注册的必备要件之一，旨在提供符号的差异性与区别力，用以甄别产品或服务。

---

〔1〕 李扬：《商标法基本原理》，法律出版社 2018 年版，第 3 页。
〔2〕 参见中华人民共和国国家标准《包装通用术语》（GB4122－83）。

各国商标法普遍要求商标必须具有内在显著性特征。假若符号标识本身不具备这种内在显著性，也应当通过商标使用行为使之取得外在显著性，方可申请商标注册。显著性特征的要求，实质上也在于确保商标具备区分能力。

（3）商业标识须为相关公众所识别。具备识别性的标识样态极为丰富，但在知识产权法中可获保护的标识类型，须是针对相关公众具备可识别性的。商品或服务本身，包含有指向该特定商品或服务的特定标识，比如产品编号、条形码、二维码、序列号等。这些标志也具备区分能力，然而，并非为相关公众识别而设置，不能有效降低相关公众的判别成本，故这一类标识不属于商标法所关注的对象。

2. 商标的功能。世界知识产权组织将商标的功能归纳为四个方面。

（1）区别（区分）功能。这是帮助经营者推销自己的产品或服务，而不与其他经营者的产品或服务混同，起到指向性与反混淆的功能。同时，确保消费者等相关公众在同类竞争性产品和服务中作出选择。

（2）来源（起源）功能。即在同一特定标志下提供的产品或服务，同使用相同标志的商品或服务来自同一来源，即便商标没有指明其所有者的姓名和地址，相关公众也可以凭借商标找到对应的经营者。经营者的企业名称、地址等信息通常较难准确记忆和识别，简明化、特质化的商标，更符合人的识别、记忆与提取习惯，易于确定和寻找与产品或服务相对应的经营者。

（3）质量功能。商标除了承载有关产品或服务及其经营者的必要信息，还暗含一种期望，即在某一特定商标下提供的产品或服务能做到适度一致性，包括品质、效用等方面内容。它象征着一定品质信誉，为消费者对产品或服务的质量保证提供可预期性。

（4）广告宣传功能。商标是一类简明而富有异质性的符号，可以作为经营者进行广告、宣传的代表性标志。将商标作为一种典型的广告工具的做法由来已久，符合人的认知和识别规律，易被记忆。

（三）商标的分类

按照不同标准，可以将商标进行不同分类。

1. 根据商标构成要素的不同，可以分为文字商标、图形商标、字母商标、数字商标、立体商标、颜色组合商标、声音商标、气味商标、动态商标、位置商标，以及多要素共同构成的组合商标。

2. 根据商标是否申请注册，可以分为注册商标与非注册商标。经商标局核准注册的商标是注册商标，商标注册人享有商标专用权，受法律保护。非注册商标，也可获得法律保护，以使用方式取得商标权，要求该商标已在工商业活动中用于识别特定商品或服务的来源，具备了识别性，才能取得商标权。

3. 根据商标的用途不同，可以分为商品商标、服务商标、集体商标、证明商标。

商品商标，是商品的生产者或经营者，为将自己生产或经营的商品与他人生产或经营的商品区别开来所使用的标识。服务商标，是提供服务的经营者，为将自己提供的服务与他人提供的服务相区别所使用的标识。

集体商标，是以团体、协会或者其他组织名义注册，供该组织成员在商事活动中使用，以表明使用者在该组织中的成员资格的标志。集体商标具有如下特征：由集体组织申请注册；仅供集体组织成员使用，集体组织本身不得使用；该商标只用于生产经营活动；其功能在于表明使用者在集体组织中的成员身份。

证明商标，是指由对某种商品或者服务具有监督能力的组织所控制，而由该组织以外的单位或者个人使用于其商品或者服务，用以证明该商品或者服务的原产地、原料、制造方法、质量或者其他特定品质的标志。

二、商标的注册

（一）商标注册要件

1. 商标注册的主体要件。自然人、法人或者其他组织在生产经营活动中，对其商品或者服务需要取得商标专用权的，应当向商标局申请商标注册。不以使用为目的的恶意商标注册申请，应当予以驳回。

（1）申请人必须具备使用商标的意思。基于商标权的特征与功能，商标应当是用于工商业活动中，进行指向与识别而使用的。同时，商标专用权不是自然产生的，自然人、法人或其他组织要取得商标专用权，需"注册取得"。2019年《商标法》第4条修改后，要求商标注册必须以使用需要为前提，不以使用为目的的恶意商标注册申请行为，商标局应当予以驳回。同时，商标的使用行为须是在生产经营活动中，具有反复性、持续性的特征，而非一次性、偶然使用；使用行为应当与商标注册申请人的经营业务相关，是为了业务目的而使用商标。

（2）申请人须具备权利能力。《商标法》第4条规定，能够申请商标注册的主体包括自然人、法人或者其他组织。上述主体应当具备民事权利能力，依法享有民事权利，承担民事义务或责任。

《商标法》第17条规定，外国人或者外国企业在中国申请商标注册的，应当按其所属国和中华人民共和国签订的协议或者共同参加的国际条约办理，或者按对等原则办理。第18条第2款规定，外国人或者外国企业在中国申请商标注册和办理其他商标事宜的，应当委托依法设立的商标代理机构办理。外国人或外国企业，如果在中国境内没有经常居所或营业场所，原则上不得在我国申请注册商标，除非其所属国与我国间存在协议，或是共同参加了国际条约，或是存在对等保护商标的原则，并且应当委托商标代理机构办理商标注册。

2. 商标注册的客体要件。商标要通过注册取得商标专用权，必须满足两个基本要件：一是积极要件，即商标必须具有显著性；二是消极要件，即不得违反法律禁止性规定，不得违反公共秩序和社会道德。

（1）积极要件：显著性。《商标法》第9条第1款规定，申请注册的商标，应当有显著特征，便于识别，并不得与他人在先取得的合法权利相冲突。亦即，商标应当具备足以使相关公众区分商品、识别来源的独特特征，满足显著性之要求。显著性是商标基本构成要件，意味着区分性、识别力。商标显著性越强，其指向越单一，相关公众基于商标产生的对商品与服务的一一对应关系越明确。

显著性，又可称为区别性、识别性，是"商标所具备的借以将某一经营者的商品或服务与其他经营者的商品或服务区分开来的特性"。[1] 显著性可分为内在显著性和外在显著性。内在显著性，又称"固有显著性"，表明商标的构成要素具备一定创造性、臆造性，商标本身与其所指代的商品或服务之间存在密切联系。臆造性越高，商标内在显著性越强。例如，"罗技"商标属于臆造商标，由企业独创，并且又同时是该企业字号，具有极强的显著性。[2]

外在显著性，也称"使用中获得的显著性"或"第二含义"，是指原本缺乏内在显著性的标志，在实际使用中获得了将不同商品或服务识别开来的区分能力。有些标识，虽不具备内在显著性，但在工商业活动的长期使用中，经经营者大力宣传，使之形成了联系商品或服务与经营者之间的独特印象价值与联想能力，以至于在特定场合，相关公众能根据标识的派生意义或"第二含义"，联想到特定的产品或服务及其经营者。这时，标志具有了明确指向性，取得了外在显著性。《TRIPs 协定》第 15 条第 1 款规定，如标记无固有的区别有关货物或服务的特征，则各成员可以由通过使用而获得的显著性作为注册的条件。

（2）消极要件：不得作为商标的标志。商标构成的消极要件是所要申请注册的商标不得具有的否定性因素，可以分为绝对的消极要件和相对的消极要件。

绝对的消极要件，是商标法禁止作为商标使用的情形。《商标法》第 10 条规定，下列标志不得作为商标使用：①同中华人民共和国的国家名称、国旗、国徽、国歌、军旗、军徽、军歌、勋章等相同或者近似的，以及同中央国家机关的名称、标志、所在地特定地点的名称或者标志性建筑物的名称、图形相同的；②同外国的国家名称、国旗、国徽、军旗等相同或者近似的，但经该国政府同意的除外；③同政府间国际组织的名称、旗帜、徽记等相同或者近似的，但经该组织同意或者不易误导公众的除外；④与表明实施控制、予以保证的官方标志、检验印记相同或者近似的，但经授权的除外；⑤同"红十字"、"红新月"的名称、标志相同或者近似的；⑥带有民族歧视性的；⑦带有欺骗性，容易使公众对商品的质量等特点或者产地产生误认的；⑧有害于社会主义道德风尚或者有其他不良影响的。

相对的消极要件，是商标不具备显著性要求，不能核准为注册商标，但可以作为非注册商标使用，如《商标法》第 11 条所规定的，①仅有本商品的通用名称、图形、型号的；②仅直接表示商品的质量、主要原料、功能、用途、重量、数量及其他特点的；③其他缺乏显著特征等几种情形。若这些标志经过使用后，获得显著性特征，具备区分功能，则可以申请为注册商标。

---

〔1〕 刘春田主编：《知识产权法》，中国人民大学出版社 2014 年版，第 253 页。
〔2〕 参见江苏省高级人民法院（2006）苏民三终字第 0100 号民事判决书。

（二）商标的注册与审查

1. 商标注册申请的原则。

（1）自愿注册和强制注册相结合的原则。我国奉行商标自愿注册原则，在生产经营活动中，自然人、法人或其他组织原则上自主决定是否申请商标注册。同时，《商标法》第6条规定了强制注册原则，法律、行政法规规定必须使用注册商标的商品，必须申请商标注册，未经核准注册的，不得在市场销售。《中华人民共和国烟草专卖法》第19条第1款规定，卷烟、雪茄烟和有包装的烟丝必须申请商标注册，未经核准注册的，不得生产、销售。除此以外的其他商品，实行自愿注册制。

（2）先申请原则。为避免重复授权，两个或者两个以上的商标注册申请人，在同一种商品或者类似商品上，以相同或者近似的商标申请注册的，初步审定并公告申请在先的商标；同一天申请的，初步审定并公告使用在先的商标，驳回其他人的申请，不予公告。是否在先申请，以商标注册的申请日进行判断。根据《中华人民共和国商标法实施条例》（以下简称《商标法实施条例》）第18条第1款规定，申请日期以商标局收到申请文件的日期为准。

（3）分类申请原则。申请商标注册时，须按照商品和服务分类表填报使用商标的商品或服务类别，以及商品或服务名称。目前，包括我国在内的多数国家都加入了《商标注册用商品和服务国际分类尼斯协定》（以下简称《尼斯协定》），根据商品性能、用途、原料、生产工艺、服务性质等，商品和服务被分为45大类，申请注册人必须根据该分类表按类填报商标注册申请。《商标法》第22条第2款规定，商标注册申请人可以通过一份申请就多个类别的商品申请注册同一商标。

（4）优先权原则。商标注册申请可以主张国际优先权和国内优先权，则首次提出商标注册的申请日或商品展出等事实发生日，可被认定为商标注册申请的实际申请日。《商标法》第25条规定，商标注册申请人自其商标在外国第一次提出商标注册申请之日起6个月内，又在中国就相同商品以同一商标提出商标注册申请的，依照该外国同中国签订的协议或者共同参加的国际条约，或者按照相互承认优先权的原则，可以享有优先权。要求国际优先权的，应当在提出商标注册申请的时候提出书面声明，并且在3个月内提交第一次提出的商标注册申请文件的副本；未提出书面声明或者逾期未提交商标注册申请文件副本的，视为未要求优先权。《商标法》第26条规定，商标在中国政府主办的或者承认的国际展览会展出的商品上首次使用的，自该商品展出之日起6个月内，该商标的注册申请人可以享有优先权。要求国内优先权的，应当在提出商标注册申请的时候提出书面声明，并且在3个月内提交展出其商品的展览会名称、在展出商品上使用该商标的证据、展出日期等证明文件；未提出书面声明或者逾期未提交证明文件的，视为未要求优先权。

2. 商标注册申请的审查。

（1）形式审查。商标局收到商标注册申请后要进行形式审查和实质审查。形式审查是对商标注册申请的文件和手续是否齐备、提交的申请文件（申请书、图样等）是否符合法定要求，申请日是否确定，申请人的主体资格，是否按类申请以及是否缴纳申请费等基础性事项进行审查。商标局在审查中发现形式问题，会通知当事人在规定期限内补正。

（2）实质审查。经过形式审查未发现问题后，商标局即受理注册申请，向申请人发送《受理通知书》，进入实质审查阶段，审查是否存在不予注册的绝对事由和相对事由。

（3）初步审定公告。商标局经过实质审查，认为符合《商标法》规定的，即予以初步审定公告。初步审定的期限为 9 个月，初步审定公告公布于《商标公告》上。但此时，申请人并未取得注册商标专用权。

（4）异议和复审。对于初步审定的商标，自公告之日起 3 个月内，任何人认为商标注册损害公共利益，存在不予注册的绝对理由，均可向商标局提出异议。在先权利人、利害关系人认为商标注册损害了自己的民事权利，存在不予注册的相对理由，也可向商标局提出异议。

对于初步审定公告期内存有异议的，若商标局做出商标不予注册的决定，被异议人不服，可自收到通知之日起 15 日内向商标评审委员会申请复审。商标评审委员会应当自收到申请之日起 12 个月内作出复审决定，并书面通知异议人和被异议人。

（5）核准注册及公告。对于初步审定的商标，公告期满且无异议的，商标局予以核准注册，发给商标注册证，并予以公告。对于初步审定公告期内存有异议的，商标局经审查，认为异议不成立的，予以核准注册，发给商标注册证，并予以公告。异议人不服，可依照《商标法》第 44 条、第 45 条的规定向商标评审委员会请求宣告该注册商标无效。

三、商标权的内容、利用与消灭

（一）商标专用权的内容

1. 商标专用权的效力范围。商标专用权是经合法注册的商标持有人对注册商标享有的，在一定范围内排斥他人使用的专属权利，其效力范围包含专用权和禁用权（排他权）两个方面。

按照《商标法》第 56 条的规定，注册商标专用权以核准注册的商标和核定使用的商品为限。商标权保护的是商品或服务来源与消费者认知间稳固的、一一对应的联系。若将注册商标使用于未核定使用的商品或服务上，构成冒充注册商标行为，易造成相关公众对商品或服务来源的混淆。当然，注册商标权人虽在该未核准使用的商品和服务上不享有专用权，但若该未核准使用的商品或服务与注册商标所指定使用的商品或服务类别近似，注册商标权人仍享有排他权，可禁止他人的擅自使用。

随着注册商标的使用行为，若商标逐渐承载一定的声誉和知名度，知名度的提高使注册商标获得法律保护的程度也越高，其禁用权的效力范围也会扩大。例如在广州大明联合橡胶制品有限公司与张继超案[1]中，法院指出，商标禁用权是随着商标的显

---

〔1〕 参见洛阳市中级人民法院（2009）洛知民初字第 102 号民事裁定书。

著性、知名度的增加而扩张的，法律赋予商标所有人以商标权，不仅仅是为了保护商标所有人权利，而且也是为了保护消费者的合法权益和促进公平、有效竞争。

2. 商标专用权的期限范围。注册商标的有效期限为 10 年，自核准注册之日起计算。注册商标有效期满，可办理续展手续，延续商标专有权的有效期限。商标注册人应当在期满前 12 个月内按规定办理续展手续，并可有 6 个月的宽展期；期满后未办理续展手续的，该注册商标被注销。

此外，商标专用权以促进商标使用为目的，商标持有人取得注册商标专用权后，若无正当理由连续 3 年不使用该注册商标，根据《商标法》第 49 条第 2 款的规定，任何单位或个人可以向商标局申请撤销该注册商标。

（二）商标专用权的利用

商标专用权是商标权利人的一项重要财产权，可以通过自用、转让、许可与质押等方式进行利用。在注册商标非自用场合下，商标专用权既要维护经营者凝聚在商标上的商誉，也要维护消费者的合法权益，因此对商标专用权的转让和许可进行了一定限制。

1. 商标专用权的转让。注册商标权的转让，是指维持注册商标权内容的同一性而变更注册商标权主体。[1] 按照是否将商标与所属经营一同转让，可分为一并转让和自由转让。我国商标法上允许商标连同或者不连同商标所属经营一并转移。但若注册商标的转让可能引起商品来源的混淆或商品质量的下降，或转让行为可能损害第三人或社会公众利益，法律予以禁止。此外，若注册商标的转让，商标注册人对其在同一种或类似商品上注册的相同或近似商标，应当一并转让。

注册商标专用权的转让实行核准制[2]，权利移转应当由转让人和受让人达成转让合意后，签订转让协议，共同向商标局提出转让申请；经商标局核准，发给受让人相应证明，并予以公告后生效。受让人继受取得注册商标专用权后，负有保证使用该注册商标的商品质量的义务。

2. 商标专用权的许可。使用许可是注册商标权人利用商标专用权的常用方式之一。虽然商标专用权是一种财产性权利，权利人可以许可他人行使；但商标除了识别功能以外，还具有品质保证功能，若允许商标注册人许可他人使用该注册商标，除容易造成商品或服务来源不一致外，还难以确保使用相同商标的商品或服务具备相同品质。目前，各国均承认商标专用权的许可使用，同时立法上也设有一定限制。

《商标法》第 43 条规定，商标注册人可以通过签订商标使用许可合同，许可他人使用其注册商标。并且，注册商标的许可实行备案制，由商标局公告，未经备案不得对抗善意第三人。为确保商标的质量功能，许可人应当监督被许可人使用其注册商标的商品质量；被许可人应当保证使用该注册商标的商品质量。

注册商标的许可方式包括独占使用许可、排他使用许可和普通使用许可。独占使

---

〔1〕 李扬：《商标法基本原理》，法律出版社 2018 年版，第 290 页。
〔2〕 参见北京市高级人民法院（2009）高行终字第 322 号行政裁定书。

用许可，是商标注册人在约定的期间和地域范围内，仅许可一个被许可人以特定方式使用注册商标，商标注册人本人也不得使用该注册商标。排他使用许可，是商标注册人在约定的期间和地域范围内，仅许可一个被许可人以特定方式使用该注册商标，并可自行使用该注册商标。普通使用许可，是商标注册人在约定的期间和地域范围内，许可他人使用其注册商标，并可自行使用和再许可第三人使用该注册商标。

（三）商标专用权的消灭

商标专用权的消灭是因某种法定原因，导致注册商标权利人不再享有商标专用权。导致商标专用权的消灭主要有注销、被宣告无效以及撤销几种。

1. 注销。

（1）申请注销。商标注册人因特定原因，不愿维持其商标的注册，可放弃商标专用权。商标注册人须向商标局申请注销其注册商标，或者注销其商标在部分指定商品上的注册。根据《商标法实施条例》第73条的规定，商标注册人应当向商标局提交商标注销申请书，并交回原《商标注册证》。经商标局核准注销的，该注册商标专用权或者该注册商标专用权在该部分指定商品上的效力自商标局收到其注销申请之日起终止。

（2）注册商标期满未续展。根据《商标法》第40条规定，若商标注册人未在注册商标有效期满前12个月内及6个月的宽展期及时办理续展手续，注册商标将被商标局注销。

2. 被宣告无效。注册商标被宣告无效，是已获得注册的商标，因不符合商标法规定的注册要件，由商标局或商标评审委员会宣告无效。注册商标被宣告无效，商标专用权视为自始不存在，具有溯及力。

（1）存在不予注册的绝对理由。如果商标在注册时即存在不予注册的绝对理由，或是以欺骗手段或其他不正当手段取得商标注册的，商标局依职权随时宣告该注册商标无效。这是商标局主动宣告注册商标无效，没有时间限制。

（2）存在不予注册的相对理由。如果在先权利人或者利害关系人认为注册商标在注册时存在不予注册的相对理由，侵害了自己的民事权利，可请求商标评审委员会宣告该注册商标无效。《商标法》第45条规定，除恶意注册他人驰名商标的情形，在先权利人或利害关系人须在商标注册之日起5年内请求商标评审委员会宣告该注册商标无效。

3. 撤销。注册商标的不当使用可能导致商标被撤销。商标注册后，若无正当理由连续3年不使用的或商标显著性退化而成为其核定使用商品的通用名称的，商标失去识别来源的功能，根据《商标法》第49条的规定，任何单位或者个人可以向商标局申请撤销该注册商标。

（1）连续3年不使用。商标注册的目的之一在于促进商标的积极使用，发挥商标的实际效用，[1] 若商标注册后长时间不使用，就无法在商标与其指定的商品或服务间

---

[1] 参见最高人民法院（2015）知行字第181号行政裁定书。

建立联系，造成资源浪费，不利于维护公平竞争秩序。[1] 因此，我国《商标法》将这一事由作为撤销商标的情形之一，清除市场中已经死亡的商标。但撤销不是目的，而是手段。

（2）商标丧失显著性成为商品通用名称。显著性是商标核准注册的一个必要条件。如果一个标识在申请商标注册时具备显著性，但在使用过程中发生显著性退化，丧失识别来源的功能，就没有必要再维持该标志的注册商标专用权，任何单位或个人可以向商标局申请撤销该注册商标。

（3）以其他违法方式使用。《商标法》第 49 条第 1 款规定，商标注册人在使用注册商标过程中，自行改变注册商标、注册人名义、地址或者其他注册事项的，由地方工商行政管理部门责令限期改正；期满不改正的，由商标局撤销该注册商标。商标的使用应当限定在核定的商品或服务上，变更注册事项应当提出变更申请，擅自改变将破坏商标与核定使用的商品或服务之间的对应联系。

四、商标权的保护

商标权的保护，不仅仅维护注册商标专用权。从商标的功能出发，商标权的保护旨在维护商标的识别功能、来源功能、质量功能与宣传功能；从商标承载的信誉与相关公众的联想、印象价值出发，商标法还要维护商标权利人凝结在商标上的商誉，保护消费者利益。导致相关公众混淆的行为将构成商标侵权行为，为商标法所防范和制止。

在我国打造品牌强国的工商业发展进程中，商标权的保护须放在更开放的视野中进行，一方面运用《商标法》等知识产权法律途径，维护注册商标与非注册商标的合法权益；另一方面则要从促进品牌建设的角度，推进我国工商业品牌国际竞争力的提升，为知名品牌的培育和成长提供良好的法律环境，为工商业企业品牌的包容性发展提供制度空间。

（一）侵害注册商标权的行为

1. 商标相同或近似。《商标法》第 57 条第 1 项、第 2 项规定，未经商标注册人许可，在同一种商品上使用与其注册商标相同的商标的，或近似的商标，构成商标侵权行为。

商标相同，指被控侵权商标与注册商标相比较，两者在视觉上基本无差别；商标近似，是被控侵权商标与注册商标相比较，在文字字形、读音、含义或图形构图及颜色，或商标构成要素组合后整体结构相似，或其三维立体形状、颜色组合近似，容易使相关公众误认商品来源或认为其来源与原告注册商标的商品有特定联系。判断商标近似与否，通常以相关公众的一般注意力为标准，若相关商标的构成要素整体上构成近似，则可认定为近似商标；构成要素在整体上不近似，还需要对商标主要部分进行

---

[1] 参见最高人民法院（2017）行申第 7122 号行政裁定书。

比对，商标近似性的实际判断中，须根据具体案件情况，并综合考虑相关商标的显著性、实际使用状况、知名度等因素对相关商标的整体或主要部分是否具有市场混淆的可能性进行综合分析。[1]

2. 注册商标核定使用的商品相同或类似。在同一种商品上使用与注册商标相同或近似的商标，构成侵犯注册商标专用权。在类似商品上使用与注册商标相同或近似的标识，容易导致混淆的，同样构成侵权。目前我国《商标法》中并未明确规定商品类似的判断标准，根据 2020 年《最高人民法院关于审理商标民事纠纷案件适用法律若干问题的解释》第 11 条第 1 款、第 2 款规定，类似商品，是指在功能、用途、生产部门、销售渠道、消费对象等方面相同，或者相关公众一般认为其存在特定联系、容易造成混淆的商品；类似服务，是指在服务的目的、内容、方式、对象等方面相同，或者相关公众一般认为存在特定联系、容易造成混淆的服务。避免来源混淆仍是判断商品类似关系时须坚持的基本原则，这既是基于注册商标专用权的按类注册、管理和保护的法律逻辑出发，也在于维护商标功能和消费者利益的目的，若近似商标在具有一定关联性的商品上共存，容易使相关公众产生混淆，即应当认定两商品构成类似商品。[2]

3. 商标使用行为。根据《商标法》第 57 条第 3 项、第 4 项、第 5 项、第 6 项的规定，销售侵犯注册商标专用权的商品；伪造、擅自制造他人注册商标标识或者销售伪造、擅自制造的注册商标标识的行为；未经商标注册人同意，更换其注册商标并将该更换商标的商品又投入市场；故意为侵犯他人商标专用权行为提供便利条件，帮助他人实施侵犯商标专用权行为等违法使用商标的行为，构成侵权。

在具体判断时，需要根据具体案件情况：其一，考虑被控侵权的使用行为，是否使标识具有可感知性。[3] 若特定标志与他人注册商标相同或近似，但使用方式并不能为相关公众直接感知并据此识别，则不能认定为商标性使用。其二，被控侵权的使用行为是否是突出使用、单独使用。若被控侵权的使用行为构成对注册商标的突出使用，容易造成相关公众的混淆和误认，认为相关商标存在某种联系，[4] 则应认定构成侵权。其三，被控侵权的使用行为是功能性使用还是区别性使用。若使用行为是功能性用途，表明特定商品的功能、用途，而不是用于区别商品来源，不会对消费者产生混淆影响，[5] 则不构成商标性使用行为。其四，被控侵权的使用行为是否符合商业习惯、商业惯例。一些注册商标原本缺乏内在显著性，因使用取得第二含义而获得注册。若他人的使用行为在于说明商品的主要原料、组分构成等，则不属于商标性使用行为。

4. 混淆可能性。按照《商标法》第 57 条第 2 项的规定，商标使用行为容易导致混淆的，构成近似侵权，指向的是混淆可能性，而非实际混淆。

从内容上看，混淆可能性包括狭义的混淆可能性，即相关公众对商品或服务的来

[1] 参见最高人民法院（2010）民提字第 27 号民事判决书。
[2] 参见最高人民法院（2011）知行字第 37 号行政裁定书。
[3] 参见最高人民法院（2009）民申字第 268 号民事裁定书。
[4] 参见最高人民法院（2015）民申字第 2769 号民事裁定书。
[5] 参见北京市第一中级人民法院（2001）一中初字第 15 号民事判决书。

源产生混淆的可能性；和广义的混淆，即相关观众对使用相同或近似商标的商品生产者或服务提供者之间存在特许经营、联营等法律关系的混淆可能性。

从时间上看，混淆包括事前混淆、事中混淆和事后混淆。以相关公众发生混淆的时间为标准，相关公众在实际购买商品或接受服务前就对商品来源产生混淆，为事前混淆；相关公众在实际购买商品或接受服务中产生来源混淆，构成事中混淆；事后混淆则是相关公众在购买商品或接受服务时，自己对商品来源虽没有产生混淆，但事后可能使其他相关公众对商品来源产生混淆。

从混淆的方向看，混淆包含正向混淆和反向混淆。正向混淆是相关公众误以为被告的商品可能来源于商标权人，反向混淆则是相关公众误以为商标权人的商品可能来源于侵权行为人。[1]

（二）侵害商标权行为的法律责任

1. 民事责任。

（1）停止侵害行为、排除侵害危险行为。若法院进行裁判时侵权行为仍在继续，则停止侵权是法院要求侵权行为人首先承担的民事责任；若侵害商标权的行为即将发生或有紧迫的发生危险性，则要求行为人承担排除侵害危险的民事责任。行为人在承担这两项责任时，不要求其主观上的过错。

（2）损害赔偿责任。如果侵权行为人主观具有过错，知道或应当知道自己从事侵权行为，利用了注册商标的商誉，则还应当承担赔偿责任。[2] 根据《商标法》第63条第1款的规定，侵犯商标专用权的赔偿数额，按照权利人因被侵权所受到的实际损失确定；实际损失难以确定的，可以按照侵权人因侵权所获得的利益确定；权利人的损失或者侵权人获得的利益难以确定的，参照该商标许可使用费的倍数合理确定。对恶意侵犯商标专用权，情节严重的，可以在按照上述方法确定数额的1倍以上5倍以下确定赔偿数额。赔偿数额应当包括权利人为制止侵权行为所支付的合理开支。

2. 行政责任。侵害商标权，不仅损害商标权人的权利，还会侵害消费者的合法利益，损及公共利益，因此，侵权行为人不仅要承担民事责任，还应承担行政责任。根据《商标法》第60条的规定，对于侵犯注册商标专用权的行为，商标注册人或利害关系人可以请求工商行政管理部门处理。工商行政管理部门处理时，认定侵权行为成立的，责令立即停止侵权行为，没收、销毁侵权商品和主要用于制造侵权商品、伪造注册商标标识的工具，违法经营额5万元以上的，可以处违法经营额5倍以下的罚款，没有违法经营额或者违法经营额不足5万元的，可以处25万元以下的罚款。对5年内实施2次以上商标侵权行为或者有其他严重情节的，应当从重处罚。销售不知道是侵犯注册商标专用权的商品，能证明该商品是自己合法取得并说明提供者的，由工商行政管理部门责令停止销售。

3. 刑事责任。根据《商标法》第67条第1款规定，未经商标注册人许可，在同一

---

〔1〕 李扬：《商标法基本原理》，法律出版社2018年版，第234页。
〔2〕 王迁：《知识产权法教程》，中国人民大学出版社2019年版，第522页。

种商品上使用与其注册商标相同的商标，构成犯罪的，除赔偿被侵权人的损失外，依法追究刑事责任。《刑法》第 213 条、第 214 条、第 215 条分别规定了"假冒注册商标罪""销售假冒注册商标的商品罪"和"非法制造、销售非法制造的注册商标标识罪"，侵权行为人要承担有期徒刑、罚金等刑事责任。

第十二章
工业化背景下国际经济法的发展

第一节　工业化和国际贸易理论

国际贸易之理论与学说，在实质上皆相系于产业。国际贸易理论的发展可划分为三个阶段阐明，即古代贸易观阶段、绝对优势和比较优势贸易理论及修正阶段、现代国际贸易理论阶段。产业保护与增值是这些贸易理论中必不可少的内容，且以保护本国企业和产业以及拓宽外国市场为宗旨。

一、早期的国际贸易理论

国际贸易学说在亚当·斯密以前是以第一产业为研究对象，映射出资本主义生产模式演化为潮流前的农业与农牧业状况。色诺芬（古希腊经济学家）对商品交换的重要性持质疑态度，对手工业领域也是如此，他认为社会以农业为经济基础，是诸多其他记忆之源起。色诺芬重视货币在贸易中的作用，所以其对银矿业尤为看重。

手工业在中世纪末有了较大进步，随之而来的是贸易和国际贸易的较大发展。中世纪末的思想家托马斯·阿奎那认为增进国家财富的途径有两种，即农业和商业。

公元15世纪到17世纪的贸易学说潮流是重商主义，该国际贸易理论伴随着资本主义生产方式的兴起。加上工业的冒头与进步，致使这个时间阶段的国际贸易理论的产业特点十分显著。重商主义学说下的贸易理论以世界资源有限论、外贸财富增值源泉论、金银真正财富论、国家干预经济论为共同特征。生产方式在1640年英国资产阶级革命后发生变革，主要的生产方式转变为工场手工业。新时代要求新的国际贸易理论。就收益来看，威廉·佩认为商业收益大于工业收益，工业收益大于农业收益，经营会积累金银的产业比经营任何别的产业都有力。为保护本国民族产业，他呼吁关税保护，对他国进口的竞争性工业品赋以高关税，使他国产品售价高于本国同类制品。在这些思想中，产业政策、关税保护政策初具雏形。

二、自由贸易理论

从亚当·斯密开始，真正自由贸易学说抬头。作为英国工场手工业向机器大工业生产过渡时期的经济学家，亚当·斯密的贸易理论构建也凸显了产业特点。《国富论》是亚当·斯密贸易学说的代表性著作，在该论著中他提出自由贸易的主张，对国家干预经济表示反对。但是，国家在两种情势下可以征收关税，一是为保卫国家抑或是为保护国内某些民族产业；二是假定对某些国内生产的工业产品课税。亚当·斯密的绝对优势原理的基础是社会分工，该原理主要认为国家基于自然禀赋会使其国内某些产品在生产上具有绝对优势的条件。每个国家应当进行国际分工，生产绝对有利的产品，以此进行专业化生产的国际贸易。若各国能依绝对优势原理进行国际分工生产，那么世界各国劳动力、自然资源和资本则会得到充分利用。

大卫·李嘉图是自由贸易理论的另一个集大成者。他用比较优势理论真正阐释了国际贸易问题。各国相较于他国都会存在有比较优势的产品，他主张专业化生产，并在此基础上进行国际贸易。而各国的比较优势来源于该国之自然禀赋。

自由贸易理论还有一些别的经济思想和分支理论。例如瑞典经济学家伯蒂尔·俄林就提出了著名的"生产要素禀赋理论"。该理论认为，国际贸易的原因在于价格的国际差异，而价格的国际差异来源于成本的国际差异，各国不同的成本比例反映了各种生产要素的价格比例关系，生产要素价格的差异是各国生产商品时成本比例差异的原因，而各国在生产要素的供给方面存在着巨大差异，构成了各国生产要素价格差异的基础，同时对生产要素的不同需求比例也会形成各国不同的要素价格比例，从而为国际贸易提供基础。其他经济学家则补充认为，在所有生产要素中，技术因素是最活跃的因素。技术进步改变原来的投入产出关系，导致对原生产要素的节约。节约劳动，可使劳动密集型产品产量增加，资本密集型产品产量下降；节约资本，会使资本密集型产品产量增加，而劳动密集型产品产量下降。技术的国际转移，改变一国的技术水平和产出水平。技术转移的作用，在产品生命周期理论中得到最好的说明。技术转移也带来了产业结构的调整，从而带来国际贸易结构和方向的变化。国际贸易在促进一国经济增长的同时，极大影响着一国的经济结构及其调整。具有比较优势的产业会得到更大的发展，处于劣势的产业则面临巨大挑战。国际贸易改变国内原有的产业结构，实现生产要素的重新配置。

三、贸易保护理论

相对的，有自由贸易理论就有贸易保护理论。与英国自由贸易理论并行的是贸易保护理论。贸易保护理论的主要阵营是产业相对不发达的美国、德国，两国分别以汉密尔顿和李斯特为代表学者。

汉密尔顿的贸易保护主义主张发展商业和制造业，并认为国家应当对经济采取干预措施。著名的幼稚产业保护思想由他率先提出。该思想呼吁采用高关税的保护政策，以此来保护国内幼稚产业的发展，并且关税收入还可以促进国内制造业的发展。汉密尔顿认为制造业有七大好处：一是可以尽量采取分工制度，提高生产力；二是通过机器适用培养专业技术人才；三是增加社会阶层的就业，减轻社会经济负担；四是扩大农产品市场；五是可以吸纳外国移民，促进本国工业发展；六是为民众才智与能力的发挥提供舞台；七是焕发企业精神。李斯特则提出社会发展阶段理论。认为国家的发展需要经历五个阶段，即原始未开化阶段、畜牧阶段、农业阶段、农工业阶段和农工商业阶段。李斯特的贸易保护观是农业没有保护的必要，他的理由是保护农业则会使得国外廉价原材料无法入境，会致使国内农产品价格抬高；而幼稚工业则需要保护，重点保护重要的工业部门，特别注意国民工业中最重要的部门。由此可见，汉密尔顿与李斯特所主张的贸易保护理论，其核心内涵是产业保护理论。李斯特所主张的选择性保护产业正在国际贸易舞台上扮演着指挥家的角色，是当今世界各国促进产业发展、产业升级和主动性产业的理论与现实的写照。

第二节　产业保护和世界贸易组织规则

曾经以往，重商主义通过限制进口、促进出口的手段以达成创造贸易盈余的目标，而现代关税谈判的目标则不同：是为了平衡己方贸易壁垒最小减让和伙伴贸易壁垒最大减让。产业保护亦涵盖双重内核：一是为保护本国产业免受进口产品损害；二是保护本国产业在外国市场不受侵害。国内产业向他国进军，产业的制造在原进口国发生，东道国应当对其权益提供保护。如《关税和贸易总协定》之国民待遇条款，对进口国而言，该条款禁止保护国内产业。对出口国来说，国民待遇条款对保护出口产品和产业意义重大。如若进口国违反国民待遇条款对进口产品歧视，出口国国内产业的产品则会因此遭受损害。故，世界贸易组织时代背景下，如何对关税进行约束和如何践行国民待遇义务是处于同等重要地位上的普遍使用义务。它如一个硬币的两个方面，保护着出口国国内产业的利益。例如1947年《关税和贸易总协定》，这一协定构成了WTO货物贸易规则基础，从两个方面做出了规定：一是边境措施，该措施对是否允许进出口做出了规定；二是国内措施，该措施对国内待遇问题做出了规定。在保护出口国国内产业利益相平衡的要求下，进口国对进口国国内产业做出相应保护，即贸易救济措施。世界贸易组织法律框架是允许依法对产业进行保护的。此种保护必须在世界贸易组织认可的领域、方式、手段、程度下进行。除此之外，在某些领域世贸组织未做要求，抑或是在某些领域成员国未做承诺的情势下，成员国对该领域的管理是自由的，是有权的，该成员国可以采取其认为适当的管理方法，包括但不限于限制进出口。

全球排名前两位的制造业大国分别是中国和美国，二者主打产品为工业制成品，美国的第一大进口国与第四大出口国为中国。2016年，中国对美国的出口额为3851亿美元，占同期中国总出口比的18.4%，占同期中国工业销售产值比的1.9%，三百万余人因此受益走上制造业岗位。多年来，劳动密集型领域是中国制造业竞争优势，而技术和资本密集型领域的竞争优势由美国主导，在产业上，中国与美国存在垂直互补关系，合作大于竞争。但近年来，中国资源要素条件的转型与产业升级，致使中美两国的垂直互补关系被打破，二者间的制造业竞争性逐步增强。用产业链视角划分，中美制造业关系可以分为竞争性、互补性和潜在竞争性三类。特朗普新政对这三类产业的影响各有不同，具体分析和判断如下。

一、竞争性行业可能首当其冲受到贸易摩擦影响

橡胶和塑料制品业，金属制品业，木材加工和木、竹、藤、棕、草制品业，非金属矿物制品业等行业首当其冲，是中美之间的竞争性行业，这些行业主要涉及塑料（橡胶）类、贱金属类、木质类、矿产品类贸易产品。在这些行业中，中美之间的研发投入旗鼓相当，故而二者之竞争优势相去不大，中国对金属制品的研发投入甚至比美国多0.19%，中美在这个领域的贸易摩擦与竞争最为激烈。2008年到2016年，美国对我国贱金属产业发起26次反倾销惩罚，光是钢铁制品行业就遭受20余次反倾销惩罚，为8年来贸易摩擦最频繁的产业领域。除此之外，我国矿产品行业被美国政府处以6次反倾销惩罚，塑料（橡胶）制品业、木制品业则分别遭受3次、2次美国的反倾销惩罚。

二、互补性行业可能遭受有针对性的局部冲击

轻工和电子信息两大行业中的劳动密集型产品，文教、工美、体育和娱乐用品制造业，纺织服装、服饰业，皮革、毛皮、羽毛及其制品和制鞋业，家具制造业以及部分计算机、通信和其他电子设备制造业等行业是中美贸易间的互补性行业。技术差距是中美制造业间长久以来存在的问题。美国依托于其资本优势和技术控制力，以跨国公司为基点，构建出纵向分工的全球产业体系，并向中国等新兴国家转移其劳动密集型产业。中国发挥其劳动力成本优势，在这些行业开展加工贸易。这些领域经过几十年的发展，中美间互补性产业分工格局逐步成型。美方对轻工和消费电子产品的大量需求，致使这些行业成为我国对美国贸易的主打行业和贸易顺差的主要来源。

三、潜在竞争性行业可能成为美国制造业回归的重点

电气机械和器材制造业，通用设备制造业，专用设备制造业，铁路、船舶、航天航空和其他运输设备制造业，纺织业，仪器仪表制造业是中美潜在竞争性行业，这些行业的劳动密集程度在制造业领域中处于中等水平。中美在前述领域的技术水平多年来存在普遍差距，并在部分行业差距较大，因此，二者间演化出具有一定梯度的产业分工关系。

中国制造在近年不断谋求中高端升级，而美国制造则力图向中低端发展，双方皆试图在对方优势领域延伸，直接结果是导致中美间正面竞争行业领域范围不断扩大。一方面，中国在前述领域研发投入力度加强，部分企业得益于此，开始在制造业中高端领域发展，行业整体技术水平也呈现提升趋势，中美技术差距不断紧缩。另一方面，工业机器人等人工智能的推广使用，发达国家劳动力成本问题会比过去具有优势，加工制造业转移回发达国家具有现实基础。

2017年4月18日，特朗普为重返制造业目标，发布行政命令称"购买美国货，雇佣美国人"，美国在世界贸易组织《政府采购协定》（GPA）、《北美自由贸易协定》（NAFTA）和其他自由贸易协定下，需要向57个国家承担的义务将被审查。

美国国会颁布多条具有本地成分之法令，试图使美国税收资助的公共采购项目能让美国企业与工人最大限度受益，并尝试限制购买和使用非本国生产的终端产品或建筑材料。1933 年《购买美国货法》（*Buy American Act*）对联邦政府物品采购做出了要求，即要求购买美国原产的未加工物品、物资或材料抑或者实质上全部来源于美国的零部件的制成品。该法生效后，为美国国产终端产品和建筑材料确立了价格优惠。

当然，"购买美国货"存在特殊情势下的豁免：①符合公共利益；②美国制造价格不合理；③美国制造商对提供足够质量或数量的产品存在困难。1979 年《贸易协定法》经过修正后，允许他国（需要该国满足与美国对等开放国内采购市场待遇条件）采购竞标，即为获得该豁免。

与之相反的是，《购买美国货法》〔*Buy America Act, 23 U. S. C 313（a）*〕对联邦交通资金同样适用，该基金存在是为了支持县、州政府建设公路、公共交通、航空器和其他由联邦政府资助的基础设施项目。

特朗普称"购买美国货，雇佣美国人"之行政命令意旨是在"捍卫我们的工人，保护我们的工作，最终实现美国第一"。此命令对联邦机构提出的要求是"在购买美国货适用的范围内，监控、执行和遵守法律，并在符合相关法律的情况下，将豁免情况降至最低"。为使效果最大化，行政命令做出三点规定：其一，建议商务部长和美国贸易代表对所有自由贸易协定和世贸组织的《政府采购协定》进行评估，以估测对《购买美国货法》实施的影响，并在此基础上对如何深化实施《购买美国货法》提出建议；其二，严格控制豁免，除了限制豁免决定的做出必须经由采购部长外，还要求政府机构尽可能少出现豁免情势；其三，命令采购部门对外国产品价格进行分析，以明确外国产品之价格优势是否基于铁、钢或制成品之倾销抑或是补贴。"符合相关法律"被解释为遵守美国的国际贸易法义务。

第三节 工业外贸发展方式的转变：
现实、问题与机遇

走中国特色新型工业化道路的观点是党的十六大提出的。党的十七大和十八大进一步重申坚定不移地走新型工业化道路的决心。有研究认为，中国到 2020 年可以基本实现工业化。[1] 实现工业化的道路上，必须切实推行多项重要的工业化战略：即工业结构优化调整战略；企业自主创新能力提高战略；战略性新兴产业发展战略；工业人力资本要素全面提升战略；工业绿色低碳节能发展战略；工业经济外贸发展方式转变战略；工业化、城镇化、信息化和农业现代化同步发展战略。[2] 在国际经济法视域下，中国工业外贸发展方式的转型升级不仅引发中国国内、参与的国际外贸与投资立法的

〔1〕 中国社会科学院工业经济研究所课题组主编：《工业化蓝皮书："一带一路"沿线国家工业化进程报告》，社会科学文献出版社 2016 年版，第 201 页。
〔2〕 中国国际经济交流中心课题组主编：《中国 2020 年基本实现工业化：主要标志与战略选择》，社会科学文献出版社 2014 年版，第 142～149 页。

变更，而且也是国际经济规则重塑的要求。

中国产业结构和人口空间不断变化，第一产业在国民经济中占比呈下降趋势，城镇人口比重趋于上升，这些现象将促使从事第一产业人口向第二、第三产业转型。1980 年，改革开放初期，中国工业制成品出口额在世界出口总额中占比不超过 1%，2010 年，该比重提升到了 14.76%，先后超越美、日、德等发达工业化国家，成为全球第一工业制成品出口国。可以预见今后中国将保持这一工业制成品贸易的世界领先地位，工业制成品出口额全球占比将保持稳速增长。

虽然出口额全球占比世界第一，但我国仍然是一个外贸弱国。因为，我国主要以加工贸易、工业制成品、劳动与资源密集型产品、中低端产品为主。工业出口企业核心竞争力有待提高，国际分工深度化参与程度有待进步，参与国际标准制定和价格谈判能力有待加强，贸易平衡的国别和区域结构矛盾突出，外贸发展的国际市场和国内区域布局有待完善。传统外贸发展方式与资源能源供应和环境承载力的矛盾凸显。稳定外贸增长的政策、公平竞争与体制环境需要进一步优化。

国际视阈下，全球经济发展低迷，贸易保护主义抬头，国际贸易摩擦激增。经济全球化仍然是世界趋势，各国对全球经济治理机制的改革呼声强烈，我国参与全球经济治理话语权增强。贸易自由化和区域及一体化持续推进，双边和区域自由贸易协定的数量增多。国际产业转移从加工制造环节向产业链两端延伸，为我国延伸产业链做出现实铺垫。

如何有效地转变工业经济外贸发展方式？加大力度提高出口商的国际竞争力、提升企业的国际竞争力、优化政府参与国际贸易规则制定的能力；调整企业主体结构，增强大型企业的国际竞争力，普遍提高中小企业基本素质；调整优化商品结构，稳定传统优势产品贸易，扩大自由知识产权、民族品牌、高附加值产品贸易等。为实现中国特色工业化，需要做到从出口导向型向产业优势导向型转变；从粗放型贸易向集约型贸易转变；从中低端要素集成品为主向高中端要素集成品为主转变；从以西方市场为主向全球多元市场转变；以发展自有贸易区为契机推动外贸发展方式转变；推进重点工业企业向国际化经营发展。[1]

第四节 推进工业企业国际化的投资
法律制度及发展

深入实施"走出去"战略，鼓励重心企业向国际化经营目标发展，培育一批世界级的跨国公司、全球公司。推动国内科技成熟、国际市场需求广的行业和企业向海外迁移部分生产能力，鼓励有实力企业开展海外重要能源资源的开采与合作。支持国内企业在技术资源密集的国家和地区设立研发中心。帮助能力强、资本雄厚的大型企业

---

[1] 中国国际经济交流中心课题组主编：《中国 2020 年基本实现工业化：主要标志与战略选择》，社会科学文献出版社 2014 年版，第 142~149 页。

展开成套工程项目承包、跨国并购、绿地投资等。采用综合性政策措施，鼎力支持我国重大技术标准在海外应用，扩充中国企业在国际市场的竞争力和影响力。此外，支持个体参与或独立对外投资，拓展对外投资主体范围。

我国自20世纪70年代末以来，开始吸纳外商直接投资。我国外资法已经初有一套以《中华人民共和国中外合资经营企业法》（以下简称《中外合资经营企业法》，已失效）《中华人民共和国中外合作经营企业法》（以下简称《中外合作经营企业法》，已失效）《中华人民共和国外资企业法》（以下简称《外资企业法》，已失效）为基础，以相邻部门法为配套，以行政法规、部门规章和地方立法为补充，贴合国际经济通行规则，有中国特色的较为完善的外商投资法律系统，并陆续地发展成熟。尽管我国外资相关法律规定已初见雏形，但它仍不是一个完整、完善的法律架构，有一些值得探索且有待解决的问题。在新的国际经济发展趋势下，我国外资立法与WTO规则不相协作的窘迫境地时有出现，外资立法在结构体系、立法模式及具体内容方面的短处或不足日渐显露。由此可见，中国学者通过解析我国现有外资立法体例在全局层面所存在的问题的源头，积极寻找完善我国外资立法的价值趋向与立法导向，并对完善我国现有外商投资法体系提出了可贵的建议。总而言之，在中国外商投资法体系的完善或重构的问题上，存在以下三种观点：①提倡保存现有外商投资企业法体系，建议进一步修整"三资法"；②把现有的外商投资法统一到一部外商投资企业法，但不实行内外资统一立法；③实行内外资统一立法。

随着中国经济的迅猛发展和综合国力的不断增强，中国政府除了看重"引进来"的策略外，还在21世纪起始正式确立了"走出去"战略。新一代的领导阶层提议进行新一轮更高水平的对外开放，架构开放型新经济体系。这需要按照党的十八届四中全会通过的《依法治国决定》进行部署，改善涉外法律法规和涉外法治实施、监督、保障系统，提高对外开放的制度化、法治化水平。作为主动回应政府号召的实在体现，中国企业的对外投资包括对发展中国家的投资出现了迅速增加，对东道国的经济和社会发展贡献了不容小觑的力量。然而，中国企业在海外投资的进程中，在维护东道国环境，达成东道国的可持续发展以及遵循当地劳工与就业法律等方面遇到相对大的挑战，就国内的相关立法而言，部分对外投资领域法规层级较低甚至无法可依。所以，如何合理借鉴其他国家或地区对外投资相关规定的成功经验，持续改善我国海外投资法律法规体系，不断主动引领和规范中国企业的境外投资，已经变成国际经济法学界的一大重要议题。

中国海外投资立法必须立足中国海外投资实践特点，汲取世界各国立法模式的长处，建构以中国海外投资法为基本法，以海外投资监管法、海外投资保险法、海外投资产业法、海外投资税收法、海外投资银行法、海外投资外汇法等单行法为补充，国内法与国际条约相协调，程序法与实体法相结合，法律、法规、行政规章及相关实施细则相配套的完备详尽的法律体系[1]。考虑到我国具体国情以及立法实践，在国内层

---

[1] 梁开银：《中国海外投资立法论纲》，法律出版社2009年版，第59页。

面，我国可借鉴目前大多数国家的分散型立法模式，在总结现有的法律法规基础上加快完善对外投资法律法规体系[1]，由国务院出台对外投资管理条例等单行法规，同时根据海外投资实践及具体变化发展授权各部委、地方政府，颁布、施行有关对外投资的金融、财税、保险、信息服务等方面的法规、政策，形成引导、管理、促进与保障企业对外投资的健全法律制度支持体系。在国际层面，我国应参照美国模式，要顺应国际投资政策的发展趋势，除应积极签署双边投资保护、避免双重征税双边协定外，还应积极参与区域投资协定的谈判，帮助"走出去"的企业获得制定国际经贸规则的话语权，为企业营造公平的国际贸易与投资环境，积极应对全球贸易和投资保护主义挑战。

跨国公司为建设新的生产体系和世界分工与协作体系，开始了新一轮的世界产业结构升级和生产能力转移。在国际产业结构调整的影响下，不单是工业发达国家以新型第三产业为主的对外直接投资明显增长，而且一些发展中国家跨国公司的海外投资规模也快速扩充。

时至21世纪，世界经济一体化的影响在各个方面影响更加深化，跨国公司全球化的生产网络的迅速扩展成为全球一体化在生产方面中的一个出色表现。世界经济一体化的发展已经使得世界上每一个国家的产业都极难游离于国际分工体系之外。在全球经济一体化的大背景下，能否合理地利用信息化、市场化的长处，在更大的程度上科学地对各种生产要素进行恰当配置，并对业务程序进行重组，不单涉及企业短期的收益和发展，而且也涉及企业的生死。

当下，在世界贸易总额中，关于跨国公司的部分已有2/3，跨国公司在世界资源配置中的用处日渐显著，并在全球经济发展中承担着越来越要紧的角色。各国占有跨国公司的数量，加上这些跨国公司的规格和综合实力，在极大程度上展现着各个国家综合国力的强弱。面临此种新的形势，培养具备国际竞争力的跨国公司已经成了我国具有国家战略意义的一项艰巨任务。

对于中国的企业来说，仅仅从事一般的外贸出口参与国际分工体系已经无法适应当前国际经济发展的趋势，发展海外直接投资，开展企业国际化经营，利用现代信息技术在全球范围内实现生产资源的优化配置，不仅是企业获取竞争优势的重要手段、企业生存的内在要求，而且也是企业发展的必然选择，是经济全球化发展的客观要求。[2]

增加中国企业和产业的竞争力都具有重要意义，主要体现在这些方面：

1. 促进我国成熟产业生产能力的迁移，加速产业结构调整。我国的一些工业品的出产数量已经初见产能过剩的现象，务必加速进行产业结构的调整，将过剩的产能向国外转移。我国的企业能够向发展中国家移转当地所需的成熟技术，进行对外直接投资不仅有利于改善国内一些产业的产能过剩局面，促成我国的产业结构调整，提升企业的经济效益，而且有助于促进东道国的经济发展。

[1] 沈四宝、彭景："我国对外投资法律制度支持体系的路径探析"，载《社会科学辑刊》2012年第6期。
[2] 周叔莲、王延中、沈志渔：《中国的工业化与城市化》，经济管理出版社2013年版，第161~164页。

2. 通过拓展海外资源能源市场，充分运用国外资源和能源，缓和我国资源能源短缺。

3. 有助于帮助我国企业开拓海外市场，全方位增大出口。我国企业可通过国际化经营，并充分利用各国市场深化开放和加工贸易大发展的优势，在境外投资设厂，调动技术、设备、产品、和服务的出口，转变曾经单纯依赖产品贸易出口的模式。此外，海外投资设厂还有助于我国企业绕过欧美地区的贸易壁垒，提升我国产品在欧美国家的商场占有率。

4. 通过"引进来、走出去"战略，中国的企业能够在相对短的时间内调动相关产业达成跨越式发展，展现出引进、消化、吸纳再重塑的成效。我国企业国际化经营规模还比较小，对外直接投资额在全球所占的比例还十分低。

第五节　工业化进程中的对外贸易法律、制度及其发展

十一届三中全会以来，我国为改革开放接连制定了"外资三法"（《中外合资经营企业法》《外资企业法》《中外合作经营企业法》）、《中华人民共和国海关法》、《进出口商品检验法》、《中华人民共和国对外贸易法》（以下简称《对外贸易法》）、《中华人民共和国涉外民事关系法律适用法》等一连串的结构性、框架性的涉外法律法规，给对外开放的有序进行提供了法律支撑。加入世贸组织时，我国进行了自中华人民共和国成立以来前所未有之范围的法律法规与政策措施立、改、废工作，贴合我国国情和世贸组织规则的对外投资和贸易法律系统的建立初有成效。但相关法律制度建设仍无法满足相关需求且有许多不足之处，对外投资、对外援助、口岸、开发区、领事保护等方面法规层级较低甚至缺乏法律依据。对外贸易、国籍、在华外国人管理等相关的法律规定都属于含糊的原则性规定，内外资相关规定参差不齐，一些政策性规定公开不彻底，已有的缺陷都对进一步深化改革开放和全方位发展工业化格局存在或多或少的限制。在世界经济一体化的发展背景下，国际经贸规则也往更高标准的方向发展。这种发展对我国的开放水平提出了更高的要求，也需要我们有更科学的理念和更贴合国情、更规范的内容嵌入工业化战略的法律供给机制研究。

我国现有的对外贸易体系在工业化的进程中发挥着不可忽视的作用。该体系主要包含 2016 年修订的《对外贸易法》，由全国人大常委会公布有关内容和世界贸易组织的相关规则，国务院适时制定和修订的《中华人民共和国反倾销条例》《中华人民共和国反补贴条例》《中华人民共和国保障措施条例》《中华人民共和国货物进出口管理条例》《中华人民共和国技术进出口管理条例》等若干相关配套法规，商务部主持和参与的一系列对外贸易相关法规和规章的制定和修改工作。我国的对外贸易法制体系基本实现既符合世界贸易组织、国际贸易规则，又与我国社会主义市场经济国情和对外开放的需求相吻合。虽然如此，在入世过渡期完成后，我国经济发展对外贸依附程度连续增加，加之我国前所未有、全球性参与世界市场、国际分工的繁荣发展趋势，因此也触发了一些新状况和新情形，其中大多数状况都与对外贸易法制密不可分。各种贸

易冲突和贸易壁垒是首要问题，如过度的反倾销已对我国出口构成严重挟制和重要阻碍、技术性壁垒、保障措施、劳工标准、动物福利、环境保护、食品安全等触发的实在法律状况，"一带一路"倡议明确提出，基础设施互联互通是"一带一路"建设的先锋领域，抓牢交通基础设施建设，建立完善服务贸易促进体系，全力发展现代服务贸易。在该规划的指导下，不仅传统货物贸易更加坚实，而且服务贸易特别是在基础设施建设投资以及对外工程等方面也存在巨大的发展潜能。而我国在服务贸易领域的探索和立法都有待加强。新旧状况都表明我国对外贸易相关规定还须更加完整，相关内容须更加充实。

除了完善外贸法律法规，还需要健全涉外财经政策，维持出口退税政策平稳，推进出口退税分担机制改进，改善进口关税结构。减少部分能源原材料、关键零部件、县级技术设备等。加速税制改革。推动金融机构积极开展进出口信贷业务，简化贸易信贷登记方式，帮助融资性担保机构拓展中小企业进出口融资担保业务。进一步展现出口信用表现的政策指引作用，拓展政策性进口信用保险业务。此外，有效应付外贸冲突，综合运用各种可行手段和世贸组织争端解决机制，增强贸易冲突的应付能力。增强贸易冲突预警机制配置，完整出口检测体系。增强产业侵害预警体系建设，充分利用产业侵害预警体系。积极应付国外技术性贸易壁垒，有效利用双边及多边政府间磋商和行业间对话机制来抑制贸易冲突进化和延伸。遵守国际通行贸易规则，利用反倾销、反补贴、保障措施等贸易救济措施，保障企业平等竞争及其合法权益，保护企业主动应付国外反垄断诉讼，依法治理外贸领域垄断行为。除此之外，改善外贸管理机制。拟订宽严并济的原产地规则，改善原产地认证管理系统。革新许可证管理，增强贸易统计监测功能。增强检验检疫工作，保证进出口商品安全、卫生、环保。增强大宗商品进出口协作和治理，规整重要、敏感商品进出口流程，制止不正当竞争。推进商会体制机制革新，增进产业自控和协作，尽量展现行业中介组织的用处。推进国内交易规则与国际对接，摸索建立内外贸协调发展的体制机制。

第六节　提高工业外贸国际法律制度的参与性

中国当下正处在对外直接投资规模高速增加的上涨时期，投资地域不断扩张，与此同时也存在对外投资结构不合理、直接投资管理体制不完善等阻止对外投资发展的瓶颈。"一带一路"倡议给我国对外直接投资带来了新空间和新角度，发掘和探索"一带一路"倡议中的投资空间对于企业、地区和国家都具有不可忽视的意义，就国际层面来说，我国对外关系的重心以及外交的首推目标一直都是以增进同周围国家地区的睦邻友好关系为主，"一带一路"的大国倡议设想远超自贸区和多边贸易体制，打破了"以我为主"的利益观，目的在于推进大区域合作机制的架构，着力于与相邻国家和地区共同建设、共同发展。就国内层面来说，自 2010 年后，我国经济日渐步入新常态，经济增长幅度逐步保持稳定，人均收入增加，但我国经济也透露出产能过剩和外汇储备过剩导致的资源配置效率低的问题，怎样进行产能的战略转移成为我国发展的重点。

除此之外，对于我国积年的区域经济发展不平衡的问题，"一带一路"倡议也有利于促进我国西部地区的发展，平衡地区经济发展水平，改变西部大开发未能实现的长期东西发展不协调状况。长久以来我国油气资源、矿产资源等对国外的依赖程度较高，"一带一路"倡议的实施有利于我国就近获取重要的发展资源，保障国家经济发展快速稳定。所以，我国不单要加速建设和调整我国的对外投资法律体系，而且要构建对外投资的信息服务系统、投资风险基金、国际投资争端解决机制，来保证我国对外直接投资健康发展，促进"一带一路"倡议的实现。现有的作为调整外国投资者在中国直接投资行为基本法的"三资企业"法在现实适用与实施中暴露出种种问题：外商投资企业适用公司法的问题；地方保护主义；董事会的职权；欺诈出资；利润中提取三项基金的问题；中方投资主体不适格；等等。怎样重构中国外商投资企业法已成为当下我国完善涉外投资相关规定亟待处理的问题之一。作为最大的发展中国家，在政府积极推进并实施"走出去"战略的引导下，我国经济总量已居世界第二位，双向投资皆居世界前列，综合国力、国际竞争力、国际影响力大大提升。无疑，中国海外投资的发展催化着中国海外投资法制的发展。因此，主动探索并处理中国海外投资保护与开展的立法问题，已成为我国当代法学理论和实务工作者不可推卸的责任。

2013年，我国提出"一带一路"发展构想的目的在于推动我国与相邻国家的对外贸易、经济以及文化之间的全方位协作，从而成功达成我国同周边区域对外贸易的对话与协作，以帮助我国对外贸易发展能够转型升级。此外，利用"一带一路"倡议，使我国在对外贸易发展的进程中，深化与太平洋国家以及欧洲国家对外贸易的交流和连接，增强与相邻国家的道路联系、货币流通、贸易畅通、商企沟通的建设，促进我国与相关国家在对外贸易范围内形成对外贸易共同体。另有学者认为"一带一路"倡议在制衡美国主导的TPP时发挥了不可或缺的作用。欧美国家推进跨大西洋自由贸易区谈判以及隐秘推动的《服务贸易总协定》谈判，试图以更高要求的贸易投资规则掣肘新兴经济体特别是压制和拘束中国贸易投资增长劲头，抑制中国发展，从而边缘化和孤立中国，达成亚太力量再均衡战略。中国领导的"一带一路"合作机构要依据国际环境、条件和发展阶段需求，形成符合自身需求的、随机应变的贸易投资规则和标准。要逐渐加强涉外法治实施、监督、保障，要架构"一带一路"倡议所需的不同层面的贸易规则体系和标准，以应付国际社会高度法治化和开放化的国际贸易新气象。

力求国际贸易新规则的话语权，加速实践自贸区战略，深入改善政策，加大已有自贸区伙伴市场规模。增加和相关国家的自贸区谈判，争取更多的我国与他国双边与多边的自由贸易。全方位使用中国自由贸易试验区整体方案，使之变成推动革新和提高开放型经济水平的"试验田"，形成可复制、引申的经验。开始挑选国内其他有条件地区建设有特点、长处的地方发展自有贸易园区，推进全国对外贸易方式的加速转变。"'一带一路'的提出密切了区域间的联系，强调了区域间合作的重要性，更重要的是应该思考如何在现有的框架下（全球性法律、区域性法律、双边法律以及相关国家的国内法律），在尊重众多建设主体主体地位，尊重主体国情、自身需要和外交影响的同时，用法律来规范和调整内部之间、内外部之间产生的巨大矛盾"。

第十三章
工业化的制度经济学属性

第一节　工业化的概念、过程及其制度原因

一、工业化的概念

工业化，意味着一个社会实现了从传统农业经济体向现代工业经济体的转变。库兹涅茨提出了判断工业化完成的三项结构指标：第一产业产值比下降到10%，第一产业劳动力比重下降到17%，第二产业产值比达到峰值并开始缓慢下降。

工业化，作为一项经济学术语，主要是指一种技术形态，而不是制度形态。但是西方，而不是中国，率先实现工业化，是有其制度原因的。

二、各国工业化的历史与制度原因分析

（一）英国工业化的制度原因分析

世界上最早实现工业化的国家是英国。英国在 1760 年～1840 年之间完成了第一次工业革命，实现了工业化。

1. 英国未能像葡萄牙和西班牙那样率先进行全球航海，使英国政府不能直接从开采金银的过程中获得收入，反而使得英国产生了较为深刻的工商业分工。政府轻松地通过铸币或开采金银获得收入使得政府不会着力从工商业发展中获得税收收入，从而影响其服务工商业发展的水平。英国的工商业分工所产生的产品又通过英国 1651 年颁布《航海条例》，打击了荷兰在英国和其他国家贸易中的中介作用，从而发展了英国自己的航海业，并且为英国开拓了海外市场，进一步有利于深化英国的工商业分工，加强英国工商业的世界地位。

2. 英国因为远离大陆，不容易受到陆权国家的侵略，不需要高效的动员机制，不过分追求政治上的效率，反而产生了较为宽容的宪政制度和较成熟的司法制度，其制度有利于市民社会和工商业社会的产生。而且，英国地处英伦三岛，相对远离欧洲大陆，成为欧洲大陆上受到天主教排挤的新教徒的避难所。久而久之，英国不仅是一个遵守法治的国家，同时也成为新教徒云集，并注重尊重他人自由的国家。英国是欧洲最早形成包容个人首创性和在司法上主张具体问题具体分析的国家。

3. 国王政府与议会之间的契约以及司法机关的权威性。英国是第一个明确主张要保护人权的国家。国王和地主通过《大宪章》等政治文件达成了妥协。国王的政府不能随意对公民实施拘留和逮捕。这种保障人权，意味着对公权力的制约。这种人权保障机制意味着英国的国王政府与贵族或纳税人组成的议会之间达成了某种妥协，并且形成一种契约精神。这种以契约精神为背景的契约，是现代宪政的起源。同时，英国人相信"法律至上"，法院和法官具有很高的道德权威和专业权威，这样也造就了英国民商法制度和刑事司法体制的延续性。

虽然英国的王位继承制度，从未规定国王应该是新教徒，甚至很多时候出现天主教国王，但是英国发展出尊重宗教自由的理念，从而既避免了国家的分裂，也产生了社会的宽容。工业化最早来自商人对利润的追逐，但是这种人容易受到社会周围势力的排斥，新教伦理本身就强调追逐利润的合理性，同时又强调尊重他人的个人自由，从而为大规模的工商业发展创造了社会条件。

伊丽莎白一世（1533 年 ~ 1603 年）是一个新教徒。她的掌权引起天主教国家西班牙的惊恐，西班牙发动英西战争，但是以失败告终。在这时期，英国专制王权和民族国家得到巩固，资本原始积累迅速发展，初步夺取了西班牙的海上霸权，英国工商业的发展为后来技术上的质变积累了重要物质、技术和制度基础。伊丽莎白一世去世之后，由于英国的王位继承法律的规定，英国进入天主教国王统治时期。英国的议会与独断的国王进行了数十年的斗争，最终以克伦威尔为领袖的议会党的胜利而告终。霍布斯曾经希望在英国出现一个开明的独裁者，但是克伦威尔的过早去世导致这种愿望未能实现，但是 1689 年光荣革命所达成的方案，产生了一百多年的权力平衡局面，最终导致英国最早进入工业革命。

4. 英国民商法、公司法和劳动法传统的形成。在欧洲大陆国家纷纷仿效罗马法的情况下，英国是唯一一个将自己习惯法形成判例法的国家。判例法的优越性尤其体现在形成具体的民法规则。但是值得我们关注的是英国《公司法》的形成。据认为，英国是最早出现公司的国家，时间是 16 世纪。[1] 但是根据我们的进一步观察，注册制公司的出现远比我们想象的要晚，是在工业革命结束之后才形成的，标志是 1844 年《合作股份公司法》的颁布。这就意味着在工业化的准备阶段，以及在工业化的时期（1760 年 ~ 1840 年），工业化的主要组织保障并不完全是公司制，甚至从其主要方面来看并不是公司制，工厂制的法律形式仍然是家庭经营。家庭制生产是"16 ~ 18 世纪英国社会经济发展过程中一个最为显著的时代特征"。[2] 16 世纪，公司制在英国刚开始采用时，实行特许制，主要用于经营海外殖民地；18 世纪，公司仍然根据国会的特许法令设立，用于修筑和经营道路。这在两个方面是令人惊讶的：其一，公司制最初并不是用于经营工厂和工业，而是用于经营殖民地或道路建设和经营。其二，英国的道路建设竟然以公司这样一个营利性组织的方式来完成。但是也可以理解为：像明清时

---

〔1〕 袁春兰："英国公司法的历史及其资本制度论略"，载《经济师》2005 年第 10 期。
〔2〕 王晋新、姜福德：《现代早期英国社会变迁》，上海三联书店 2008 年版，第 23 页。

期的中国这样的低税制农业国家，其税收其实无力完成在全国进行大规模的道路建设；当代中国，高速公路的建设其实也是以贷款融资建设、收费还贷的方式来完成的。另外，英国《公司法》是以成文法的形式出现的，这是由其需要登记等行政管理事项决定的。由于英国注册主义的《公司法》出现较晚，因此公司法在英国工业化过程中的意义比其他后起工业化国家要小。但是需要注意的是，英国注册制的公司法是在工业资产阶级的争取下通过的，这说明公司制是一种对于工业发展较为有利、较为需要的组织形式。公司制提供了资本集中的条件，并保证组织的延续性，形成了个人和合伙之外的另一种民商事主体，为私人资本集中办大事，并形成具有延续力的企业创造了条件。同时由于实行有限责任，使得投资者可以提前锁定自己的风险。这种制度由于消除了不确定性，起码锁定了最大损失，从而鼓励了冒险事业。

英国还产生了世界历史上第一部劳动法——《工厂法》（1802年~1872年）。英国圈地运动产生了大量失去土地的自由劳动力，这些人可以和工厂自由地签订雇佣合同。在劳动力较为充足的情况下，进行新的工业冒险比较容易取得成功。1802年《工厂法》的主要内容则是禁止延长劳动时间，降低工资，使用妇女和童工，防止节省劳动安全措施，加强劳动强度。由于当时大机器生产正在崛起，该部法律主要起到打击工场手工业、鼓励使用机器的作用，所以并没有阻碍英国工业发展。

（二）法国工业化的制度原因分析

法国是继英国之后第二个试图向工业化过渡的欧洲大国。在工业总产值的增长速度上，法国在1700年~1790年期间也与英国不相上下，为年均1%左右的增长速度。法国大革命和拿破仑统治时期，即1789年~1815年之间的二十余年时间里，法国的工业总产值年平均增长率达到3%。但是据认为，这是对战争条件下需求急剧上升的反应，并没有生产组织和生产方法上的重大变化。仍然处在原工业化阶段[1] 1815年~1848年，法国进入工业化的第二个时期。这时期法国的工业总产值年平均增长率达到3%~3.5%，接近英国的水平，一批大型工厂建立起来，特别是铁路建设掀起高潮。1848年~1870年第二帝国时期，法国工业出现较大幅度的增长。钢铁产量年平均增长率达到10%以上，其他工业部门增长率达到3%~6%的水平。但是1870年~1905年，法国在普法战争中失败后的35年中，其工业化进入一个低潮时期，平均每10年的增长率才18.6%。低于美国（56%）和欧洲所有工业化国家。1905年之后，法国才重新出现一个工业化的高潮。

综观从1700年至二战时期，作为人口相当、面积大英国一倍的法国，其工业产值从来没有超过英国。但是放在全世界范围来看，毕竟步履蹒跚地实现了其"不发达的工业化"。其制度上的得失包括：其一，法国的现代化不是内生的产物，而是应激的产物。其内在的价值体系并没有推动其向工业化方向发展的动力。主要原因在于法国是最靠近英国的欧洲大陆国家，在完成君主集权之后，不得不和英国展开竞争，不得不

〔1〕 黄新："法国：没有工业革命的工业化"，载《广西民族师范学院学报》1997年第1期。

展开强国的努力证明其保守的价值体系的合理性和合法性。其二，1789 年法国革命很大程度上出于对英国的成就的误解。由于法国从未出现新教的思想革命，其独断的天主教思想体系同样以独断的方式总结了英国的经验。《人权宣言》和法国革命虽然肯定了人权主义、立宪主义和个人主义，但是这些主义只是停留在口号和宣言的层面，与英国在解决实际问题的过程中形成以上主义的过程完全不同。其三，拿破仑为法国制定《民法典》《商法典》等是符合当时法国的需要的。法国的法官没有英国那样的权威和"具体问题具体分析"的自信，由国家立法机关制定法典，然后由政府加以实施，是符合法国的具体国情的。其四，法国在法国大革命之后频繁的政权更替影响了法国工业化和强国战略的实施效果。其五，法国 19 世纪的大部分统治者坚持对外的浪漫主义，对内经济政策大部分都违背了经济规律。法国试图建立以自己为中心的大陆体系，通过封锁将英国排斥在大陆之外，但是英国商品的廉价造成疯狂的走私。英国海军对法国的反封锁导致法国通向大西洋的港口衰落，法国在大陆体系中的收益远不及其失去大西洋市场的损失。此外，法国还长期坚持慷慨的对外援助。

法国是一个脱胎于农业国的行政集权国家。从 19 世纪到 20 世纪初来看，其实行帝制的时期反而经济发展较快。二战后，由于英国长期实行高福利政策，经济增长率长期低下，法国二百多年来第一次 GDP 超越英国。而法国也因为收获了戴高乐这样一位强势领导人，而进入一个政治较稳定的时期。法国行政集权的传统，导致法国在出现强势领导人的时候工业化和经济发展较为顺利。

（三）德国工业化的制度原因分析

德国是后起的资本主义国家，工业革命起步较晚。16 世纪的德意志大地四分五裂，封建领主遍地都是。17 世纪，腓特烈大帝完成普鲁士的政治改革，加强了中央集权，并且通过重商主义和国家干预实现了半工业化，[1] 为普鲁士最终扮演完成德国统一的角色作了比较充分的准备。但是 1789 年法国大革命后，德国境内各邦名义上隶属的神圣罗马帝国覆灭，德意志各邦被法兰西第一帝国统治。1815 年达成的维也纳体系事实上压制德国等新生国家的形成，德意志各邦组成松散的德意志邦联。截至 19 世纪 30 年代，当英国的工业革命即将完成的时候，德国的工业革命才刚刚开始。在 1848 年资产阶级革命之前，德国经济的发展还是相当缓慢的，是一个农业人口占 70% 以上、农奴制仍然没有彻底废除、农业产值占工农业总产值 70% 以上的农业国。1848 年革命后的德国，"在 20 年中带来的成就比以前一个世纪还要多"。[2] 1870 年德国完成统一，同时德国的工业生产已经超过法国，占世界的 13.2%。70 年代末，德国基本上完成了工业革命。从 1870 年到 1913 年，德国的工业生产增长 4.3 倍，每年平均增长 3.9%，这种速度比美国（5.0%）和日本（1880 年～1913 年平均 9.2%）低，但是比英国、法国

〔1〕 叶成城："第一波半现代化之'帝国的胎动'——18 世纪普鲁士和奥地利的崛起之路"，载《世界经济与政治》2017 年第 5 期。

〔2〕 《马克思恩格斯全集》第 16 卷，中共中央马克思恩格斯列宁斯大林著作编译局编译，人民出版社 2007 年版，第 45 页。

都要高。到一战前夕，德国的工业生产已经超过英国，仅次于美国。

德国虽然后起，但是用了不长的时间就超过法国和英国。普鲁士或德国之所以几乎成为欧洲大陆"最优模式"，个人认为有以下几个方面的原因：其一，普鲁士甚至整个德国有着军国主义的传统，不同的战略环境和战争经历造就不同的国家，军事和陆权的发展造成了欧洲大陆的绝对主义专制，有地理屏障的英国较晚出现常备军，因而发展出宪政制度。普鲁士的军国主义传统带来其行政的高效率。其二，16 世纪上半期德国就进行了以反对天主教会繁琐仪式和腐败的宗教改革运动，1524 年还爆发了德意志农民战争，德国相对而言是受新教伦理影响较为彻底的国家。这造成在德国的民间，德国的普通市民和农民追求人与人之间的平等和个性解放的精神较为彻底，同时对资本主义精神也较为宽容。政府的高效率和民间对资本主义精神的宽容，使得德国事实上成为比较适合资本主义发展的国家。万事俱备只欠东风，只要德国一统一，德国民族将会迸发出很大的能量。其三，德国的学者为德国的统一、统一后的立法工作和经济管理进行非常认真的理论准备。德国进行了与法国类似的制定法典的工作，并且由于这些法典制定得比法国晚以及德国学者的认真努力，质量上要高于法国的法典。经济学家李斯特把英国亚当·斯密等人的经济学称为世界主义经济学，认为德意志民族的经济学要以本民族的历史为依据。[1] 其四，早期德国的正确国际战略也是德国工业化崛起的重要原因。德国统一不可避免受到周围势力的阻挠，但是普鲁士制定了打击欧洲大陆首强——法国的战略，使得与法国在海外争夺殖民地的英国愿意支持德国，甚至在德国侵略丹麦和吞并法国的领土过程中睁一只眼闭一只眼，使德国顺利渡过统一前后和初期最艰难的阶段。

（四）美国工业化的制度原因分析

美国在 17 世纪初英国受天主教国王统治的时期成为英国人殖民地，英国移民在北美东海岸开辟了若干个殖民地。18 世纪 60 年代至 80 年代，当英国工业革命进行得如火如荼的时候，美国仍然是一个农业经济体，其非农产业主要限于面向当地的制鞋、制帽、织布、编织、酿酒、面粉等。1790 年，美国人采用英国技术在罗德岛建立了第一座水力纺纱厂，标志着机器大生产登上美国历史舞台，被多数学者看作是美国工业化的起点。[2] 马亚华认为美国工业化分为三个阶段：早期阶段（1790 年~1860 年），中期阶段（1860 年~1925 年），后期阶段（1925 年~1955 年）。1810 年，美国只有75 000 人在从事制造业，第二产业的产值只有第一产业的 1/3。到了 1860 年，已经有130 多万人在从事制造业，第二产业的产值和第一产业相当。并且从 1860 年左右开始，建材、煤炭、钢铁、石油、铁路都成为最有活力的产业。从 1880 年开始，由于电力等多项重大发明的出现，机械、电气和汽车制造呈现迅猛发展的势头，发展速度超过钢铁、石油等部门。1894 年，美国的工业产值超过英国，跃居世界第一位。到了二战前，美国的工业产值占世界的 38%，超过英法德日四国的总和。二战结束时进一步上升到全

---

〔1〕 尹伯成主编：《西方经济学说史——从市场经济视角的考察》，复旦大学出版社 2012 年版，第 32 页。
〔2〕 马亚华："美国工业化阶段的历史评估"，载《世界地理研究》2010 年第 9 期。

世界工业产值的60%。此后比例逐渐下滑。

美国工业化的得天独厚的条件包括：其一，相比英国与欧洲大陆以海峡隔开，美国更是与世界主要陆权国家远隔重洋，这样，美国可以保留平等自愿的法治品格。其二，美国是17世纪初英国新教徒迁入的目的地，新教伦理相对天主教伦理，更加具有商业精神，对商业冒险行为更加包容。其三，从宪政而言，英国的普通法所形成的法治传统、议会制模式以及法国式的选举，都是美国可以借鉴的政治遗产，使得美国的政治制度建设可以站在巨人的肩膀上。英国的传统使得法官可以解决问题，并不陷入民粹主义，同时法国式的民主选举解决了没有国王的问题。其四，美国1787年成为一个联邦国家，在汉密尔顿等人的主导下，美国形成统一的货币等统一国家所具有的优点，而且通过一系列扩张成为幅员辽阔的国家，相比之下，德国1870年才实现统一。其五，美国吸取了苏格兰和法国的一部分理性主义传统，使得其可以制定一部分成文法，弥补判例法的不足。

第二节　工业化历史进程及晚近工业化突飞猛进的制度原因

中国的工业化追求与后起国家对船坚炮利的向往有关。中国既不是英国那样的个人主义民族，也不像德国人那样充满对政府的赞颂。但是中国如果没有工业化，就很难保证民族整体的生存，中国没有工业化，就很难和进入热兵器时代的欧美日列强相抗衡。因此，中国的工业化与国防及国家生存息息相关。中国在鸦片战争以后的工业化追求分为四个阶段。

一、清末洋务运动及修律

清朝末年的工业化运动分两个时期：一是洋务运动时期（1862年~1895年），二是外人及国人兴业时期（1895年~1913年）。洋务运动以官办工业和官督商办工业为主，以曾国藩1861年创办安庆军械所为起点，李鸿章、左宗棠和张之洞以总督身份分别在天津、福州、汉阳等地兴办国有企业，产业以有关军事的为主，如上海江南造船厂（1862年）、厦门造船厂（1866年）、天津和成都的机器局以及开平煤矿、汉阳铁厂等。至19世纪80年代，官僚资本又扩充到有利可图的轻工业范围，如上海织布局（1893年）、湖北纺纱织布官局（1893年）、甘肃织呢总局（1878年）等。这些官办企业规模大，工人多。

但是1895年中日甲午战争结束，《马关条约》的巨额赔款导致清政府财政极端困难，洋务运动无力继续进行，官营工业随之衰落，1895年~1913年这一时期的特点是：①清政府在权衡利弊之后，放开私人设厂的禁令，解除机器设备进口禁令，并颁布《振兴工艺给奖章程》《奖励公司章程》等一系列法令，鼓励工商业发展。民营工业发展速度加快。②外国资本获得清政府大部分铁路建设合同，铁路的建成加速了部分地区工业的发展，并成为影响中国工业布局的重要因素。③产业以纺织工业和面粉工业等轻工业的发展最为显著，煤炭和有色金属采掘也有发展。

二、北洋时期

北洋时期，中国工业化的发展分为两个显著不同的时期：1914 年～1921 年；1921 年～1927 年。第一个时期 1914 年～1921 年，被称为"中国民族工业发展的黄金时期"。1914 年～1919 年 6 年间，民族资本新创立企业 379 家，年均 63 家，是 1895 年～1913 年这一时期年均建厂数的 2.6 倍。以棉纺织业和面粉业为代表的轻工业迅猛发展，火柴和烟草工业也有较大发展。民营工业的触角甚至还深入水泥、机器制造和化工等领域。在上海、天津、武汉这样的工业城市外，出现了无锡这样的新兴工业城市。这一时期工业大发展的重要原因包括：①袁世凯一系列中央集权措施使政府治理的有效性增强。一方面北洋政府试图对财政制度进行近代化改造，简化税制，减少地方政府对中央政府收入的截留，实现了加强中央财力的目标。清朝末年，财政收入主要来自田赋、盐税、关税和厘金等项目，但是地方政府截留大宗税种收入的现象非常普遍，袁世凯把上述项目列为中央税，由中央征收。另一方面并举借内外债，设立交通银行等，增强了国家办大事的能力，完成了诸如收回铁路利权并兴修新的铁路的目标。1912 年～1927 年全国新增的 4264 公里铁路中，除沪杭甬铁路等少数铁路由交通部拨款外，都是借外债修筑的。[1] 此外，统一了货币制度，降低了交易成本。②北洋政府和清政府具有政治上的延续性，一方面清末法制改革、鼓励工商业发展的政策措施为北洋政府所延续，另一方面袁世凯执政带来的和平局面使得这些法律和政策可以更好地发挥作用。③北洋政府外交上较为理性，未再重复清末两次对外战争导致巨额赔款的局面，一方面开始雄心勃勃地废除不平等条约，另一方面加入一战协约国集团，成为战胜国。这些措施恢复了政府的能力，为民族经济的发展和进一步工业化创造了良好的环境。1914 年～1921 年，很可能是中国自鸦片战争之后工业化和经济发展最顺利的时期。

1922 年～1927 年，由于结束了一战的帝国主义国家的企业卷土重来，在中国大地倾销产品，1921 年前后工业投资大幅减少，很多民办工厂和公司倒闭或被外资收购，外资在中国工业中的比重上升。官办实业也由于北京政府的财政窘迫，甚少发展。另外，军阀混战，导致企业原材料采购和产品销售不畅，中央政府没有权威，同时，从全国工业分布看，不同地区情况不同，东北在奉系军阀治理下，在全国工业中的比重急剧上升，以民办工业为主的长江流域和东南沿海，工业占全国比重反而下降。这一时期，中国工业产值虽然继续上升，但是由于中国的民族工业起步不久，外国的企业在规模上、技术上就具有优势。同时，中国企业在国内需要交纳厘金税，五里一卡，十里一局，而外国企业可凭借三联单自由采购原材料和销售产品。民办煤矿的税负是官办和外资煤矿的 6 倍多，民办工业企业面临不公平竞争的局面，导致刚刚发展起来的中国民族工业容易陷入困境。因此这一时期的特点是：①现代工业继续有所发展；②袁世凯

---

〔1〕 许毅主编：《北洋政府外债与封建复辟》，经济科学出版社 2000 年版，第 31 页。

1916 年过早去世，其增加中央财政收入等大量的国家资本主义方向的改革未能完成，其在任时大量举借的外债留给了继任者。其身后的北洋政府财政收入占 GNP 比重过低，1913 年该比重为 4.34%，1925 年该比重下降到 2.32%，[1] 且中央可支配的财政收入占全国财政收入的比重到 1925 年仅占 1/10。[2] 这种两个比例偏低的局面导致北洋政府无力举办新的官办工业，军事工业和重工业不能及时发展起来。

三、南京国民政府时期

1926 年，广州的国民党政权在国共合作背景下以"打倒军阀除列强"为口号开始北伐。1927 年，北伐军占领武汉、南京和上海等主要城市。1928 年，东北宣布改旗易帜，承认南京政府为中国法律上的政府。1927 年～1937 年是"近代中国历史上第二次黄金时期"这一观点，近年来成为学界基本共识。这一时期工业化的特点是：①政府通过收回关税自主权、裁撤厘金等税制改革增强了政府财力尤其是中央政府财力，并且这种改革有利于保持对外独立和增强对内管理能力，从而增强政策延续性，因而也是有利于资本主义和工业化发展的。②1934 年美国参议院在白银生产州的推动下通过内容为高价收购白银的《白银法案》。事实上实行白银本位的中国出现货币升值、出口急降的局面。1935 年 11 月，南京国民政府实施币值改革，推行法币，取代白银。这一币值改革统一了货币制度，避免了白银升值对中国产业的冲击，对工业和经济发展是有利的。③政府财力的增强导致国有工业的发展有所加速，增强了国家的国防实力，为抗战作为物质上的准备。工农业总产值由 1920 年的 229.98 亿元，增加为 1936 年的 306.12 亿元，年平均增长 1.80%，1928 年至 1936 年南京国民政府工业增长率为 8.4%。[3]

1920 年～1936 年间现代工业的增长情况，从 98 853 万元增至 315 992 万元，增幅高达约 220%；同期现代交通运输业由 30 756 增至 82 037 万元，增幅大约 167%。可以看出，现代工业产值比整体的工业产值在同期增长速度要快得多，而交通运输业的现代部分增幅也快于整体产业 30 多个百分点。民国时期近代工业基数很小，不论是在整个大工业（包括手工业）中，还是在三大产业中近代工业所占份额都很低。虽然经过 25 年的较快发展，其所占比重也在不断提高，但直到 1936 年中国经济达到近代以来的峰值时，机制工业也仅占制造业总值的 30.6%，近代工业在整个工业中只占 23.69%，而在整个工农业总产值中比重仅为 11.35%。[4]

四、新中国时期

1949 年中华人民共和国建立后，中国的工业化建设进入一个长期稳定发展的时期。很重要的原因和条件正如刚才所指出的，中国共产党在中国的执政使中国对内实现了

〔1〕虞和平："民国初年经济发展主导力量民间化的政府原因分析"，载张东刚等主编：《世界经济体制下的民国时期经济》，中国财政经济出版社 2005 年版，第 213 页。
〔2〕陆仰渊、方庆秋：《民国社会经济史》（上册），中国经济出版社 1991 年版，第 140 页。
〔3〕杨德才：《中国经济史新论（1840－1949）》，经济科学出版社 2004 年版，第 366～371 页。
〔4〕龚会莲："民国时期工业发展绩效刍议（1912－1936）"，载《社会科学辑刊》2010 年第 4 期。

政治的稳定，对外实现了真正的政治独立。中华人民共和国建立后的工业化进程又分为两个时期：其一，"前30年"，建立了基本完整的工业体系和国民经济体系。其二，"后30年"，即1978年后改革开放的时期。这一时期，通过实施社会主义市场经济的法律体系，通过大力引进外资，通过个体工商户，合伙、公司等具有普遍意义的企业形式的引入，更加广泛和彻底地进行了工业化"动员"，工业增长的速度前所未有。截至2010年，中国已经成为世界上GDP居第二位、工业产值居第一位的国家。

第三节　工业化的制度条件、后果及相应建议

工业化有一定的制度原因和制度条件，但是工业化的完成也导致一些法律上和其他制度上的后果。

一、关于工业化所需制度条件的探讨

如果试图从关于英国、法国、德国、美国以及中国工业发展成因的论述中，归纳出一个国家工业化所需的制度条件，那么这种归纳似乎还是可能的。

1. 该国必须是一个具有基本意义上的中央集权的国家。亚当·斯密在1755年的一次讲演中提出：除了和平、便利的税收，以及适度的司法之外，把一个落后国家变成繁荣的国家，就不再需要别的什么了。这里所说的中央集权，并非强调全部权力在中央，而是强调中央政府有执行力，并且能够维护国内的和平，避免内部叛乱和外敌入侵打断正常的经济增长。不能维持稳定的和平，会造成低储蓄率，工业创业活动不能获得廉价的资金，且不能保障原材料来源和产品的销售市场有基本的可预测性，工业创业活动就会大幅减少。至于达致和平的手段，既有可能是凭借更强的实力和武力统一了国家，也有可能是凭借契约精神即宪政在各主要政治力量之间达成长期的妥协和平衡，并以某种有效的政治机制和小心翼翼消弭在前进中出现的矛盾。

比方说英国，通过议会这一载体，及稳定的司法机构和宗教自由所带来的包容的观念，避免了新教徒和天主教徒的分裂，保持了国家的统一。法国，在大革命前就是个统一的强大的陆权国家，大革命破坏了法国政府的执行力，并且导致法国连续一百多年政权更迭频繁，但是法国作为一个统一的独立国家的地位大体得到维持。德国通过统一，美国通过建立联邦，也是加强了政府的行动力和执行力。

而对于中国来说，中国的工业发展在1922年后及1937年后多次被战争打断。既缺乏最高权威，又没法达成政治妥协，只好等待战争决出一个最终胜出者。这也导致虽然清末和民国时期，我国试图引进欧洲大陆的法典并为民商事活动及打击犯罪提供起码的司法制度，但是缺少和平稳定的环境，虽然中国在1895年~1937年工业化有一定进步，但是人均工业产品远远低于同时期的日本，工业化的任务远远没有完成。从表13-1[1]来

---

〔1〕　章长基："1912-1949年中国的工业生产"，载张仲礼主编：《中国近代经济史论著选译》，上海社会科学院出版社1987年版，第311页。

看，民国时期中国工业化速度远低于中华人民共和国成立后，而且考虑到民国工业化是在很低的基数上进行的，虽然不能说工业在衰退，但是至少速度是偏慢的，并且不能以19世纪英美等国在进行工业革命时期的增长速度来证明民国时期的工业发展是较快的。

表 13-1 分时段工业增长速度（1912~1949）

单位：%

时期	增长率	时期	增长率
1912~1949	5.6	1926~1936	8.3
1912~1920	13.4	1928~1936	8.4
1912~1936	9.4	1928~1942	6.7
1912~1942	8.4	1931~1936	9.3
1923~1936	8.7	1931~1942	6.7

而相比较而言，政治权力以什么方式产生，不是那么重要。政治权力有能力维持和平和稳定，并且能有效施政才是最重要的。

2. 起码的司法和行政服务。清末和民国初年的法制改革，初步为中国提供了现代的立法，从而使司法机关处断民商事纠纷有章可循。但是，不是只有司法就行了，国家政权如果能提供《公司法》和公司登记，那是更好的。一方面，《公司法》是一个国家所能提供给工厂和冒险事业的最好的组织形式，虽然最早的英国工业革命的组织形式是在家庭作坊，但中华民国时期是合伙的形式。另一方面，虽然《公司法》和工商登记在商法产生的初期是通过商人的民间团体来实现的，但是对于一个后起国家来说，等待民间自发产生这种组织和服务，时间太长了。中国在清末民初完成法制改革，国家提供基本的民商法和司法体制后，其民间的工业创业活动确实大幅增加了，进入了 1914 年~1921 年"资本主义发展的第一个黄金时期"，这一启动过程和法国、德国、日本是类似的。但是，中国的差距在于，中国的国家规模决定了中国在提供一个稳定的现代国家架构保障国家的和平和稳定方面不能做到像上述国家那么快。至于专利法、劳动合同法，一般在重商主义且有一定权威的国家政权形成后都会形成。我国在 1957 年~1976 年，属于虽然和平，但是政策"左"倾导致国家不能为民间自发的工业创业活动提供保障的时期，其工业虽然保持一定的增速，但是与民国相对和平的时期（1912 年~1936 年）工业增速相当：（表 13-2）[1]

表 13-2 分时段工业增长速度（1912~1976）

	1952~1976	1957~1976	1912~1936
工业产值	11.2	9.5	9.4

---

〔1〕 秦晖："中国改革前旧体制下经济发展绩效刍议"，载《云南大学学报（社科版）》2005 年第 2 期。

政府提供一个适宜的税收环境也是政府做正确的事的范畴。税收既不能过低，政府对工商业完全没有认知，缺少兴趣。比方明朝和清朝前期，所有税收几乎全部来自农业，税收偏低严重限制国家能力。也不能是高且不可预测的税收，比方清朝后期和民国初期的厘金，三里一卡，十里一局，商品在到达最后目的地前，根本不知道会被抽多少税。南京政府裁撤厘金，是有利于工商业发展的。

3. 一定的人口量。英国工业革命期间，英国的人口从 1750 年的 1050 万人增长到 2739 万人。如果算上整个面积达 3000 万平方公里的大英帝国，人口曾经达到 3 亿人。法国的人口和英国相当，德国的人口多于英伦三岛、日本的人口比德国还多。美国和苏联都是 2 亿人口以上的国家。人口达到一定数量才能保障国内的工商业分工达到一定水平。如果没有规则作为保障，一个国家工商业分工可以达到的水平与人口数量成正比。人口，既是专业化的保障，也是市场容量的决定性因素。

4. 国家在法律设计上在为农业集中而不是农业分散创造条件。英国"圈地运动"通过土地集中为工业创造了大量剩余的自由的可雇佣的劳动力。农业有剩余，工业才能发展。农业剩余，指的是一个国家的农产品除了能养活农业人口外，还能养活非农业人口，能够养活的非农业人口越多，工业发展的潜力越大。"圈地运动"把农业人口转移到城市，而农业产量没有变，这是工业发展的重要条件。法国革命实行"耕者有其田""平均地权"，使得很多农民分得了土地，留在农业上的人口反而增加了，所以法国大革命后法国工业化的速度甚至减缓了。中国则是通过工业部门提供相对较高的工资直接把农村剩余劳动力吸引到工业地区。

5. 国家法律所依赖的道德环境也非常重要，这种道德意味着进取心和对进取心的宽容。英国、德国、美国的大部分居民信仰新教，法国大部分居民是天主教徒。新教地区的工业化程度明显高于天主教地区，其原因可能是新教徒的伦理更加宽容"试错"。而美国由于是移民国家，移民来自不同国家，也形成了彼此之间的宽容性。诺贝尔经济学奖获得者诺斯指出：如果一个社会经济不能增长，那一定是因为它不能激发起经济上的进取精神。[1] 进取心的激发，不完全取决于物质刺激，也和整个社会的道德评价体系有关。

中国在 1949 年尤其是 1978 年后才通过稳定而持续的工业化过程实现其想要的结果。从 1982 年到 2010 年，我国的工业总产值增长率一直在 10% 以上，平均增长率达到 12%。使我国在 2010 年成为工业总产值居世界第一位的国家，并且与第二位的国家的差距越拉越大。之所以达到这种成就，是因为新中国建立后，我们具备了上述要素中的绝大部分要素，甚至全部要素。

二、工业化的制度后果

（一）冒险、尝试精神和创业精神成为制度的重要内核

农业社会的主要生产单位是家庭。婚姻和家庭关系的缔结并不取决于登记。男女

---

[1] ［美］道格拉斯·C. 诺思等：《西方世界的兴起》，张炳久译，学苑出版社 1988 年版，第 2 页。

以夫妻名义同居和生儿育女，足以构成婚姻的外观。农业生产过程中，由于需要等待植物的生长，所以拥有很多的闲暇时间。而进入工业化时期后，主要生产和纳税单位由家庭转向"企业"（business, enterprise），生产一种新的工业产品，需要说服消费者改变原有的生活方式，存在不被接受的不确定性。因此按照芝加哥大学法学院前院长奈特的说法：整个社会分成了风险偏好者和风险规避者两种人，前者依靠资本取得收入，后者依靠劳动取得收入。马克思对此也有类似的描述：整个社会日益分成两大对立的阶级——资产阶级和无产阶级。无产阶级，准确地说，是靠劳动取得工资收入的一群人。但是，随着西方国家在实现工业化后又进入一个去工业化的时期，工人阶级或无产阶级的人数比重又从顶峰逐渐下滑。并且由于抽象层面，要求人与人之间的平等，方能签订合同。合同法也日益重要。于是合同法、公司法、劳动合同法都是对风险进行划分的法律，成为工业化社会非常重要的法律。公司法处理风险偏好者之间的法律关系；劳动合同法处理风险偏好者与风险规避者之间的法律关系；合同法则处于一种处理较为一般化的关系的位置。

（二）男女从不平等走向相对平等

在人们从对家庭、对家族、对土地人身依附中走出来，平等地签订契约的同时，女性也很大程度上取得了与男性平等的地位。与农业社会（包括游牧社会）男性以体力优势在家庭内部以及整个社会占据优势地位不同，工业化之后的社会提供了大量女性可以从事的社会岗位，这样，女性事实上不用在家庭内部与男性形成分工关系，也能很好地生存下去。也就是说女性从过去只能在家庭内部选择男主外女主内的生活，变成了可以通过自己从事雇佣劳动而自己养活自己。很多已经实现工业化和现代化的城市，大量的女性选择终身单身且不生小孩或者选择只生小孩不结婚的生活。大龄未婚女青年的比重相当高。由于女性相对过去地位的提高，19世纪末，英国率先实现女性和男性的选举权平等。

（三）工业化的后果对公权力提出了新要求

英国、美国由于远离大陆型农业性集权国家，受到侵略的可能性小，国家政权有软弱无力的传统。国家对自身能力的怀疑和能力运用的节制态度客观上确实有利于产生一些新的因素。但是工业化的后果确实对公权力提出了新要求，过度坚持古典自由主义或保守主义的立场在很多情况下都是有害的。

1. 在工业化实现的过程中，贫富差距扩大。针对财产犯罪包括抢劫、抢夺和盗窃犯罪增加。要求国家政权加强社会治安综合治理。[1] 原因是贫富差距扩大之后，通过非法攫取他人财产比劳动致富快，而在国家权力软弱松散的情况下，实施以上犯罪的机会成本很小。

2. 工业化导致商品交换的量急剧增加，原来的以贵重金属为货币的货币制度，由于货币量的增长长期滞后于商品的量的增加，极容易发生通货紧缩，从而妨碍交易，

---

〔1〕 广州在1990年~2012年这个时期也是以上犯罪高发。

客观上要求国家出面发行纸币，以解决通货紧缩问题。哈耶克在其著作《货币的非国家化》中提出由私人银行竞争发行纸币。似乎是回应很多人关于国家银行发行纸币极容易欺诈性地多发从而导致通货膨胀的看法。个人认为，这种观点过于刻意地主张货币制度去国家化，在发行货币的领域，发行纸币的银行是国有银行还是私有银行，没有明显的区别。相反在没有十分突出的私人银行的情况下，由国家的银行发行纸币效率更高。

3. 对社会保障制度的要求提高了。当男人和女人都摆脱农业劳动时，实际上也就意味着他们对他们原来所属的大家族的人身依附关系的摆脱。虽然雇佣关系或劳动关系下，雇员或劳动者对雇主或用人单位仍然存在一定的人身依附关系，体现在他们的工作任务由雇主或用人单位下达，（由于朝九晚五）他们很难接受其他雇主的雇佣或用人单位的聘用，从而不得不依附于唯一的雇主或用人的单位，但是他们毕竟有选择雇主或用人单位的自由。这样摆脱大家庭人身依附关系的男女，一方面享受着自由和快乐，另一方面从大家族得到支援也少了。表面上看很快乐，但是实际上没有能力抚育太多子女，因为抚育太多子女只有在大家族背景下相互协助才可以达到。这样，摆脱农业劳动的男女都更加依靠社会保障而不是依靠家庭或子女养老。于是对社会保障制度的要求提高了。但是同时不得不指出，这种社会的老龄化速度将会很快，存在极大的衰落的可能性。

4. 工业化的普及导致环境污染加剧，汽车的普及导致交通事故的增加。不管处理环境污染侵权还是交通事故侵权，都要求效率，环境污染领域推出了无过错责任制度；交通事故侵权领域推出了保险制度，从而减少了受害者获得赔偿所需的时间，提高了效率。

三、对策建议

随着工业化的推进，全球变得全球化了，整个社会也更加成为一个整体，一个国家的大部分人口集中于少数大城市和工业化区域，社会的良好运转取决于良好公共管理。现拟提出如下建议：

1. 正确认识政府和市场关系，既不能不相信市场，但是也不要迷信市场万能。要相信政府是可以有所作为的。张五常指出：市场不做的，政府可以大做特做。

（1）中国的地方政府在扮演土地规划者和所有权人角色过程中，中国的工业发展实现了飞跃。很多地方政府还成功地策划了本地方的产业格局。比如21世纪初，广州市引进了汽车制造产业，并使广州市的汽车制造业从零发展到全中国产量第一，这和当时广州市政府正确的定位有关。最近几年，重庆市在政府的策划下，重点引进电子信息产业和汽车制造业，重庆成为全球笔记本电脑产量最大的城市，汽车产量超过广州。中国的民法应该正视政府作为土地所有权人这一角色的民法地位，经济法层面应该正视政府对产业进行规划的可能性。

（2）处理好社会治安问题和环境问题有利于招商引资。美国至今坚持宪法修正案规定的"持枪自由"，导致枪击案频发。持枪自由是近代化社会的产物，比较适合人口稀疏的时代和国家，人口稀疏，政府提供公共服务成本较高，只好转而鼓励"私力救济"，但是持枪的个人既可以用枪来保护自己，同时也可以用枪来报复社会，发泄怨恨，毁坏整个社会的安全感。在中国实现工业化的过程中，人口向沿海大中城市集中，使中国解决治安问题可以采取不同的思路。

2. 进一步放宽计划生育，实现社会保障、家庭养老、商业保险、个人储蓄和理财相结合。

（1）进一步放开计划生育，在人口减少的地区率先放开"三胎"，从而鼓励人口向人口净迁出地迁移。虽然"计划生育"从开始实施时就不断有人违反，但是当"超生"被判定为违法时，这种违法成本至少对一部分人来说是不可计算的。为了让有能力有意愿的人生育，缩小违法的范围是非常必要的。而不能认为"你放开他也不生"；防止女性生育意愿由于带小孩成本太高、社会保障进一步完善后进一步降低，从而导致人口出现负增长。

（2）《民法典》婚姻家庭编和继承编不应过度鼓励家庭小型化、核心家庭化。坚定维持夫妻共同财产制，不管妇女是否就业，保障其在婚内财产中的份额。

（3）近几年随着老年人比重的上升，养老基金负担骤然上升，国家提出了"延迟退休"的政策。个人认为，不应只采取"延迟退休"的政策，而应该前端和后端一起发力。在前端要注重减少学历高消费，无谓增加高学历人口的现象，提高大学教育的效率。

之所以提出以上对策，是因为随着中国工业化进一步向集约化方向发展，社会分工进一步深化，劳动力人口起码不应该减少，这样才能确保避免劳动力方面拆东墙补西墙、捉襟见肘的局面。

第十四章
澳门工业法简述

第一节 澳门工业发展与工业法律制度

一、葡萄牙殖民管治澳门时期

因受葡萄牙管治等历史因素影响，澳门的工业发展历程和工业法律制度呈现出与内地不同的鲜明特征。自明朝澳门开埠至鸦片战争期间，明清政府均对澳门拥有完整主权；葡萄牙人租借澳门经商，在遵守明清法律等主权的前提下，可以享有内部自治权。澳门作为明清香山县的一个小渔村逐渐发展为颇负盛名的国际商埠，葡萄牙人和传教士带来的手工业技术及产品深受清朝宫廷的青睐。

鸦片战争后，葡萄牙人利用清朝无暇顾及的契机，单方面宣布对澳门进行殖民管治，葡萄牙法律直接延伸适用于澳门，并将澳门华人纳入其行政和司法体系中，从而开启了长达1个多世纪的葡萄牙殖民管治澳门时期。期间，葡萄牙的工业革命进程及工业法律制度深刻影响着澳门，以下将分两个阶段进行阐述。

(一) 殖民管治第一阶段

殖民管治第一阶段，从鸦片战争后至第二次世界大战结束，葡萄牙《商法典》，工商业商标、工业产权等单行法延伸适用于澳门。19世纪中叶，英法等西方工业强国借助第一次工业革命的威力，用坚船利炮叩开清朝国门，割占香港岛；紧接着乘第二次工业革命的科技优势，不断冲击晚清的政治经济体制。然而，葡萄牙已经历了大航海时代殖民帝国的鼎盛时期，迟迟才开始迈入工业革命进程。随着葡萄牙工业革命的开展，肇端于19世纪初欧洲法典化运动的1833年《商法典》的缺陷日益明显；葡萄牙通过颁行1883年10月23日皇室制诰核准的工商业商标[1]等一系列单行法，对已不合时宜的1833年《商法典》进行补救。随后，葡萄牙为适应工业革命全盛时期个人主义和自由主义的理念，透过1888年6月28日法律核准《商法典》，取代了此前的《商法典》。葡萄牙1888年《商法典》随着1894年2月20日推行《海外省司法管理章程》，

---

[1] Macas industriais e comerciais, decreto de 23 de Outubro de 1883. [葡] 马里奥·朱莉欧·德·阿尔梅达·科斯塔：《葡萄牙法律史》，唐晓晴译，法律出版社2014年版，第348页。Mário Júlio de Almeida Costa, História do Direito Português. 5ª ed. Rev. E act, pp. 468 – 467.

被延伸适用于包括澳门在内的海外省，自始在澳门生效了一百多年，直至澳门回归前夕才被 1999 年 8 月 3 日第 40/99/M 号法令核准的《商法典》取代。尽管 1888 年葡萄牙《商法典》标榜是在工业革命全盛时期制定，但与欧洲其他国家通过商法典着手规范工业组织、企业组织不同，葡萄牙仍然过分依赖商业组织，忽视对工业企业方面的规范，仅对小手工业作了若干回应性调整。葡萄牙商法典调整对象恰恰反映了，在欧洲第一次、第二次工业革命如火如荼之时，葡萄牙倚重商业、忽视工业的政策，使得政府没有意识到工业立国的重要性，加上资本、技术与劳动力等方面的缺失，社会各界对发展工业的兴趣不大。国内有限的工业，在工业许可证等制度之下，即工业企业的设立、变更、投资（例如增加机械设备）均须获得国家特许，被官商勾结之私人所垄断，这极大违背了商法所崇尚的自由主义精神。[1] 正是由于上述不足，1888 年葡萄牙《商法典》在长达一百多年的生效期间里，被大量的单行法修订及补充，例如工业产权、商事合伙、汇票本票支票、银行组织、保险、债券的发行等。其中，葡萄牙第一份规范工业产权的一般性法规是 1894 年 12 月 15 日的皇室制诰（*Decreto de 15 de Dezembro de 1894*），该皇室制诰经 1896 年 5 月 21 日的法律（*Lei de Maio de 1896*）略做修改后予以确认。[2] 其后葡萄牙关于工业产权法律制度的修订完善，一直影响着澳门特区现行的由 1999 年 12 月 13 日第 97/99/M 号法令核准的《工业产权法律制度》。

受葡萄牙国内不重视工业发展政策及相关工业法律制度不发达的双重影响，葡萄牙在对澳门殖民管治过程中也极少注重发展工业，忽视工业方面的立法。19 世纪末，澳门机器工业的发展更多地受到晚清改革民族工业创立热潮的影响，若干著名的民族工业家向澳门葡萄牙政府申请设立机器工厂，例如缫丝厂等一批民族机器工业曾繁荣一时。此外，主要由葡萄牙人投资和管理的青州水泥厂和澳门电灯有限公司在澳葡政府的扶持下维持了很长一段时间。该时期，炮竹、造船、神香等劳动密集型的手工业占据了重要地位。[3] 葡萄牙在殖民管治澳门的过程中，对发展澳门工业进行了有限的政策和立法扶持，体现在以下几个方面：一是订立 1861 年 4 月 10 日皇室制诰邀请澳门等海外省的工业产品送交 1862 年伦敦万国博览会参展。[4] 二是通过 1892 年 8 月 20 日皇室制诰核准建立澳门等海外省的工业部门组织计划。[5] 后被 1911 年 11 月 11 日的国令废除失效。三是将葡萄牙工业产权法延伸适用于澳门等海外省。制订 1903 年 12 月 17

---

〔1〕 何志辉：《澳门法制史新编》，社会科学文献出版社 2019 年版，第 11、211 页。Pedro Lains e ÁLVARO Ferreira da Silva, História Económica de Portugal, 1700 - 2000, Vol. Ⅲ, O Século XX, Lisboa, 2005, p.235.

〔2〕 Macas industriais e comerciais, decreto de 23 de Outubro de 1883. ［葡］马里奥·朱莉欧·德·阿尔梅达·科斯塔：《葡萄牙法律史》，唐晓晴译，法律出版社 2014 年版，第 349 页。Mário Júlio de Almeida Costa, História do Direito Português. 5ª ed. Rev. E act, pp. 469 - 470.

〔3〕 汤开建：《被遗忘的"工业起飞"：澳门工业发展史稿 1557 - 1941》，澳门特别行政区文化局 2014 年版，第 37 页。

〔4〕 Boletim do Conselho Ultramarino 1857 - 1862, p. 669.

〔5〕 Direcção e repartição de obras publicas. Boletim Official do Governo da Provincia de Macau e Timor, 1892 - 11 - 07 (Supplemento ao N.º 44).

日皇室制诰，首次核准将工业产权的保障延伸适用于包括澳门在内的海外省。[1] 随后，又制颁 1904 年 4 月 21 日的皇室制诰，核准关于在澳门等海外省保护发明专利及工业、商业商标的规章。[2] 四是制订 1904 年 11 月 11 日部令，解决关于澳门等海外省通过其海关进口用于农业和工业的机器的疑难问题。[3] 五是制定工业税章程，对违反工业税章程者处以罚款。[4] 澳葡总督作为葡萄牙派往澳门的主权代表，在殖民管治澳门期间结合澳门当地工业的发展实况，贯彻执行葡萄牙对海外省的统一工业政策和法律制度。澳葡政府当局曾在 20 世纪初大力推动发展澳门工业的政策。此阶段，从工业法律制度层面而言，葡萄牙在海外省推行的工业产权法律制度对澳门的影响最为深远。

（二）殖民管治第二阶段

殖民管治第二阶段，自第二次世界大战结束至 1974 年。二战后，百废待兴，西方国家纷纷全力以赴实施战后复兴计划，拉开并推动了第三次工业革命（又称数位化革命）。电脑和电子资料的普及和推广，使传统工业发生从机械和类比电路到数字电路的变革，从而减少了生产成本，更加机械化和自动化，催生了电脑工业类高科技产业。如果说，葡萄牙此前均没有很好地把握前两次工业革命的机遇，此次能利用未遭受二战战争创伤的机遇，将二战期间所创造和积累起来的黄金和外汇储备在国内外大举投资，努力发展国内外工业。1947 年到 1959 年，葡萄牙建立了黑色冶金工业、化学工业，发展了造纸、金属加工、电力设备、橡胶、造船和汽车工业。虽然其后 20 世纪 60 年代至 70 年代，工业发展一度受海外殖民地战争的拖累，但战争从另一方面扩展了机械制造业。[5]

随着战后工业的发展，葡萄牙关于工业方面的法律制度也取得了新的进展。例如修订了工业产权法典，透过 1940 年 8 月 24 日第 30679 号国令核准 1940 年葡萄牙《工业产权法典》（*Código da Propriedade Industrial*）。该法典后经 1944 年 12 月 11 日第 34193 号法令[6]、1972 年 3 月 20 日第 96/72 号法令[7]、1974 年 2 月 2 日第 96 号法令[8]、1980 年 5 月 30 日第 176/80 号法令[9]、1983 年 6 月 21 日第 285/83 号法令[10]、

〔1〕 Decreto de 17 de dezembro. Boletim Official do Governo da Provincia de Macau, 1904 – 02 – 20（Vol. IV N.º8），pp. 51 –52.

〔2〕 Decreto de 21 de abril（Ministerio das Obras Publicas）. Boletim Official do Governo da Provincia de Macau, 1904 – 06 – 11（Vol. IV N.º24），pp. 181 –185.

〔3〕 Portaria de 11 de Novembro（Ministerio da Marina e Ultramar）. Boletim Official do Governo da Provincia de Macau, 1905 – 01 – 07（Vol. V N.º 1），pp. 1 –2.

〔4〕 DIL 774（1942. 06. 30），BOCM 13, P. 267.

〔5〕 吴志良、陈继春：《葡萄牙投资环境》，中国友谊出版公司 1993 年版，第 17~18 页。

〔6〕 Decreto-Lei n.º 34193, de 11 de Dezembro de 1944.

〔7〕 Decreto-Lei n.º96/72, de 20 de Março.

〔8〕 Decreto-Lei n.º32/74, de 2 de Fevereiro.

〔9〕 Decreto-Lei n.º176/80, de 30 de Maio.

〔10〕 Decreto-Lei n.º285/83, de 21 de Junho.

1983 年 11 月 21 日第 408/83 号法令[1]、1984 年 1 月 18 日第 27/84 号法令[2]、1987
年 1 月 27 日第 40/87 号法令[3]、1989 年 9 月 27 日第 332/89 号法令[4]修订。该法典
适用至 1995 年 6 月 1 日，被葡萄牙的新《工业产权法典》（1995 年 1 月 24 日工业暨能
源部第 16/95 号法令核准）所取代。[5]

　　澳门作为二战期间的中立地区，也较少遭受二战的创伤。二战后，得益于中国内
地和海外市场的有利因素，澳门炮竹、神香等传统手工业一度繁荣发展。同时，纺织
和制衣、玩具等劳动密集型的机器工业也开始崭露头角。受制于澳门的政治地位和法
学人才的缺乏，此时期，葡萄牙的工业政策和法规通常透过刊登于《澳门政府公报》
上，而延伸适用于澳门。延伸适用于澳门的葡萄牙工业法规，按照法的位阶，主要有
以下几种：

　　1. 国令（Decreto/DEC）。①1957 年第 41356 号国令，核准海外省发展石油工业章
程[6]生效 14 年，后被刊登于 1971 年 2 月 6 日第 6 号《澳门政府公报》第 687/70 号
国令所废除[7]②1959 年第 42688 号国令，规定部长级省立法机构对于有关在海外设
立公司、工厂增设或更换工业设备之免税权[8]后被 1968 年第 48581 号法令所废除，
该法令经刊登于 1968 年 9 月 28 日第 39 期《澳门政府公报》延伸适用于澳门。[9]③葡
萄牙海外部繁荣司颁发 1954 年 12 月 18 日第 15131 号训令，按照 1952 年 6 月 16 日第
38783 号国令对个体、家庭工业的定义规定，具体指定若干种类的工业无须依照第
26509 号国令（*Decreto n.° 26508, de 11 de Abril de 1936*）规定办法在海外省办理。[10]
④关于劳动关系法。1964 年第 15361 号国令，批准关于国联国际劳工组织大会通过的
在工业组织工作时间每天 8 小时每星期 48 小时之公约。该国令最先刊登于 1928 年 4 月
14 日《葡萄牙政府公报》第 85 期第 1 组内。[11]该公约具体内容没有刊登于《澳门政府
公报》内。[12] 2002 年 2 月 15 日《澳门特别行政区公报》第 7 期第 2 组第 10/2002 号行
政长官公告命令公布中华人民共和国通知书，通知有关国际劳工组织第一号《限定工
业企业中一天工作八小时和一周工作四十八小时公约》将继续在澳门特别行政区

[1] Decreto-Lei n.°408/83, de 21 de Novembro.
[2] Decreto-Lei n.°27/84, de 18 de Janeiro
[3] Decreto-Lei n.°40/87, de 27 de Janeiro.
[4] Decreto-Lei n.°332/89, de 27 de Setembro.
[5] Decreto-Lei n.° 16/95 de 24 de Janeiro (Ministério da Indústria e Energia). Boletim Oficial de Macau, 1995 – 09 –
    04 (I Série, N.° 36), pp. 2020 – 2061.
[6] DG n° 255, I Série, de 1957 – 11 – 11; Boletim Oficial de Macau, 1957 – 11 – 03 (Número 48), p. 1061.
[7] DEC 687/70, Boletim Oficial de Macau, 1971 – 02 – 06 (Número 6)
[8] DG n.° 274, I Série, de 1959 – 11 – 27; Boletim Oficial de Macau, 1959 – 12 – 19 (Número 51).
[9] Boletim Oficial de Macau, 1968 – 09 – 28 (Número 39), p. 956.
[10] Portaria n.° 15131 (Repartição dos Serviços Económicos, Direcção-Geral do Fomento, Ministro do Ultramar). Boletim
    Oficial de Macau, 1954 – 12 – 18 (Número 51), p. 937, p. 938, p. 941; DG n.° 264, I Série, de 1954. 11. 25.
[11] DEC 15361. DG n.° 85, I Série, de 1928 – 04 – 14.
[12] Boletim Oficial de Macau, 1968 – 01 – 28 (Número 3), p. 53.

适用。[1]

2. 法令（Decreto-Lei/DL）。①葡萄牙海外部繁荣司 1955 年 12 月 10 日第 40374 号法令，规定在澳门施行之繁荣工业条例数则。[2] ②关于工业学校教育。1960 年第 43093 号法令，正式承认澳门教会主办鲍斯高学校工业及职业班毕业之资格。[3] 随后发布同年第 6653 号训令，确定关于第 43093 号法令第 4 条规定之津贴费（关于鲍斯高学校工业班经考试后发生正式效力）。该训令被 1963 年第 7204 号训令所废除。[4] 1962 年第 37028 号法令，规定将初等中等工艺教育司改名为工艺职业教育司，又颁布关于工业商业学校开设办法。[5] ③1960 年第 43128 号法令，饬令凡拟开设军械及爆炸品制造厂，或将别种工业全部或局部改为上项出品者，其准照应经国防部副部长室之同意报告，方能批准。[6] ④1962 年第 43962 号法令，规定在葡京及附属岛输入时对于免税或减税之新办法，又规定政府机关及行政团体、经济团体运输超过一吨重量之货品必须采用之运输方法，又组织有关工业性质之运输调整委员会。[7] ⑤1963 年第 44722 号法令，核准部长会议决议对国家经济有重要性的工业，如政府或政府机关资金超过 50% 者，由政府委派代表事宜。[8] ⑥颁布第 46666 号法令。[9] 葡萄牙海外部暨经济部第 122/70 号法令，修正第 46666 号法令第 5 条第 3 款、第 26 条和附件表一。[10] ⑦第 122/70 号法令（刊登于 1965 年 12 月 18 日《澳门政府公报》第 51 期）颁布葡萄牙地区工业管制制度。

3. 部令/训令（Portaria/PT/PTM）。①葡萄牙通过 1959 年 2 月 20 日第 17043 号部令修正 1940 年葡萄牙《工业产权法典》，著令其在各海外省政府公布实施；该法典经刊登于 1959 年 3 月 24 日《澳门政府宪报》第 12 期副刊上而延伸适用于澳门。[11] 1985 年葡萄牙加入欧洲共同体后，为适应新形势发展及澳门当地实际情况需要，葡萄牙透过工业及商业部（Ministério da Indústria e Comércio）1987 年 1 月 27 日第 40/87 号法令

[1] O AVCE 10/2002 do BORAEM 7 II de 2002 – 02 – 15.

[2] Decreto-Lei n.º 40374 (Repartição dos Serviços Económicos, Direcção-Geral do Fomento, Ministro do Ultramar). Boletim Oficial de Macau, 1955 – 12 – 10 (Número 50), p. 779, p. 780, p. 784; DG, n.º 245, I Série, de 1955. 11. 10.

[3] DG n° 33, I Série, de 1950 – 02 – 17; Boletim Oficial de Macau, 1960 – 08 – 13 (Número 33), p. 949.

[4] Boletim Oficial de Macau, 1960 – 12 – 31 (Número 53), p. 1747; Boletim Oficial de Macau, 1963 – 02 – 23 (Número 8).

[5] DG n° 198, I Série, de 1948 – 08 – 25; Boletim Oficial de Macau, 1962 – 04 – 21 (Número 16), p. 479.

[6] DG n° 195, I Série, de 1960 – 08 – 23; Boletim Oficial de Macau, 1963 – 09 – 17 (Número 38), p. 1061.

[7] DG n° 239, I Série, de 1961 – 10 – 14; Boletim Oficial de Macau, 1962 – 07 – 21 (Número 29), p. 899.

[8] DG n° 271, I Série, de 1962 – 11 – 24.; Boletim Oficial de Macau, 1963 – 04 – 13 (Número 15), p. 395.

[9] DL 46666, BO, (1965 – 12 – 18). Boletim Oficial de Macau, 1965 – 12 – 18 (Número 51), p. 1441, p. 1442, p. 1447; DG n.º 267, I Série, de 195. 11. 24 (刊登于 1965 年 11 月 24 日《葡萄牙政府公报》第 267 期第 1 组).

[10] Decreto-Lei n.º 122/70 (Ministérios do Ultramar e da Economia). Boletim Oficial de Macau, 1970 – 04 – 04 (Número 14) p. 605, p. 608, p. 616.

[11] Decreto n.º 30679 (Ministério do Comércio e Indústria – Direcção Geral do Comércio). Diário do Govêrno n.º 197/1940, Série I de 1940 – 08 – 24, pp. 906 – 932; Portaria n. o 17043 (Direc-Geral de Administração Polícia a Civil, Ministerério do Ultramar). Boletim Oficial de Macau, 1959 – 03 – 24 (Suplemnto ao N. º12), pp. 241 – 267.

对前述工业产权法典做出了若干修改；该法令经刊登于同年 4 月 20 日第 16 期《澳门政府公报》上而使得新修改延伸适用于澳门。[1] ②1960 年第 13074 号部令，关于开设工厂对劳工之卫生及安全条件，凡经工业司批示之案卷，着以国际劳工局 1949 年颁布之章程作为研究之典型根据。[2] ③1964 年第 7527 号训令，授权予经济统计厅长发给《经营小工业执照章程》第 2 条所指之工业牌照。后被 1966 年第 8195 号训令所废止。[3] ④关于劳动关系法、劳工法例。1965 年第 7919 号训令，采取有关措施以便保障工人阶级尤其是手工业工人之薪金。[4]

4. 立法性法规（DIL）。①1957 年第 1381 号立法性法规，将第 1280 号立法条例第 1 条所规定关于本省工业所用原料及繁荣本省需要物料之消费税予以撤销。后由刊登于 1964 年 3 月 21 日第 12 期《澳门政府公报》第 1621 号立法性法规所废除。[5] ②1958 年第 1418 号立法性法规，批准开投工业之条例。后被公布于 1961 年 7 月 15 日第 28 期《澳门政府公报》第 1597 号立法性法规所废除。[6] ③1963 年第 1592 号立法性法规，修正 1961 年第 1497 号立法性法规第 18 条及第 19 条暨附款（关于工业设备条件）。后被 1968 年第 1767 号立法性法规所废止。[7]

5. 批示（Despacho/DS）。1966 年第 3/66 号批示，调整葡萄牙中央工业刊物发行颁发。[8]

6. 立法条例（Diploma Legislativo）。着将 1964 年第 1621 号立法条例内文，关于本省工业用原料、工商业暨其他经济物资及其他物品之入口与转口证办法，由 1964 年第 7634 号训令规定归纳为一法例。随后，1964 年第 7634 号训令第 2 条及其独一段被 1965 年第 7818 号训令修改，被 1971 年第 1865 号立法条例所废止。[9]

二、澳门自治时期

第三阶段属于澳门自治时期，从 1974 年至 1999 年成立澳门特别行政区。该阶段经历了葡萄牙"四二五"政变和中葡建交签订《中葡联合声明》事件的影响，澳门由此进入了自治时期和过渡时期。

---

〔1〕 Dereto-Lei n. o 40/87 de 27 de Janeiro（Ministério da Indústria e Comércio）. Boletim Oficial de Macau, 1987 – 01 – 27（N. °16），pp. 929 – 933.

〔2〕 DG n° 33, I Série, de 1950 – 02 – 17；Boletim Oficial de Macau, 1960 – 08 – 13（Número 33），p. 936.

〔3〕 Boletim Oficial de Macau, 1964 – 05 – 09（Número 19），p. 616；Boletim Oficial de Macau, 1966 – 07 – 02（Número 27）.

〔4〕 Boletim Oficial de Macau, 1965 – 07 – 31（Número 31），p. 882.

〔5〕 Boletim Oficial de Macau, 1957 – 05 – 11（Número 19），p. 484；Boletim Oficial de Macau, 1964 – 03 – 21（Número 12）.

〔6〕 Boletim Oficial de Macau, 1958 – 05 – 17（Número 20），p. 302；Boletim Oficial de Macau, 1961 – 07 – 15（Número 28）.

〔7〕 Boletim Oficial de Macau, 1963 – 02 – 23（Número 8），p. 212；Boletim Oficial de Macau, 1968 – 08 – 29（Número 34 副刊）.

〔8〕 DG n° 108, II Série, de 1966 – 05 – 07；Boletim Oficial de Macau, 1966 – 05 – 21（Número 20），p. 732.

〔9〕 Boletim Oficial de Macau, 1964 – 09 – 19（Número 38），p. 1253；Boletim Oficial de Macau, 1965 – 02 – 20（Número 8）；Boletim Oficial de Macau, 1971 – 12 – 30（Número 52 第二副刊）.

在葡萄牙"四二五"政变的影响下，在非殖民地化运动背景下，葡萄牙政府指出澳门非殖民地，对澳门的改革将不同于去殖民化。由此，澳门获得了自治权，成立立法会，与总督一起享有一定程度的立法权，使得本阶段制订颁发施行了大量法例。第1/76 号法律《澳门组织章程》于 1976 年 1 月 6 日获审议通过，2 月 17 日生效。《澳门组织章程》具备宪法性法律效力，后受到 1979 年 9 月 14 日第 53/79 号法律、1990 年 5 月 10 日第 13/90 号法律和 1996 年 7 月 29 日葡萄牙议会的修改，最后因澳门回归而不适用。该组织章程确立了澳门政府的机构，有利于其协调管理澳门本地事务，体现为一定程度上的自治。稍后，司法也逐步实现本地化、自治化。[1]

本阶段，澳门出现了二战后工业繁荣发展的阶段，加之享有立法自主权，大量有关工业经济领域的法例纷纷出台，不少法例成为澳门回归后的特区法律体系的法律渊源。

自《中葡联合声明》1988 年 1 月 15 日声明，澳门进入过渡期，直至 1999 年 12 月 20 日澳门回归。在此过渡阶段，因应中国恢复对澳门行使主权，澳门法律迫切需要本地化，除五大法典外，相关工业法例也必须经过检讨、修订、本地化后才能继续被适用为特区的法律。特别是关于专利和商标的法例的修订，成为过渡期澳门旧法律本地化的重要一环。

此阶段，无论是专利，还是商标，澳门都没有形成专门的管理机构，没有独立的本地立法，而是继续延伸适用葡萄牙的《工业产权法典》。自治阶段，澳门自 1959 年延伸适用 1959 年 2 月 20 日第 17043 号部令修正的 1940 年葡萄牙《工业产权法典》。过渡阶段，因应法律本地化的需要，葡萄牙废除旧《工业产权法典》，制定并实施了一部几乎全新的《工业产权法典》（1995 年 1 月 24 日工业暨能源部第 16/95 号法令核准）。[2] 该新法典在第六编规定了在澳门对工业产权的保护，详细的篇章结构见下表。

表 14-1　1995 年葡萄牙《工业产权法典》篇章结构[3]

第一编总则	第一章《一般规定》第 1~9 条
	第二章《行政程序》第 10~28 条
	第三章《转移与许可》第 29~31 条
	第四章《工业产权之终止》第 32~37 条
	第五章《上诉》第 38~46 条
第二编工业产权法律制度	第一章《发明》第 47~120 条
	第二章《实用新型》第 121~138 条
	第三章《工业设计及新型》第 139~164 条

---

〔1〕 吴志良：《澳门政治制度史》，广东人民出版社 2010 年版，第 78 页。

〔2〕 D. R. n.º 20, I Série-A, de 24-1-1995；pp. -2061；Decreto-Lei n. o 16/95 de 24 de Janeiro（Ministério da Indústria e Energia）. Boletim Oficial de Macau, 1995-09-04（I Série, N.º 36）, pp. 2020-2061.

〔3〕 Decreto-Lei n.º 16/95 de 24 de Janeiro（Ministério da Indústria e Energia）. Boletim Oficial de Macau, 1995-09-04（I Série, N.º 36）, pp. 2020-2061.

第二编工业产权法律制度	第四章《商标》第 165 ~ 216 条 第五章《奖励》第 217 ~ 255 条 第六章《营业场所之名称及标志》第 226 ~ 248 条 第七章《原产地名称及地理标记》第 249 ~ 256 条
第三编违法	第一章《侵犯工业产权》第 257 ~ 277 条
第四编费用	第 278 ~ 285 条
第五编工业产权公报	第 286 ~ 289 条
第六编在澳门的保护	第 290 ~ 293 条

葡萄牙新的《工业产权法典》的葡文版本,迅速被刊登在同年 9 月 4 日第 36 期《澳门政府公报》,而延伸适用于澳门;其后,没有正式公布相应的中译文版本。此种做法,有违当时法律本地化要求公布葡中双语版本法例的做法,从而引起了某些人士的焦虑。[1]基于葡文版本增加了第六编,规范在澳门的工业产权保护,可以推断葡萄牙新《工业产权法典》尚顾及澳门过渡时期法律本地化的呼声。

同为 1995 年,从已经适用澳门的葡萄牙新《工业产权法典》中抽取有关商标的规定,独立编成了规范商标保护的 11 月 6 日第 56/95/M 号法令(简称"澳门商标法令")。该法令,为与回归时其法律必须实现本地化的要求相适应,立法会和澳门总督根据《澳门组织章程》制定和公布。该法令取消了澳门在商标注册上对葡萄牙行政机关的依赖,将有关制度运行所需的权力赋予了经济司,从而在澳门建立了本地的商标注册制度。同年 12 月 4 日制定、公布保护商标法规规定的行为所应缴付的费用以及征收费用的时间及方式的第 306/95/M 号训令,制定了商品及劳务之分类的第 313/95/M 号训令,从而使澳门地区拥有对商标注册的权利及对注册商标的管理。[2]

澳门商标法令基本重申了葡萄牙工业产权法中商标法部分的规定,保留了原有商标制度的运作模式,较好地体现了对原有法律制度的继承,同时,又根据澳门社会的特点、经济发展的需要以及本地文化的独特内涵,以使之能真正与以华人为主体的澳门社会相融合,该法令对一些特殊问题做了新的规定和安排,特别在法律术语、中文在商标注册及商标使用中的地位、立法技术等方面,很有自己的特色。[3]

三、澳门回归至今

(一)澳门工业分类法规

澳门回归前,澳葡政府借鉴国际标准行业分类办法,先后发布了 5 月 23 日第 39/88/M 号法令、5 月 23 日第 87/88/M 号训令、12 月 9 日第 55/97/M 号法令和 3 月 10 日

〔1〕 黄显辉:"澳门知识产权制度",载《中国法律》1999 年第 7 期。
〔2〕 彭辉:《知识产权制度比较研究》,法律出版社 2015 年版,第 178、179 页。
〔3〕 柳福东、朱雪忠:"中国内地与澳门商标法律制度比较研究",载《知识产权》2000 年第 1 期。

第27/GM/98号批示，奠定了澳门特区政府各部门发展工业之政策及订立规范工业发展法例的法律制度框架。

12月9日第55/97/M号法令《澳门行业分类第一修订版》自1998年1月1日起开始生效，自同年12月31日起废止5月23日第39/88/M号法令《订定以训令核准之澳门活动分类》及5月23日第87/88/M号训令《核准澳门活动分类（CAM）》。《澳门行业分类第一修订版》主要目的是统计用途，方便统计暨普查司按照经济行业将生产物品及服务的统计单位分类及整合，并按经济行业有系统及适时地进行组合各个范畴（生产、就业、能源、投资等）的社会经济统计数据。就适用范围而言，《澳门行业分类第一修订版》提供了澳门地区行业分类之共有框架，以供澳门特区行政当局适用，尤其是在对企业及商业场所作分类，收集并处理作统计及其他用途之数据，制定研究报告及出版官方文本时使用。[1]

为使澳门地区及国际性统计资料具备可比性，《澳门行业分类第一修订版》所采用的编码制度与国际标准行业分类第三修订版的相同（至级别为止），可分两部分，第一部分为字母（大类），第二部分是数字编码，共有四个层级，分别是分类（两位数字）、组别（三位数字）、级别（四位数字）和细分级（五位数字）。按此分类办法，与工业有关的大类和分类如下：

C大类——采矿工业。采矿工业除包括固体、液体及气体等天然产品开采外，亦包括在开采地点进行之加工及提炼，例如盐的提炼，在开采时一并或分开进行的煤及矿物的压制。C大类共有5分类、9组别、9级别和9细分级。

D大类——制造业。制造业生产物品及服务。重要的工业服务及为第三者提供的服务均在分类内有独立处理。重大的修理及保养（设备的修理及保养）一般而言作为该物品的生产处理。小型的维修及保养一般作消耗物品，均不被包括在制造业的范围内。D大类的分类如下：15食品及饮品工业。16烟草业。17纺织工业。18制衣业、毛坯制品的处理、染色及制造。19皮革的鞣制及完成工序，袋、钱包和同类物品以及皮具、鞍具及鞋的制造。20除家具外之木料、软木及其制品的工业，编篮结品及草编结品的制造。21纸浆、纸和纸板及其制品的制造。22出版、印刷及录有资讯的媒体的复制。23煤、石油提炼产品及核能燃料的制造。24化学产品的制造。25橡胶及塑胶物品的制造。26其他非金属矿物产品的制造。27基础冶金工业。28除机器及设备外之金属产品的制造。29其他未列明的机械及设备的制造。30办公室、会计及计算机用机器的制造。31其他未列明的电力机器及仪器的制造。32无线电、电视和通讯器材及设备的制造。33医疗、精确、光学及钟表器材和工具的制造。34机动车辆、全拖车及半拖车的制造。35其他运输器材的制造。36家具的制造及其他未列明的制造工业。37循环再造。

E大类——电力、气体及水的生产及分配。此大类在能源部分占非常重要地位，而其他则被分类于C大类（煤、原油、铀及天然气）及D大类（焦炭、经提炼的石油

―――――――――
〔1〕 12月9日第55/97/M号法令《澳门行业分类第一修订版》。

产品及核原料的生产）；除电力、气体及水的生产及分配外，亦包括一些特殊服务（例如水质处理）及冰块、蒸气及热水的生产。E 大类的分类如下：40 电力、气体、蒸汽和热水的生产及分配。41 水的利用、处理及分配。

F 大类——建筑。建筑行业包括属于楼宇建设及公共工程范围的建造及拆卸，其中有关工程是多种不同活动的结果；但并非建造该等工程的所有活动均被包括在本大类内（例如：建材的制造、工业设备的安装等被分类于 D 大类内）。而适用于大厦的设备或安装（例如电力装置）则属本大类范围。F 大类的细分级如下：地盘开拓、一般楼宇建造、土木工程、其他专业建筑工程、电力装置及喉管安装、空气调节的安装、其他未列明的专业安装、完工工程和备有操作员之建筑及拆卸机械的租赁。

为采用《澳门行业分类第一修订版》，澳葡总督根据统计暨普查司之建议，制定第 27/GM/98 号批示《核准澳门行业分类第一修订版适用大纲》，并公布于《政府公报》。该批示明确了澳门政府部门对包括工业在内的经济计划或活动的分工，其中①统计暨普查司负责企业/场所档案、工业调查、建筑统计、建筑业薪酬指数、劳工统计、就业调查和企业职业培训需求调查等。②财政司负责营业税。③劳工暨就业司负责雇主义务表、有关工业以外及职业病之表格、雇主及失业人士登记、就业市场、工业意外表、工业卫生及安全条件和按行业的"工业卫生及安全"建议。④土地工务运输司负责建筑准招和技术员及承建商登记册。⑤经济司负责工业准照、工业及其他行业之信贷利息优惠制度等。[1]

12 月 9 日第 55/97/M 号法令《澳门行业分类第一修订版》和第 27/GM/98 号批示《核准澳门行业分类第一修订版适用大纲》基本上奠定了澳门回归后特区政府有关部门在制定工业发展政策和订定规范工业发展法律的整体框架。

（二）澳门特区工业发展概况

澳门工业主要由制造业和水电及气体生产供应业组成。澳门回归成立特区政府后，统计暨普查局继续负责历年（2000 年~2020 年）工业调查，并公开工业调查结果，据此可以评估澳门特区工业的发展情况。统计暨普查局历次工业调查，均是依据澳门行业分类（CAM）第一修订版，对 C 大类（采矿工业）、D 大类（制造业）及 E 大类（电力、气体及水的生产及分配）的场所进行抽样调查。其中，C 大类（采矿工业），自 2014 年起，已没有场所在澳门进行生产活动。[2] E 大类（电力、气体及水的生产及分配）20 年内的场所数量维持在 4~6 所。

就制造业场所数量而言，2000 年至 2003 年的工业调查详细列出了所有制造行业的场所数量。

15 食品及饮品业的场所数量逐年依次是 131 所（2000 年）、129 所（2001 年）、130 所（2002 年）、171 所（2003 年）。

16 烟草业均是 4 所。

---

〔1〕 3 月 10 日第 27/GM/98 号批示《核准澳门行业分类第一修订版适用大纲》。
〔2〕 澳门特区政府统计暨普查局 2015 年工业调查。

17 纺织业的场所数量逐年依次是 109、96、89、81 所。

18 制衣业；毛坯制品的处理、染色及制造的场所数量逐年依次是 426、418、411、394、469 所。

19 皮革的鞣制及完成工序，袋、钱包和同类物品、皮具、鞍具及鞋的制造的场所数量逐年依次是 13、18、16、16 所。

20 除家具外的木材及其制品的工业、编篮结品及草编结品的制造的场所数量逐年依次是 13、13、12、10 所。

21 纸浆、纸和纸板及其制品的制造的场所数量逐年依次是 21、20、18、19 所。

22 出版、印刷及录有咨询的媒体的复制的场所数量逐年依次是 97、107、117、123 所。

24 化学产品的制造的场所数量逐年依次是 18、15、16、16 所。

25 橡胶及塑胶物品的制造的场所数量逐年依次是 12、16、16、16 所。

26 其他非金属矿物产品的制造的场所数量逐年依次是 22、21、19、20 所。

28 除机器及设备外之金属产品的制造的场所数量逐年依次是 145、138、138、140 所。

29 其他未列明的技术及设备的制造的场所数量逐年依次是 49、49、50、53 所。

30 办公室、会计及计算机用机器的制造的场所数量逐年依次是 2、2、2、3 所。

31 其他未列明的电力机器及仪器的制造的场所数量逐年依次是 17、14、12、9 所。

33－35 医疗、精确、光学及钟表器材和工具的制造；其他运输器材的制造的场所数量逐年依次是 11、18、15、15 所。

36 家具的制造及其他未列明的制造业的场所数量逐年依次是 123、101、98、92 所。

自 2004 年开始，变更抽样方法，所有统计表之制造业以 8 个主要制造行业分类，其余制造行业包括在"其他未列明的制造业"中。[1] 八大主要工业行业通常是：①食品及饮品业的场所；②纺织业；③制衣业；④出版、印刷及录有咨询的媒体的复制；⑤水泥暨混凝土制造；⑥其他未列明的制造业；⑦电力、气体、蒸气和热水的生产及分配；⑧水的利用、处理及分配。

2008 年工业发展情况。《经济财政领域 2009 年财政年度施政方针》指出，2008 年开展的主要工作之一包括促进传统出口加工业转型，促进经济适度多元化。促进传统服装业向高增值方向转型，推动企业应用适合的技术，鼓励本地厂商更新和添置先进及自动化生产设备。此外，特区政府生产力暨科技转移中心向其提供一系列的技术支援服务，包括电脑辅助设计（CAD）应用辅导、模板制作及制衣设备应用支援等。

2012 年制造业。本澳工业主要由制造业和水电及气体生产供应业组成，由于纺织品配额取消、制造成本增加和区域竞争等原因，传统制造行业（如：纺织、制衣业）日渐式微。在 2012 年，旅客消费增长、本地经济发展和公共房屋兴建等因素，使食品

---

〔1〕 澳门特区政府统计暨普查局：《2005 年工业调查》。

及饮品制造、出版及印刷、其他非金属矿物产品制造等行业的生产值不断提高。

2015 年制造业。建筑工程对本地生产的水泥及混凝土需求放缓，食品及饮品制造业产量减少，传统制衣业进一步萎缩。从事中药制造的场所有 6 间。

表 14 - 2 澳门特区主要工业场所数目[1]

	采矿业	食品及饮食业	纺织业	制衣业	出版、印刷及录有咨询的媒体的复制	资讯	其他未列明的制造业	电力、气体、蒸气和热水的生产及分配	水的利用、处理及分配
2018	0	414	9	103	186	10	185	5	1
2017	0	382	11	117	147	10	216	5	1
2016	0	345	10	129	166	10	218	5	1
2015	0	317	18	135	177	10	236	5	1
2012	1	267	17	175	164	~	287	3	1
2007	1	199	55	372	190	~	342	3	1

注：近年，澳门特区政府在不同场合多次提出，要打造"澳门制造"品牌口碑，加强工业产业发展转型，大力支持新型工业部门。例如，大力扶持中药制造业，加强相关法规的制订与完善，在2020 年的政府施政报告中，把《中医药注册管理法律制度》列入 2020 年度澳门特别行政区政府的法律提案项目。[2]这将推动澳门特区工业法律制度走向新的高度。

（三）规范工业发展的法例

澳门自治和过渡阶段，对工业经济领域方面的立法数量迅速增多。内容涉及工业产权、劳动关系、工业准照发给、环境保护等方面的内容，基本上确立了其后澳门特区法律体系的框架结构和基本原则。这些有关工业的立法例，经过过渡期及回归后的法律本地化检讨、修订后，继续适用为澳门特区法律体系的渊源。该部分内容将在下面详细展开论述。

第二节 澳门特区工业产权法律制度

一、工业产权制度

（一）工业产权法律制度

工业产权是指著作权以外的其他知识产权，包括科学技术发明、工业品外观设计、商标、服务标记、商号以及原产地名称、地理标记等。工业产权是推动经济发展的一项极为重要因素。澳门特区《民法典》第 1227 条规定，工业产权由特别法例规范，法典规定则补充适用于工业产权。据此，在澳门特区成立和澳门回归前夕，澳门总督颁

---

[1] 统计暨普查局：《统计年鉴》，2018 年版，第 263 页；统计暨普查局：《统计年鉴》，2019 年版，第 266～270 页。
[2] 澳门特区政府：《2020 年财政年度施政报告》，第 54 页。

发 12 月 13 日第 97/99/M 号，把对专利和商标的保护规定合并为《工业产权法律制度》；并废止此前的 1 月 24 日第 16/95 号法令所核准并公布于同年 9 月 4 日第 36 号第 1 组《政府公报》内之《工业产权法典》，废除有关商标保护的 11 月 6 日第 56/95/M 号法令和 12 月 4 日第 306/95/M 号训令。

中国澳门特区现行《工业产权法律制度》，经 12 月 13 日第 97/99/M 号法令核准后，于澳门特区成立后的 2000 年 6 月 6 日正式生效实施。随着此法令的生效，澳门特别行政区工业产权法律制度本地化的目标也得以实现。该《工业产权法律制度》共有 5 篇 314 条（具体篇章结构见表 14 - 3）。

表 14 - 3 中国澳门特区现行《工业产权法律制度》篇章结构

篇名	章名
第一编 总则	第一章《一般规定》 第二章《优先权》 第三章《行政程序》 第四章《费用》 第五章《工业产权之终止》
第二编 工业产权之登记或注册	
第三编 工业产权之类型	第一章《发明》 第二章《半导体产品拓扑图》 第三章《设计及新型》 第四章《商标》 第五章《营业场所之名称及标志》 第六章《原产地名称及地理标记》 第七章《嘉奖》
第四编 向法院之上诉	
第五编 监察及处罚	第一章《一般规定》 第二章《刑事违法行为》 第三章《行政违法行为》

经修订和本地化后的《工业产权法律制度》，对工业产权的主体客体地域范围、登记或注册、类型、上诉以及侵犯工业产权行为的刑事行政法律责任做出了详尽的规定，基本上建立了系统的包括专利和商标的工业产权制度，是澳门特区地域法律体系的重要组成部分。[1]

工业产权的法律性质是所有权，理由在于《工业产权法律制度》第 5 条所规定的工业产权内容与《民法典》第 1229 条所规定的所有权之内容相对应。根据澳门特区《民法典》第三卷物权第二编所有权第一章所有权通则第 1227 条（商业企业及知识产权）的规定，工业产权由特别法例规范，如民法典的规定与工业产权之性质相合，且

---

〔1〕 彭辉：《知识产权制度比较研究》，法律出版社 2015 年版，第 91、179 页。

与工业产权的特别制度无抵触，则民法典的规定补充适用于工业产权。《民法典》的规定可见第 1229 条所有权之内容，"物之所有人，在法律容许之范围内及在遵守法律规定之限制下，对属其所有之物享有全面及排他之使用权、收益权及处分权"。再根据《工业产权法律制度》第一编第一章第 5 条所规定的工业产权的内容，"工业产权使其权利人在法定之限度、条件、限制内就有关发明、创造及识别标志拥有完全及专属之收益、使用及处分之权利。"由此可见，澳门立法者认为工业产权的法律性质是所有权。[1]

（二）工业产权行政机构

自 12 月 13 日第 97/99/M 号法令所核准的《工业产权法律制度》2000 年 6 月 6 日正式生效实施以来，基于契合中国主权的精神和澳门宪政地位改变的需要，澳门特区通过设立工业产权行政机构，形成与中华人民共和国国家知识产权署的合作关系。

2003 年澳门特区政府将旧"经济司"改组为"经济局"，协助制订管理知识产权的政策，并执行有关工作。行政长官根据《澳门特别行政区基本法》第 50 条第 5 项，经征询行政会的意见，制定第 15/2003 号行政法规《经济局的组织及运作——废止 6 月 28 日第 27/99/M 号法令》，并公布于 2003 年 6 月 23 日第 25 期第一组《澳门特别行政区公报》上，公布后 30 日开始生效。该行政法规废止 6 月 28 日第 27/99/M 号法令《订定经济司新组织法》，将旧"经济司"改组为"经济局"，使经济局更切合澳门回归后的主权宪政地位。经济局为澳门特区政府部门，负责协助制订和执行经济活动范畴、知识产权范畴以及其他法律规定属其范畴的经济政策。该第 15/2003 号行政法规《经济局的组织及运作》后经第 27/2011 号行政法规修改，被第 25/2017 号行政法规《经济局的组织及运作》废除。

现行第 45/2020 号行政法规《经济及科技发展局的组织及运作》废止前述行政法规，将经济局扩展为"经济及科技发展局"。其第 3 条规定经济及科技发展局的组织架构，由 1 名局长领导，2 名副局长辅助，设有对外贸易及经济合作厅、产业发展厅、科技厅、知识产权厅、研究厅、牌照及稽查厅和行政及财政处共 6 个附属单位。并将工商业发展基金设于经济局，归专有法例规范。

现行第 45/2020 号行政法规《经济及科技发展局的组织及运作》第 15 条规定特区知识产权厅设有商标注册处、专利及著作权处两个下属单位。并规范了知识产权厅的五项职权：一是研究并执行相关政策，创造良好的知识产权保护环境，二是撰写相关法规草案或发表意见，三是执行知识产权的注册登记工作，四是建立及管理特区知识产权资讯公共服务平台，五是促进特区与内地及其他国家或地区在知识产权方面的协作及合作关系。第 16 条规定了商标注册处的 4 项职权，第 16 条规定了专利及著作权处的 7 项职权。

澳门特区政府严格按照法令规定，通过颁发相关行政长官批示和经济局公告或通

---

〔1〕 刘高龙、赵国强主编：《澳门法律新论》（上卷），社会科学文献出版社 2011 年版，第 288 页。

告以贯彻执行对工业产权的保护。①根据《工业产权法律制度》第 37 条第 1 款[1]的规定，6 月 5 日第 87/2000 号行政长官批示，核准就《工业产权法律制度》所规定的行为而应缴纳的费用。该法规已被 3 月 14 日第 57/2005 号行政长官批示废止。②根据《工业产权法律制度》第 6 条第 4 款及第 23 条第 1 款的规定，10 月 16 日第 202/2000 号行政长官批示《关于工业产权批给申请的表格及工业产权权利注册证及证明书的式样》。

经济局根据《工业产权法律制度》第 38 条第 1 款[2]的规定，①2014 年 10 月 23 日经济局公告，关于工业产权网上申请得透过澳门特别行政区邮政储金局电子支付平台或其他可被该平台接受的支付工具进行在线缴付。②2017 年 6 月 8 日经济局公告，关于工业产权申请得以"非接触式智能储值电子钱包"进行金额不超过澳门币 1000 元的缴付。③2018 年 1 月 24 日经济局公告，关于工业产权申请得以"非接触式智能储值电子钱包"进行金额不超过澳门币 1000 元的缴付。④2019 年 1 月 16 日经济局公告，关于工业产权申请得以澳门通手机版电子货币包（MPay）进行缴付。⑤2019 年 9 月 19 日经济局公告，关于工业产权申请得以信用卡或借记卡进行每宗金额不超过澳门币 10 万元的缴付。

经济局根据《工业产权法律制度》第 23 条第 4 款[3]，①2015 年 12 月 18 日经济局通告，关于就通过互联网以电子文件形式提交工业产权申请的一般性规则。②2018 年 12 月 5 日经济局通告，关于提交工业产权续期申请（包括电子递交及亲临办理）的事宜。

行政长官发布 3 月 16 日第 7/2004 号行政长官公告，指定国家知识产权局为澳门特区专利审查实体之一。为执行贯彻主权化和本地化的目标，《工业产权法律制度》内设第三编第一章第四节第二分节，规定向澳门特区指定之非欧洲专利局的审查实体所提出的专利申请或由该审查实体所授予的专利延伸适用至澳门特区的制度。这就为澳门特区指定国家知识产权局为审查实体提供了法律上的空间和灵活性。澳门特区经济局代表与国家知识产权局于 2002 年就两地在知识产权领域签订合作协议达成共识，2003 年完成磋商并签署《国家知识产权局与澳门特区经济局在知识产权领域的合作协议》。[4]澳门特区经济局代表与国家知识产权局签署了协调双方有关知识产权保护问题的协议后，并由行政长官发布 3 月 16 日第 7/2004 号行政长官公告。据此公告第 3 条规定，国家知识产权局作为澳门特别行政区《工业产权法律制度》中的指定专利审查实体之一，为经济局在批准于澳门特别行政区递交的发明专利和实用专利申请时提供技术性协助——制作审查报告书（附有评价意见的检索报告）。结合《工业产权法律制

---

[1] 《工业产权法律制度》第 37 条（应缴之费用）："①对本法规所指之各项行为，须按照总督透过在《政府公报》上公布之批示而列出之收费表缴纳费用。"

[2] 《工业产权法律制度》第 38 条（缴纳方式）："①有关款项须在递交要求作出列入收费表内之行为之申请时以现金、支票或邮政汇票缴纳，或按照在《政府公报》上公布之经济司公告所定以其他方式缴纳。"

[3] 《工业产权法律制度》第 23 条（印件以及文件之形式要求）："④经济司得透过在《政府公报》上公布之通告，对连同申请递交之文件及其他资料定出其应符合之形式要求。"

[4] 《2003 年财政年度经济财政领域施政方针政策》《2004 年财政年度经济财政领域施政方针政策》。

度》第 85 条和第 135 条的规定，向澳门特区指定的专利审查实体国家知识产权局提出专利申请及国家知识产权署所授予的专利，亦得延伸至澳门特区。《工业产权法律制度》受葡萄牙 1995 年《工业产权法典》影响，内设第一编第二章优先权（第 15 ~ 18 条）和第三编第一章第四节外地授予之专利之延伸第一分节规范了欧洲专利申请及欧洲专利延伸适用至澳门特区的制度（第 129 ~ 134 条）。《工业产权法律制度》第 16 条第 1 款规定，已在世界贸易组织或保护工业产权国际联盟之任一成员国家或地区，或向有权授予于澳门产生延伸效力之权利之任一跨政府机构，以正规方式提出授予澳门特区《工业产权法律制度》所指工业产权或授予同类权利之申请之人，以及其继受人，为在澳门提出有关申请之目的，具有《保护工业产权巴黎公约》所定之优先权。据此，澳门特区应承认在大陆及香港提出的正规、首次申请的优先权。

（三）工业产权申请注册实况

从澳门特区政府经济局关于各类工业产权注册申请量统计数据，各类工业产权注册申请均维持稳定的数量，稳中有增减。由此可以看出，《工业产权法律制度》在回归后切实加强了对各类工业产权的保护，收到了良好的社会效益。

表 14 - 4　澳门特别行政区各类工业产权注册申请量[1]

年度 ＼ 申请量（件）	发明专利	发明专利延伸	实用专利	设计/新型	商标	营业场所名称及标志
2020（1 - 6 月）	41	274	13	113	6411	5
2019	38	470	32	234	15 391	13
2018	55	611	28	208	16 474	12
2017	68	441	18	193	13 135	7
2016	51	452	15	218	11 507	23
2015	65	382	20	249	13 140	30
2014	106	310	28	132	12 287	15
2013	60	348	21	141	10 084	25
2012	56	239	26	167	9581	13
2011	56	145	16	157	8590	13
2010	62	150	12	71	6754	13
2009	214	141	8	105	6130	12
2008	211	107	23	111	7678	13
2007	292	99	13	74	7200	20

〔1〕 澳门特别行政区经济财政司 - 经济局 知识产权统计资料，https：∥www. economia. gov. mo/zh_CN/web/public/pg_ip_sd？_refresh = true（2020 年 7 月 22 日访问）；彭辉：《知识产权制度比较研究》，法律出版社 2015 年版，第 102 ~ 103、179 页。

续表

年度 \ 申请量（件）	发明专利	发明专利延伸	实用专利	设计/新型	商标	营业场所名称及标志
2006	131	41	5	68	5504	12
2005	120	41	7	83	4651	15
2004	22		2	50	2906	
2003	19		5	40	2040	
2002	12		2	33	1705	
2001	7	7		13	1696	
2000				4	2104	

《工业产权法律制度》的施行也提高了社会保护工业产权的意识，体现为各类有关工业产权的协会等民间社团纷纷自发成立。例如，在澳门成立了澳门知识产权协会[1]、工业产权代理人协会[2]、葡语国家保护知识产权协会[3]、澳门知识产权研究会[4]和澳门知识产权保护商会[5]等民间社团。

二、专利制度

（一）专利保护的对象、范围和期限

专利权的客体即专利权的保护对象，是专利制度的重要组成部分。澳门特区现行《工业产权法律制度》第一编第一章第3条工业产权的客体范围，"工业产权涵盖经济活动之所有领域，包括农业、林牧业、渔业、采掘业、加工业、商业及服务业，亦涵盖一切自然产品或制成品"。《工业产权法律制度》第三编规定了发明专利、实用专利、设计及新型三种受保护的专利类型。

《工业产权法律制度》第三编第一章（第60~135条）除了规定保护发明专利外，规定保护还扩展到实用专利、药品及植物药剂产品。第一章规范发明，共4节，具体规范：①发明专利（第一节"一般规定"第60~119条）；②实用专利（第二节第120~124条）；③药品及植物药剂产品之保护补充证明书（第三节第125~128条）；④外地授予之专利之延伸（第四节第129~135条）。专利法上所指的发明具有特定的含义，可分为两大类，一是科技领域内有关产品的任何发明，二是科技领域内有关产品、物质或结构成分之产生方法的任何发明。简而言之，即产品发明和方法发明两种类。澳门特区的"实用专利"对应大陆的"实用新型专利"，是指"能赋予物品某一

[1] 《澳门政府公报》，2000-11-08（第45期第二组）。
[2] 《澳门政府公报》，2001-05-16（第20期第二组）。
[3] 《澳门政府公报》，2014-04-09（第15期第二组）。
[4] 《澳门政府公报》，2016-05-04（第18期第二组）。
[5] 《澳门政府公报》，2018-12-05（第49期第二组）。

形状、构造、机制或配置从而增加该物品之实用性或改善该物品之利用之发明"（第
120 条第 1 款）。实用专利的技术水平较发明专利低，是"小发明"；发明专利的保护
对象比实用专利的要广。对于能够获得实用专利的，方可同时或相继申请发明专利或
实用专利；对同一发明授予发明专利后，实用专利即停止发生效力。[1] 申请实用专利
的有关费用较发明专利减少 40%。[2] 第一节之一般规定中不违反第二节对实用专利的
规定的，除提交审查报告书申请的期限不同外，经作出必要配合后，其他方面实用专利
与发明适用同样的规定。[3] 第四节外地授予之专利之延伸，既体现了澳门特区《工业产
权法律制度》受到葡萄牙《工业产权法典》的历史影响，也反映了澳门回归后指定国
家知识产权局为审查实体的法律主权化和本地化的现实需要。

根据《工业产权法律制度》第 61 条的规定，取得发明专利要满足三项积极要件，
即新颖性、包含发明活动和工业实用性。同时，还要求该发明不能存有消极要件，消
极要件阻却该发明获得专利权。《工业产权法律制度》第 62 条（可获授予专利之例外
及限制）列举了不可获授予专利的方法或活动。

《工业产权法律制度》对发明专利、实用专利及药品和植物药剂产品的保护补充证
明书规定了不同的保护期限。发明专利的保护期限为，自申请日起计共 20 年存续
期。[4] 实用专利的保护期限，自提出申请日起计共 6 年存续期；该期间得续展两次，
每次增加 2 年；总共不得超过 10 年。[5] 在专利生效期间，其权利人得在产品上使用第
107 条所指之字样标示，亦得使用"实用专利"或"实用专利号"之中文字样及相应
葡文字样（"Patente de utilidade n. °"或"Pat. Util. n. °"）标示。[6] 药品及植物药剂产
品之保护补充证明书（简称"补充说明书"）的存续期，不得超过作为发出该补充证
明书依据之专利之存续期届满后之 7 年。[7] 由此可见，澳门特区对专利保护期限的设
置是比较灵活的，它不仅根据不同种类专利权各自的特点，为发明专利权规定了较长
的保护期限，为实用专利权、药品及植物药剂产品之保护补充证明书规范了较短的保
护期限，还规定了实用专利权可以根据当事人的意愿，选择申请并缴纳法定续展费用
而得以续展。如此规定，兼顾了公共利益和个人权利之间的平衡，既能保护公共利益，
有利于科学技术的迅速传播，又能赋予权利人充分的自主选择权。法定的续展费用能
迫使权利人从经济角度慎重考虑续展的必要性，既能尊重权利人的权利，又在很大程
度上维护了公共利益。[8]

（二）半导体产品拓扑图

半导体产品拓扑图由《工业产权法律制度》第二章（第 136～149 条）规范。除该

---

〔1〕《工业产权法律制度》第 120 条第 3 款、第 4 款。
〔2〕《工业产权法律制度》第 123 条第 1 款。
〔3〕《工业产权法律制度》第 124 条。
〔4〕《工业产权法律制度》第 103 条第 1 款。
〔5〕《工业产权法律制度》第 121 条第 1 款、第 3 款。
〔6〕《工业产权法律制度》第 122 条。
〔7〕《工业产权法律制度》第 127 条。
〔8〕 彭辉：《知识产权制度比较研究》，法律出版社 2015 年版，第 96 页。

章所载之特别规定外，第一章第一节中与半导体产品拓扑图之性质不相抵触之各项规定，均适用于半导体产品之拓扑图。澳门加入世界贸易组织后，根据《TRIPs 协定》内的规定，有义务在其法例内引入保护下列工业产权之适当法律机制：①专利，包括职务之取得之保护；②工业品之外观设计及新型；③生产商标及商业商标，包括服务商标；④地理标记，包括原产地名称；⑤集成电路布局拓扑图。为完全履行澳门地区所承担之国际义务，对旧法律框架做出修订而颁布施行的《工业产权法律制度》即以专章规定半导体产品拓扑图。

《工业产权法律制度》第 137 条规定了半导体产品的定义，第 138 条规定了半导体产品拓扑图的定义。半导体产品是指由含有一个半导体层面的一项材料组成，并且包含一个或多个由导体、绝缘体或半导体组成及按一项预置三维模式配置的层面，以及用于单独或与其他功能结合下执行某种电子功能的任何产品的最终或中间状态。而半导体产品拓扑图是指显示该产品含有各层面三维配置的一系列被固定或被编码的互连图像，在该系列图像中，每一图像须包含同一产品的某表面在产品的任一制造阶段中的配置或部分配置。

《工业产权法律制度》第 136 条规范对半导体产品拓扑图的保护。透过拓扑图登记证书，保护作为创作者之智力成果且非属半导体工业领域常规设计之半导体产品拓扑图，保护由半导体工业领域之常规组件组成之拓扑图，只要作为该等常规元件组合之整体符合上款所指之条件。上述保护仅包括电路之布局设计，而不包括被结合在拓扑图内之任何构思、方法、系统、技术或已被编码之信息。第 142 条规定了对半导体产品拓扑图的保护期限，自申请日起计登记之存续期为 10 年，如申请日后首次在任何地点对拓扑图作商业利用之日，则自该首次作商业利用之日起计。

关于半导体产品拓扑图登记权及其行使。《工业产权法律制度》第 139 条规定，在任何地点对拓扑图作首次商业利用起计之 2 年，或者如对拓扑图从未作利用，则自拓扑图首次被固定或被编码之日起计之 15 年，不得行使半导体产品拓扑图之登记权。第 143 对导体产品拓扑图登记所授予的权利作了列举说明，第 144 条作了权利限制规定。在登记生效期间，其权利人得在透过使用受保护拓扑图而制造之半导体产品上，使用以下任一形式表示之大写 T 字母：T，"T"，〔T〕，T　T＊或Ⓣ。[1]

《工业产权法律制度》第 289 条规范了侵犯半导体产品拓扑图，即以从事企业活动之方式，旨在为自己或第三人获得不正当利益，在未经工业产权之权利人同意下作出下列任一行为者：①制造属半导体产品拓扑图之标的之制造品或产品；②采用或运用属半导体产品拓扑图之标的之方法或程序；③进口或分销透过以上两项所指之任一方式获得之产品。侵犯半导体产品拓扑图属于刑事违法行为，处最高 2 年徒刑或科 60 日～120 日罚金。

（三）设计及新型

设计及新型由《工业产权法律制度》第三章（第 150～196 条）规范。设计及新型

的保护对象是，以某一产品本身所具备及/或其装饰所使用之线条、轮廓、色彩、形状、质地及/或材料将该产品之全部或部分外观体现出来之符合法规要求的创作，应具备新颖性和独特性，方得透过取得设计或新型之注册证书而成为本法规之保护对象。[1]澳门特区（工业）设计及新型不同于大陆的"实用新型"概念，而是与大陆的工业品外观设计概念相关。严格而言，实用新型和外观设计有其自身特点，并不完全符合专利法所规定的发明的定义；理论上，在专利只包括发明，而不包括实用新型和外观设计的情况下，"专利"一词才能真正代表技术和创新。因此，根据发明专利、实用新型和外观设计的不同特点，采用不同的保护规定是世界各国政府的考虑重点。《与贸易有关的知识产权协定》（《TRIPs 协定》）的规定主张对外观设计单独立法进行保护；对实用新型和外观设计实行有别于发明专利的单独保护也已为当今国外大多数国家所肯定。与内地专利法将发明、实用新型和外观设计纳入专利保护范围不同，澳门特区对三者实行了区别保护规范。澳门特区《工业产权法律制度》将（工业）设计及新型从专利中分离出来，授予"注册权"保护，颁发"注册证书"。[2]尽管澳门特区仍将实用专利（对应内地专利法的实用新型）归入专利范围，授予"专利权"保护，颁发"专利证书"，但实用专利的期限、表示方法、费用等规定已不同于发明专利的规定。总言之，澳门特区对专利权保护对象的规定，比内地更符合国际发展趋势。[3]

设计及新型的保护期限体现为：自申请注册之日起计共 5 年存续期，注册得以相同期间续展，直至届满 25 年存续期限。[4]纺织品或衣服之设计或新型，以及以训令定出之其他产业之设计或新型，均得成为提前保护申请之对象。[5]《工业产权法律制度》保护设计或新型之专属权：以从事企业活动之方式，旨在为自己或第三人获得不正当利益，在未经工业产权之权利人同意下，复制或模仿一项经注册之设计或新型之全部或部分特征，或者利用一项经注册之设计或新型，或者进口或分销透过前两项所指任一方式获得之设计或新型，均被视为侵犯设计或新型之专属权，处最高 2 年徒刑或科 60 日 ~ 120 日罚金。[6]

三、商标制度

《工业产权法律制度》第三编工业产权之类型第四章对商标做了规范，第五章对营业场所之名称及标志做了规范，第六章对原产地名称及地理标记作了规范，第七章对嘉奖做了规范。

商标权客体制度。《工业产权法律制度》第 197 条规定了商标权的保护对象（即商标权客体）的概念，"能表示形象之标记或标记之组合，尤其是词语，包括能适当区分

---

〔1〕《工业产权法律在制度》第 150 条、第 152 条第 1 款。
〔2〕《工业产权法律制度》第 70 ~ 76、159 条。
〔3〕彭辉：《知识产权制度比较研究》，法律出版社 2015 年版，第 92 ~ 93 页。
〔4〕《工业产权法律制度》第 176 条第 1 款。
〔5〕《工业产权法律制度》第 186 条。
〔6〕《工业产权法律制度》第 290 条。

一个企业之产品或服务与其他企业之产品或服务之人名、图形、文字、数字、音响、产品外形或包装"。这与《TRIPs 协定》第 15 条第 1 款中的规定，也与《欧洲共同体商标条例》第 4 条的规定基本上相同。"产品外形或包装"附合立体商标的要素，在澳门可以注册受保护，在内地不可以。颜色本身不单独列入商标权保护对象范围，但以独特及显著方式互相配搭之颜色或与图形、文字或其他要素配合使用之颜色则可以构成商标的要素。

在商标使用语言方面，第 198 条强制规定"商标上之文字应以葡文、中文或英文写成，且得以该三种语文之组合构成"。该规定既考虑了澳门社会中华人居多，也考虑了澳门与葡萄牙关系的历史。[1] 在商标语言使用上也有例外：一是对于专供出口用之产品，其商标得使用任何语文，但该类商标如在澳门使用即告失效。二是按有关施行细则之规定提出之国际商标之注册申请，以及属住所、法人住所或营业场所非设于本地区之申请人之商标，不强制其使用葡文、中文或英文。第 199 条是关于商标的禁用条款。第 200 条对集体商标做出了规范。

澳门特区采取商标注册制度，包含商标注册主体，商标注册标志，拒绝商标注册的理由和商标注册申请审查程序。

在澳门特区，与内地不同，自然人可以成为有权注册商标的主体，第 201 条规定厂商、商人、农民及生产者、手工业者、服务提供者，只要对商标注册具有正当利益，就有权注册商标。商标权取得准许使用未注册的制造、销售或服务商标，和内地不一样的是，使用未注册商标不超过 6 个月者，在该期间内有优先权提出注册请求，并且可以在该期间内对他人就该商标提出的注册请求声明异议，请求予以撤销。[2]

第 214 条第 1 项规定通过拒绝商标注册，以保护驰名商标。"商标之主要部分完全属复制、仿制或翻译自另一在澳门驰名之商标，如将其用于相同或相似之产品或服务上即可能与该驰名商标混淆，又或该等产品或服务可能与驰名商标之所有人产生关联"，拒绝给予注册。"后商标虽用于与在澳门享有声誉之前商标并不相似之产品或服务上，但使用后商标系企图从前商标之显著特征或声誉中取得不当利益，或可能损害前商标之声誉者，亦构成复制、仿制或翻译在澳门享有声誉之前商标"，也拒绝给予注册。

商标注册申请、审查程序按以下五个阶段进行：①经济局[3]的形式审查（第 209条）。②经济局在《澳门特别行政区公报》上刊登注册申请（第 210 条），任何人士可对该申请提出声明异议及答辩书（第 211 条）。③声明异议期届满后，经济局对申请进行实质审查和分析，撰写审查报告（第 212 条）。④经济局对商标申请进行注册，并在《澳门特区行政区公报》上刊登批准注册公告（第 213 条）。⑤上诉期限届满后，经济局

---

〔1〕 柳福东、朱雪忠："中国内地与澳门商标法律制度比较研究"，载《知识产权》2000 年第 1 期。

〔2〕 柳福东、朱雪忠："中国内地与澳门商标法律制度比较研究"，载《知识产权》2000 年第 1 期。

〔3〕 旧称"经济司"，经第 15/2003 号行政法规《经济局的组织及运作——废止六月二十八日第 27/99/M 号法令》始改组为"经济局"。现行第 45/2020 号行政法规《经济及科技发展局的组织及运作》将"经济局"扩称为"经济及科技发展局"。

发出注册证，申请人可前往经济局综合接待中心的工业产权注册申请柜台领取注册证。

四、工业产权保护

（一）有关工业产权保护的法例

《工业产权法律制度》第五编第二章和第三章两章（第289～314条）规定了侵犯工业产权的违法行为种类和处罚。侵犯工业产权的违法行为包括刑事违法行为和行政违法行为，这种立法模式具有灵活性高、适应性强的优点，能根据不断出现的新情况迅速进行调整。同时，赋予立法者更大的空间，为其从容针对具体领域中的具体问题而进行明确细致的规定提供了可能性。[1]

刑事违法行为分为以下六种：一是侵犯专利权或半导体产品拓扑图（第289条），"处最高2年徒刑或科60日至120日罚金"。二是侵犯设计或新型之专属权（第290条），处罚同前。三是假造、模仿及违法使用商标（第291条），"处最高3年徒刑或科90日至180日罚金"。四是将假造之产品出售、流通或隐藏（第292条），"处最高6个月徒刑或科30日至90日罚金"。五是侵犯及违法使用原产地名称或地理标记（第293条），处罚同一和二。六是恶意取得之工业产权证书（第294条），处罚同四。

行政违法行为的种类也有六类：一是关于专利的奖励之援引或违法使用（第299条），二是侵犯对名称及标志之权利（第300条），三是不法商标之使用（第301条），四是不当使用营业场所之名称或标志（第302条），五是本身权利之援引或不当使用（第303条），六是必需之商标之欠缺（第304条）。

（二）保护机构

澳门作为一个区域性的开放型的微型国际城市及世界贸易组织的成员，在特别行政区成立前后，其工业产权均获得相关法律制度的重视和保护。然而，随着20世纪八九十年代世界性的电子科学资讯技术高速发展，大量假冒或盗版产品充斥于人们的生活中，澳门也无法例外。尽管澳门已有工业产权法例，但由于经济局主要负责打击工业产权违法犯罪，澳门水警稽查局和其他刑事警察机关及相关部门仅负责协助性工作，执法力度和威慑力都差强人意。导致美国于1997年将澳门列入《301条款》优先观察名单，如果澳葡政府无法明显改善对知识产权的保护，即会受到美国的贸易制裁。随后1998年开始，澳葡政府采取行动以打击生产和销售盗版冒牌产品非法活动，但收效不大。因此，1999年底，美国仅仅将澳门从优先观察名单降为一般观察名单，而香港特区已获得美国认可，从该年观察名单中被除名。

随着《工业产权法律制度》正式生效实施，澳门特区政府为提高打击工业产权违法犯罪活动，于2001年成立中华人民共和国澳门特别行政区海关，使其成为查处工业产权违法犯罪的重要部门。澳门特区政府颁布8月6日第11/2001号法律，设立海关，翌月首日生效；海关于同年11月1日正式开始运作。这标志澳门特区打击侵犯知识产

---

[1] 彭辉：《知识产权制度比较研究》，法律出版社2015年版，第106页。

权活动进入了新时期。[1]

8 月 6 日第 11/2001 号法律第 2 条第 4 项规定了海关的职责，即"根据法例，确保对知识产权的保护"。并在第 3 条第 2 款规定了海关在知识产权范围内的具体权限，"① 根据法例，为确保保护知识产权的制度获得遵守而进行所需的活动；② 监察在澳门特别行政区制造的产品的生产程序、工商业活动和工商业场所；③ 根据关于保护知识产权的法例，科处处罚"。该法律由此修改了经 1999 年 12 月 13 日《澳门政府公报》第 50 期第 1 组第 97/99/M 号法令核准的《工业产权法律制度》第 285 条、第 288 条、第 309 条及第 310 条。

8 月 6 日第 11/2001 号法律颁布生效后，澳门特区打击侵犯知识产权的工作由经济局正式转移到海关。根据第 21/2001 号行政法规，海关专设知识产权厅开展保护知识产权的工作。海关成立后，联同经济局、监察院和法院等机构合力打击侵犯知识产权活动，短时间即取得了卓越成效，仅一年多时间，就获得美国认可并于 2002 年澳门特区从《301 条款》中被除名。

澳门特区海关成立后，海关成为查处专利权违法犯罪的主要部门，由其知识产权厅专责；经济局只负责处理有关专利和商标权的行政手续。特区检察院和法院是处罚工业产权违法犯罪活动相关的司法部门，刑事侦查的领导权属于检察院，所有刑事案件均须送交检察院处理。负责工业产权登记工作的经济局隶属经济财政司司长领导，负责具体接受工业产权侵权投诉并作出处理的海关隶属于保安司司长领导。

五、粤港澳大湾区工业产权协调机制

为推动粤港澳大湾区工商业的联合发展，在推广普及三地工业产权法律知识之余，也要在三地工业产权行政管理方面形成协调机制。

同时亦可推动三地专利代理师资格的统一承认，实践上已经推行了此项做法。根据《内地与澳门关于建立更紧密经贸关系的安排》的补充协议以及《专利代理师资格考试办法》，合资格的澳门居民可参加由国家知识产权局举办的"专利代理师资格考试"，通过考试后便可取得《专利代理师资格证书》，在内地从事专利代理业务。

第三节　澳门特区劳动法

因葡萄牙管治澳门的历史关系，澳门透过葡萄牙与国际劳工组织密切联系，并将国际劳工关系协议适用于澳门。澳门劳工关系方面的立法例，明显受到了国际劳工关系法和葡萄牙劳工关系法的影响。

澳门大量劳动立法产生于自治和过渡时期，其时有关工业的工会或职工会纷纷成立，在保护和争取工人权益的过程中，尤其重视推动澳葡政府的规范劳动关系的立法

---

[1] 胡晓："澳门特别行政区对知识产权的司法保护"，载 https://www.mp. gov. mo/zh_tw/standard/articles_detail/article/ir2uy3j4.html，最后访问日期：2003 年 4 月 10 日。

进程。

自治和过渡时期，澳门工业经济的发展与香港密切相关，香港规范劳动关系的法例制订相对较早、也较为成熟。因此，其后澳门在规范劳动关系的法例制订过程中，借鉴了香港的立法经验和成果。

澳门特区劳动法律制度是规范工业法律制度中，法例数量最多，开展较早，较为成熟的。

一、工业发展与劳动立法

二战后世界各国忙于经济复兴，给澳门工业发展带来了极大机遇，20 世纪七八十年代出现澳门制造业繁荣鼎盛时期。促进战后澳门工业发展的原因，可以从两方面考虑：一是有利的外部因素，二战后世界各国纷纷进行战后经济恢复，纺织制衣等行业的海外市场需求量大，为澳门纺织制衣行业的出口带来有利机会。70 年代末，恰逢中国内地改革开放，大量吸收各类投资，有利于澳门工业规模的扩大。二是有利的内部因素，五六十年代，受东南亚排华风潮的影响，大量华侨选择澳门为新的落脚点，为澳门工业发展带来了大量劳动力。

大部分与工业发展相关的澳门工会或职工会纷纷成立于 20 世纪八九十年代，大力推动了其时澳门劳工法例的发展。与工业相关的工会或职工会成立概况如下：1979 年，在澳门成立澳门珠绣塑胶五金职工会、澳门香业工会和澳门水电工会。1980 年成立了澳门造船工会、澳门锣木职工会、澳门木箱职工会。1981 年成立澳门饮食业工会、澳门汽车机器业职工会、澳门泥水业职工会。1984 年成立澳门制衣工会、澳门手工业工会，澳门屠宰业职工会。1985 年成立澳门钉鎚铁工会、澳门金业同业工会。1986 年成立澳门印刷纸业职工会、澳门疋头服装工会、澳门氹仔包装工会、澳门石艺工会、澳门电业工会。1988 年成立澳门制造业总工会、澳门上架木艺工会、澳门建造业总工会。1994 年成立氹仔造船工会、路环造船工会。2002 年成立澳门织造业工会。

成立于 20 世纪八九十年代的澳门工业行业相关的工会和职工会，在成立于 1950 年的澳门工会联合总会的带动下，大力推动了澳门本地有关劳工关系立法例。与劳动关系相关的法例有：

1. 第 2/83/M 号法律《订定违犯工业场所劳工安全与卫生法例或管制章程之适用处分》[1]，现行有效。

2. 4 月 12 日第 18/82/M 号号法令《订定有关澳门地区非法移民措施》；后被 6 月 25 日第 50/85/M 号法令《订定招聘工作者制度》撤销除工作者名单格式以外的其他条款。6 月 25 日第 50/85/M 号法令的第 7 条第 2 款所指之工作者名单格式（招聘工作者制度）由第 139/85/M 号训令所核准。6 月 25 日第 50/85/M 号法令最终被第 21/2009 号法律《聘用外地雇员法》废止。同被第 21/2009 号法律《聘用外地雇员法》废止的，还有第 12/GM/88 号批示《关于输入劳动力》、第 49/GM/88 号批示《按照本地市场条

---

〔1〕 澳门立法会：《法律（1976－1988）》。

件，设立关于招募专门技术劳工或在澳门不能正常动用之劳工》[1] 第 39/GM/90 号批示《关于暂时中止招聘非本地居住合约劳工，但公共利益建设的必需工人除外》。

3. 8 月 25 日第 101/84/M 号法令《订定雇主与工作者在工作关系上应尊重及遵守的最低及基本条件》，是澳门制定施行的第一部劳工法例。后被 4 月 3 日第 24/89/M 号法令《设立澳门工作关系》废除。这首部劳工法的诞生，使得当时的工会由街头抗争转向依法维权[2]，规范了大量劳工矛盾纠纷。

4. 第 7/88/M 号法律《订定超时工作及轮班制度——撤销 12 月 23 日第 22/78/M 号法律》[3]，已被 87/89/M 号法律废止。

5. 关于劳动关系法。4 月 3 日第 24/89/M 号法令《设立澳门工作关系》，已被第 7/2008 号法律《劳动关系法》废止。①其第 17 条及第 26 条条文（关于工人每周休息）后被第 32/90/M 号法令修改。②其第 47 条第 6 款所载为计算因雇主单方终止劳动合同而应实现之损害赔偿之最高月薪额，被 1 月 22 日第 12/96/M 号训令调整为澳门币 12 000 元；该损害赔偿之最高金额很快被翌年 12 月 15 日第 254/97/M 号训令再次调高为澳门币 14 000 元。③其第 19 条第 1 款（强制性假日），经第 8/2000 号法律修改后，调整为 1 月 1 日、农历新年、清明节、5 月 1 日、中秋节翌日、10 月 1 日、重阳节和 12 月 20 日共 8 个强制性假日。④现行第 7/2008 号法律《劳动关系法》废除了上述法规，并被第 134/2020 号行政长官批示重新公布。其第 70 条（雇主不以合理理由解除合同）被第 2/2015 号法律修改。第 8/2020 号法律修改了其第 43、45、50、54、56、70、85，增加了第 42 - A、56 - A、56 - B 条。

6. 第 12/2001 号法律《修改〈工作意外及职业病法律制度〉》[4]，修改 8 月 14 日第 40/95/M 号法令，现行有效。

7. 关于外地雇员的法规。第 49/90/M 号法令《关于规定给予临时逗留证及确定其法律效力》，已被第 20/2019 号法律《确定一九八八年至一九九九年公布的若干法律及法令不生效》确认为不生效。第 16/91/M 号法令《重新修订八月廿七日第 49/90/M 号法令第六条事宜（批给身份证明文件）》（已废止）。第 6/92/M 号法令《关于规定发出澳门居民新身份证事宜——若干撤销》。第 55/93/M 号法令《修订八月二十七日第 49/90/M 号法令第四条条文（临时逗留证）》（已废止）。第 46/GM/96 号批示《规定将临时逗留证更换为居民身份证》。

二、劳动关系法

澳门特区现行的劳动关系法是第 7/2008 号法律《劳动关系法》，先后被第 2/2015 号法律、第 10/2015 号及法律第 8/2020 号法律修改，已被第 134/2020 号行政长官批示

〔1〕 澳门过渡期间，因应法律本地化的需要，对规范劳工方面的法例进行葡中翻译工作。其中，发布第 298/GM/99 号批示，命令公布 2 月 1 日第 12/GM/88 号批示及 5 月 16 日第 49/GM/88 号批示之中文本。
〔2〕 林发钦主编：《行针步线：澳门制衣工人口述历史》，广西师范大学出版社 2018 年版，第 55 页。
〔3〕 澳门立法会：《法律（1976 - 1988）》。
〔4〕 《澳门特别行政区公报》第一组第 33 期，2001 - 08 - 13，第 948 页。

重新公布。《澳门特区政府 2019 年财政年度施政报告》指出，加强制度建设，保护劳动者权益，规范劳动市场运行。持续跟进《劳动关系法》七项优先修订法案，包括产假、男士有薪侍产假、叠假和补假等。制定《非全职劳动关系法》及《最低工资》，跟进《职业介绍所业务法》的立法进度。[1]

现行《劳动关系法》是在修订 4 月 3 日第 24/89/M 号法令《设立澳门工作关系》（简称"劳工法"）的基础上，契合澳门经济产业发展的新变化而制定实施。规范劳动关系的 4 月 3 日第 24/89/M 号法令《设立澳门工作关系》（简称"劳工法"）制定于加工制造业相当蓬勃之 20 世纪 80 年代，其时澳门的经济主要依赖加工制造业；该法规自 1989 年生效至 2008 年，未作出过重大修改。

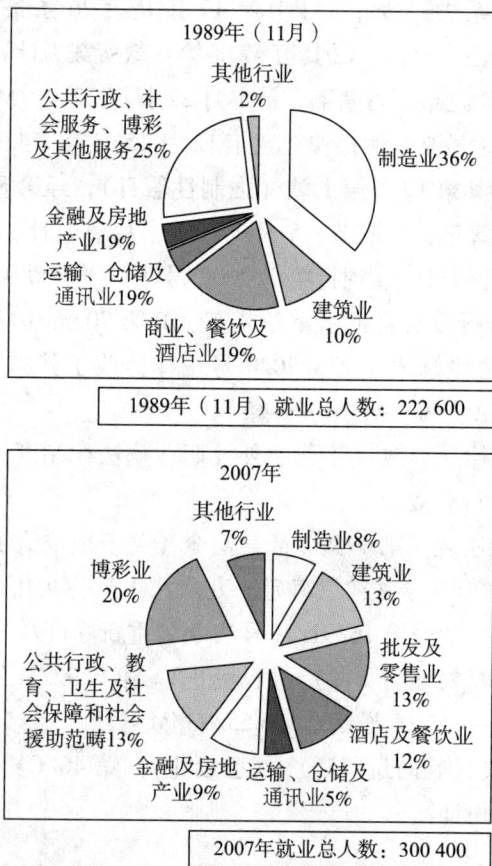

1989年（11月）

其他行业 2%
公共行政、社会服务、博彩及其他服务25%
制造业36%
金融及房地产业19%
运输、仓储及通讯业19%
建筑业 10%
商业、餐饮及酒店业19%

1989年（11月）就业总人数：222 600

2007年

其他行业 7%
制造业8%
建筑业 13%
博彩业 20%
批发及零售业 13%
公共行政、教育、卫生及社会保障和社会援助范畴13%
酒店及餐饮业 12%
金融及房地产业9%
运输、仓储及通讯业5%

2007年就业总人数：300 400

图 14－1　按澳门主要行业分类的就业人口比较 1989 年与 2007 年的就业分配百分率[2]

现行第 7/2008 号法律《劳动关系法》制订的经济背景。随着澳门回归后经济的急速发展，澳门的产业结构出现了明显的改变，博彩业、旅游业及服务业成为澳门的支

---

〔1〕《2019 年财政年度施政报告》第 24 页。
〔2〕资料来源：参见澳门特区政府统计暨普查局的《1989 年就业统计－澳门行业分类第一版》及《2007 年就业调查－澳门行业分类第一修订版》。转载自澳门特区立法会：《第 7/2008 号法律 － 劳动关系法：第三常设委员会－第 1/Ⅲ/2008 号意见书》，第 5 页。

柱产业，其运作模式与传统的加工制造业大为迥异。主要以加工制造业为背景而制定的劳工法已逐渐无法回应社会发展的需要。为此，澳门特区政府行使《基本法》第115条第1款所赋予的"根据经济发展的情况，自行制定劳工政策，完善劳工法律"的权限，着手检讨、修订现行劳工法，并在此基础上，增加配合经济产业结构变化的新条文，最后制定并颁布了现行第7/2008号法律《劳动关系法》。

现行第7/2008号法律《劳动关系法》共8章97条，8章分别是：一般规定，权利、义务及保障，劳动合同，劳动关系，工作的报酬，劳动关系的终止，处罚制度，最后及过渡规定。该法律秉承7月27日第4/98/M号法律《就业政策及劳工权利纲要法》的精神，寻求劳动法律秩序背后劳动的经济属性与劳动的社会属性紧张张力之间的平衡，"维持经济结构、市场的正常运作、尊重劳工权利和认同工作的社会价值"。该法律针对不同行业的特性，采取更灵活的方法保障劳资权益。

雇主与外地雇员之间的劳动关系被排除在该法律的适用范围以外，而另由其他法例规范。鉴于外地劳动力占据了澳门工业场所雇员的较大比例，外地雇员法例是澳门工业法例中较为重要的一项。由于本章字数限制，不在此详细展开论述。其他规范劳动关系的法例，例如第6/2007号法律《修改工作意外及职业病保险法律制度》《劳动诉讼法典》[1]等，在此不展开论述。

第四节　澳门特区工业经济法

一、工业准照法律制度

澳门面积狭小，属于微型经济体。由于历史因素，面对比例居高的华人人口，葡萄牙通过微型政府治理澳门。与之对应，形成了较为成熟的工商业执照批给法律制度。

澳门特区现行《发出工业执照之法律制度》，即是由澳门总督颁布的3月22日第11/99/M号法令所核准。该法令制定于澳门过渡时期，其时澳门经历了二战后工业繁盛期，占据制造行业重要比重的纺织与制衣业正逐步走向衰退。该法令废止此前已不合时宜的旧法令、批示和公告：①11月9日第95/85/M号法令《订定关于行政当局参与工业界基本原则——若干撤销》。②6月13日第49/85/M号法令《订定行政当局参与工业界方面之一般原则以及与工业界活动之经济从业员的关系》第2条、第14条及第15条。③公布于1985年12月7日第49期《政府公报》之经济司通告。④3月7日第21/GM/88号批示《核准调查委员会工作章程》。

现行3月22日第11/99/M号法令《发出工业执照之法律制度》共五编，分别是一般规定、工业场所及工业单位之设立、工业记录、检查委员会、处罚。

---

〔1〕 1999年12月20日第1/1999号法律（《回归法》）第4条第4款废止了《劳动诉讼法典》，使该法典自该日起不再生效。规范劳动诉讼程序的法规，是一项专门供法院解决劳动纠纷的法规。回归后，澳门特别行政区政府在施政方针中阐明将制定新的劳动诉讼法。使劳动法典切实附合澳门的实际情况。

现行 4 月 28 日第 60/GM/99 号批示《校准对发出工业单位临时准照及补发同一准照之收费表》，根据 3 月 22 日第 11/99/M 号法令《发出工业执照之法律制度》订定并由澳门总督韦奇立发出。

澳门特区行政长官崔世安根据《基本法》第 50 条第 5 项，于 3 月 18 日制定独立行政法规——第 9/2016 号行政法规《豁免征收工业准照费用》。自 2016 年 4 月 5 日公布于《澳门特别行政区公报》翌日起生效。该行政法规规定，豁免征收 3 月 22 日第 11/99/M 号法令第 18 条第 1 款规定的发出或补发工业准照的费用。

澳门发出工业执照法律制度突出事前预防机制，在发出工业执照之前，会审查工业场所是否符合卫生、安全指标，是否符合噪音指标，如果不符合，规定不发给执照。这体现了经济法主体政府的监督管理作用。因此，与澳门工业经济监督管理有关的法例还有：①10 月 22 日第 57/82/M 号法令《核准工业场所工作安全及卫生一般条例》。②2 月 19 日第 2/83/M 号法律《订定违犯工业场所劳工安全与卫生法例或管制章程之适用处分》。③11 月 14 日第 54/94/M 号法令《规范若干环境噪音之预防及控制》，现已经第 8/2014 号法律《预防和控制环境噪音》检讨和废除。④6 月 9 日第 24/95/M 号法令《核准防火安全规章》。

二、工业促进法

澳门从位阶最高的法律的层面规定促进工业的发展，再附以相关行政法规强化法律的执行力度。从澳门工业促进法例的内容来看，主要包括税收优惠、贷款利息补贴和援助计划等方面。

澳门过渡时期制定实施的第 1/86/M 号法律《在工业政策范围内设立税务鼓励》[1]，后经 7 月 12 日第 35/93/M 号法令修改，适用至今。

澳门特区尤其重视促进工业的发展，制定和实施的行政法规有：①第 16/2009 号行政法规《关于企业融资贷款利息补贴》（经第 10/2011 号行政法规修改）。②第 9/2003 号行政法规《中小企业援助计划》，后经第 4/2020 号、第 15/2017 号、第 11/2012 号、第 2/2009 号及第 14/2006 号行政法规修改。③第 19/2003 号行政法规《中小企业信用保证计划》，后经第 16/2017 号及第 19/2009 号行政法规修改。④第 12/2013 号行政法规《青年创业援助计划》，后经第 22/2017 号行政法规修改。

三、产品质量法：食品安全法

食品加工工业在澳门特区现有产业中占有比较大的比例，因而特区尤其重视对食品工业的食品安全法，颁发和实施了第 5/2013 号法律《食品安全法》。此外，其对工业经济违法行为方面的法规涉及食品安全、食品添加剂和玩具产品安全标准等方面，具体法规主要有：①法律。澳门特区政府颁发和实施的第 5/2013 号法律《食品安全法》。7 月 15 日第 6/96/M 号法律《妨害公共卫生及经济之违法行为之法律制度》，后

---

〔1〕 澳门立法会：《法律（1976－1988）》。

经第 2/2002 号法律、第 7/2005 号法律及第 3/2008 号法律《透过修改七月十五日第 6/96/M 号法律禁止层压式传销》修改。②法令。《食品标签法》。澳门总督命令制定并公布 8 月 17 日第 50/92/M 号法令《订定供应予消费者之熟食产品标签所应该遵守之条件》（即食品标签法），后被 11 月 21 日第 56/94/M 号法令《修改八月十七日第 50/92/M 号法令，规范有关供应消费者之各类食品标签之程序》和第 7/2004 号行政法规所修改。③行政法规。7 月 7 日第 17/2008 号行政法规《订定产品安全的一般制度》。④行政长官批示。10 月 27 日第 290/2008 号行政长官批示《认可本批示附表所载的机构为"产品安全的一般制度"所指的检验机构》。1 月 11 日第 556/2009 号行政长官批示《公布一般食品添加剂的特定名称及按食品添加剂的使用性质而定的功能及其子功能分类表》。3 月 31 日第 61/2014 号行政长官批示《认可灯具、家庭电器、音响及视听器材、资讯科技设备、手提工具组别产品以及玩具产品的安全标准》。

澳门特区政府在颁发第 5/2013 号法律《食品安全法》之前，已有一套行之有效的保障食品安全的法律法规和行政监管制度，加上在国家主管部门的支持和协助下，使得食品安全工作在亚洲地区达到了一定的水平。例如，对食品添加剂的规范。澳门总督命令制定并公布 8 月 17 日第 50/92/M 号法令《订定供应予消费者之熟食产品标签所应该遵守之条件》，后被 11 月 21 日第 56/94/M 号法令《修改八月十七日第 50/92/M 号法令，规范有关供应消费者之各类食品标签之程序》和第 7/2004 号行政法规所修改。根据前述法令第 5 条第 3 款之规定，行政长官作出第 556/2009 号行政长官批示《公布一般食品添加剂的特定名称及按食品添加剂的使用性质而定的功能及其子功能分类表》。

制定并公布第 5/2013 号法律《食品安全法》。鉴于已有相关法规及权限较为分散，监管存在交叉或空白等问题的相继显现，澳门特区政府自 2012 年底着手完善食品安全的立法及监管工作。在参照联合国粮食及农业组织与世界卫生组织的指引，结合中国内地、新加坡等有关食品安全立法的经验，以及吸收公开咨询中收集到的意见和建议的基础上[1]，澳门特区政府立法会制定了第 5/2013 号法律《食品安全法》，由行政长官签署并命令公布于 2013 年 4 月 22 日第 17 期第 1 组《澳门特别行政区公报》上 180 日起生效。随后，根据该法律第 7 条第 3 款的规定，制定并公布了如下 11 份补充性行政法规：①第 13/2013 号行政法规《食品中兽药最高残留限量》；②经第 3/2016 号行政法规修改的第 6/2014 号行政法规《食品中禁用物质清单》；③第 16/2014 号行政法规《食品中放射性核素最高限量》；④第 16/2015 号行政法规《婴儿配方奶粉致病性微生物限量》；⑤第 2/2016 号行政法规《奶类食品中致病性微生物限量》；⑥第 13/2016 号行政法规《食品中真菌毒素最高限量》；⑦第 28/2016 号行政法规《婴儿配方食品营养成分要求》；⑧第 30/2017 号行政法规《食品中食用色素使用标准》；⑨第 12/2018 号行政法规《食品中甜味剂使用标准》；⑩第 23/2018 号行政法规《食品中重金属污染物最高限量》；⑪第 7/2019 号行政法规《食品中防腐剂及抗氧化剂使用标准》。

---

[1] 澳门特别行政区立法会：《第 5/2013 号法律－食品安全法：理由陈述》。

第 5/2013 号法律《食品安全法》共 4 章 31 条，规范食品安全的监督管理，食品安全风险的预防、控制及应对措施，以及食品安全事故的处理机制，以保障公众的身体健康和生命安全。该法律适用于食品的生产经营，以及在生产经营过程中对食品添加剂及食品相关产品的使用；不适用于包括中成药在内的药物，以及 11 月 14 日第 53/94/M 号法令第 13 条第 5 款所指在中药房内专门出售的中药材。第 3 条规定了食品、食品添加剂、食品相关产品、生产经营、食品安全、食品安全事故和重大食品安全事故的定义。

第 4 条规定民政总署（已更名改组为"市政署"并于 2019 年 1 月 1 日起正式运行）负责统筹食品安全的监督管理工作，负责就订定食品安全政策提出建议，负责对生产经营食品的地点或场所进行监察，负责收集样本及化验和检测食品的安全性，负责进行食品安全的风险监测及评估，负责编制食品安全事故的应急预案，负责调查及处理食品安全事故，负责采取预防及控制措施，负责向食品的生产经营者发出有关食品安全的指引等。鉴于澳门特区自行生产食品原材料的能力不足，很大程度上需依赖于进口。因此，澳门特区现行的视频检验制度尤其重视进口食品检验，以提前防范和控制食品安全风险。[1]

澳门特区政府卫生局、旅游局及经济局在订定食品安全标准、巡查及检测方面，负有向民政总署（现为市政署）提供协助的特别义务。

食品的生产经营者尤其负有下列义务：①按照食品安全标准生产经营；②建立有效的食品安全内部管理制度；③在指定期间内保存进出货纪录或相关单据；④存有或可能存有食品安全风险时向民政总署作出通报；⑤适时召回存有食品安全风险的食品。

第五节　澳门特区工业环境保护法

澳门特区虽然地少人多，环境保护的重要性同样要加以强调。尽管其工业发展的体量也不大，但工业环境污染问题依然困扰着澳门特区。回归后，《基本法》赋予环境保护任务新的宪法地位，要求澳门特区政府要从法律层面的高度来建立健全环境保护的法律制度。《基本法》将环境保护的规定（第 119 条）置于第五章经济中，用意在于要求特区政府在制定经济政策时，必须重视环境保护。环境权作为人的一项基本权利，在澳门过渡时期实施的《环境纲要法》（即 3 月 11 日第 2/91/M 号法律《订定本地区环境政策应遵守总纲及基本原则》）中得到了确认，更是在澳门特区法律体系中位阶最高的《基本法》中得到了彰显。[2]澳门特区结合本地工业发展格局，对工业环境方面的立法主要体现在：政府规划、宣传推广、制定优惠政策、制定相关标准，加强技术指引，制定法规。

---

〔1〕　澳门特别行政区立法会：《第 5/2013 号法律 – 食品安全法：第二常设委员会 – 第 1/IV/2013 号意见书》。
〔2〕　唐晓晴、吕多娟："Responsabilidade civil or danos ambientais no Sistema jurídico de Macau"，载《澳门大学法律学院学报》2012 年第 31 期。

一、环境保护规划

《澳门环境保护规划》（2010－2020年）是澳门特区政府首份集社会各界力量保护环境的纲领性文件。该规划以"优化宜居宜游环境""推进节约循环社会"及"融入绿色优质区域"为三大规划主线，以11项规划绿指标作引领，按近期（2010年～2012年）、中期（2013年～2015年）和远期（2016年～2015年）三个阶段逐步推进15个关注领域的共166项行动计划，从而带动环保工作的全面展开。第1规划主线为"优化宜居宜游环境"，包括从空气质量的改善、水环境质量的提高、固体废弃物的处理处置、噪声污染的控制、生态环境的保育、光污染的防治及辐射环境的保护等7个关注环境领域，并提出两个重点行动计划。

该规划还提出环境功能区划，以达"构建低碳澳门、共创绿色生活"的规划愿景。环境三功能区之三"环境优化控制区"内的设施相对污染较大，必须严格控制污染源，优化区内的产业布局、结构调整和工业污染源治理。将澳门特区划分为三个环境功能区，按近、中、远三期逐步落实各环境功能区内的管理。

《澳门环境保护规划》（2010年～2020年）的制订背景及过程。随着《珠三角地区改革发展规划纲要（2008年～2020年）》等规划的实施、《粤澳合作框架协议》的签订，多项环境保护的国际公约已经适用于澳门特区，加之澳门特区本身的环境问题越来越突出。为此，特区亟待制定规划保护环境和资源。特区自2010年开展《澳门环境保护规划》（2010年～2020年）征集意见，2012年9月7日对外发布。《澳门环境保护规划》（2010年～2020年）共有6章，分别是：总则、推动环境功能区管理、优化宜居宜游环境、推进节约循环社会、融入绿色优质区域和执行、监督及保障。

根据该规划，澳门特区与工业经济有关的环境问题主要有以下五个方面：

1. 大气污染问题。随着珠三角地区工业快速发展，大气污染物的排放量也随之增加，通过跨区域输送而相互影响了包括澳门特区在内的相邻地区。规划第1规划主线"优化宜居宜游环境"内重点行动计划一即明确要加强大气污染控制及管理：①在中期（2013年～2015年）开展对工商业场所空气污染物排放状况的全面调查和研究，研究污染工业场所之空气污染物排放标准及有关污染控制策略，以达到控制主要的工业大气污染源的目标。②在远期（2016年～2020年），制定有关污染工商业场所之空气污染物排放标准并应用有关污染控制措施。

2. 水环境问题。水质污染情况逐年恶化，其中污染来自工业排污。濒临海滨的盐潮问题影响了该地自来水厂的出厂水质，由于饮用水的原水自内地跨境供应，所以对水资源的保护目的要透过区域协调合作达成。污水处理厂工作量分配比例失衡，澳门半岛污水处理厂承受较高的污水处理压力，而其余的污水处理厂接受污水量则较少，影响了整体污水处理系统的稳定运作。规划第1规划主线"优化宜居宜游环境"内重点行动计划一明确要保护水资源与改善水环境质量：①近期（2010年～2012年），建立供水（咸潮、突发事件）预警预报和应急机制，开展澳门半岛污水处理厂扩容及升级工程，完成改善氹仔污水处理厂尾气质量升级工程以及有关工程等。②中期（2013年～2016

年），修订《澳门供排水规章》，并逐步完善澳门特别行政区水环境标准的制订。

3. 固体废弃物。工商企业产生的废弃物数量增加，例如污水处理厂产生的污泥。但约束企业产生废弃物的标准和规范相对不足，取法相关的经济可控制措施，使得多数中小企业自身污染治理和资源循环利用的效果不彰。规划第 1 规划主线"优化宜居宜游环境"内重点行动计划一明确要建立固体废弃物的管理体系及安全处理处置：①近期（2010 年～2012），开展对旧厂的技术升级，提升焚化炉尾气排放标准等。②在远期（2016 年～2020 年），研究以管理标准、收费制度、以及固体废弃物回收处理指引等，逐步引入"污染者自付"或"生产者责任制"政策。

4. 噪声污染增加。澳门特区对工业噪声投诉个案上升，但相关的噪声法规不健全。因此，规划第 1 规划主线"优化宜居宜游环境"第 4 个关注领域即指出要制定《预防和控制环境噪音》法规，采取多种措施控制工商业噪音。该规划主线内重点行动计划一深入强调要控制噪声污染：除在近期（2010 年～2012 年）制定《预防和控制环境噪音》法规草案外，在中期（2013 年～2015 年）完善及制定工商业场所噪声控制技术指引，加强对工商业噪声的监管；研究加强对工商业噪声源监管，要求工商业选用低噪声风机与制冷机组及低噪音或具变频调速装置的冷却水塔等设备。远期（2016 年～2020 年）继续落实《预防和控制环境噪音》法规实施后的监管。

5. 辐射污染。澳门是一座高度发展的城市，电视广播发射塔、通信、雷达、导航发射设备，工业科研医疗设施等电磁辐射源数量不断增加，相应法规缺少，需要强化辐射环境的监督和管理。规划第 1 规划主线"优化宜居宜游环境"第 7 个关注领域，提出建立健全辐射管理制度，加强辐射安全管理、建立辐射监测网络，普及辐射知识和环境的宣传三项规划。该规划主线内重点行动计划一也强调要防治光污染，远期（2016 年～2020 年）编制防治光污染的照明行业和建筑行业的技术规范和标准。

该规划主线二"推进节约循环社会"突出在工业企业推广使用能源节约和清洁能源，在工业企业普及环境管理系统，实施清洁生产工艺。推进工商业垃圾分类回收。对工业设施进行节水，建设再生水厂；增加工业再生水的利用率；制订再生水利用标准，并将其纳入《澳门供排水规章》中。提高澳门工商业技术水准，普及环境管理系统，实施清洁生产工艺，降低工业企业单位产值能耗与污染物排放，逐步通过制订企业污染物排放标准体系与企业污染治理技术指引，形成完善的企业环境管理系统，强化对企业排污行为的监管；企业污染物排放严格执行各项指引及法规。发展环保产业，紧贴国际环保产业的发展形势，并透过举办各种国际性环保合作展览及会议，引入及应用国际最新环保技术与理念，以提升本地产业的环保管理水平。

规划第六章"执行、监督及保障"强调要重视设定规划执行机制、环保政策法规与制度建设。规划指出，特区现行的环境法律体系仍存在立法体系不完备、法律制度供给不足、承担法律责任的规范单一等问题，为优化澳门的环境管理，必须在现行环境法制的基础上有计划地开展环境立法工作，逐步完善澳门环境法律体系和法规建制。并附上一份详细的《本规划拟开展标准及立法研究项目表（2010 年～2020 年）》。

表 14 – 5　本规划拟开展标准及立法研究项目表（2010 年 ~ 2020 年）

环境领域	拟开展标准及立法研究项目
基本	《环境纲要法》的检讨
声环境	制定《预防和控制环境噪音》法规（为《噪音法（第 54/94/M 号法令）的修订》）及修订第 241/94/M 号训令声学规定
空气环境	空气环境保护法例
	《进口新汽车应遵守的尾气排放标准的规定》
	重大空气污染源排放标准
	有关车用无铅汽油及轻柴油标准
	在用车尾气排放标准
	空气环境品质标准
水环境	《供排水规章》（修订）
	地表水环境标准
固体废弃物	固体废物污染防治法例
	固体废弃物管理、处理、处置标准
光环境	光污染技术规范和标准
自然生态	自然资源保护区管理规范
环境管理	《环保与节能基金》
	环境影响评估制度
	环境规划管理导则
国际公约	有关持久性有机污染物进出口控制
	有关危险废弃物的进口管制

二、环保相关标准与立法研究项目进展

鉴于澳门环境法律法规的不完善，《澳门环境保护规划》（2010 年 ~ 2020 年）在不同环境范畴提出了拟开展的标准及立法研究项目。这些环境立法研究项目涉及声环境、空气环境、水环境、固体废弃物、自然生态、环境管理和国际公约共七个方面，并已逐步推进。[1]

1. 声环境。在旧噪音法（第 54/94/M 号法令）基础上作修订，制定并施行第 8/2014 号法律《预防和控制环境噪音》。

2. 空气环境。

中期计划：制订《澳门重大固定空气污染源排放标准及完善监管制度》。为更好地管制本澳重点工商业场所的空气污染物排放，已根据 2014 年完成的《制订澳门重大固

〔1〕 澳门特区政府环境保护局：《澳门环境保护规划（2010 – 2020）近期实施及成效评估》《澳门环境保护规划（2010 – 2020）中期实施及成效评估》。

定空气污染源排放标准及完善监管制度》咨询工作，优先推出了第 12/2014 号行政法规《水泥制造工业场所的空气污染物排放标准及设施管理规定》，后续将按计划有序推进其余重点工商业场所空气污染物排放标准的立法工作。

《澳门餐饮业油烟排放标准及完善监管制度》。为改善餐饮业油烟排放对居民及空气环境的影响，已于 2015 年完成了《澳门餐饮业油烟排放标准及完善监管制度》公开咨询及发布有关咨询总结报告，透过公开咨询收集社会各界之意见，作为推进后续有关油烟排放管制立法工作的参考。

3. 水环境。已开展对《澳门供排水规章》的修订，包括饮用水水质标准、给排水工程部分等。

4. 环境管理。于 2011 年设立了"环保与节能基金"，并公布了第 22/2011 号行政法规《环保、节能产品和设备资助计划》，以资助购买或更换能有助改善环境质素、具能源效益或节水的产品和设备。

5. 项目环境影响评估制度。进行了有关澳门实施环评制度的相关研究。推出了《需进行环境影响评估的工程项目类别清单》（试行）及更新了《编写环境影响评估报告书指引》及相关指引。

三、工业噪音法律制度

第 8/2014 号法律《预防和控制环境噪音》是在旧噪音法（第 54/94/M 号法令）基础上作修订，旨在落实《基本法》所确立的基本制度，即《基本法》第 119 条载明的环境保护的制度。《澳门环境保护规划》（2010 年～2020 年）规划近期行动计划，为进一步加强保障居民健康与环境质量，环境保护局于 2010 年在旧噪音法之基础上制定《预防和可控制环境噪音》法案，进入公开咨询并进入立法程序。随后《预防和控制环境噪音》法案经特区立法会进行审议，最后于 2014 年公布，2015 年 2 月 22 日正式生效。

第 8/2014 号法律《预防和控制环境噪音》是在检讨旧环境法律法规的基础上修订。旧环境法律法规列举如下：①在澳门特区生效的有关环境保护的国际法文书，有《关于持久性有机污染物的斯德哥尔摩公约》（2001 年 5 月 22 日订），其修正案于 2009年 5 月 8 日核，2011 年 4 月 29 日通过；《关于在国际贸易中对某些危险化学品和农药采用事先知情同意程序的鹿特丹公约》（1998 年 9 月 10 日）；《联合国气候变化框架公约》（1922 年 5 月 9 日于纽约）；《京都议定书》（1997 年 12 月 11 日于京都）等。②3月 11 日第 2/91/M 号法律《订定本地区环境政策应遵守总纲及基本原则》，即《环境纲要法》，从法律层面高度制定了澳门环境政策应遵守的一般纲领及基本原则，所有人都享有环境权，同时也承担保护及改善环境的公共任务。由此，要遵从预防、平衡、参与、国际间的合作、恢复和责任六个特定基本原则。《环境纲要法》第 18 条对环境噪音做出规定。③由第 10/2013 号法律核准的《土地法》是载有涉及环境保护重要规定的法律之一。当中直接规定了很多关于环境保护的原则及事项，例如第 119 条及第122 条包括关于环境影响评估的规定。④重点规范环境噪音的特别制度。7 月 12 日第34/93/M 号法令通过的《适用于职业性噪音的法律制度》旨在保护在工作时因暴露于噪音而受其损害之劳工，尤其是对听觉之损害。还有，第 48/94/M 号法令核准的《因违反规定职业性噪音之法律规定之处罚性制度》。5 月 22 第 37/89/M 号法令核准的《事务所、服务场所及商业场所之工业安全及卫生总章程》，尤其规定工业地点之噪音及振动不应超过危害员工健康之限制。⑤核准《澳门供排水规章》的 8 月 19 第 46/96/M 号法令第 185 条第 6 款、第 260 条第 2 款、第 261 条规定。⑥第 54/94/M 号噪音法。此前，有关环境保护的一般规定和专门针对噪音方面的环境保护的规定众多和分散。很多法规对特定事项和为保护不同法益进行规范。[1]

与现行法律相比，第 8/2014 号法律《预防和控制环境噪音》的第三章有一套相当完整和易明的监察及处罚制度，委员会亦赞同该制度的设置。在该制度里，有关监察权、行政违法和刑事行为、实况笔录、法人责任、缴纳罚款责任、处罚程序、时效等规定。罚款为非定额（第 12 条），引入了违令罪（第 16 条），程序时效和处罚时效的期间（第 20 条第 3 款）。监察权主要集中于环保局，治安警察局负责监察第 7 条和第 10 条规定的遵守情况。第 11 条规定：环境保护局负责监察对第 3 条、第 4 条、第 5 条、第 6 条、第 8 条及第 9 条的规定的遵守情况。

第 9 条，规管工业、商业或服务业单位所发出的噪音，与旧法律相比，新增第 2 及第 3 款。如果经过预先评估，工业、商业或服务业单位可能发出骚扰噪音，不得设立和运作新单位，亦不得扩展现存单位，这意味着有关行政部门将不会发给准照。而现有工业、商业或服务业单位的运作，如产生骚扰噪音，将构成行政违法行为。

委员会在讨论过程中指出，工业、商业或服务业楼宇或独立单位内开展的活动并不一定都是涉及工业、商业或服务业单位的运作，很有可能这类单位被租借进行其他活动，例如乐队练习，同样可能产生骚扰噪音。为避免这种情况，因此新增第 3 款，规定在工业、商业或服务业楼宇或独立单位内进行的其他活动，都不得产生骚扰噪音。

第 12 条行政违法行为第 1 款第 2 项规定，违反第 3 条、第 6 条、第 8 条第 1 款及第 2 款，以及第 9 条第 2 款及第 3 款的规定，科澳门币 5000 元至 1 万元罚款。第 14 条规定科处罚款属于环境保护局局长的职权。

第六节　澳门特区工业犯罪法

当前澳门特区法律体系中，关于工业犯罪的规定涉及以下多个领域，多见于具有综合性立法性质的法律中。[2]专门规定犯罪与刑罚的单行刑法鲜见。

一、食品安全犯罪

澳门特区现行法律关于危害食品安全行为的犯罪，由 7 月 15 日第 6/96/M 号法律《妨害公共卫生及经济之违法行为之法律制度》、第 5/2013 号法律《食品安全法》和

---

[1] 澳门特区立法会：《第 8/2014 号法律－预防和控制环境噪音：第一常设委员会－第 3/V/2014 号意见书》。
[2] 刘凯："澳门法人犯罪立法修订评述与借鉴"，载《政法学刊》2020 年第 2 期。

《刑法典》规范。

7月15日第6/96/M号法律《妨害公共卫生及经济之违法行为之法律制度》涉及食品犯罪的规定已经被纳入第5/2013号法律《食品安全法》。经听取澳门总督的建议，并经遵守《澳门组织章程》第48条第2款a项规定的程序，根据《澳门组织章程》第31条第1款c项之规定，由澳门政府立法会制定了该法律。除第四章外于1997年1月1日生效，后被第26/96/M号法律、第2/2002号法律、第7/2005号法律、第3/2008号法律修改，部分规定被第5/2013号法律《食品安全法》所废止。

第5/2013号法律《食品安全法》第三章处罚制度第一节刑事责任第13条规定了"生产经营有害食品罪"，规定任何人如生产经营对他人身体完整性造成危险的食品，处最高5年徒刑，或科最高600日罚金；如属过失的情况，处最高1年徒刑，或科最高120日罚金；如引致他人身体完整性受伤害，无论故意或过失，则对行为人科处的刑罚的最低及最高限度均加重1/3。对他人身体完整性造成危险或伤害的食品包括：①加入非食品原料或食品添加剂以外的化学物质的食品；②不当使用食品添加剂的食品；③使用废弃或超过保质期的食品作为原料的食品；④含有致病性微生物、残留农药、残留兽药、重金属、放射性物质及其他危害人体健康物质的食品；⑤含有病死、毒死或死因不明的动物的肉、部分及其制品的食品；⑥含有依法须受检疫而未经检疫或检疫不合格的物质的食品；⑦伪造、腐败或变质的食品；⑧被除去某成分或某元素以致营养价值降低的食品。[1]

如果生产经营的有害食品对他人生命造成危险，或对他人身体完整性造成严重危险时，将继续适用"刑法典"第269条的规定，最高可处8年徒刑。[2]

二、侵犯工业产权犯罪

第97/99/M号法令《工业产权法律制度》规定了"侵犯专利权或半导体产品拓扑图罪""侵犯设计或新型之专属权罪""假造、模仿及违法使用商标罪""假造之产品或物品出售、流通或隐藏罪""侵犯及违法使用原产地名称或地理标记罪"和"恶意取得之工业产权证书罪"。

三、电脑/网络犯罪

随着互联网及通讯技术高速发展和广泛应用，澳门特别行政区如同其他的国家或

---

〔1〕 澳门特别行政区立法会：《第5/2013号法律 – 食品安全法：理由陈述》。
〔2〕 澳门特区《刑法典》第269条（使供应养料之物质或医疗物质腐败）规定：①作出下列行为，因而对他人生命造成危险，或对他人身体完整性造成严重危险者，处1年至8年徒刑：a）在利用、生产、制作、制造、包装、运输或处理供他人作为食用、咀嚼或饮用而消费，或为着内科或外科用而消费之物质之过程中，又或在对上述物质所作之其他活动中，使该等物质腐败、伪造之、使之变质、减低其营养或治疗价值，或加入某些成分；或b）将属上项所指活动之对象之物质，或在有效期过后将被使用之物质，又或因时间作用或受某些剂之作用而变坏、腐败或变质之物质，输入、隐藏、出售、为出售而展示、受寄托以供出售，或以任何方式交付予他人消费。②如因过失而造成上款所指之危险，行为人处最高5年徒刑。③如因过失而作出第1款所指之行为，行为人处最高3年徒刑或科罚金。

地区一样，正朝着智慧城市的方向发展，"工业4.0"引领澳门进入人工智能及大数据的网络时代。电脑、资讯网络及互联网成为各行各业及人们日常生活的必要工具，资讯化与社会各领域、各阶层的活动密切相关。随着资讯科技的日趋进步，电脑及互联网的使用越来越普遍，资讯化及人工智能为机构、企业及人们带来莫大方便的同时，越来越多的不法分子得以透过资讯技术来实施传统类型的犯罪（如诈骗、盗窃、毁损等）和新型犯罪（如传播电脑病毒、不当截取电脑数据资料、干扰电脑系统等），对包括工业领域在内的公私网络、全球网络的安全造成潜在的巨大威胁。[1] 澳门特区先后针对性地制订了第11/2009号法律《打击电脑犯罪法》和第13/2019号法律《网络安全法》；并发布第4/2020号法律，在第13/2019号法律已对第11/2009号法律做出修改的基础上，再次修改第11/2009号法律《打击电脑犯罪法》，以符合当今澳门特区资讯、网络社会发达的现状。以特别法的立法方式，补充适用《刑法典》，以满足社会电脑网络资讯日益发达的需要。

澳门特区政府制订提案并由立法会表决通过实施第11/2009号法律《打击电脑犯罪法》。经参考欧洲委员会《打击网络犯罪公约》（欧洲委员会于2001年11月23日在布达佩斯签订），并参考了中国内地、中国香港特区、新加坡、葡萄牙、德国及美国等国家和地区的相关法例，澳门特区就预防及打击电脑犯罪进行了立法，颁布并实施第11/2009号法律《打击电脑犯罪法》。考虑到澳门特区《刑法典》不处罚法人，同时也为了确保《刑法典》的稳定性，为配合国际法文书要求对实施电脑犯罪的法人追究刑事责任的规定，为使得有关打击电脑犯罪的规定亦能配合社会资讯科技发展需要，因此采取编制一项特别法的立法形式，即《打击电脑犯罪法》，而不是将有关电脑的新型犯罪类型加入《刑法典》内。[2]

现行澳门特区第11/2009号法律《打击电脑犯罪法》经第13/2019号法律《网络安全法》修改后，又被第4/2020号法律修改并重新公布。该法律共4章23条，旨在订定计算机犯罪（刑事实体法），以及设立在电子载体中搜集证据（刑事诉讼法）的制度。具体而言，第二章是关于刑法规定，第三章是关于刑事诉讼法规定。后为配合实施第13/2019号法律《网络安全法》，新增加对行政违法行为的规定（第三－A章）。

在刑事实体内容方面，其一，规定了与电脑有关的新犯罪行为类型如下：不当进入电脑系统（第4条）、不当获取（第5条）、使用或提供电脑数据资料（第5条）、不当截取电脑数据资料（第6条）、损害电脑数据资料（第7条）、干扰电脑系统（第8条）、用作实施犯罪的电脑装置或电脑数据资料（第9条）、使用电脑装置以模拟流动电信服务站（第9－A条）、不正当揭露电脑安全严重漏洞（第9－B条）、电脑伪造（第10条）和电脑诈骗（第11条）。其二，配合国际法文书要求，规定实施电脑犯罪的法人的刑事责任。其三，有关电脑犯罪行为如涉及行政机关、立法机关、司法机关或其他公

［1］ 澳门特区立法会：《第11/2009号法律－打击电脑犯罪：理由陈述》《第13/2019号法律－网络安全法：理由陈述》；澳门特区政府：《2016年财政年度施政报告》。
［2］ 澳门特区立法会：《第11/2009号法律－打击电脑犯罪：理由陈述》《第11/2009号法律－打击电脑犯罪：第三常设委员会－第3/Ⅲ/2009号意见书》。

共实体的电脑系统或数据资料时，例如第 13/2019 号法律《网络安全法》所规定的关键基础设施营运者，《刑法典》第 177 条第 2 款及第 192 条 b 项的规定，适用于以互联网作为广泛传播工具而实施的该等条文所指的犯罪，规定加重刑罚。

在刑事诉讼规定方面，其一，明确规定电脑系统、电脑数据资料储存载体、电脑数据资料或电脑程式可作为证据（第 15 条）。其二，规定多项可由刑事警察机关采取的必需及迫切的措施（第 16 条）。

第 13/2019 号法律《网络安全法》共 5 章 28 条，旨在建立及规范澳门特别行政区的网络安全体系，以保护关键基础设施营运者的资讯网络、电脑系统及电脑数据资料（第 1 条）。关键基础设施营运者作为该法律的适用主体范围，具体分为公共和私人运营者两大类。关键基础设施公共营运者包括：①行政长官办公室、主要官员的办公室、立法会辅助部门、终审法院院长办公室及检察长办公室；②澳门特别行政区公共部门；③以任何形式设立的公务法人及自治基金。由于澳门特区政府公共部门的网络承载了大量有关工业的资讯、政策和法规，保障其安全，实际上间接保障了本地工业经济的安全发展。关键基础设施私人营运者中属于从事工业领域业务的私法实体为：①供水；②污水处理和垃圾收集及处理；③燃料和受卫生检疫及植物检疫的食品的总批发供应；④法定屠宰场宰杀动物；⑤电力及天然气的供应及分配等。

四、工业环境犯罪

澳门特区《刑法典》第 268 条规定污染罪，该污染罪直接且明确地与环境相关，由此确立了澳门环境刑法上唯一较直接且重要的规定。这不同于其他法律体系在刑事上规定一个独立的损害环境的犯罪。[1]《刑法典》第 207 条、第 262 条及第 264 条在某种程度上间接与环境保护有关。

---

〔1〕 澳门特区立法会：《第 8/2014 号法律——预防和控制环境噪音：第一常设委员会－第 3/V/2014 号意见书》。

后 记

　　本教材由邵俊武教授担任主编，是邵俊武教授主持广东省本科高校教学质量与教学改革工程专业综合改革项目（项目名称：基于工业法为导向的法学专业综合改革，项目编号：粤教高函 2015 ［133］号）和广东省教育科学"十二五"规划 2012 年度研究项目（项目名称：工业化背景下法学本科教育实践性教学与学生创新能力培养的因应，项目编号：2012JK034）的研究成果。

　　作者分工如下：

　　邵俊武：第一章、第二章、第十章

　　房亚明：第三章

　　郭丽红：第四章

　　杨凌：第五章

　　郑昱：第六章

　　余向阳：第七章

　　朱金高：第八章

　　吴月红：第九章

　　林良倩：第十一章

　　朱雅妮、甘玉环：第十二章

　　卢彦铮：第十三章

　　曾金莲：第十四章

编 者

2020 年 12 月